손도사 계시록

손도사 계시록

초판 1쇄 인쇄일	2023년 8월 17일
초판 1쇄 발행일	2023년 8월 25일
지은이	손도사
펴낸이	최길주
펴낸곳	도서출판 BG북갤러리
등록일자	2003년 11월 5일(제318-2003-000130호)
주소	서울시 영등포구 국회대로72길 6, 405호(여의도동, 아크로폴리스)
전화	02)761-7005(代)
팩스	02)761-7995
홈페이지	http://www.bookgallery.co.kr
E-mail	cgjpower@hanmail.net

ⓒ 손도사, 2023

ISBN 978-89-6495-276-4 03180

21세기 神의 가르침

손도사 계시록

예언가 손도사 著

북갤러리

책 소개 글

「사람이 신(神)과 직접 대화를 나누고, 이 책에 기록으로 남긴다!!」

이 세상에 사람으로 태어나 '손도사(본명 손재찬)' 이름 석 자가 오랜 세월 동안 남겨지게 될 만한 위대한 업적으로 인류발전과 함께 개인들이 성공·출세·부자가 되고, 누구나 소망을 이루게 해주는, 역사 이래 가장 귀중한 신비학의 실용철학책《손도사 계시록》을 남기려 합니다.

계시란? ① 깨우쳐 보여줌, ② 일반 사람들이 알 수 없는 것을 신(神)이 가르쳐줌, ③ 신(神)이 사람에게 자신을 드러내고 메시지를 전달하여줌 등이라고 해석을 하고, 계시록이란? 그러한 모든 것을 기록으로 가르쳐 주는 것입니다.

일반 사람들이 알 수 없는 것들 – 우주하늘자연의 비밀·개인들의 타고난 운명과 운세·전생업·조상업·업살(業煞)작용·죽음·사후세계·부활·환생·영혼·신(神)·기(氣)작용·생명 에너지·암 치유·귀신병 치유·신통의술·100세 무병장수 방법·성공출세 부자가 되는 방법 – 을 가르쳐줍니다.

이 책은 현재 자기 재산 1천억 원 이상 부자이거나 또는 박사학위 2개 이상 등 1%의 소수자는 제외하고, 일반 사람들 99%를 대상으로 이 글을 쓰고, 글 전체 내용 중에서 1%는 버리고, 99% 내용은 평생동안의 인생살이에서 반드시 참고하시길 진심으로 전달합니다.

이 책은 놀랍고 엄청난 내용을 담고 있으니 직접 내용확인을 바랍니다.

신비학의 실용철학가 **손도사** 씀.

제1장

필자 – 손도사(본명 손재찬)를 소개합니다

"나는 어디로부터 와서 이 세상을 어떻게 살다가 몇 살 나이에 어떻게 죽게 될 것이며, 죽어서는 또다시 무엇이 되어 또 어디로 가게 될 것인가? 나는 누구인가?……."

필자는 태양이 가장 먼저 뜨는 동방의 나라 대한민국 가장 남쪽에 위치한 고흥 남해안 바닷가의 작은 시골마을에서 태어났습니다.

시골마을에서 논밭이 가장 많은 손 부잣집 장자로 태어났지만, 어린나이 7살쯤부터 몸이 이상해지면서 불쑥 불쑥 이상한 말들이 튀어나오고 또한 이상한 환청현상과 환시현상들이 나타나기 시작했습니다.

부모님께서는 아이가 생길 때의 태몽처럼 '칠성줄'로 특별하게 태어났는데 이제 그 현상이 나타나는가 싶어서 영적기운을 가라앉히는 굿을 하기도 하고, 또한 퇴마사를 찾아가 퇴마의식을 하기도 했습니다.

아이가 이상하다는 얘기를 전해 듣고 시골 교회의 목사님이 찾아와 자세히 언행들을 살펴보더니 "아이는 하늘로부터 특별한 능력을 타고났고 하늘말로 방언을 한다."라고 하면서 교회에 나오라고 해서 교회에 다니기 시작했습니다.

또한 아이는 산(山)속에 있는 암자를 찾아가기도 하고, 시골동네 동구밖에 500년 동안 우뚝서있는 당산나무를 찾아가기도 하고, 어부들이 가장 많이 소원을 비는 용바위를 찾아가서 대상들과 말을 주고받기도 하였고, 가끔씩 하늘을 올려다보면서 말을 주고받기도 했습니다.

아이는 자라서 20살 청년이 되었고, 대학을 졸업하고 군대를 다녀오고 그리고 어른이 되고 사회진출을 했습니다.

이 책의 필자는 시장경쟁과 자본주의 현대사회에서 남보다 잘 살고 싶고 또한 더욱 잘 살기 위해서는 오직 '투자와 사업을 해야 한다.'라고 생각하면서 사회생활 초년 처음부터 사업을 시작했습니다. 사업을 배우면서 맨 처음의 사업은 부산에서 가내공장 규모의 신발공장부터 시작해서 점점 사업을 키워 프로스포츠 운동화를 만들었고 신발사업이 잘 되어 너무 크게 사업확장을 하다가 그만 실패를 당하고, 다시금 빨리 돈을 벌려고 조그마하게 오락게임장과 술집 경영을 하다가 싸움에 휘말려 또 사업실패를 당하고 말았습니다.

맨 몸으로 서울로 올라와 시대의 흐름에 따라 부동산이 잘되는 시절 이어서 부동산 공부를 하고 투자를 하면서 부동산사업으로 돈을 벌고, 주식공부와 주식투자를 하면서 돈을 벌고, 금융공부와 자산운용으로 돈을 벌어서 그 당시 1,000억 원짜리 건물 서울 동대문시장 '동대문쇼핑몰' 집합건물의 운영관리 회장이 되었습니다. 사업경험을 쌓고 큰돈이 생기자 더 큰 사업을 위해 한국 정치권력의 1번지 서울 종로통으로 입성을 하고, 서울의 전통적인 중심가에 위치하고 100년 전통 브랜드로 유명한 국일관 옛 건물을 헐고 그 터에 새로 지은 그 당시에 약 2,000억 원짜리 건물 서울 한복판 '종로3가 국일관'에

부도난 법인 소유의 건물지분을 값싸게 매입을 하는 등 큰 투자를 해서 '국일관 회장'이 되어 한국 최고의 국일관 나이트클럽을 승계받아 경영을 하였습니다. 또한 서울 중심 종로통에서 가장 큰 오락게임장 국일관건물 3개 층에 투자자산 약 400억 원쯤의 (주)국일관게임랜드를 직접 경영하는 등 서울 한복판 종로통에서 여러 개 사업을 크게 하면서 상남자로 대인(大人)답게 멋진 인생을 살다가 큰 사고를 당하고, 사고 잘못 수습과 후유증으로 건강까지 나빠지면서 크게 사업 손실을 당하고 쓸쓸하게 나 홀로 떠나야 했습니다.

종로3가 국일관건물의 '대주주' 소유권만 유지하고, 회장직에서 사퇴를 하면서 대장부답게 깨끗이 정리와 정산으로 마무리를 하고, 권력 무상함과 인생 무상함을 뼈저리게 느끼면서 삶의 가치관과 인생목표를 바꾸어 이제 도(道)나 닦으려고 산(山)으로 들어갔고, 그리고 이 세상에 남길 각오로 후인들을 위해 이 글을 쓰고 있습니다.

필자가 직접 이 글을 쓰는 동기와 목적은 필자가 70살의 나이까지 인생을 살아오면서 여러 가지 공부와 여러 가지 사업경험 및 여러 가지 종교경험들을 통해서 실제로 체득하고 터득한 평생의 '경험지식'과 하늘 및 신(神)들의 엄청난 비밀 '천기누설'을 하여 사람들에게 홍익정신으로 진리와 진실의 가르침을 알려주고자 함입니다.

특히 산(山)속에서 도(道)를 닦으면서 신통초월명상 중에 신(神)의 계시를 받는 과정들과 특별부록편의 「손도사 손금풀이」는 엄청난 운명천기누설입니다.

인생살이는 연습을 할 수 없기 때문에 '경험자의 말'은 중요합니다.

필자는 나이 들면서 현재는 집착 않는 소유로 살아가고 '운명학 연구'로 우주하늘자연의 섭리 및 기운(氣運)작용과 사람의 타고난 사주·손금·얼굴관상을 연구하고 이것을 '천기누설'로 개인들이 타고난 정확한 운명과 운세를 가르쳐주고, 업(業) · 신(神) · 영혼 · 살(煞)작용 · 핏줄운작용 등을 가르쳐 주면서 필자의 저술책을 한번이라도 구독을 한 사람은 모두를 성공 · 출세 · 부자로 꼭 만들어 주고자 합니다.

세상은 아는 만큼 보이니, 정말로 귀중한 이 책으로 모두가 물질과 정신을 함께 성공시키는 '진짜 인생공부'를 확실히 가르쳐 드리겠습니다.

세상과 사람을 제대로 볼 줄 아는 '본질파악과 앞날 운(運) 예측'을 잘 해내면 누구나 100세까지 무병장수를 하면서 성공 · 출세 · 부자가 될 수 있고, 이 책은 구독자분들에게 본질파악과 운(運) 예측을 잘 해내는 '안목과 통찰력'을 10배로 키워줄 것 입니다.

이 책은 불확실하고 불안하고 위험한 시대를 살아가고 있는 현대인들에게 '하늘메시지'를 전달하고자 하고, 방법으로 필자의 실제 자전 구도 이야기를 실황적으로 펼쳐가면서 정말로 중요한 '가르침'을 알려주고자 합니다.

이 책을 끝까지 다 읽고 나면, 하늘자연과 신(神)의 섭리를 스스로 알게 되어 세상을 바라보는 안목이 높아지고 통찰력이 강화되어 누구나 성공 · 출세 · 부자가 되게 해주고, 100살 이상까지도 수명장수하게 해주며, 많은 깨우침과 깨달음까지 이루게 해줄 것입니다.

백문이 불여일견이란 말처럼, 신비학의 실용철학을 알려주는 《손도사 계시록》의 귀중한 이 책을 끝까지 읽어보시길 진심으로 바랍니다!!

(다음 제2장부터 이 책의 본문이 시작됩니다.)

제2장

하늘의 섭리와 비밀을 알고 싶어 산(山)속으로…

하늘의 섭리와 모든 비밀을 알고 싶어 산(山)속으로…….

광활한 우주 속에서 우리 인간은 태양계 지구별에 살고 있고, 지구별에 가장 큰 영향을 미치고 있는 것은 태양과 달 그리고 화성·수성·목성·금성·토성이고, 이것을 일(日)·월(月)·화(火)·수(水)·목(木)·금(金)·토(土)라고 합니다.

음(−)과 양(+) 그리고 5행(五行)이 상합 및 상극으로 끊임없이 작용하는 것을 3천년 동안 관찰 및 연구해오는 학문이 '주역명리학'이고, 명리역학을 응용하여 역술 및 점술로 계속 길·흉을 점(占)쳐오고, 정확한 역술 및 점술은 앞날 예측과 진실파악에 있어 최고의 '통찰력'이기도 합니다.

우주하늘자연의 섭리를 역학의 학문으로 가르치고 배워서 실제의 삶에 잘 활용하는 것을 미신이라고 생각하는 사람은 정말로 무식한 사람이 분명하고, 무식한 사람은 결코 잘 살지를 못하게 됩니다. 천체물리이론학 및 역술과 손금의 데이터과학으로 앞날의 길·흉을 잘 점(占)치면 모두가 성공출세를 할 수 있고, 부자가 될 수 있고, 수명장수를 할 수 있고 그리고 행복하게 됩니다…….

광활한 우주 속에서 오늘도 태양은 떠오르고 또다시 지고, 내일도 태양은 또다시 떠오르고 또다시 지고, 태양은 억만 년 동안을 떠오르고 또다시 지기를 반복하고, 밤하늘의 저 달도 점점 커지고 다시 작아지고 없어지고, 또다시 생겨나기를 억만 년 동안이나 반복을 하고, 낮과 밤이 억만년 동안이나 반복을 하니 우리는 이러한 것을 우주와 하늘자연변화의 섭리 '운(運)작용법칙'이라 합니다.

이러한 우주하늘자연의 섭리로 움직이는 '운(運)법칙'에 따라서 우주하늘자연의 존재물인 우리 사람에게도 약 10년마다 주기적으로 크게 운(運)이 변화를 하니 100살 시대에는 아주 어릴 때와 아주 늙은 때를 빼면 일곱(7)번은 '큰 기회'가 있다는데, 또한 인생과정에 '10년 대운법'이 있다는데, 사람은 오직 부모님이 만든 창조물이기 때문에 부모와 자식간의 유전인자적 '핏줄운내림'이 있다는데, 사람의 몸속에는 전생의 존재가 현생의 내 영혼으로 들어와 있기 때문에 각자 '전생업'이 있다는데, 부처님·공자·소크라테스·예수님이 오시기 전의 아주 먼 옛날의 과거에도 지금의 현재도 먼 훗날의 미래에도 그리고 모든 민족과 모든 나라에도 일·월·화·수·목·금·토가 있으니, 즉 해(日)·달(月)·별(星) 그리고 산(山)·물(水) 등등의 근원적 천기(天氣)의 기운이 음양(陰陽)·오행(五行)으로 끝임 없이 작용하여 항상 우리들에게 영향을 미치고 있다는데, 이러한 것들의 기운(氣運)작용들 때문에 모든 사람은 태어날 때 각자의 사주와 손금 표시로 운명(運命)을 타고나고 그리고 예정된 프로그램대로 살아간다는데, 도대체 현생의 나는 "어디로부터 와서 어떻게 살다가 몇 살 나이에 어떻게 죽게 될 것이며, 죽어서는 또다시 무엇이 되어 또 어디로 가게 될 것인가? 나는 누구인가?……"

　이 엄청난 우주하늘자연의 오묘한 섭리와 진리 그리고 삶의 큰 의문의 '화두'를 가지고 지금까지 정말로 파란만장한 인생길을 걸어온 필자의 특별한 대서사적 실제이야기로 '가르침'을 펼치고자 합니다.

　독자분들은 이제부터 지금까지의 알고 있는 지식이나ㆍ사상ㆍ이념ㆍ종교적 편견과 고정관념 등을 잠시 내려놓으시길 바랍니다.

　먼저, 필자는 답을 주고 그리고 이 글을 읽고 있는 독자분들의 가슴을 향하여 진심으로 한마디씩 물어보면서 그 답을 들어보고 싶습니다.

『사람 개인들 각자의 운명은 전생업과 핏줄운내림으로 99% 타고난다!!

사람 개인들의 운명과 운세는 하늘자연의 섭리 '운작용법칙'에 따른다.

세상은 '운(運)작용법칙'으로 움직인다는 비밀진실을 알고 있습니까?

사람의 사주팔자는 '전생과 부모 영향이 크다'는 진실을 알고 있습니까?

전생습성 및 업살과 부모유전성 및 핏줄동기감응작용을 알고 있습니까?

사람은 타고난 '사주와 손금대로 살아간다'는 진실을 알고 있습니까?

태어난 시간을 정확히 모르거나 병원에서 제왕절개수술로 태어난 사람은 데이터과학 손금을 봐야 한다는 진실을 알고 있습니까?

타고난 소질 및 재능발견과 운세로 '공부직업 적합성'을 꼭 알고 싶습니까?

공부직업의 적합성이 안 맞으면 결코 성공할 수 없음을 알고는 있습니까?

부동산ㆍ주식ㆍ펀드 등 투자에서 어느 쪽이 잘 맞는지 알고 싶습니까?

사업 및 장사와 월급쟁이 중에서 어느 쪽이 잘 맞는지 알고 싶습니까?

모든 것은 '100년 및 10년 주기운(運)'이 반복됨을 알고는 있습니까?

나이가 9수와 삼재수는 10년 주기의 '나쁜 운때'임을 알고 있습니까?

눈에 보이는 것은 '빙산의 일각'뿐이란 진짜 의미를 알고는 있습니까?

코로나 병마도 못 물리치는 '종교들의 진실과 능력'을 알고 있습니까?

천국행 및 극락왕생은 100명 중 1명이란 '비밀진실'을 알고 있습니까?

남들은 기도응답을 잘 받는데 왜 자기는 못 받는지 알고는 있습니까?

남들은 성공을 잘 하는데 왜 자기는 실패만 하는지 알고는 있습니까?

남들은 건강한데 왜 자기는 평생동안 몸이 아픈지 알고는 있습니까?

남들은 사랑을 잘 하는데 왜 자기는 고독한지 알고는 있습니까?

부자들이 많은데 왜 자기와 자기 집은 가난한지 알고는 있습니까?

각종 빙의와 핏줄대물림 우환들을 어떻게 해결하는지 알고 싶습니까?

빙의와 불치병 및 난치병과 귀신병을 어떻게 해결하는지 알고 싶습니까?

가장 중요한 자신의 '재물운과 수명운'을 알고는 살아가고 있습니까?

장사영업 및 사업을 하거나 주식 · 선물 · 펀드 · 코인 · 부동산 등에 투자하는 사람들이 자기 자신의 '재물운'도 모르면 어떻게 되겠습니까?

지방의원 및 국회의원과 지자체장 및 기업체의 대표 등에 선출되려는 사람들이 자기 자신의 '출세운과 당선운'을 모르면 어떻게 되겠습니까?

정치인이 대통령에 뜻을 두거나 대통령선거에 출마하는 사람과 정당의 대표들이 '제왕의 운(運)'을 모르면 어떻게 되겠습니까?

대통령보다 더 위대한 인물 '시대영웅'이 되고 싶지는 않습니까?

위대한 인물들은 일 · 월 · 화 · 수 · 목 · 금 · 토의 기운(氣運)으로 기본 3대 손금과 세로 4대 손금 일곱(7) 개가 완벽하게 생겨있어야 한다!!!

병원수술로 태어난 사람의 사주팔자는 날짜와 시간을 앞당겨 섭리를 거스른 '가짜사주'이니 운세와 운명을 보려면 반드시 손금과 신통술로 함께 봐라~

손금은 7개에서 100개 이상 생기고 1,000가지의 운을 알 수 있다.

대한민국은 현재 꾼들 때문에 총체적 난국에 처해있으니 '정신' 좀 차려라~

지나친 정치신념과 종교신념들은 매우 위험하고 나쁘다.

생각을 멈추고 마음을 좀 비우면 모든 고통과 불행은 사라진다.

청와대 터 일부분은 나라를 위한 기도장소 '국사당'으로 꼭 활용하라~』

이 책을 끝까지 읽으면 위 모든 것의 진실을 스스로 다 알게 됩니다…….

한 번밖에 살 수 없는 귀중한 인생을 잘 살아보려고 이렇게 살아도 보고, 저렇게 살아도 보면서 때로는 수년 동안을 하루에 16시간씩 일을 하고 여러 개의 사업을 동시에 하다가 큰 사고를 당하고, 건강까지 나빠지면서 큰 손실을 당하자 결국 자살까지 시도하였건만, 마음대로 죽지도 못하고 다시 깨어나 종합병원이 쩌렁쩌렁 울리도록 하늘을 향해 눈깔을 치뜨고 주먹질을 하면서 울부짖는 사람이 있습니다.

"나 좀 죽여주세요! 나 좀 죽여주세요! 나 좀 죽여주세요!……."

목이 쉬도록 울부짖으며 또 울부짖으며 하늘을 원망하고, 부모를 원망하고, 사주팔자 운명을 원망해 본 사람이 지금 여기 있습니다.

복(福)을 잘 타고나거나 또는 운(運)이 좋아서 고생을 안 해본 사람이나 또는 부모를 잘 만나서 고생을 안 해본 사람은 정말로 그러한 사람들의 심정을 모를 겁니다. 삶의 벼랑 끝에 서 보지 않은 사람은 정말로 그러한 사람들의 심정을 모를 겁니다.

어릴적 두뇌가 천재형이고 야망도 컸지만, 전라도 땅끝 시골농부의 아들로 태어났기 때문에 뒷백도 없고, 동아줄도 없어 사내 대장부의 큰 꿈 한 번 제대로 못 펴보고 올라가다 내려오고, 일어서다 넘어지고, 또 올라가다 또 내려오고, 인생 엎어치기로 큰 욕심으로 고위험의 고수익 사업을 벌이다가 큰 사건과 큰 사고가 동시에 발생되면서 어쩔 수 없이 큰 손실을 당하고, 그리고는 고향땅으로 하향을 하고, 남해안 소록도·거금도 앞바다에서 바다낚시나 하면서 나 홀로 빈둥거리며 바보 아닌 바보가 되어 부모 형제 친척 친구의 눈치를 살피는 등등 자격지심으로 인한 대인기피증까지 생기면서 어두운 뒷방의 구석방에 문 걸어 잠그고, 구들장을 짊어지고, 천장을 바라보며 몇 날 며칠이 지나도록 고뇌의 고뇌를 계속하다가 방문을 열고 기어 나와 하늘을 올려다보며 중얼거립니다.

"그래 산(山)으로 들어가는 거야. 산으로……."

내 삶의 마지막 방법으로 일생일대의 모험을 걸고 도(道)나 닦으려고 산으로 길을 떠납니다. 내 자신을 알기 위해서, 나의 운명을 내 스스로 알아보기 위해서, 왜 나는 그렇게도 큰 운이 열리지 않는 것인지를 알고 싶어서 또한 더 이상 살고 싶지 않아서 그리고 아무도 없는 곳에서 스스로 죽을 생각까지도 각오하고 입산(入山)을 선택합니다.

도(道) 닦는 것까지도 실패하면 아무도 안보는 깊은 산속 그곳에서 정말 죽음까지도 각오를 하고 산(山)으로 길을 떠납니다.

평생동안 고생만 하시고 이제 80살 넘으신 어머님의 눈물의 전송을 뒤로 하고 고향 집 생가를 나섭니다.

산중턱까지만이라도 짐을 옮겨주겠다면서 어머님을 모시고 고향 시골에서 농사를 지으며 오순도순 열심히 잘 살아가고 있는 동생 '손재성'이 형의 산(山)생활을 위한 무거운 짐을 짊어지고 뒤따라 나섭니다. 못난 형의 처지를 늘 걱정해주는 동생이 정말로 고맙고 또한 한편으로는 형으로서 부끄럽기도 하고 미안하기도 합니다.

나는 도(道)를 닦으러 산(山)으로 길을 떠납니다.

옛날 어릴 적에는 진달래 참꽃을 따먹고, 산머루를 따먹고, 산다래와 으름 열매를 따먹고, 양지바른 곳에 자기 홀로 자생하는 춘란의 꽃대를 뽑아 까먹

기도 하면서 뒤뜰 삼아 자주 올라 놀던 뒷동산이었건만, 지금은 산(山)기도공부를 하러 산을 오릅니다. 어릴 적 추억이 서린 그 산을 지금은 경건한 마음으로 오르고 있습니다.

'하늘의 명기(明氣)는 산(山)을 통하여 땅에 내린다.'라고 하니, 나는 지금 하늘의 명기와 산의 기운을 받아 신통력을 얻어서 내가 누구이고 나의 전생이 어떠했는지? 나의 조상님은 어땠는지? 나의 운명은 어떻게 타고났는지? 왜 나에게는 그렇게도 큰 운이 열리지 않는지? 이렇게 살다가 언제 어디서 어떻게 죽을 것인지? 죽은 후에는 또다시 무엇이 되어 또 어디로 가게 될 것인지? 등등을 내 스스로 알아내기 위해서 나는 복잡한 심경으로 산을 오르고 있습니다.

낮은 산 고개를 넘고 산 능선을 타면서 더 높은 곳을 향하여 계속 산을 오르고 있습니다. 이곳 산중턱쯤의 마당바위까지 올라왔으니 이제 짐을 옮겨다 주는 동생과는 헤어져야 합니다.

나는 돌아올 수 없는 저승길을 떠나는 심정으로 동생과 또다시 유언을 남기는 다짐의 약속을 합니다.

한 달에 한 번씩 이곳 산중턱쯤에 위치한 넓은 마당바위 위에다 비닐로 싸서 식량을 갖다놓고, 식량을 갖다놓을 때에 먼저 갖다 놓았던 식량이 없어졌으면 산속에서 형이 살아있는 것으로 알고, 그러나 만약 식량이 그대로 남아있으면 아무도 없는 산속에서 형이 도를 닦다가 죽은 것으로 판단해서 죽은 형의 시신이라도 찾아 그곳에서 불태워 화장을 시켜주고, 그래도 우리가 이승에서 형제의 인연으로 만났으니 형의 혼백이 좋은 곳으로 잘 가라고 꼭 한 번 '해원천도재'라도 해주어 죽은 형의 원혼이라도 달래주기로 약속을 합니다.

눈물을 글썽거리는 이 세상의 친형제를 마지막으로 보면서 동생의 등을 떠

밀다시피 해서 산을 내려 보냅니다.

　이제부터는 내가 짐을 짊어지고 산을 오릅니다. 오랜 세월 동안 산속에서 혼자 살려고 옮기는 짐이다 보니 엄청나게 양도 많고 무게도 무겁습니다.

　커다란 배낭을 등에 짊어지고, 작은 가방을 목에 걸어 메고 고달픈 삶의 짐을 짊어지듯 더 높은 곳을 향하여 산을 오릅니다. 다른 사람들은 운동 삼아 소풍 삼아 그리고 건강을 위해 산을 오르건만 이놈의 신세는 중년쯤의 나이에 죽음을 각오하고 도(道)를 닦으러 산(山)을 오른다고 생각하니 제 설움에 복받쳐 울면서 산을 오릅니다. 아무도 보는 사람이 없으니 큰소리로 엉~엉~ 울면서 산을 오릅니다.

　'큰소리를 지르거나 큰소리로 울어버리면 억눌린 감정이 해소가 되고 또한 감정청소가 된다.'고 하니 나는 더 큰소리로 엉~엉~ 울면서 산을 오릅니다. 개소리 닭소리 사람소리가 들리지 않는 깊고 높은 산속으로 계속 들어가면서 더 높은 곳을 향하여 산을 오릅니다.

　어릴적 내 나이 17살쯤부터 가끔 꿈속에서 보아왔던 산꼭대기 바로 아래의 '옹달샘'을 찾아서 깊고 높은 산을 계속 오릅니다.

　땀과 눈물은 범벅이 되어 흘러내리고, 무거운 짐으로 다리는 후들거리고, 어깨는 아프고, 목은 뻐근하고, 숨을 헉헉대면서 가시에 옷이 찢기고 살이 찔리면서 고달픈 삶의 무거운 짐까지 짊어지고 가파른 산을 오릅니다.

　오랜 세월 사람이 다니지 않아 산길도 없는 산을 가시에 찔리고 돌부리에 걸려 넘어지고 하면서 지난밤 꿈속에서 또 보았던 옹달샘 근처의 지형을 머릿속에 떠올리면서 거북이와 코끼리가 수명을 다하면 자기 죽을 곳을 스스로 찾아가듯 나는 숙명처럼 무엇에 홀린 사람처럼 산꼭대기 바로 아래에 위치한 옹달샘을 찾아 두리번거리며 더 높은 곳을 향하여 산을 오릅니다.

　가시에 찔린 팔과 다리에서 피가 흘러내립니다.

눈에서는 눈물이 흘러내리고, 온 몸뚱이에서는 땀이 뻘뻘 흘러내리고 있습니다.

드디어 눈에 익은 듯한 지형이 나타납니다.

어깨가 내려앉을 듯 등허리가 끊어질 듯 목이 꺾일 듯한 무거운 짐들이 순간 가볍게 느껴지면서 힘이 솟습니다.

오랜 세월 동안 꿈속에서만 보아온 바로 그곳에 다다릅니다.

"오!……."

드디어 찾았습니다. 산속에 조그마한 집터 하나만큼의 평지가 있고 그 옆의 움푹한 곳에 쪼르르~쪼르르~ 흘러내리는 물줄기가 보입니다.

그 물줄기를 따라서 위쪽을 바라보니 '옹달샘'이 있습니다.

숙명처럼 찾고 있는 그 옹달샘이 지금 눈앞에 보입니다.

뜨거운 모래밭의 사막에서 목마름으로 기진맥진할 때에 생명수 오아시스를 만난 듯 너무나 너무나 반갑습니다.

나는 그때까지 짊어지고 있던 짐을 조심스레 내려놓고 불가사의한 힘에 이끌리듯 먼저 옹달샘에 큰절로 절부터 합니다.

뜨거운 내 가슴에 알 수 없는 찡~하는 전율의 감정을 느낍니다.

알 수 없는 이상한 전율까지 느끼면서 맑고 맑은 산속의 옹달샘 물을 그냥 엎드려서 한없이 꿀꺽~꿀꺽~ 들이킵니다.

정말로 물맛이 좋고 또한 시원합니다.

한숨 돌리고 나서 또 엎드려 옹달샘 물을 들이킵니다.

이 옹달샘은 한반도 남쪽 땅 끝 전라남도 고흥군에 소재한 '천등산(天登山)' 산꼭대기에서 남쪽으로 뻗어 내린 '탑사골' 골짜기의 맨 위쪽 8부 능선 높이쯤에 위치하고 있습니다.

이 높은 산꼭대기 근처에 이런 옹달샘이 있다니 참으로 신기하고도 신기합니다.

　무엇인가 알 수 없는 인연의 비밀?이 있는가 봅니다.

　이제부터 그 비밀을 밝혀내는 신비의 세계로 탐험이 시작됩니다.

　인연의 비밀을 풀기 위한 탐험이…….

제3장

인생은 '방향과 운(運)타이밍'이 가장 중요하다

  각 개인의 인생은 먼저 '방향'을 잘 잡는 것이 가장 중요하고…….

  산속의 옹달샘 물을 실컷 들이켜고 잠시 옹달샘 옆에 앉아 땀을 식히면서 내 자신의 탄생인연과 현재의 상황 등을 생각해 봅니다.

  필자는 이곳 천등산(天登山)의 산꼭대기에서 남쪽으로 가장 크고 기다랗게 뻗어 내린 산줄기의 끝머리 마을 '전라남도 고흥군 도화면 가화리 이목동' 배나무고을이라고 불리는 시골에서 밀양손씨 가문의 시조 '손순 할아버지'의 40대 자손으로 본명은 '손재찬'이고, 이곳 천등산의 명기와 지기를 받고 1954년 갑오년에 태어났습니다.

  모든 지명(地名)과 산(山) 이름은 이름에 따른 기운(氣運)이 흐르고, 그리고 살아있는 모든 만물은 풍수지리 기운의 영향을 받기 때문에 필자의 고향 배나무고을의 지형을 조금만 소개할까 합니다.

  '배나무고을'이라는 전라남도 고흥군 도화면 가화리 이목동 마을은 천등산의 산줄기가 남쪽으로 가장 크고 기다랗게 뻗어 내린 산줄기의 끝머리에 위치하고, 마을의 뒷동산은 '병풍바위'로 빙 둘러있고, 마을의 양쪽 옆으로는 좌청룡 '안태산'과 우 백호 '삼태산'이 마을을 좌우로 감싸듯하고, 마을의 앞쪽으로는 들판이 펼쳐지고, 그 들판 너머로는 멀리 '유주산'이 솟아 있고, 마을에서 바라볼 때 유주봉 앞에는 '문필봉'이 보이며, 마을에서 1km 거리쯤의 남서쪽으로는 '남해바다'가 펼쳐지고, 푸른 바다 위에 소록도 · 거금도 · 시산도 · 유리도가 보이고, 섬을 잇는 거금연도교와 소록연륙교가 보이고, 많은 어부들과 사람들이 소원을 많이 빌면서 기도를 한 그 '용바위'가 있던 녹동항구가 보이고, 동쪽으로는 멀리 팔영산이 보이고, 대한민국에 하나밖에 없는 나로 우주발사대가 보입니다.

배나무고을에서는 옛날부터 대대로 대학자 · 지관 · 점술가 · 성직자 등등의 특별한 인물이 끊임없이 태어난다고 전해 내려오고 있습니다.

현재도 배나무고을 이목동마을에는 '김풍수'어른이 전라도 최고 풍수지리 잘 보는 지관으로 활동하고 계시고, 타관 객지로 나와 전국 활동을 하고 있는 유명인 점술가와 성직자가 5명이나 있습니다. 배나무고을의 풍수지리 기운이 이러해서인지 나는 어릴 적부터 늘 의구심이 생겼습니다. 내 나이 17살쯤부터 꿈속에서 자주 보아왔던 산꼭대기 근처의 신기한 옹달샘의 존재에 대해서, 그리고 천등산 중턱 아래의 '탑사'란 옛 절터와 현재까지 남아있는 우뚝 솟은 돌기둥의 존재에 대해서 의구심이 있어 왔습니다.

그리고 어릴 적 나에게 말을 자주 건네 온 '용바위'와 이 모든 것들이 이 사람과 무슨 관련성이 있고 또한 어떤 인연이 있는 것일까?……

하루 종일 무거운 짐을 짊어지고 엉~엉~ 소리 내어 울면서 눈물과 땀을 흘리며 넘어지고, 엎어지고, 나뭇가지에 찢기고, 가시에 찔리고, 피까지 흘리면서 개소리, 닭소리, 사람소리가 들리지 않는 첩첩 깊고 높은 산을 올라와 산꼭대기 아래 옹달샘 옆에 앉아있는 내 자신을 잠시 생각해 봅니다.

이제 사나이가 쏜 화살은 이미 활시위를 떠나 공중을 날고 있는 화살이 되었습니다.

날고 있는 화살은 멈추면 땅에 떨어지니 계속 날아갈 수밖에 없습니다.

사나이 대장부의 인생살이 사회경제활동에서 실패를 하고, 중년나이에 산(山)에 들어왔습니다.

마지막 유서까지 써놓고 유언까지 남기고 입산을 했습니다.

앞으로는 이곳에서 무엇이든 스스로 해결하면서 기본식량 외에는 자급자족을 해 나아가야 합니다.

나 홀로 산속에서 살아가야 하니 아프지도 말아야 합니다.

필자는 젊은 날 한때 조국을 지키는 국방의 의무로 공수특전부대에서 군 생활을 했습니다. 공수특전부대에서 하사관으로 군대생활을 할 적에 산속에서 또는 적 지역에서 스스로 살아남아야 하는 '생존학'을 배웠고 또한 낙하산 훈련과 특수전투훈련 및 특공무술 등등 가장 혹독한 군대훈련도 경험해 보았으나 산속에서 도(道) 닦는 공부는 스승도 없고, 책도 없고, 동료도 없이 오직 혼자서 고독과 추위 그리고 배고픔까지 이겨내면서 해야 하고, 그 기간은 1년이 걸릴지 10년이 걸릴지 아니면 평생이 걸릴지 기약조차도 없습니다.

나는 이제 길 없는 길을 가야 합니다.

길 없는 길을 이제부터 길을 만들면서 나아가야 합니다…….

때는 이른 봄철이라 나뭇가지에는 새순이 움트기 시작하고 진달래꽃이 피기 시작합니다.

봄은 만사만물의 시작이니 때마침 나도 입산수도의 시작을 합니다.

나 홀로 도(道) 닦는 공부가 1년이 걸릴지 10년이 걸릴지도 모르고 또한 해를 붙잡아둘 수도 없으니 우선 짐을 풀고 텐트를 칩니다.

그리고 나서 오랜 세월 동안 묵혀있던 옹달샘인지라 깨끗이 청소를 하고, 납작하게 생긴 커다란 돌을 안고 와 옹달샘 옆에 제단을 만들고 나니 이제 하루해가 저물어갑니다.

아무도 없는 산속인지라 땀으로 젖은 옷을 훌훌 벗어버리고 옹달샘 아래편에서 옹달샘 물로 머리끝에서 발끝까지 몸을 씻습니다. 몸을 씻으면서 그동안 세상살이에서의 고달픈 삶의 흔적과 함께 더러워진 마음의 때까지 모두 깨끗이 씻어냅니다.

이른 봄철 해가 질 무렵의 깊고 높은 산속의 옹달샘 물인지라 몹시 차갑지만, 차가움도 잠시뿐이고 몸에 물을 끼얹고 문지르고 또 물을 끼얹고 또 문지릅니다.

발가벗은 알몸뚱이에서 김이 무럭무럭 피어오르고, 몸뚱이가 덜덜덜 떨리지만 목욕이 끝날 무렵에는 오히려 춥지도 않고 몸과 마음이 너무나 개운합니다.

해가 저물어 길게 산 그림자가 드리워진 산 경치를 한 번 둘러보고 개운한 기분으로 옷을 갈아입습니다.

그리고 나서 짊어지고 올라온 짐 속의 곡식자루에서 쌀 한 홉을 꺼내 씻어 조그마한 솥에 신령님께 올리는 공양미 밥을 짓고, 3가지 삼색 과일을 깨끗이 씻어 접시에 담습니다. 굵은 소금을 꺼내어 4방으로 조금씩 뿌리고, 또 물 한 바가지를 떠서 4방으로 조금씩 뿌리면서 기도처 도량을 깨끗이 정화를 합니다.

양초 두 자루를 꺼내어 돌제단 위에 세웁니다. 기도 준비를 다하고 정성스러운 마음으로 공양미 밥을 솥째로 돌제단 위에 올리고, 삼색 과일을 올리고, 술 석 잔을 올립니다. 그리고 양초 두 자루에 불을 켜고, 향 세개에 불을 붙여 향을 사릅니다.

그런 다음 동서남북 4방으로 서서 합장으로 한 번씩 인사를 하고, 돌 제단을 향해 큰절 3번을 하고, 두 손을 가슴 앞에 합장으로 모으고 하늘과 신령님께 처음으로 산(山)기도를 올립니다.

　"하늘이시여! 신령님이시여! 저는 저 아래편 남쪽으로 산을 넘고 또 산을 넘어 이 산 줄기 끝머리 배나무고을 밀양손씨 가문의 40대 손으로 갑오년에 태어난 사람으로 본명은 '손재찬'입니다.

　저의 탯줄은 이곳 천등산의 산줄기 끝머리 배나무고을 마을 어귀에 묻혀 있고, 저희 할아버지 할머니 그리고 아버지 조상님의 묘소도 이곳 천등산의 산줄기 끝머리 배나무고을 마을 뒷산에 묻혀 있습니다.

　사나이로 이 세상에 태어나 꿈도 크고 이상도 높고 야망도 있었건만 어찌해서 큰 운을 열어주지 않는 것입니까? 제 꿈속과 현실에서 일어나는 기이한 일들은 다 무엇입니까? 나는 정녕 누구이며 내 영혼은 정녕 누구입니까? 나의 삶이 전생의 업보라면 나는 정녕 어떻게 살아야 합니까? 전생에 무슨 잘못을 얼마만큼 지었기에 이다지도 고통을 안겨주는 것입니까? 내 영혼의 전생업보입니까? 아니면 내 부모조상님의 핏줄 내림 업보입니까? 차라리 내가 바보천치로 태어났다면 이다지도 괴롭지는 않을 것이며 고민하지도 않을 것입니다.

　아무리 노력을 해도 큰 운이 열리지 않고, 또한 큰 운이 따라주지 않아 재벌도 못되고, 대통령도 못되니 하늘이 원망스러울 뿐입니다. 저는 손씨 가문을 핏줄의 인연으로 또한 이곳 천등산을 지령의 인연으로 태어난 몸이니 최후로 이곳 고향산천에 맡기러 왔습니다.

　정말로 이곳 고향 산천에 제 목숨을 맡기러 왔습니다.

　저를 죽이든 가르침을 주시든 하늘과 신령님의 뜻대로 하십시요!

　금생에서의 나의 삶이 전생의 업보이든 또는 핏줄의 업보이든 간에 이 생명이 다할 때까지 또다시 실패자로 비주류로 살아야 할 운명이라면 차라리 오늘이 산(山)속에서 죽음을 선택하겠습니다.

내가 누구인지도 모르고, 그 이유도 모르고 아쉬움과 허망함을 안고 끝낼 운명이라면 차라리 오늘 아무도 보지 않는 이 깊고 높은 산(山)속에서 죽음을 선택하겠습니다.

하늘의 신(神)들께서는 내 손으로 만든 이 돌제단을 차라리 오늘 제 목을 베는 단두대로 사용하십시요!

오늘 아무도 없는 이 산속에서 스스로 죽음을 선택하려고 하니 하늘과 신령님들께서는 제 목숨을 거두어 주시옵소서!

실패자의 인생, 이 세상 그만 살고 싶습니다……."

나는 넋두리처럼 중얼거리고 하염없는 눈물을 흘리면서 내가 만든 돌제단 앞에 무릎을 꿇고 앉아 머리를 옆으로 눕혀서 자신의 목을 돌제단 위에 올려놓습니다.

지난날 어릴 적의 기이한 현상들과 젊은 날 한때의 즐거웠던 추억들 그리고 어려웠던 많은 일들이 주마등처럼 스쳐지나갑니다.

부모님과 형제들의 얼굴이 떠오르며 또 스쳐지나갑니다.

하염없는 눈물이 계속 흘러내립니다.

다른 사람들은 살려고 발버둥을 치고 있는데, 사업에 실패하고 중년 나이에 스스로 죽음을 선택하고 있는 내 자신의 모습이 너무나도 쓸쓸하고 처량하여 설움이 복받쳐 하염없는 눈물이 계속 흘러내립니다. 소리 없는 울음이 이내 통곡으로 바뀌면서 깊고 높은 산속에서 목 놓아 대성통곡을 합니다. 해는 이미 저물어 어둡고, 깊고 높은 산속에서 나 홀로 밤중에 대성통곡으로 울면서 목이 쉬도록 원도 한도 없이 울고 또 울고 있습니다.

하늘이시여! 나 어찌하면 좋습니까?

아부지 어머니! 나 어찌하면 좋습니까?

내 영혼아! 이렇게 죽으면 나는 또 어디로 갈거나…….

질긴 목숨인지 죽어지지는 않고, 설움이 복받쳐 울다가 울다가 지쳐서 울음이 그치니 나는 돌제단을 움켜잡고 있고, 촛불은 꺼져있고, 주위는 캄캄한 산속의 어두움뿐입니다.

정신을 가다듬으니 코는 맹맹~ 거리고 으스스한 한기가 들면서 배가 고픕니다.

눈물을 닦고 코를 풀고 나서 밤하늘을 올려다보니 어찌 그리도 별들은 총총~한지 퉁퉁~ 부은 눈두덩이 사이로 밤하늘에 빛나는 별만 보이고, 주위는 캄캄하여 아무것도 보이질 않습니다.

한참 동안 밤하늘의 별을 올려다보며 진정이 되자, 해가 지기 전 밝았을 때의 주변 모습을 떠올리면서 손을 더듬어 성냥을 찾고 불을 켜 다시 초에 불을 붙이고 촛불이 바람에 꺼지지 않도록 조심 또 조심을 합니다.

배가 너무나 고파서 우선 옹달샘 물을 꿀꺽~꿀꺽~ 들이키며 시장끼를 달래고 얼굴과 손발을 씻습니다.

그리고 돌제단 위에 올려놓은 음식을 내려와 먼저 밥 한 숟갈을 떠서 '고수레!' 소리와 함께 텐트 밖으로 던지고 나 홀로 텐트 안에서 다 식어빠진 밥을 먹습니다. 시장끼가 반찬이라고 집을 나설 때 아침밥을 먹고 하루 종일 무거운 짐을 짊어지고 산을 오르고, 아예 점심은 굶고 옹달샘의 맹물로 시장끼를 달래고, 이제 어두워진 밤이 되어서야 저녁밥을 먹으니 밥맛이 꿀맛처럼 맛있습니다.

조금 전까지만 해도 깊고 높은 산속의 어둠 속에서 대성통곡으로 울 때는 정말 이 세상 그만 살 것 같더니만 밥을 먹을 때에는 왜 이리도 밥맛이 좋은지 모르겠습니다. 다 식어빠진 맨밥에 김치와 콩자반으로 밥을 다 먹고 과일 하나까지 후식으로 먹습니다. 그러고 나서 어두우니 대충 치우고 오늘은 산속의 첫날밤이니 그냥 일찍 잠자리에 들어갑니다.

으스스하여 영 잠이 오질 않습니다.

이리 뒤척 저리 뒤척, 이런 생각 저런 생각이 떠오르고 지나간 바깥세상의 일들이 주마등처럼 스쳐가고 또 부모님과 형제들의 얼굴이 떠오릅니다.

깊은 밤 텐트 밖의 숲속에서는 소쩍새가 소쩍~소쩍~ 하면서 밤새도록 구슬피 울고 있습니다.

밤에 우는 소쩍새의 울음소리가 그렇게도 구슬프다는 이야기를 뼛속에 사무치도록 난생처음 느껴봅니다.

첩첩산중의 깊고 높은 산속에서 캄캄한 밤중에 나 홀로 얇은 천으로 되어 있는 텐트 안에 지금 누워 있습니다.

텐트 밖의 숲속에서 들려오는 소쩍새의 구슬픈 울음소리쯤이야 '아무리 구슬퍼도 새이니까'라고 생각하지만, 텐트 밖의 어둠 속에서 들려오는 정체불명의 부스럭거리는 소리와 짐승 발자국소리는 잠깐씩 소름을 끼치게 하기도 합니다.

처량함과 두려움의 감정을 내 스스로 안정시키면서 잠을 청해보지만 으스스함과 추위로 영 잠이 오질 않습니다.

밤은 점점 깊어가고, 어떻게든 잠을 청해보려고 어둠 속에서 더듬더듬 옷을 찾아서 하나를 더 껴입고 새우처럼 웅크리고 잠을 청하니 이제야 겨우 잠이 오길 시작하고 깊은 잠 속으로 들어갑니다.

오늘도 잠 속에서 꿈을 꿉니다.

내 나이 17살쯤부터 지금까지 가끔씩 꿈속에 나타나서 무엇인가를 암시해주고 또한 계시를 해 주던 먹물색 삿갓을 쓰고, 먹물색 옷을 입고, 먹물색 걸망을 짊어지고, 기다란 육환장 지팡이를 짚고 다니는 그 스님이 또 나타납니다.

꿈속에 나타난 스님은 산꼭대기 위에서 장삼자락을 바람에 휘날리며 한 손으로 삿갓을 들어 올리고, 산속에 들어와 텐트 안에서 웅크리고 잠을 자고 있는 내 모습을 한참 동안이나 내려다보더니 빙그레 웃고는 이내 사라집니다.

또, 내 나이 17살쯤부터 지금까지 내가 위험과 억울함을 당할 때마다 가끔씩 꿈속에 나타나서 '최악은 막아 줄 테니 걱정하지 말라' 하시던 우렁찬 목소리에 눈빛이 강하고, 황금색 갑옷을 입고, 하얀 백마를 타고, 항상 큰칼을 한 손에 들고 다니는 그 장군님이 말발굽소리와 함께 말을 타고 또 나타납니다.

꿈속에 나타난 장군님은 말 잔등 위에 올라 앉아, 산속 텐트 안에서 혼자 웅크리고 잠을 자고 있는 내 모습을 한참 동안이나 내려다보더니 껄껄껄~ 웃고는 이내 사라집니다.

이 삿갓 쓴 스님과 백마를 탄 장군님은 가끔씩 꿈속에서 보아왔기 때문에 그냥 그러려니 합니다.

계속 잠을 자고 있는데, 이번에는 오늘 처음 보는 '백발노인'이 하얗고 기다란 머리칼과 수염을 바람에 휘날리고, 하얀 도포자락을 또한 바람에 휘날리며 기다란 지팡이를 짚고 산꼭대기 위에 서서 나를 내려다보며 빙그레~ 웃고 있습니다.

나는 꿈속에서 오늘 처음 보는 백발노인에게 묻습니다.

"노인장께서는 누구신데 곤히 자고 있는 이 사람을 내려다보며 웃고 계시는지요?"

"껄껄껄~ 이곳 천등산의 산신령이시다. 네가 입산할 때까지 오랜 세월을 이곳에서 기다렸느니라."

"무슨 연유로 이 사람을 오랜 세월동안이나 기다렸는지요?"

"너는 인간세상에서 아무렇게나 그냥 평범하게 살아야 할 그런 사람이 아니었느니라."

"자세히 가르쳐 주실는지요?"

"각각의 사람에게 들어와 있는 영혼은 각각의 바람과 지은 대로의 인과응보 및 인연의 법칙에 따라서 그 운명이 다 정해져 있느니라."

"그렇다면 내 몸속에 들어와 있는 내 영혼이 누구인지 가르쳐 주실는지요?"

"금생의 네 영혼의 전생은 하늘의 신(天神)으로서 사람의 몸을 빌려 다시 환생을 하였느니라."

"하늘의 신(天神)이 인간으로 왜 다시 환생을 하는지요?"

"그것은 신(神)과 정령 그리고 영혼들만이 알 수 있느니라."

"어떻게 하면 신들께서 하시는 일을 인간도 알 수 있게 되는지요?"

"신통력을 지녀야 하느니라."

"어떻게 하면 그 신통력을 지닐 수 있는지요?"

"신통력을 지닐 수 있는 과정의 도(道)를 닦아야 하느니라."

"그렇다면 이 사람도 도를 닦을 수 있는지요?"

"너는 전생과 전전생부터 영혼 진화를 위해 수행을 많이 한 상근기가 있으니 도(道)를 닦을 수 있느니라."

"산신령님, 그 말씀들이 정녕 그러한지요?"

"정녕 그러하도다."

"산신령님, 왜 하필이면 천등산이온지요?"

"네 영혼의 전 전생부터의 인연 때문이고, 하늘법칙에 따른 손씨 가문의 탄생 핏줄의 인연 때문이니라."

"하늘법칙과 전생 및 핏줄의 인연 때문이란 무슨 뜻인지요?"

"이제부터 이곳 천등산에서 도(道)를 닦고 신통력을 지니게 되면 스스로 다 알 수 있게 되느니라. 껄껄껄~."

웃음소리를 뒤로 하고 백발노인 산신령님은 그냥 사라져 버립니다.

나는 계속 꿈을 꾸고 또 꿈을 꿉니다.

꿈속에서 바라보니, 지금 텐트가 있는 곳엔 움막집이 만들어져 있고, 옹달샘은 빙 둘러서 돌담으로 둘러있고, 돌제단이 크고 높다랗게 만들어져 있고, 그 위쪽에는 높다란 돌탑이 커다랗게 세워져 있습니다. 그리고 원시 자연인처럼 머리칼은 길게 자라서 등허리까지 내려오고, 수염도 길게 자라서 앞가슴까지 내려오고, 다 헤진 기워 입은 누더기 옷차림으로 돌탑 앞에 가부좌를 틀고 앉은 한 남자가 눈을 감고 '명상삼매'에 들어있는 기이한 모습을 봅니다.

그 모습을 자세히 들여다보니 내 자신의 모습인 것입니다…….

나는 그 이튿날 새벽 으스스한 한기로 인한 추위 때문에 잠에서 일찍 깨어납니다.

누워서 가만히 지난밤의 꿈을 떠 올리면서 해몽을 해 봅니다.

특이한 꿈을 꾸면 반드시 분석을 하여 '꿈풀이'를 해 보아야 합니다.

좋은 꿈이든 또는 나쁜 꿈이든 나와 전혀 상관이 없는 꿈이라면 나의 꿈속에 나타나지 않을 것이기 때문입니다. 특히 예시적 꿈이나 반복된 꿈들은 꼭 참고를 잘 해야 합니다.

내 나이 17살쯤부터 지금까지 똑같은 모습으로 내 꿈속에 나타나던 그 삿갓 쓴 스님과 백마를 탄 장군님은 도대체 누구일까? 나와는 무슨 상관이 있는 것일까? 그리고 지난밤 처음으로 나타난 백발노인 산신령님과 꿈속에서 나누었던 많은 대화의 내용들은 정녕 그러한 것일까?

나는 이렇게 저렇게 생각을 하고 분석을 하면서 내 운명의 모든 비밀과 의문들이 이곳 천등산에서 분명히 풀릴 수 있을 것이라 믿습니다.

그러면서 지난밤 꾸었던 꿈들을 '하늘의 계시'로 받아들이기로 하고 잠자리에서 일어납니다.

텐트 밖으로 나옵니다.

높은 산꼭대기의 아침은 일찍 시작됩니다.

산새들이 아침 노래를 부르며 내게 인사를 해옵니다.

나도 산새들에게 아침 인사를 건넵니다.

서로 말하는 표현방법은 다르지만 뜻은 통하리라 생각하면서 나는 산새들과 아침 인사를 나눕니다.

'새들아! 나도 이제부터 이곳에서 살게 되었으니 이웃 간에 우리 서로 잘 지내보자꾸나. 서로 이해하면서 옹달샘 물도 함께 나누어 먹으면서 끝까지 좋은 이웃으로 잘 지내보자꾸나'라고 인사를 건넵니다.

그러고 나서 옹달샘으로 가 물 한 바가지를 떠서 허공에 휙 뿌리니 물 떨어지는 소리가 후드득 ~ 큰소리로 깊고 높은 산속의 아침을 깨웁니다.

산속의 아침을 깨우고, 다시 옹달샘 물을 떠서 한 입 넣고 입을 헹구니 너무나 상쾌하고 차갑습니다.

옹달샘 생수를 몇 모금 마시니 몸과 마음이 함께 상쾌하고 물맛 또한 천하일미입니다.

우리 아버님의 말씀이 생각납니다.

"매일 아침 잠자리에서 일어나거든 공복에 생수 세 모금씩만 계속 마시면 어떠한 위장병도 치유하고 건강할 수 있다. 또한 우리 몸은 70% 정도가 수분이기 때문에 반드시 좋은 물을 잘 마셔야 한다."라고 하셨으니, 나는 그동안의 무절제한 생활로 신경성 위장병이 있었는데 이곳 산속의 옹달샘 천연생수로 신경성 위장병을 꼭 치유해야겠다고 그리고 건강을 회복해야겠다고 생각을 해 봅니다.

깊고 높은 산속의 맑고 차가운 옹달샘 물이 목구멍을 타고서 위장 속으로 내려가는 짜릿~함을 기분 좋게 느껴봅니다.

공복에 냉수나 위스키 술을 마실 때 목구멍을 넘어 위장으로 내려가는 짜릿

함을 느껴본 사람은 그 진짜 맛을 잘 알 수 있을 것입니다.

또한 이곳 산속의 아침 공기는 너무나 맑고 상쾌합니다.

숨을 들이쉴 때마다 콧구멍에서부터 폐 속 깊숙이 시원한 상쾌함이 기분 좋게 느껴집니다.

나는 젊은 날 한때 젊은 혈기로 저항심과 반항심이 강하여 민주주의를 부르짖은 '학생운동'도 경험했고, 또한 '무술종합10단' 정도로 호신무술도 많이 하고 항상 우두머리 기질이 있어 젊은 날 한때는 건달생활까지도 하는 등등 유별나게 살다가 수사기관의 취조를 받으며 물고문을 당했던 경험이 있습니다.

낮에는 쇠창살 유치장에 갇혀 있다가 밤이 되면 지하 취조실로 불리어가서 먼저 눈이 가리어지고 그리고 덩치 큰 수사관 서너 명에게 강제로 수갑과 포승줄로 손발이 묶인 채로 기다란 벤치의자에 눕혀지고, 얼굴에 수건을 씌우고는 숨을 쉴 수 없도록 내 콧구멍 속에다 주전자로 계속 물을 부어대는 '물고문'입니다. 그러면서 실토할 의사가 있거나 말을 하고 싶으면 손가락을 까딱거려 신호 표시를 하라고 할 때엔 정말로 고통스럽고 숨이 답답했습니다. 허파에 물이 들어가 숨을 못 쉬고 까무러치고 기절도 했습니다.

하지도 않은 것을 실토하라고 할 때는 정말로 미칠 것 같았습니다.

필자는 젊은 날 그때의 그런 일들 물고문 때문에 기침과 천식이 가끔씩 후유증으로 나타나기도 합니다.

지난날 정치 불안과 독재정권 때의 악법도 법은 법이니 실정법은 지켜져야 하지만, 편의적 발상의 법령 남발과 국가권력을 등에 업은 수사권 남용은 없어져야 하고, 특히 인권을 유린하는 '고문행위'는 더욱 없어져야 할 것입니다.

오죽이나 억울했으면, 나도 반드시 재벌이 되든지 또는 대통령이 되든지 또는 보스가 되든지 해서 힘을 가져보려고 했겠습니까?!

국가권력의 부당한 인권침해와 인권유린은 반드시 없어져야 합니다.

최고의 가치 '자유민주사회'에서는 표현의 자유와 인간의 존엄성 및 행복 추구는 반드시 존중되어야 하고 보장되어야 합니다…….

나는 산속의 이 맑은 공기로 고문의 후유증으로 가끔씩 재발하는 기침증세도 꼭 치유해야겠다고 생각을 해 봅니다.

이제 젊은 날의 지나간 나쁜 일들은 모두 다 잊어버리기로 하고, 깊고 높은 산속의 이 좋은 생수와 맑은 공기로 병든 육신과 정신 그리고 마음의 병까지 스스로 깨끗이 치유를 하려 합니다.

새로운 삶의 가치관으로 인생 방향을 바꾸고 또한 환경까지 바뀌었으니, 이제부터는 모든 생각을 바꾸고 행동까지 바꾸어 나아갈 것입니다.

지난날의 실수와 잘못들을 스스로 반성하고, 지난날의 실패들을 스스로 분석하여 잘못과 실수 그리고 실패로부터 많이 배워서 '새로운 앞날'을 준비해 나아갈 것입니다.

우리의 삶은 앞날이 더더욱 중요하기 때문에…….

제4장

모든 사람은 반드시 '현실적응'을 잘 해야 한다

사람은 누구나 반드시 '현실적응'을 잘 해나가야 하고…….

바깥세상을 버리고, 첫 산속의 아침에 저 멀리 아득하게 내려다보이는 인간 세상을 바라보니 만감이 교차합니다.

하늘을 한 번 올려다보고 고개를 돌려서 돌제단을 바라봅니다.

어제 임시로 만들었던 돌제단을 지난밤 꿈속에서 보았던 돌제단과 비교를 해보니 너무나도 작고 허술해 보입니다.

가만히 앉아 생각을 하다가 벌떡 일어서면서 나는 스스로 내 자신을 향하여 주먹을 불끈 쥐고 각오 한마디를 내어 뱉습니다.

"그래, 유서까지 써놓고 인생 가치관을 바꾸어 새로운 삶을 다시 시작하는 데 목표와 계획 및 준비를 제대로 잘 해야지!"

나는 하늘과 신령님께 아침 인사와 예를 갖추기 위해 우선 옹달샘 물을 떠 와 돌제단 위에 정한수로 물 한 그릇을 올리고, 촛불을 켜고, 향을 사르고, 큰절을 3번 올리고 그리고 조심스런 마음으로 맨바닥의 납작한 돌 위에 조용히 앉습니다.

지난밤 꿈들을 '하늘의 계시'로 생각하면서 계획을 세워봅니다.

이제부터는 이 깊고 높은 산속에서 오직 나 홀로 모든 것을 스스로 해결하면서 생존과 함께 '산(山)기도'를 해야 하고, 그 기간은 1년이 걸릴지 10년이 걸릴지 아니면 평생이 걸릴지 모릅니다.

그러하기 때문에 꿈의 계시대로 돌제단도 다시 만들어야 하고, 옹달샘 주변에 돌담도 쌓아야 하고, 간이 변소도 만들어야 하고, 텐트는 비좁고 허술하여 비바람과 기온변화에 견디기 힘드니 아예 나무와 돌 그리고 황토 흙으로 움막집을 짓기로 합니다.

그리고 하루 한 개씩 돌을 주어와 돌탑을 쌓으면서 기도를 해야겠다고 목표와 계획을 세우면서 각각의 공간배치를 구상해 봅니다.

그리고 부식으로 먹을 채소는 산속에서 산나물을 채취하기도 하고, 조그마한 텃밭을 만들어 스스로 일구고, 기본 생필품인 소금·간장·된장·쌀·콩·양초·향 등등은 산 아래 배나무고을 생가에 살고 있는 동생으로부터 조달받기로 했습니다.

나는 지금 첩첩산중의 깊고 높은 천등산 산속 옹달샘 옆에 앉아서 앞날의 목표와 계획을 세우며 구상을 하고 또 구상을 합니다.

입산하기 전에 이미 유서까지 써놓았고 유언까지 해 놓았기 때문에 마음속의 각오는 단단합니다.

"하늘의 명기(明氣)는 산(山)을 통해서 땅에 내린다"

라고 하니, 나는 이곳 천등산에서 하늘의 명기(明氣)를 받으며 대자연을 직접 관찰과 체험을 하면서 천기신통(天氣神通)과 함께 하늘자연의 비밀작용과 진리의 도(道)를 하나씩 깨치고 터득하면서 한 계단 한 걸음씩 나아갈 계획입니다.

옛날 옛적의 많은 명상가와 고승대덕의 수도자와 성자들처럼……

나는 지금 '하늘로 오르는 산'이라고 하는 이곳 천등산(天登山)에서 하늘의 명기를 받아 반드시 신통력을 얻고 그리고 그 신통력으로 내 자신의 운명과 내가 누구인지? 그리고 도(道)를 꼭 깨우칠 것입니다.

앞으로의 수도(修道)기간은 1년이 걸릴지 10년이 걸릴지 아니면 평생이 걸릴지 현재의 내 자신으로서는 알 수가 없습니다.

그러나 나는 유서와 유언까지 해 놓고 죽음까지도 각오하는 배수진을 쳐놓았으니 반드시 목표와 목적을 이루어 낼 것입니다.

나는 목표와 계획 그리고 구상이 이쯤에 이르자, 지난밤 식사했던 빈 솥을 씻고 공양미 밥을 지어서 솥 째 돌제단 위에 올리고, 또 촛불을 켜고, 향을 사르고, 큰절을 3번 하고 일어서서 정성스런 마음과 단정한 태도로 가슴 앞에 합장으로 두 손을 모으고서 아침기도를 올립니다.

"하늘이시여! 신령님이시여! 있는 것 가지고 정성껏 아침 공양을 올리오니 공양 잘 받으시고 이제부터 제 스승이 되어 주시옵소서. 산(山)에는 명기가 있고, 신통이 있고, 진리가 있고, 영원한 생명이 있다고 해서 이 깊고 높은 고향 본산(本山) 천등산에 내 인생 마지막 방법으로 산(山)기도로 도(道)를 닦으러 들어왔습니다.

모든 사람에게는 자기 자신이 태어난 고향의 '본향산'이 그 사람 평생동안의 기운을 조종한다고 들었습니다. 저는 아직 아무것도 모르오니 직감으로 가르쳐 주시고, 영감으로 가르쳐 주시고, 꿈속에서 예시몽으로 가르쳐 주시옵소서! 지난밤 꿈을 신령님의 계시로 받아들여 돌제단도 크고 높다랗게 다시 만들고, 옹달샘 주변에 빙 둘러 돌담도 쌓고, 움막집도 튼튼하게 짓고 그리고 매일 돌 한 개씩을 주워와 돌탑을 쌓으면서 산기도공부 열심히 하겠습니다.

부디 저의 간절한 소망을 꼭 이루게 해주시옵소서! 목숨 걸고 끝까지 해내겠습니다.”

라고 하면서 넋두리처럼 혼자 중얼거리며 보이지도 않는 신령님께 소망을 빌고 맹세를 합니다.

“하늘과 신령님께 올리는 맹세와 약속은 목숨 걸고 지켜야 한다.”

라고 하는데, 나는 그 맹세와 약속을 지금 해버렸습니다.

아침기도 30분쯤 지나고, 제단 위에 올려놓았던 김이 빠져버린 식은 밥을 내려와 텐트 안 맨바닥에 차려놓고 김치와 콩자반을 반찬으로 아침식사를 합니다.

산속에서 김이 빠져버린 식은 밥을 별 반찬도 없이 혼자 먹는 단출한 식사가 이제부터 시작됩니다.

오직 생존만을 위한 최소한의 식사를 해야 합니다.

지금까지 살아오면서 중년나이에 서울 한복판 ‘종로3가 국일관’의 회장을 할 때는 고급요정과 고급한정식집에서 한상차림에 수십만 원과 수백만 원씩 하는 고급식사도 먹어보았고, 또한 젊은 날 독재정권의 학생저항운동으로 감옥살이를 할 때는 1평짜리 독방감옥에서 여름철의 무더위에 선풍기나 에어컨도 없이 지내보았고, 겨울철의 혹독한 추위에 마루청 차가운 맨바닥에서 담요만으로 견디어도 보았으며 또한 혼자 먹는 맛없는 콩밥을 지겹도록 먹으면서 오직 생존만을 위해 살아본 경험도 있기 때문에 맛없는 밥을 혼자 먹는 식사는 이골이 나있어 괜찮습니다. 그러나 들은풍월이 있어서 불에 익힌 화식을 하느냐 아니면 자연 그대로의 생식을 하느냐를 생각하다가 때가 되면 자연스레 생식을 하기로 마음을 먹어봅니다.

개인적인 평소의 생각은 편리함과 건강 그리고 환경과 자연의 섭리와 순리를 생각하면 자연 생명력이 그대로인 생식(生食)이 더 좋고 바람직하다고 늘 생각해오기도 했습니다.

또한, 다행히도 나는 입산하기 전에 기회가 주어질 때마다 자주 생식을 즐겨하는 편이었습니다. 싱싱한 배추·미나리·오이·당근 등등을 쌈장 또는 된장에 날것으로 찍어먹고, 토마토·사과·배·귤·단감·복숭아 등등의 과일을 제철에 맞게 먹었습니다. 그리고 여행을 하거나 등산을 할 때는 휴대하기 편리하게 쌀·보리·콩·수수·율무 등등 여러 가지 곡식을 살짝 볶아서 가루로 만든 선식 미숫가루를 먹으며 김·미역·다시마·톳 등등의 해초까지 모든 음식을 골고루 먹으면서 이왕이면 생식(生食)을 할 기회가 있을 때마다 생식을 즐겨먹는 편이었습니다.

그리고 자연생식에는 무엇보다도 생기(生氣)가 들어있기 때문에 기(氣) 수련이나 도(道) 공부 또는 종교적 수도수행하는 사람들은 살아있는 생기를 그대로 섭취하는 자연생식이 더욱 유익하고 바람직하며 음식은 습관에 달려있다고 생각합니다.

혹시, 지금 이 글을 읽고 있는 독자분께서 행여 인생을 살아가다가 몸과 마음에 병이 들면, 자연 속으로 들어가 '자연생식'을 하면서 자연의 섭리에 따르며 모든 것을 순리에 맡겨 보십시오! 자연의 생명력 기운 그리고 섭리와 순리는 위대한 의사가 되어 줄 것입니다.

그리고 기회가 있을 때마다 다음과 같이 해보시길 바랍니다.

① 떠오르는 빛나는 아침 태양을 정면으로 마주보고서 두 팔을 번쩍 들어올려 쩍~ 벌리든 또는 아침 해가 솟아 오를 때 태양을 바라보고 앉아 '아침명상'을 하면서 호흡과 마음속으로 아침 태양의 기운을 빨아 당기듯하며 떠오르는 아침 태양의 기운을 받아보십시오!

② 한밤중 하늘에 높이 두둥실 떠있는 보름달을 정면으로 올려다보면서 두 손바닥을 마주하여 합장을 하고 호흡과 마음속으로 보름달의 기운을 빨아 당

기듯하면서 소원까지 지극 정성으로 빌며 밤하늘에 두둥실 떠있는 보름달의 기운을 받아보십시요! 특히 하늘의 달[月]은 이 세상의 모든 물(水)을 주관하고 다스리기 때문에 칠성줄로 태어난 사람은 달님께 소원발원을 하면 가장 좋습니다.

③ 한밤중에 북극성과 북두칠성을 정면으로 올려다보면서 두 손바닥을 마주하여 합장을 하고 호흡과 마음속으로 별의 기운을 빨아 당기듯하면서 밤하늘에 빛나는 별의 기운을 받아보십시요! 특히 수명이 짧은 사람은 북두칠성을 바라보고 기도하면 좋습니다.

이렇게 해보았던 경험이 있는 사람들은 우리 인류가 수십만 년 전부터 해왔던 그 '가르침'의 의미를 금세 알아차릴 것이라 믿습니다.

사람은 음식과 호흡 및 기도명상을 통해서 우주자연의 '생명 에너지' 기운을 섭취 흡수하면서 살아가기 때문입니다.

행여나 삶을 살아가다가 잘못되거든, 삶의 마지막 방법으로 자연의 기운을 꼭 받아보시고 그리고 자연의 섭리와 순리를 따라 보십시요!

정말로 우주하늘자연에서 보내온 기운(氣運) 생명 에너지 그리고 자연의 섭리와 순리는 위대한 의사가 되어 줄 것입니다…….

깊고 높은 산속에서 첫 아침식사를 하고 그리고 납작하게 생긴 커다란 돌을 끙끙~대면서 옮겨와 옹달샘 옆에 준비를 해 놓고 밥 먹었던 그릇을 씻어 그 돌 위에다 얹어 놓으니 기가 막히게 잘 어울리는 자연 '돌 싱크대' 선반이 되는지라 웃음이 씩~ 나옵니다.

산속에 아무렇게나 널려있는 자연 돌을 주워와 그 생김새에 따라 용도에 알맞게 사용을 하니 돌제단용이 되고, 돌 싱크대 선반용이 되고, 또 다음으로 돌담장용이 될 것이고, 움막집을 짓는 벽돌용이 될 것이고, 돌탑용이 될 것입니다. 그렇기 때문에 넓적하게 생겼으면 넓적한 대로, 둥글게 생겼으면 둥근

대로, 큰 것은 큰 대로, 작은 것은 작은 대로, 그 생김새에 따라 용도에 맞게 다 쓰일 것입니다.

따라서 쓸모없는 돌이란 없을 것이고, 이것은 우리 사람도 다른 물건들도 또한 마찬가지라고 생각을 합니다.

얼굴이 잘생긴 사람은 그 잘생긴 얼굴을, 체력이 강한 사람은 그 강한 체력을, 두뇌가 좋은 사람은 그 좋은 두뇌를, 손재주가 뛰어난 사람은 그 뛰어난 손재주를, 키가 큰 사람은 그 큰 키를, 키가 작은 사람은 그 작은 키를, 끼가 많은 사람은 그 끼를 살려주는 등등 모든 사람은 반드시 한 가지씩 개성적 소질과 조건을 가지고 태어나기 때문에 태어나면서 자기 자신의 타고난 소질적 재능과 유리한 점을 잘 살려서 '적극계발'을 시켜주면 쓸모없는 인간이란 없을 것이라 생각합니다.

나는 지금 산속에 들어와 돌 한 개를 옮기면서 지혜의 눈을 뜨기 시작하고 깨달음 발견의 첫 도(道)를 깨치기 시작합니다.

옛날 어느 선인께서는 아직 추위가 가시지 않은 이른 봄철의 어느 날 흰 눈 속에서 야생 들꽃 한 송이가 피어나는 것을 보고 도를 깨치고, 또 어느 선인께서는 늦가을의 어느 날 모질고 세찬 바람에 마지막 떨어지는 나뭇잎을 보고 도를 깨치고, 또 어느 선인께서는 진짜로 죽는 순간에야 '허무와 무상함'을 느끼면서 도를 깨쳤다고 들은바 있습니다. 그런데 나도 지금 돌 한 개를 옮기면서 현상적 진리 발견의 깨달음을 얻기 위한 도(道)에 관심이 있기 때문에 지혜의 눈을 뜨기 시작합니다.

"세상살이는 관심이 있어야 보이기 시작하고 드디어 보이게 된다."

이제 생각을 마치고, 행동으로 실천을 하기 위해 불끈 일어섭니다.

먼저 이곳의 지형을 살피고 지난밤 꿈속에서 계시로 보여준 대로 미래의 생활공간을 위해 각각의 위치를 선정하면서 가장 급하고 귀중한 것부터 준비계획을 세웁니다.

새로운 삶의 목표와 해야 할 일이 분명하게 되니, 철저한 계획을 세우고 준비를 하고 그리고 실행으로 옮기고자 합니다.

우리의 인생살이도 마찬가지입니다.

어른이든 아이든 그리고 큰일이든 작은 일이든 실패하지 않고 불행하지 않으려면, 반드시 '기본과 원칙'에 충실해서 ① 목적과 목표를 정하고 ② 계획을 세우고 ③ 준비를 하고 ④ 하나씩 실천해 나가면서 순리와 절차에 따라 한 걸음씩 한 계단씩 진행시켜 나아가야 합니다.

또한, 무슨 일이든 행동으로 실행을 할 때에는 급한 것과 중요한 것을 정확하게 구분을 해서 반드시 '우선순위'를 잘 정해야 합니다.

일의 우선순위를 정할 경우에는 ① 중요하기도 하면서 가장 급한 것을 먼저 하고 ② 급하지는 않지만 중요한 것을 다음으로 하고 ③ 급하지도 않고 중요하지도 않은 것은 맨 나중에 해야 합니다.

반드시 종이에 글로 써서 잘 보이는 곳에 꼭 붙여두어야 합니다.

집집마다 걸려있는 달력을 활용하는 것도 정말 좋은 방법입니다.

이와 같이 목표를 정하고, 계획을 세우고, 준비를 해서 일을 하나씩 실천해 나아가면 누구나 무슨 일이든 반드시 '성공'시킬 수 있습니다.

그리고 반드시 성공을 하려면, 100% 집중을 해야 하고, 끈기로 끝까지 지속해야 하며, 항상 글로 쓰고 기록을 하는 습관을 꼭 가져야 합니다. 번뜩이는 아이디어나 해법이 언제 어떤 상황에서 튀어나올지 모르기 때문에 항상 메모를 해두는 '준비와 습관'을 길들여야 합니다.

말과 행동의 습관은 점점 그 사람의 삶이 되어갑니다.

"몸과 마음은 반드시 길들여야 하고 또한 길들일 수 있다."

몸과 마음을 통제하고 길들여서 흔들림이 없게 해야 합니다.

도(道)를 닦는 것은 첫 번째가 '마음탐구'라고 생각합니다.

마음은 자기합리화를 위해 거짓말을 하게 되니, 마음을 주의깊게 관찰하면서 '주시'를 잘 해야 합니다. 휩쓸리지 않고 '주시'를 잘 하면 마음의 주인이 되고, 흔들리고 휩쓸리면 마음의 노예가 되어 버립니다……

성공·출세를 하고 부자가 되려면, 인생살이는 약 100년까지 달리는 마라톤 경주와 같기 때문에 항상 현시점에서 최소한 10년 계획은 세워야 하고 또한 평생의 목표와 계획도 함께 세워야 합니다.

인생살이 100년 동안 달리기 경주를 할 경우 토끼와 거북이 중에서 오직 앞만 보고 기어가는 거북이가 오히려 이길 수 있습니다.

한 가지 일을 10년 동안 또는 평생동안을 지속해 나아갈 수만 있다면 반드시 그 분야의 전문가가 될 것이고, 돈을 모을 것이며 정신과 마음이 안정될 것이니 반드시 성공을 하게 될 것입니다.

성공·출세와 부자가 되려면 반드시 야망이 있어야 하고, 도전 정신과 열정이 있어야 하고, 분명한 목표와 계획을 세우고 그리고 집념과 끈기로 실천하는 사람만이 성취할 수 있다고 확신을 합니다.

젊은 날에는 이러한 삶의 기술과 지혜를 잘 모를 수 있습니다.

남들이 하니까 그냥 따라하고, 성급히 하다가 시행착오를 일으키고, 게으르다가 때를 놓치고, 옮겨 다니다가 도로 원위치로 되돌아오고, 준비하지 않고 있다가 또 기회를 놓치고 등등 늘 당할 수 있습니다.

필자는 최선의 노력을 했지만, 의욕과 야망만 앞서고 운(運)을 잘 몰라서 사업 실패자가 되어 중년의 나이에 시골로 하향을 하고, 그리고 현재는 천등산의 첩첩 깊고 높은 산속에 들어와 있습니다.

이제부터라도 아직 남아있는 내 인생의 절반이라도 성공시키기 위해서는 지난 과거 젊은 날의 잘못들을 뼛속 깊이 묻어두고 어떻게든 이 산속에서 생존을 해가며 도(道)를 닦아야 합니다.

지난 젊은 날의 실수와 실패로부터 배우고 깨달았으니, 이제부터라도 다시는 실수와 실패를 당하지 않기 위해 객관적 분석과 합리적 판단으로 분명한 목표를 정하고 철저한 준비와 계획을 세워봅니다.

내 일생일대의 도전과 모험이 걸려있는 이 산속에서의 도(道) 닦는 생활은 최소한 10년 이상 또는 평생동안이 걸릴 것이라는 종합분석 예측으로 장기계획을 세워봅니다.

또한, 이 산속에서 나 홀로 산(山)기도 생활을 잘 하려면 지난밤 꿈의 계시대로 돌제단도 크고 튼튼하게 다시 만들어야 하고, 간이 변소도 만들어야 하고, 움막집 토굴도 만들어야 하고, 옹달샘 주변에 돌담장도 쌓아야 합니다. 더군다나 한 달에 한 번씩 식량을 건네받는 산중턱의 마당바위가 있는 곳까지 새로운 산길도 만들어야 합니다.

이제 또다시는 실패하지 않기 위해서, 내 인생의 후반기는 반드시 성공을 하기 위해서, 분명한 목표와 철저한 계획을 세우고 그리고 '우선순위'를 정해서 하나씩 반드시 실천해 나아가려고 합니다.

우선 가장 먼저 해야 할 일은 옹달샘을 중심점으로 각각의 공간자리부터 구상을 하고 배치 선정을 하는 일입니다.

옹달샘을 중심점으로 그 위편에는 돌탑 자리를 정하고, 그 돌탑자리 아래에 돌제단 자리를 정하고, 옹달샘과 조금 떨어진 옆으로 옹달샘 근처 현재 텐트가 쳐져있는 곳은 움막집 토굴을 지을 자리로 정하고, 비스듬히 아래편으로 50m 거리쯤에 간이 화장실 자리를 정합니다.

첫 번째로 오늘부터 할 일은 '돌제단'을 다시 크고 튼튼하게 쌓는 일부터 시작을 합니다.

(돌제단은 자연 속에서 기도할 때 신(神)과 만남의 '성소'입니다.)

이제 돌제단을 쌓기 시작합니다.

주변에 있는 커다랗고 납작하게 생긴 돌을 옮겨옵니다. 때로는 안아서 옮겨오기도 하고, 때로는 굴려서 옮겨오기도 합니다.

하루 종일 땀을 흘리면서 돌제단을 쌓습니다.

목이 마르면 옹달샘 물을 한 바가지 떠서 벌컥벌컥 들이켜고, 땀을 닦고 또 땀을 흘리면서 돌제단을 쌓습니다.

나는 하늘과 신령님께 공양물과 제물을 바칠 돌제단을 쌓습니다.

꼬박 7일이 걸려서 천등산에 신(神)들을 위한 돌제단을 완성합니다. 그리고 이번에는 간이 화장실을 만들 차례입니다.

산속에서 산(山)기도를 하는 장소는 깨끗하고 정갈해야 하기 때문에 기도 장소에서 약 50m쯤 거리를 두고 비스듬히 산 아래편으로 길을 만들고 흙구덩이를 팝니다. 오물을 일정한 곳에 모으고 땅속에 깊숙이 감추기 위해 흙구덩이를 가슴 높이만큼의 깊이로 팝니다. 그리고 굵고 기다란 통나무를 두 개씩 맞대어 묶어서 나란히 흙구덩이 위에 걸쳐 놓고, 네 귀퉁이에 기다란 나무기둥을 4각으로 세우고, 가로 막대기를 4각으로 잇대어 칡넝쿨로 묶고, 지붕은 풀줄기로 이엉을 만들어 덮고, 좌우 뒷면은 갈대풀 이엉으로 가리고 앞면 한쪽만 터놓은 간이 화장실을 만듭니다.

꼬박 5일 걸려서 간이 화장실을 완성합니다.

그리고 이번에는 옹달샘 주변에 돌담장을 쌓을 차례입니다.

우리인간이 살아갈 수 있는 조건 중에서 가장 귀중한 것이 먹는 물이라고 생각합니다.

또한 존재하는 만물의 근원은 물과 불 그리고 공기라고 생각합니다.

우리 인간의 문명발생지나 또는 국가형성, 도시형성, 촌락형성 등등이 모두가 물이 풍부한 곳에서 이루어지고, 특히 먹는 물이 있는 곳에 주택이 만들어지고 또한 주택이 있으면 먹는 물이 공급되어야 합니다.

미래 우리 인간의 생활지수는 자연 그대로의 맑은 생수와 맑은 공기를 얼마만큼 잘 마실 수 있는가가 될 것입니다.

나는 지금, 나에게 자연 그대로의 맑은 생수를 마음껏 자유롭게 마실 수 있도록 해주고 있는 첩첩산중의 깊고 높은 산속 옹달샘에 한없는 고마움과 감사를 느낍니다.

가장 귀중한 나의 보배인 깊고 높은 산속의 이 옹달샘이 영원히 오랜 세월 동안 보존될 수 있도록 옹달샘 주변을 괭이로 땅을 파서 축대를 튼튼하게 만들어 출입구만 남겨놓고 가슴 높이만큼 4각으로 돌담장을 쌓습니다.

돌담장 안의 옹달샘 옆에는 돌 선반을 만들고, 그 아래에는 돌 싱크대를 만들고, 그 아래에는 옆으로 조금 비켜 목욕할 때에 맨발로 올라서서 몸을 씻을 수 있도록 납작하고 커다란 돌을 옮겨와 바닥에 평평하게 깔아둡니다.

꼬박 6일이 걸려서 옹달샘 주변에 돌담장을 완성합니다.

첩첩산중의 깊고 높은 산속에 나의 생활터전을 만들어 갑니다.

나는 이제 스스로 새로운 환경변화에 적응을 해 갑니다.

살기 위해서는 반드시 환경에 적응을 해내야 합니다.

나는 성공을 위해서 분명한 목표를 정하고, 철저한 계획을 세우고 그리고 우선순위에 따라 하나씩 실천을 해 나아갑니다.

반드시 성공을 위해서……

제5장

모든 사람에게는 '사는 집'이 우선 중요하다

모든 사람에게는 '사는 집'이 우선으로 중요하고……

성공을 위해서는 반드시 목표를 정하고, 계획을 세우고, 준비를 잘 해서 우선 순위에 따라 하나씩 꼭 실천을 해 나아가야 합니다.

필자는 지금, 개소리 닭소리 사람소리가 전혀 들리지 않는 첩첩산중 깊고 높은 산속에 도(道)닦으러 들어와 나 홀로 살아가야 하는 생활터전을 만들어가고 있습니다. 도 닦을 기간이 10년이 걸릴지 평생이 걸릴지 모르기 때문에 또한 오랜 세월 산속에서 나 홀로 살아가야 하기 때문에 하나씩 철저하게 준비를 합니다.

이번에는 텐트가 있는 그곳에 현지 산속에 있는 자연 건축 재료 돌과 황토흙으로 움막집 토굴을 지어야 할 차례입니다.

움막집 토굴이 완성될 때까지는 텐트를 더 사용해야 하기 때문에 우선 텐트를 다른 곳으로 옮겨 설치하기 위해 옆으로 거리를 띄우고 괭이로 땅을 고르고 다듬어 평평한 공간을 만듭니다. 그리고 텐트를 그곳으로 옮겨 놓습니다.

이제부터는 오직 혼자만의 능력으로 재료와 도구가 충분치 않은 여건 속에서 한 번도 집을 지어보지 않은 무경험자가 자신이 살아야 할 움막집 토굴을 직접 지어야 합니다.

설계도면도 없고, 도와줄 사람도 없고, 건축 재료라고는 주변에 아무렇게나 널려있는 자연석 돌과 황토 흙 그리고 살아 서 있는 생나무와 칡넝쿨뿐이고, 도구라고는 괭이·낫·톱 그리고 작은 손도끼뿐입니다.

오랜 세월동안 살아야 할 집을 짓는데 건축 재료와 도구가 이러하니, 옛날 옛적에 원시인이나 미개인들이 있는 그대로의 자연재료를 사용하여 비바람만 피할 수 있을 정도의 흙돌벽 움막집을 지었던 것처럼 나도 내 손으로 집을 지어야 합니다.

우선 주위에 널려있는 크기가 비슷비슷한 자연석 돌을 주워와 한곳에 수북이 쌓아 준비를 해두고, 또 풀줄기를 뜯어와 한곳에 수북이 쌓아두고, 또 소나무를 베어와 1자 길이 약 30cm만큼 자르고 잘라서 나무토막을 한 곳에 수북이 쌓습니다. 그리고 괭이로 땅을 깊숙이 파서 오염되지 않은 땅속 깊은 곳의 새 황토흙을 비닐자루로 계속 옮겨와 한 곳에 수북이 쌓아 준비를 해둡니다. 그 다음 황토 흙에 물을 붓고 풀줄기를 함께 넣고 짓이기면서 흙반죽을 만듭니다. 흙반죽을 만들 때 풀줄기를 함께 넣는 이유는 흙이 말랐을 때에 잘 부서지지 않도록 하기 위해서입니다.

옛날 농촌에서 시골집을 지을 때는 볏짚을 사용했습니다.

황토 흙반죽을 준비해 놓고 이제부터 집을 짓기 시작합니다. 벽돌 대용으로 자연석 돌과 나무토막을 사용하고 시멘트 대용으로 황토 흙을 사용해서 천연 자연재료의 황토 토담집을 짓습니다.

황토 흙반죽을 한 움큼 놓고, 그 위에 돌 한 개를 올려놓고, 또 황토 흙반죽을 한 움큼 놓고, 또 그 위에 돌 한 개를 올려놓고 그리고 중간 중간에 나무토막을 올려놓고 하면서 위로 옆으로 계속해서 황토 흙돌벽을 쌓아올립니다.

구슬땀을 뻘뻘 ~ 흘리면서 계속 흙돌벽을 쌓아올립니다. 손과 발이 흙 범벅이 된 모습으로 산속에서 나 홀로 내 집을 짓습니다.

출입문의 문짝 틀을 나무토막으로 만들어 세우고, 돌제단과 돌탑 쪽 벽면에는 커다란 창문의 문짝 틀을 만들어 넣고 하면서 흙돌벽을 계속 쌓아 올립니다.

몇 날 며칠이 지나고 또 지나갑니다. 변변한 도구나 연장도 없이 나 홀로 맨손으로 나의 토담집 토굴을 지어갑니다.

내 키보다 더 높은 흙돌벽을 4각으로 다 쌓아올렸습니다.

굵고 기다란 나무를 베어와 쌓아올린 흙돌벽 위에 나란히 걸쳐서 지붕 서까래를 만들고, 서까래 위로 비닐을 펼치고, 가느다란 나뭇가지와 싸릿대를 걸치고 풀줄기로 이엉을 엮어서 지붕 위에 얹습니다.

그리고 또다시 비닐로 지붕 전체를 덮어씌우고 칡넝쿨로 이리저리 얽어맵니다.

마지막으로 출입문과 창문은 기다란 나무로 틀을 만들고, 싸릿대로 살을 대고 비닐을 씌우고, 칡넝쿨과 못으로 마무리를 끝내면서 첩첩산중 깊고 높은 천등산 옹달샘 옆에 7평 크기 정도의 조그마한 원룸식 움막토담집 토굴이 완성됩니다.

꼬박 15일이 걸려서 내 손으로 내 집을 지었습니다.

난생처음 내 손으로 직접 지은 나의 토굴입니다.

'토굴(土窟)'이란 오직 수행과 수도만을 위해서 간소하게 지은 작은 집을 일컫습니다.

겨우 7평 크기의 작은 집에서 어떻게 살아갈 수 있느냐고 묻는 독자가 있으면 나는 이렇게 대답을 할 겁니다.

현재 상태의 자신의 처지에 따라서 꼭 필요한 것만 갖고 필요에 의한 삶을 산다면 7평 크기의 공간도 넉넉하다고 말입니다.

삶의 가치관과 생활환경이 바뀌기 전에 서울 중심가 종로통에서 큰 사업을 할 때는 필자도 80평 크기의 고급 초대형 아파트에서 으리번쩍하게 살아도 보았습니다.

한때는 그 유명한 서울 한복판 종로3가 국일관 나이트클럽과 오락게임장 사업이 잘 될 때는 하루에 1억 원씩도 벌어보았습니다.

그러나 큰 사고가 발생하고 큰 손실을 당하면서도 깨끗이 정산을 해 주고, 인생 가치관을 바꾸어 도(道)나 닦으려고 스스로 '위대한 버림'을 선택한 현재는 산(山)속의 토굴기도생활환경에 처해 있습니다.

사람은 자신이 처한 현재의 환경에 적응을 잘 해내야 합니다. 최대한 빨리 적응을 해야 생존경쟁에서 살아남습니다.

또한, 사람은 어디에서든 항상 '주인의식'으로 삶을 살아야 합니다.

눈치보고, 꾀부리고, 시키는 것만 하는 피동적인 사람은 평생동안 머슴·종업원 의식이니 계속 가난뱅이가 될 것이고, 자기 스스로 하는 능동적인 사람은 주류·주인의식이니 점점 부자가 될 것입니다.

자기의 인생은 오직 자신이 설계하여 돌탑을 쌓아 올리듯 자신의 인생탑을 튼튼하고 멋지게 잘 쌓아올려야 합니다. 왜냐하면 우리의 삶은 한 번 태어나면 약 100년까지도 살아가야 하고, 반드시 성공 및 출세를 하고 부자가 되어야 사람대접을 받고 더욱 행복할 수 있기 때문입니다……

잠깐, 건축물 집에 대한 이야기를 조금 말할까 합니다.

우리는 누구나 집을 짓거나 구입하여 사용을 하며 살아가야 합니다.

집은 살고 있는 곳의 기후와 목적과 편리성 그리고 주변 환경과 그 집에서 살아야 하는 사람에 따라서 천차만별이 있을 수 있으나 건축 재료만큼은 인간 친화적 자연재료를 사용해야 한다고 생각합니다.

기후로 볼 경우에는 추운 지방과 더운 지방의 집이 다르고, 4계절의 기후 변화가 있는 곳과 기후 변화가 없는 곳의 집이 달라야 합니다.

목적으로 볼 경우에는 주거용과 업무 상업용 그리고 레저용 등이 달라야 하고, 반드시 사용하기에 편리해야 합니다.

또한, 그 집에서 거주하거나 그 집을 사용하는 사람의 숫자에 따라서 크기가 달라야 하고, 특히 대지인 땅과 태양의 기(氣)를 최대한 많이 받을 수 있어야 합니다.

더운 지방에서는 더위를 잘 피할 수 있어야 하고, 추운 지방에서는 추위를 잘 막을 수 있어야 하고, 바람이 너무 강한 지방에서는 바람을 잘 막을 수 있어야 하고, 습기가 너무 많은 지방에서는 습기를 잘 막을 수 있어야 합니다.

그렇기 때문에 바닷가의 집은 높아야 하고, 산 위의 집은 낮아야 하며, 북반구 지역은 남향집을 지어야 하고, 남반구 지역은 북향집을 지어야 하며, 각 지역마다 또는 개별 건물마다 각각 '기맥의 흐름'을 파악하여 잘 활용할 줄 알아야 합니다.

특히 주거용 가정집을 새로 짓거나 새로 구입을 하려고 할 경우에는 햇볕과 바람 · 조망 그리고 기(氣) 흐름의 작용을 고려해서 거실 · 안방 · 화장실 · 주방 조리대의 '공간배치'가 잘되어야 합니다. 그리고 현관 출입문 안쪽의 정면에 큰 거울 · 안방 · 화장실을 두지 말고, 안방 또는 거실은 집의 중심에 배치가 되어야 하며, 단독주택일 경우에는 북쪽방향과 서쪽방향 대문은 꼭 피해야 합니다.

그리고 특히 안방 사용은 반드시 그 집의 '가장(남편 · 주인)'이 사용해야 다른 사람에게 운을 빼앗기지 않는다는 것을 꼭 가르쳐 드립니다.

주거용 가정집은 오랜 세월과 시간을 그 집에서 생활하면서 잠을 자야 하기 때문에 그 주변의 나무가 최대로 자랄 수 있는 높이보다 낮아야 하며, 대지 땅의 기(地氣)가 닿을 수 있는 높이를 벗어나면 나쁩니다.

　모든 생명체는 태양의 양기(陽氣)와 땅의 지기(地氣)가 꼭 필요하기 때문에 반드시 햇볕이 잘 들어야 하고 또한 너무 높지 않아야 합니다.

　주거용 주택을 포함한 모든 건물은 대체로 '배산임수(背山臨水)'와 '자좌오향(子坐午向)'의 집이 가장 좋기 때문에 앞쪽은 확 트여서 큰강·바다·들판·큰 도로가 보이고, 남향집으로 태양의 햇볕이 잘 들어야 집 안에 밝은 양기(陽氣)가 모이고, 운(運)이 좋게 됩니다.

　도시지역 주거밀집형으로 앞집·옆집·뒷집의 건물 벽만 바라보이는 집 또는 햇볕이 들지 않은 집은 아주 나쁘니 꼭 피해야 합니다.

　특히 도시지역의 집은 대지 이용의 효율성을 위해 경사도·좌향·방향은 어쩔 수 없다고 하더라도 각각 개별 집들 주변의 공기 바람흐름과 또한 뒤쪽 높은 곳에서 형성되어 흐르는 기맥의 '명당자리'를 꼭 찾아서 잘 활용할 줄은 알아야 합니다.

　집을 짓거나 구입을 하거나 또는 주거를 할 경우에는 ① 햇볕이 잘 비추는가? ② 땅의 기운이 좋은 곳인가? ③ 맑은 공기와 바람의 흐름이 좋은가? ④ 방음과 방한·방열·방습이 잘되는가? ⑤ 앞쪽이 확 트여서 조망이 좋은가? ⑥ 내부의 공간 배치가 잘되어 있는가? ⑦ 용도에 맞게 편리한가? ⑧ 주위 환경이 좋은가? ⑨ 교통이 편리한가? 등등을 꼭 잘 살펴야 함을 가르쳐 드립니다.

　주거용 가정집 주택으로서 가장 나쁜 집은 집 주변의 나무가 최고 높이로 자랄 수 있는 높이보다 훨씬 더 높은 40층 이상의 초고층 집과 햇볕이 잘 비추지 못하여 어둡고 음산한 기운이 감도는 집과 수맥이 통과하는 집과 터신이 센 집터의 집은 나쁘니 꼭 피해야 합니다.

특히 너무 높은 곳에서 오랜 시간과 오랜 세월 동안 잠을 자고 생활을 하면 인체의 자율신경 조절의 이상을 초래하여 각종 '신경정신질환'을 일으키기 쉽고, 그리고 대지인 땅의 지기(地氣)를 받지 못하여 건강이 나빠질 수 있으며 운까지도 나빠질 수 있기 때문에 40층 이상 높이의 주거용 초고층 오피스텔 및 초고층 아파트에서 오랜 세월동안 잠을 자는 행위는 아주 나쁘다는 것을 지적하고, 또한 햇볕이 안 드는 음산한 기운이 감도는 집과 주변의 공기 바람 흐름이 안 좋은 집 그리고 수맥이 통과하거나 터신이 센 집터에서는 반드시 나쁜 불상사가 생기기 때문에 아주 나쁘다는 것을 거듭 충고합니다.

잠을 잘 때는 기작용(氣作用)의 무방비 상태가 되고 또한 운작용(運作用)의 무방비 상태가 되기 때문에 '잠을 자는 곳'은 가장 중요하고, 잠을 잘 자게 해 주는 집이 주거용 최고명당자리입니다.

필자는 현재 수정 없이 '직감직필'로 이 글을 기록하고 있습니다.

다만, 기록을 하고 있는 필자가 전문 글쟁이가 아니기 때문에 표현이 다소 서툴 수 있으니 독자들께서는 이해를 좀 해주시면서 전달하고자 하는 이 책의 '취지'를 잘 헤아려주시길 바라는 바입니다.

사람들은 모두 집과 관련이 있기 때문에 조금 더 집과 집터의 운(運)과 관련된 숫자의 수리학적 비밀정보를 가르쳐 드릴까 합니다.

우리가 살고 있는 집과 집터 및 모든 땅은 각각의 고유필지에 따라 번지 숫자와 건물번호가 매겨져 있고, 각각의 숫자에 따른 수리학적 기운과 그 땅의 터신의 기운이 함께 작용을 하고 있기 때문에 건물이나 집을 지을 경우 또는 분양을 받거나 매입을 할 때 또는 이사 들어갈 경우에는 그 건물의 번호 숫자와 층 숫자 및 각 구분별 호실 숫자를 잘 선택을 해야 하고 또한 그 땅의 번지 숫자와 그 땅의 터신의 기운(氣運)작용 등을 반드시 먼저 잘 살펴야 함을 꼭 가르쳐 드립니다.

또한, 모든 사람은 각자의 좋고 나쁜 방위와 좌향이 있기 때문에 반드시 방위와 좌향도 잘 살펴야 하고, 나이와 날짜에 따른 운수와 일진이 있기 때문에 생기복덕(生氣福德) '좋은 날 택일'도 잘 해야 함을 꼭 가르쳐 드립니다.

다이아몬드는 작아도 값이 비싸듯 '명당터' 운(運)이 좋은 집은 값이 비싸며, 수많은 여러 날짜 중 '생기복덕 택일'은 정말로 중요합니다.

무슨 일을 하든지 간에 운(運)흐름의 '운세'를 모르거나 또는 운이 안 열리거나 운이 따라주지 않으면 그 어떤 사람일지라도 잘 되지가 않습니다.

운을 알아야, 운이 열려야, 운이 따라줘야, 운이 도와줘야, 운이 강해야, 운이 바뀌어야 등은 많이 사용하는 말이고 또한 진실입니다.

노력만으로는 큰 부자가 될 수 없고, 부부이혼이나 사별을 막을 수 없고, 사업 부도를 막을 수 없고, 개인파산을 막을 수 없고, 죽음을 피할 수 없다는 것이 진실입니다.

성공출세를 하고 부자가 된 사람들은 모두가 '최고 1류 점술가'를 찾아가 점(占)을 보고 그리고 준비와 대비 및 대응을 잘 하고 더 나아가 운(運)을 더 좋게 만들어서 성공출세를 하고 부자가 된 것입니다.

그래서 늘 사용하는 '운빨이 서야'란 말처럼, 인생은 '운 8, 노력 2'라는 말처럼, 인생은 운이 80%이고 노력이 20%인 것입니다…….

혹시, 지금 이 글을 읽고 있는 독자분 중에서 건축을 하고나서 또는 집 · 가게 · 상가 · 사무실 · 공장 등등을 옮기거나 이사를 하고나서 또는 조상 산소이장이나 화장을 하고나서 또는 초고층 오피스텔이나 초고층 아파트의 높은 층에 살면서 등등 현재 본인과 가족 중에 신경정신질환 · 우울증 또는 각종 사고 · 자살 · 손해 · 사업 실패 · 큰 질병 · 송사 · 감옥살이 · 좌천 · 명퇴 · 부부싸움 등등이 발생하거나 또는 가위눌린 꿈 · 젊은 여자 꿈 · 갓난아기 꿈 · 쫓기는 꿈·자기 물건을 잃어버리는 꿈을 꾸거나 등등 꿈자리가 사납거나 등등의 불운과 불행을 겪고 있는 사람이 있거든 잘못된 인식과 편견 등을 버리고, 지금 즉시 점(占)을 잘 보는 도사(道士)를 찾아가 '운명진단과 상담'을 꼭 한 번 받아볼 필요가 있음을 진심으로 가르쳐 드리는 바입니다.

몸이 아프면 스스로 병원을 찾아가는 것처럼……

공기(空氣)가 눈에 안 보인다고 해서 공기가 없는 것이 아닙니다.

기(氣)가 눈에 안 보인다고 해서 기가 없는 것이 아닙니다.

운(運)이 눈에 안 보인다고 해서 운이 없는 것이 아닙니다.

영혼(靈魂)이 눈에 안 보인다고 해서 영혼이 없는 것이 아닙니다.

신(神)이 보통 사람들의 눈에는 안 보인다고 해서 신이 없는 것이 결코 아닙니다.

이러한 것들은 모두 다 존재하고 있고 항시작용을 하고 있는 바, 이처럼 눈에 안 보이는 기운(氣運)작용들이 눈에 보이는 모든 것들을 움직이고 있다는 천기(天氣)의 '비밀진실'을 알아야 하는 것입니다.

이러하기 때문에 필자는 이곳 천등산에서 목숨을 걸고 도(道)를 닦아 가장 먼저 신통력을 얻고 그리고 그 신통력으로 우주하늘자연의 섭리와 신(神)들의 비밀을 반드시 모두 다 알아 낼 각오입니다……

이곳 산속의 작은 나의 토굴은 인체에 가장 좋은 자연 '황토흙'이 주재료이고, 방위는 '자좌오향' 남향으로 햇볕이 잘 비추고 있습니다.

첩첩산중 깊고 높은 천등산 산속 옹달샘 옆에 나의 작은 토굴을 완성하고, 이번에는 한 달에 한 번씩 식량을 건네받기로 약속한 산 아래편 중간쯤의 마당바위가 있는 곳까지 약 2km 거리에 새로이 오솔길을 만들 차례입니다.

먼저 낫과 톱으로 풀을 베고 나무를 자르면서 길 표시를 해두고 그리고 괭이로 땅을 파고 고르면서 오솔길을 만듭니다.

오솔길이 완성되어갈 무렵 때마침 산 아래 생가에 살고 있는 동생 '손재성'이 마당바위 위에 식량을 비닐로 싸서 갖다놓았습니다.

산속에 들어온 지도 벌써 한 달이 지나가는가 봅니다.

정말 고마운 마음으로 동생이 갖다놓은 식량을 짊어지고 나는 내가 새로이 닦아놓은 오솔길을 올라옵니다.

앞으로 이 오솔길을 얼마나 오르내릴지 궁금합니다.

산기도를 하다가 중도에 산속에서 나 홀로 죽을지도 모릅니다.

이제 모든 것을 하늘과 신령님께 맡겼으니, 최선을 다하여 열심히 도(道)를 닦으며 묵묵히 나아갈 각오입니다.

목적과 목표를 향하여 철저한 계획을 세우고 그리고 준비를 잘 하면서 반드시 하나씩 실천해 나아갈 각오입니다.

굳은 신념과 의지력으로 안 되면 되게 할 것이고 될 때까지 계속해 나아갈 것입니다.

새로운 삶의 성공을 위해서……

제6장

모든 일은 지극한 '정성스러움'으로 해야 한다

모든 일은 지극한 '정성스러움'으로 해야 하고…….

천등산에 입산한지도 이제 한 달이 지나갑니다.

처음 산을 올라올 때 진달래꽃이 막 피기 시작하였는데 이미 그 꽃들은 다 지고 나뭇잎이 피기 시작합니다.

이제 기도 준비가 다 되었습니다.

이제부터는 아무도 가르쳐 주지 않고 보이지도 않는 '길 없는 길'을 나 홀로 출발을 합니다.

내가 가야 할 길은 끝없는 고통이 따르는 고행의 길이건만 살기 위한 죽음을 각오하고 이제 '집중기도자'의 길로 출발을 합니다.

오직 하늘과 신령님을 스승으로 삼고, 우주자연을 스승으로 삼아 신통력을 얻고 깨달음을 이루기 위한 고행의 길로 출발을 합니다.

가장 먼저 약쑥을 뜯어와 돌로 짓이겨 쑥물을 쥐어짜서 바가지에 모으고 약쑥물로 몸뚱이를 씻으면서 몸을 깨끗이 정화합니다. 또 향을 부수어 물에 담가 두고 향물을 우려내어 향물로 몸뚱이를 씻으면서 몸과 마음을 깨끗이 정화합니다. 3일 동안 목욕재계를 하면서 기도하는 장소와 주변에도 굵은 소금을 뿌리고 청수를 뿌려서 깨끗이 도량 정화를 합니다.

이제 기도 준비가 다 되었습니다.

돌제단 위에 비바람이 불어도 촛불이 꺼지지 않도록 납작한 돌과 흙 반죽으로 좌·우·뒤·위를 막고, 앞쪽만 터놓은 촛불 방 속에 두 자루의 쌍 초를 세워놓고, 정성껏 쌀을 씻어 공양미 밥을 짓습니다.

옹달샘 물을 한 그릇 떠서 돌제단 위에 올리고, 공양미 밥을 솥째 올리고, 두 자루 쌍 초에 촛불을 켜고, 향 세 개를 사르고, 동서남북 사방으로 서서 합장을 하고 시계방향(오른쪽)으로 돌면서 절을 한 번씩하고 그리고 움막집 토굴 안으로 들어옵니다.

돌제단과 마주 바라다 보이는 쪽의 커다란 투명 비닐창문을 사이에 두고 토굴 안에서 돌제단 앞에 마주섭니다.

그리고 정성껏 큰절 3번을 올리고, 일어나 서서 가슴 앞에 합장으로 두 손을 모으고 기도를 합니다.

"하늘이시여! 신령님이시여! 저는 이곳의 남쪽 산줄기 저 아래편 배나무고을에서 밀양 손씨 가문의 40대 자손으로 태어난 '손재찬'입니다.

저의 탯줄은 이 산줄기 남쪽 끝머리 마을 어귀에 묻혀있고, 할아버지 할머니 아버지 조상님도 이 산줄기 끝머리 마을 옆 산에 묻혀 있습니다.

이곳 천등산의 정기를 받고 태어난 이 몸을 이곳 고향 본향산인 천등산에 맡기고자 합니다.

지난 젊은 날 지나친 야심 때문에 큰 사업을 실패하고 자살까지도 시도하였지만, 질긴 게 사람목숨이라 마음대로 죽지도 못하고 다시 살아났습니다. 분명히 하늘에서 크게 쓰임이 있어서인가 봅니다. 어릴 적의 특별한 영적 능력들을 이제 확인을 하려 합니다.

이제부터는 삶의 가치관을 바꾸고, 목표를 바꾸어 하늘과 신(神)들의 가르침에 따라 새로운 인생길을 가려합니다.

현재 가지고 있는 모든 것으로 정성껏 공양미 밥을 올리고 또한 정성껏 정한수를 올리고 또한 이 몸뚱이 전체를 신(神)들께 올리오니 이 정성 잘 받으시고 저희 스승님이 되어 주시옵소서!

산(山)에는 하늘의 명기(明氣)가 내리고, 신통력(神通力)이 주어지고 그리고 하늘자연의 섭리와 진리 깨우침의 도(道)가 있다고 해서 첩첩산중 이 깊고 높은 천등산에 제 스스로 들어왔습니다.

입산한 첫날밤 꿈속의 신령님 계시대로 돌제단도 만들었고, 옹달샘 주변에 돌담장도 만들었고, 산(山)속에서 평생 살 각오로 토굴도 만들었고, 이곳의 생활반경 내에 산길도 만들었고, 그리고 기도 장소도 깨끗이 정화를 했고, 제 몸뚱이와 정신 그리고 마음과 영혼까지도 깨끗이 정화를 끝마치고 이제 산기도 준비가 다 되었습니다.

오늘부터는 입산한 첫날밤 꿈속의 신령님 계시대로 하루에 돌을 한 개씩 주어와 돌탑을 쌓으면서 산(山)기도공부 열심히 하겠습니다.

한 개씩 돌탑을 차곡차곡 쌓는 마음으로 도(道)를 닦겠습니다.

하늘이시여! 신령님이시여! 저는 아직 산기도하는 방법도 모르고, 빌줄도 모르고, 신령님께서 직접 말씀을 해주시는 공수도 받을 줄 모릅니다. 그러하오니 느낌으로, 직감으로, 예감으로 가르쳐 주시고 밤에 잠을 잘 때마다 꿈속에서 예시몽으로 가르쳐 주시옵소서!

유서와 유언까지 남겨놓고 죽을 각오로 천등산을 찾아왔사오니 제발 가르침을 주시고 신통력을 내려 주시옵소서!……."

나는 계속 일방적으로 의사표시를 하면서 중얼~중얼~ 소원을 빌고 또 빌고 또 빌면서 기도를 합니다.

어느 정도 일방적인 의사전달과 소원을 다 빌고 나서 다시 큰절 3번을 올리고, 이제 마련해 둔 방석을 깔고 조심스레 자리에 앉습니다.

두 다리는 오므려 포개어 양반자세로 앉고, 허리는 쭉 펴서 똑바로 세우고, 두 손은 가슴 앞에 손바닥을 마주하여 합장을 하고, 두 눈은 지그시 감고, 마음은 편안히 하고, 호흡은 처음에는 깊고 날숨을 길게 하다가 차츰 고르게 하고, 생각은 상단전 앞이마의 중앙 명궁(命宮)을 통하여 우주공간에 두고, 4박자 리듬으로 계속 내 귀로 들릴 만큼 소리를 내어 한마음 일념으로 "산왕대신(山王大神)!"이란 신의 명호를 부르면서 신명기도 정근을 합니다.

신통력을 얻기 위한 대신기도(大神祈禱)는 장소에 따라서 신명기도 방법이 다르기 때문에 산에서 기도할 때에는 가장 먼저 '산왕대신'을 부르고, 호수·강·바다 등등의 물(水)에서 기도할 때는 '용왕대신'을 부르고, 집 또는 기타 장소에서는 '천왕대신'을 불러야 합니다.

또한, 신통력을 얻기 위한 대신(大神)기도는 목적에 따라서 신명기도방법이 다르기 때문에 하늘 문(天門)을 열기 위해서는 오방신장·백마신장·화엄신장·미카엘 등의 '신장'을 부르고, 질병을 치료할 때에는 의술을 주관하는 의술도사·약명도사·약사보살 등의 '약명신'이나 또는 라파엘을 부르고, 공무원시험합격 또는 입신출세를 소망할 때는 천룡신장·등용신장을 부르고, 재수를 받고자 할 때에는 터줏대감·도깝대감·상업대감·천복대감 등의 '대감신'을 부르고, 수명이 짧은 집안의 사람이 오래 살고자 할 때에는 '칠성신'을 불러야 합니다.

이것은 우리 인류가 수십만 년 전부터 해왔던 '근본 기도'의 방법입니다.

이러하기 때문에 산속에서 신통력을 얻고자 하는 나는 지금 '산왕대신(山王

大神)'을 오직 일념으로 소리 내어 부르고 또 부르면서 소리파와 뇌파의 '주파수'를 우주하늘자연과 신(神)들을 향하여 계속 전달하고 있습니다.

첫 숟갈에 배부를 리 없는 것처럼 아무리 신명(神名)을 불러보아도 응답이 없습니다.

가슴 앞에 손바닥을 마주하여 합장으로 두 손을 모으고 들고 있는 팔이 너무도 아파서 가만히 조심스레 팔을 내리고, 손바닥을 하늘로 하여 양쪽 무릎 위에 올려놓고 조용히 '묵언 명상'을 시도해 봅니다.

오래고 오랜 시간이 흐르면서 잡념인지 환영인지 또는 신통인지는 모르지만 산 아랫마을 생가에 계신 80살을 훌쩍 넘으신 어머님의 모습이 보입니다.

어머님께서 장독대의 커다란 장독항아리 위에 정한수로 물 한 그릇을 떠 놓고 초 한 자루에 불을 밝혀놓고 두 손을 비비면서 중얼~중얼~ 하면서 소원을 빌고 계십니다.

아마도 깊고 높은 산속으로 도(道)닦으러 입산한 이 못난 아들을 위해 하늘과 신(神)들께 지극정성 기도로 빌고 계신 것 같습니다.

어머님은 집에서 장독대에 정한수를 떠놓고 빌고 있고, 이 아들은 산속에서 돌제단에 정한수를 떠놓고 빌고 있습니다.

어머님도 빌고 아들도 빌고 있습니다.

이 무슨 기가 막힌 운명이란 말입니까?!……

우리 어머님은 안동 김씨로 밀양 손씨 가문인 우리 집에 시집오시어 첫 아기 임신 때부터 그 아기가 태어나고 자라 장년이 된 지금까지 길고 긴 오랜 세월 동안 장독대의 커다란 장독항아리 위에 정한수를 떠올리면서 시집 온 집안과 자손을 위해 평생동안 빌어오고 계십니다.

내가 어릴 적 옛날의 시골마을에는 마을 한가운데에 공동우물이 있었고 모두가 그 공동 우물물을 길어다 먹었습니다.

우리 어머님께서는 매일 아침 새벽마다 하루도 빠뜨리지 않고 눈이 올 때나 비가 올 때나 추울 때나 더울 때나 새벽동이 틀 무렵이면 어김없이 제 시간에 일어나시어 마을 한가운데에 있는 마을 공동우물에서 물 항아리를 머리에 이고 물을 길어와 커다란 물독에 식수를 가득 채우고는 장독대에 정한수로 물 한 그릇을 먼저 떠올리고 새벽기도로 집안의 안녕을 위해 빌고 또한 자식 잘되기를 빌고 나서야 아침밥을 짓고 집안일을 시작하셨습니다.

80살을 훌쩍 넘기신 지금까지도 수행자가 평생동안 수행을 하듯, 성직자가 평생동안 성직생활을 하듯 계속하시고 계십니다.

독자 여러분! 이 세상 어느 수도자 및 수행자가 그토록 오랜 세월동안 변함이 없이 기도발원을 계속할 수가 있을까요?!

이 세상 어느 성직자가 그토록 지극 정성스러울까요?!

이 세상 어느 종교 또는 어느 기도자가 자기 자신보다는 오직 집안과 자식을 위해서만 평생동안을 기도할 수 있을까요?!

필자는 그런 모습의 어머님께 항상 고마움과 감사함을 느낍니다.

그러한 지극 정성으로 우리 어머님은 6남 1녀의 자녀를 두셨지만 7남매 모두가 잘 성장하여 잘 살아가고 있고 또한 손자들까지도 모두 신체적으로나 정신적으로 잘못 태어나거나 잘못된 사람이 없이 건강하게 태어나고 무탈하게 잘 성장하고 있습니다.

어머님의 모범이 되는 삶과 거룩하심에 저절로 숙연함을 느낍니다.

"자식은 부모님의 뒷모습과 발자취를 보면서 따라 배운다."

백 마디의 말씀보다 그 행동을 보면서 따라 배울 뿐입니다……

특히 필자의 어머님께서는 우리 고유의 원초적 전통신앙이며 토속신앙인 '칠성신앙'으로 아침 해·보름달·북두칠성 등을 섬겨 오셨습니다.

"모든 지식과 종교의 '근원'은 해·달·별의 운행과 자연섭리이다."

원초적 자연섭리의 '칠성신앙'을 섬겨 오신 우리 부모님께서는 우주만물은 모두가 그 생김새와 이름에 따른 각자 고유의 기(氣)가 작용을 하고 있으며, 해·달·별·산·물과 같은 신성한 '존재물'을 신앙으로 정성껏 잘 섬기면 좋은 기운(氣運)을 받을 수 있다고 하셨고, 부처님·공자·소크라테스·예수님이 오시기 전의 아주 먼 옛날 수천 년과 수만 년 그리고 수억 년 전에도 모든 민족과 모든 나라에도 일·월·화·수·목·금·토의 요일은 모두가 있으니, 그것은 태초부터 해·달·별 우주하늘자연의 '원초적 기운(氣運)'을 의미한다고 가르쳐 주셨습니다.

기(氣)는 만물의 근원 및 본질로 작용을 하고, 해·달·별은 운(運)으로 움직이며, 각자 고유의 파장과 빛을 가지고 있다고 하셨습니다.

사람은 자기 자신의 영혼과 숭배 및 신앙으로 섬기는 존재 및 신(神)이 서로 잘 맞아야 '기도 응답'을 받을 수 있다고 하셨습니다.

예를 들면, 라디오와 TV를 켤 때 주파수 파장 사이클이 서로 맞아야 소리가 들리고 화면이 보이고 하는 것처럼 말입니다.

원초적자연의 '칠성신앙'을 섬겨 오신 우리 어머님께서는 죽어서의 천국행이나 극락왕생을 소망하는 자기중심적인 당신 자신을 위한 기도는 하지 않고, 시집을 온 여인의 덕목으로 조상님제사(祭祀)와 명절 때의 차례를 잘 모시고, 오직 시집을 온 우리 집안과 자식을 위한 기도만 해오시면서 "하늘자연의 섭리와 순리에 따라 도리(道理)를 잘 지키라"고 늘 말씀을 해 주셨습니다.

필자는 하늘자연의 섭리를 '모태신앙'으로 영향을 받은 것 같습니다.

필자는 그러하신 어머니를 우리 어머님으로 인연지어서 이 세상에 태어나게 되고 또한 어려서부터 훌륭한 가르침을 많이 받게 되어 정말 행운이라고 생각하면서 항상 감사함을 느끼며 살아왔습니다.

우리 어머님과 제가 또 다음 생에 태어난다면 또다시 핏줄의 인연으로 태어나고 싶고, 다음 생에서는 더욱 훌륭한 아들로 태어나 어머님 은혜에 꼭 보답해 드리겠다고 이렇게 약속을 드리면서 진실한 소망을 가져봅니다.

부모님의 자기희생적 내리사랑과 자식이 부모님을 공경하는 효사랑은 자연의 섭리이고 순리이며 도리(道理)라고 생각합니다.

특히 효도는 만 가지 법도의 근본이니 효행을 잘 하는 사람은 삶이 점점 나아지고, 죽을 때 잘 죽으며 죽은 후에는 지은 대로의 '인과법칙'에 따라 스스로 하늘나라에 태어난다는 진실을 가르쳐 드리면서 이 글을 읽은 독자분들은 이제부터라도 자기 부모님께 '효도'를 하고, 영원토록 그 은혜에 감사를 하며 꼭 보답하시길 진심으로 충고를 드립니다.

특히 연로하여 병들고 어렵게 사시는 자기 부모님을 끝까지 잘 보살펴드리길 진심으로 거듭 '충고'를 전달합니다.

이 세상 80억 명의 많은 사람들 중에 부모·자식으로 만난 인연은 너무도 소중하고 또한 한 번 맺어진 부모와 자식의 인연은 핏줄동기감응의 '천륜법칙' 때문에 죽은 후 혼령이 되어 100년 이상까지도 마음대로 끊을 수 없기 때문입니다.

필자의 가르침에 공감을 하신 독자분은 이 책을 다 읽은 후, 이 책을 사랑하는 자녀들에게 특히 말썽을 부리거나 불효하는 자식에게 요령껏 귀중한 '책선물'로 활용하시길 바라는 바입니다.

필자의 글은 모든 학교 교육과정의 책에서도, 모든 종교의 경전에서도 결코 배울 수 없는 또한 그들이 결코 가르쳐 주지 않는 더 근본적이고 더 위대한 '큰 가르침'으로 하늘자연의 섭리와 신(神)들의 비밀을 다루면서 동양사상 및 철학으로 근본 및 기본의 사람됨을 강조하기 때문에 사랑하는 사람들에게 '책선물'하기에 매우 적합할 것이며, 무엇보다 가장 중요한 것은 각자의 타고난 천성적 기질과 소질 및 재능에 적합한 공부와 직업의 선택 등 '기질소질재능 인간계발론'과 함께 자본주의 사회에서 정말로 '재테크'를 잘 하는 방법과 '결혼' 잘 하는 방법과 질병의 고통 없이 누구나 100세까지 '무병장수'하는 방법과 그리고 깨우침과 깨달음을 이루고 스스로 '자기구원'으로 영혼승천과 영혼진화 등 진짜로 잘 사는 방법들과 가장 중요한 천기의 비밀 '운명정보'를 직접 가르쳐 주기 때문에 매우 중요합니다.

자식농사는 효자·효녀로 그리고 자립·독립정신으로 잘 키우는 것이 부모 입장에서는 가장 큰 투자이고 또한 보람이며, 효도와 효행은 삶의 근본도리(道理)이고 하늘의 법도이기 때문입니다.

또한 사랑하는 자녀들에게 앞날의 불확실과 혼돈의 무한생존경쟁시대에서 물고기를 스스로 잡아먹을 줄 아는 잘 사는 방법의 '삶의 기술과 지혜'를 함께 잘 가르쳐 주는 것이 가장 중요하기 때문입니다.

또한 부모들의 모든 것은 자녀들에게 '핏줄운(運)내림'이 되기 때문에 부모님 자신부터 반드시 무병장수와 부자가 되시라고 꼭 전달을 드립니다…….

혹시나, 종교를 믿는 신자들은 자기 종교만을 세뇌시키듯 가르쳐 오고 있는 '종교적 고정관념'을 꼭 버리시길 바라고, 가족간에는 어떤 경우에도 종교 때문에 갈등하거나 다투지 마시길 꼭 충고드립니다.

자기 자신의 인생도 성공시키지 못하여 가난하고 불행한 사람이 자녀와 가족들에게 자기 종교를 믿으라고 권유와 강요를 해서는 결코 안 됩니다.

사람들은 누가 어떤 종교를 믿으면서 성공을 하고, 부자가 되고, 품성이 좋아지는 등 잘살게 되면 강요하지 않아도 스스로 따르게 됩니다…….

무한경쟁사회에서 경쟁은 남들과 하고, 가족 간에는 꼭 '합심과 협력'을 하면서 무슨 일이든 부모님과 자식 그리고 형제자매 등 가족이 함께하면 일이 잘 풀릴 것이라고 꼭 알려드립니다.

또한 부모님이 하시던 일을 그 자녀들이 후계자로 승계 받아 계속 이어가면서 몇 대를 계속할 경우에는 유전인자적으로 또는 가족끼리 믿을 수 있는 신뢰로 또한 이미 모든 여건이 완비되어 있음으로 경쟁력에서 가장 잘 할 수 있을 것이라고 확신을 합니다.

부모와 자식 간의 '핏줄유전성'은 중요하고, 유전자 검사는 99.99%까지 정확히 일치를 하며, 자녀들은 부모님의 운명을 점점 닮아가게 됩니다.

핏줄은 하늘자연의 섭리로 불가사의한 '천륜법칙'입니다.

천륜법칙은 그 어떤 종교나 신(神)들도 개입할 수 없는 영역입니다.

핏줄유전성은 현대과학으로 그 '증명'이 확실하고, 핏줄운(運)내림은 99%까지 정확하다는 것이 진실입니다.

그러하기 때문에 핏줄운(運)내림을 꼭 알고 있어야 합니다.

천륜법칙과 핏줄운(運)내림을······.

제7장

두문불출로 산(山)기도의 고행을 시작한다

　모든 정신수행은 스스로 절제와 고행이 따르고…….

　기도명상을 하고 있는 시간이 얼마나 오랜 시간이 흘렀을까?

　지난날의 일들과 부모형제들의 모습이 환상인지 또는 신통인지 주마등처럼 스쳐가고 이어집니다.

　두 다리를 오므려 포개어 가부좌로 오랜 시간 앉아 있으니 다리가 저려 오고 무릎이 아파옵니다. 더 이상 무릎의 통증과 다리의 저림마비 때문에 앉아 있을 수가 없습니다.

　나의 산(山)기도방법은 오랜 시간 합장을 하고 가부좌로 앉아 정신집중으로 '산왕대신!'을 계속 부르면서 소리파와 뇌파를 우주하늘자연으로 보내고 그리고 주파수 응답의 반응으로 미세한 진동을 감지하면서 더욱 더 집중으로 우주하늘자연과 합일(合一)이 되기 위해 더욱 더 깊은 명상(瞑想) 속으로 들어가야 하는데 무릎통증과 다리 저림 마비로 오랜 시간을 가부좌로 앉아 있을 수가 없습니다.

잠시 생각을 분석하면서 가장 우선적으로, 오랜 시간을 그대로 앉아 있을 수 있는 육체단련부터 해야겠다고 판단을 내리면서 몸을 일으켜 토굴 밖으로 어기적거리며 나옵니다.

토굴 밖에서 가볍게 팔다리운동을 하고 목운동과 허리운동을 하고 숨고르기를 하면서 짧은 거리를 왔다 갔다 하며 궁리를 합니다.

의식의 집중으로 명상삼매에 깊이 들어가려면 장애와 방해가 없어야 하는데 잡념과 무릎통증이 장해가 되고 있습니다.

그렇다면 우선 장해물인 무릎통증부터 해결을 해야 합니다.

정신수련을 하려면 육체단련을 동시에 해야 합니다.

토굴 밖에서 왔다 갔다 하며 궁리를 하던 중에 문득 큼지막하고 납작한 돌멩이가 눈에 뜨입니다.

번뜩 생각이 뇌리를 스치면서 '그래, 저 돌멩이야!' 하고서는 납작한 큰 돌멩이를 토굴 속으로 안고 들어옵니다.

담요로 돌멩이 바위를 감싸서 방석 옆에 옮겨놓습니다. 그리고는 또다시 두 다리를 오므려 포개어 가부좌로 방석 위에 앉습니다. 앉은 자세로 옆에 놓아둔 담요로 감싼 돌멩이 바위를 두 손으로 들어서 무릎 위에 올려놓고 무릎부터 단련을 시킵니다. 더 이상 견딜 수 없는 고통이 오면 바위를 내려놓고 잠시 일어나 다리 운동을 하고, 또 무릎 위에 바위를 올려놓고 앉아서 견딜 수 있는 시간까지 버티다가 더 이상 견딜 수 없는 한계가 오면 바위를 내려놓고 하면서 '무릎단련'을 계속 반복하며 시간을 늘려갑니다.

하루 이틀 사흘 날짜가 지나가면서 한 달 이상이 지나갑니다.

이젠 두 다리를 오므려 가부좌로 앉아서 무릎 위에 큰 바위를 올려놓고도 오랜 시간을 앉아 있을 수 있으니, 무릎 위에 바위를 올려놓지 않으면 하루

내내라도 무릎 통증 없이 가부좌로 앉아 있을 수 있습니다.

한 달 이상의 계속된 육체단련으로 무릎통증의 장해가 해결되고 그 과정에서 잡념의 장해까지 없어집니다.

목적을 이루었으니 바위를 본래 있던 곳에 내어다둡니다.

이제 계절이 바뀌고 초여름이 시작됩니다.

산은 푸르게 신록으로 우거지고 날씨는 점점 무더워집니다.

오늘도 돌제단 위에 정한수를 떠올리고, 촛불을 켜고, 향을 사르고, 동서남북 사방으로 절을 한 번씩 하고 토굴 안으로 들어옵니다.

토굴 안에서 돌제단을 향하여 하늘과 신령님께 큰절 3번을 올리고, 조심스럽게 방석을 깔고 조용히 앉습니다.

오늘도 어제처럼 우선적으로 먼저 후! 소리를 길게 내면서 여러 차례 날숨으로 몸을 이완시키고, 그리고 허리를 쭉 펴고 양반자세로 앉고, 가슴 앞에 두 손바닥을 살며시 합장을 하고, 시선과 생각을 멈추기 위해 두 눈을 살며시 감고, 의식은 가운데 이마 '명궁'을 통하여 우주하늘에다 두고, 4박자 리듬으로 "산왕대신! 산왕대신! 산왕대신!" 신명(神名)을 계속하여 오직 한마음 일념으로 소리 내어 불러봅니다.

오랜 시간이 지나면서 가슴 앞에 합장으로 들고 있는 손끝이 기(氣) 흐름의 반응으로 진동이 느껴지면서 조금씩 흔들리고 손끝에서 몸의 중심 쪽으로 가벼운 전율이 찌르르~ 하고 흐릅니다.

그리고는 무엇인가 보일 듯 말 듯하고, 무슨 소리가 들릴 듯 말 듯하고, 무슨 말이 터져 나올 듯 말 듯합니다.

그러다가 나 자신도 모르게 졸음이 옵니다.

졸다가 문득 깨어나고 또 졸다가 문득 깨어나곤 합니다.

날씨가 무더워지니 요즘은 졸음과의 싸움이 계속됩니다.

기도를 시작하면서 '오늘은 졸지 말아야지!' 하고 거듭 다짐을 해 보지만, 얼마 동안 시간이 지나면 나 자신도 모르게 꾸벅~ 졸다가 깨어나고 또 꾸벅 ~ 졸다가 깨어납니다.

세상에서 가장 무거운 것이 눈꺼풀인 것 같습니다.

더 이상 졸음 때문에 기도를 계속 할 수가 없어서 몸을 일으켜 토굴 밖으로 나옵니다.

토굴 밖에서 왔다 갔다 거닐며 궁리를 해 봅니다.

날씨는 점점 무더워지는데 어떻게 해야 졸음을 이길 수 있을까?

저만치 숲속에 싸릿대 나무가 눈에 뜨입니다.

싸릿대 나무를 보는 순간 번뜩 생각이 뇌리를 스치면서 '그래, 저 싸릿대 나무 회초리야!'라고 합니다.

낫으로 새끼손가락 굵기만큼의 싸릿대나무를 한 움큼 베어옵니다.

옛날 어렸을 적에 우리 시골집에서는 싸릿대나무를 베어 바지게로 한 가득 짊어지고 옮겨와 한 움큼씩 새끼줄로 묶어서 싸릿대 빗자루를 많이 만들어 놓고 일 년 내내 마당도 쓸고 골목도 쓸며 사용을 하였습니다.

그런데 나는 지금 그 싸릿대나무로 회초리를 만들려고 합니다.

명상기도를 하다가 졸음이 오거나 잡념이 생기거나 또는 게을러지면 내가 내 손으로 내 몸뚱이를 때리기 위해 싸릿대나무 회초리를 만들려고 합니다.

싸릿대나무로 회초리를 만드는 중에 너무나도 서글픈 마음이 들면서 나도 모르게 눈물이 주르륵~ 흘러내립니다. 맨주먹으로 눈물을 닦으며 또 눈물을 닦으면서 어금니를 악물고 스스로 강해지기 위해 정신과 마음을 다잡아봅니다.

지금의 내 인생은 물러설 데도 없고 또한 물러설 수도 없습니다.

첩첩산중 깊고 높은 산속에서 나 홀로 살아가야 하기 때문에 스스로 강해져야 합니다. 새로운 삶의 목표를 위해 모든 수단과 방법을 다 동원하면서 의지와 신념을 더욱 강하게 굳혀 나아갑니다.

나는 지금 서글픈 마음을 쓸어안고 초라한 모습으로 앉아서 맨주먹으로 흐르는 눈물을 닦으면서 회초리를 만들고 있습니다.

싸릿대나무 회초리를 한꺼번에 여러 개를 만듭니다.

하나가 부러지면 또 꺼내서 사용하고, 또 하나가 부러지면 또 꺼내서 바로바로 사용하기 위해 양손 한 움큼의 회초리를 만들었습니다.

그리고 나서 실험을 해 봅니다.

어떤 물건이든 만들었으면 그 물건이 제 기능을 하는지 반드시 기능 확인의 실험을 해보아야 합니다.

만든 물건이 제대로 만들어졌는지? 아니면 잘못 만들어졌는지? 반드시 확인을 해보아야 합니다. 힘들여 만든 물건에 하자가 있으면 원인을 발견하여 제대로 고치고 또다시 완벽하게 고쳐야 합니다.

나는 내가 만든 물건인 싸릿대나무 회초리가 회초리로서 제 기능을 잘 발휘할 수 있을지를 직접 실험으로 확인해 보기 위해 오른손에 회초리를 집어들고 팔을 머리 위로 높이 들어 올리고 내 등짝을 힘껏 내리쳐 봅니다.

눈물이 핑~ 돌만큼이나 아프고 회초리는 부러지지 않으니 회초리로서 기능 확인이 되었습니다.

그러나 한 번의 기능 확인실험은 미덥지 않기 때문에 확실한 기능 확인을 위해서 어금니를 악물고 이번에는 맨 팔뚝에 힘껏 회초리를 또다시 내리쳐봅니다.

또 눈물이 핑~ 돌만큼이나 아프고 맨 팔뚝에 뻘겋게 회초리 자국 핏발이 생겨도 회초리는 부러지지 않으니 회초리로서의 기능이 재확인되었습니다.

양손 한 움큼의 싸릿대나무 회초리를 토굴 안으로 가지고 들어와 좌선하는 방석 옆에 가지런히 놓아둡니다.

언제라도 졸음이 오거나 잡념이 생기거나 게을러지면 오른손으로 회초리를 즉시 잡을 수 있도록 좌선하는 방석의 오른쪽에 놓아두고서 또 다시 기도명상에 들어갑니다.

그리고는 졸음이 올 때마다, 잡념이 생길 때마다, 게을러질 때마다 나는 내 손으로 내 몸뚱이 등짝을 회초리로 후려치면서 기도를 합니다.

15일쯤 날짜가 지나갑니다.

날씨는 점점 무더워지고 회초리를 사용하다 보니 내 몸뚱이의 등짝은 갈기갈기 살이 찢어져서 목욕을 할 때마다 쓰리고 아리고 너무나 고통스럽습니다.

또한, 기도 중에나 잠을 잘 때에도 회초리로 맞은 부위 상처의 통증 때문에 오히려 기도에 집중할 수가 없을 정도입니다.

지나친 고행이 수도에 오히려 방해가 되기도 함을 깨닫습니다.

지나친 것은 오히려 부족함만 못함을 스스로 깨닫습니다.

"모든 것은 지나침도 부족함도 아닌 적절함이 가장 좋다."

계절이 한여름으로 접어드니 날씨가 점점 무더워집니다.

오늘은 아침부터 토굴 밖에서 왔다 갔다 거닐며 또 다른 궁리를 합니다.

날씨는 점점 무더워지는데 고통 없이 졸음을 이길 수 있는 방법의 묘책을 찾고 있습니다.

토굴 밖에 이쪽 나뭇가지와 저쪽 나뭇가지 사이에 빨랫줄이 걸쳐 있는데, 그 빨랫줄을 보는 순간 번뜩 묘안이 또 뇌리를 스치면서 '그래, 저 빨랫줄이야!'라고 생각이 듭니다.

빨랫줄을 풀어서 손에 들고 토굴 안으로 들어옵니다.

빨래줄 한 쪽 끝을 토굴 안 천장의 높다란 대들보에 묶고, 또 다른 한 쪽

끝은 내 머리통 중앙의 머리카락 한 움큼에 묶어서 줄이 너무 팽팽하지도 않고 너무 느슨하지도 않도록 가늠해보면서 방석 위에 앉아 기도 중에 꾸벅~ 하고 고개를 숙이면 머리칼이 당겨져 몹시 아프도록 줄을 적당하게 잘 조절을 합니다.

그리고 나서 이젠 실험 삼아 가부좌로 앉은 상태에서 꾸벅~ 하고 고개를 숙여보니 줄에 묶인 머리칼 한 움큼이 통째로 뽑히는 것처럼 몹시 아프면서 정신이 번쩍 듭니다.

이제 방석 옆에는 싸릿대나무 회초리를 놓아두고, 머리칼 한 움큼을 줄에 묶어 천장 대들보에 매달고 다시 '집중기도'에 들어갑니다.

내 몸뚱이가 회초리로 매를 맞지 않으려고 긴장을 합니다.

내 머리통이 머리칼을 뽑히지 않으려고 또 긴장을 합니다.

몸뚱이가 스스로 긴장을 하니 정신이 바짝 차려집니다.

이제 졸음으로 인한 장해물이 제거되면서 모두 해결이 됩니다.

'궁하면 통한다.'는 말씀이 체험으로 실감이 납니다.

우리의 인생살이도 마찬가지입니다.

무슨 일을 하는 중에 장애물이나 방해물이 생기면, 적극적으로 그 장애와 방해를 분석하고 연구하고 더욱 노력을 하여 극복하면서 뚫고 나가거나, 오히려 역이용하거나, 딛고 일어서는 등등 적극적이고 강인한 사람이 있습니다. 그런가 하면 그 반대로 장애물과 방해물을 핑계 구실로 삼고 책임을 떠넘기면서 중도 포기하는 소극적이고 도피적인 나약한 사람도 있습니다.

독자 여러분은 어느 쪽의 어떠한 사람이 되길 바라십니까?

오직 강자만이 살아남는 경쟁사회에서 어떻게 살아가겠습니까?

21세기는 100살까지 살아야 하는데 인생준비는 잘 하고 있습니까?

사람의 정신력과 강한 신념은 태산도 움직일 수 있고, 안 되는 것을 되게 할 수도 있고, 놀라운 기적을 이루어 낼 수도 있습니다.

혹시, 지금 이 글을 읽고 있는 독자분께서 필자보다 나이가 젊은 사람이라면, 현재 좌절과 실의에 빠져있는 사람이라면, 일을 하다가 실패를 당하고 있는 사람이라면, 장사영업과 투자손해를 당하고 있는 사람이라면, 대학을 졸업하고도 아직 취업을 못하고 있는 사람이라면, 큰 질병으로 고통받고 있는 사람이라면, 가난한 사람이라면, 그리고 반드시 성공·출세하고 부자가 되어 행복한 삶을 살고 싶은 사람이라면 그동안의 잘못된 생각과 나쁜 성격 그리고 나쁜 행동과 나쁜 습관 등을 즉시 바꾸고, 당장 오늘부터 강인한 정신력과 열정 그리고 '할 수 있다.'는 신념을 가지고 잘 살기 위한 '공부'부터 시작하길 꼭 전달합니다.

다시금, 오늘부터 ① 문제점과 자신을 철저히 분석하고 ② 분명한 목적과 목표를 정하고 ③ 반드시 계획을 세우고 ④ 우선순위에 따라 '선택과 집중'을 잘 하여 강인한 정신력과 열정으로 지속성을 가지고 각자 본인의 뜻한 바를 계속 실천해 나아가면 누구나 문제해결과 목적·목표 달성을 분명히 이룩해 낼 수 있습니다.

필자도 이곳 첩첩산중 깊고 높은 천등산 산속에서 강인한 정신력으로 그리고 간절함과 정성스러움으로 반드시 하늘 문(天門)을 열고 신통력과 깨달음의 도(道)를 반드시 얻어낼 것입니다.

이곳 천등산에서 반드시 신통력을 얻고, 그 신통력으로 내가 누구인지? 내 영혼이 누구인지? 나의 전생이 어떠했는지? 나는 어떤 운명을 가지고 태어났는지? 내가 태어나면서 무슨 업(業)을 타고났기에 이렇게 고생과 고통만 따르고 있는지? 이렇게 살다가 내가 죽으면 또 다음 생은 어떻게 될 것인지? 어떻게 해야만 모든 업장을 소멸시킬 수 있는지? 어떻게 살아야 진정한 성공과 행복을 이룰 수 있는지? 등등을 나는 내 힘으로 반드시 모두 다 알아낼 것입니다.

그리고 신통력으로 진리 깨달음의 '도통'까지 이룩해 낼 것입니다.

입산할 때에 배수진으로 죽음까지도 각오를 했고, 이미 유언과 유서까지 남겨놓았으니 결코 포기하지 않을 것입니다.

"무슨 일이든 목숨을 걸고 덤비면 반드시 성공을 한다"

필자도 목숨을 걸고 새로운 '삶의 가치 실현'을 위하여 신통력을 얻기 위한 산(山) 기도로 인간계와 신령계 간의 경계의 벽을, 이승세계와 저승세계 간의 경계의 벽을 뚫고 들어가 반드시 '하늘 문(天門)'을 열고 신통력을 얻어내고 그리고 궁극적 삶의 목표인 득도·깨달음·해탈·대자유의 경지에 오르는 존자·진인·신인이 꼭 되고 싶습니다……

우선적으로 반드시 하늘로부터 '신통력'을 허락받을 것입니다.

반드시 신통력 허락을……

제8장

인간세계와 신령세계의 경계의 벽을 뚫는다

반드시 인간세계와 신령세계의 경계의 벽을 뚫어야…….

아침 해가 매일 떠오르듯, 오늘도 깊고 높은 산속의 기도처 성소 돌제단 위에 정성껏 정한수를 떠올리면서 간절한 마음으로 소원을 빕니다.

"오늘은 제발 인간계와 신령계의 경계의 벽을 뚫게 해주시옵소서!"

오늘도 어제처럼 첩첩산중 깊고 높은 천등산 산속에서 나 홀로 신통력을 얻기 위한 '집중기도'에 들어갑니다.

먼저 준비운동으로 몸의 기혈을 풀어주고, 후! 소리를 길게 몸속의 탁기를 내보내면서 '날숨'으로 몸을 이완시키고, 입을 다물고 옴! 소리를 강하고 길게 내면서 머리와 뇌 속에 진동을 일으켜 뇌파작동을 준비시키고, 여러 번을 반복하고, 그러고나서 조심스럽게 두 다리는 오므려 포개어 양반자세로 앉고, 허리는 쭉 펴서 똑바로 세우고, 두 손은 가슴 앞에 손바닥을 마주하여 합장을 하고, 두 눈은 지그시 감고, 마음은 편안히 하고, 호흡은 처음에는 깊고 날숨을 길게 하다가 차츰 고르게 하면서 들숨과 날숨에 집중을 하고, 생각은 상단전 앞이마 명궁을 통하여 우주하늘에 두고, 그리고 4박자 리듬으로 계속하여 한마음 일념으로 소리 내어 '산왕대신!'이란 신(神)의 명호를 부르면서 신명기도 정근을 합니다.

리듬과 파장을 맞추며 집중을 하면서 기도에 몰입해 들어갑니다.

합장을 하고 있는 손이 우주하늘자연의 기(氣)를 받으면서 서서히 진동과 떨림이 오면서 흔들거리다가 상·하로 세게 흔들리고 또한 앞가슴을 때리면서 강한 '기(氣)흐름'으로 인하여 온 몸이 요동을 칩니다.

한바탕 거세게 온 몸이 요동을 친 다음에 손끝과 발끝 그리고 머리정수리에서 몸의 중심 쪽으로 또다시 안정이 된 기(氣) 흐름의 전율이 찌르르 찌르르 찌르르 ~ 하면서 쫙~ 뻗쳐옵니다.

그리고는 머릿속에 기감이 차 오르면서 터질듯한 압력을 느끼고, 앞이마의 중앙 명궁이 멍~해지면서 무엇인가가 보이는 것 같고, 두 귀에서 휘파람소리와 함께 무슨 소리인가가 들리는 것 같고, 입술이 떨리면서 무슨 말인가를 불쑥 내뱉을 것만 같습니다.

정신의 집중과 몰입을 더욱 강렬하게 하면서 '이때다!'라고 직감을 느끼면서 의식의 관찰로 결정적 기회를 포착합니다.

죽을힘까지 사력을 다하면서 더욱 확실하게 눈감은 눈으로 보려고 하고, 귀로 들으려고 하고, 입으로 말문을 터보려고 합니다.

나는 마음속으로 처절하게 울부짖고 있습니다.

"저 벽을 뚫어야 한다! 인간계(人間界)와 신령계(神靈界) 간의 저 경계의 벽을 뚫어야 한다! 이승과 저승 간의 저 경계의 벽을 뚫어야 한다! 내가 살길은 오직 저 벽을 뚫는 것이야! 하늘이시여, 신령님이시여, 제발 저 벽을 뚫을 수 있도록 허락 좀 해주시옵소서!……."

한줄기 흰 빛이 아득한 저 멀리 우주에서 내게로 다가옵니다. 점점 더 가까이 내게로 다가오는 흰 빛은 너무 너무나 눈이 부십니다.

이대로 눈이 멀어버려도 괜찮고, 몸이 굳어버려도 괜찮습니다.

내 평생 처음 보는 신비한 흰 빛이기에 그리고 결정적인 기회포착이구나 하는 직감이기에 나는 끝까지 눈부신 흰 빛을 주시합니다.

신비하고 눈부신 흰 빛이 내 몸에 닿는 순간 내 머리는 띵~ 하고 어지럽고, 내 몸뚱이는 공중에 붕~ 뜨는 무중력을 느끼면서 너무 너무나 황홀함을 느낍니다. 그리고는 점차로 아무런 느낌이 없는 무한대의 엄청난 고요정적이 되어 버립니다. 그 고요정적 속에서 천지가 울리는 음성이 들려옵니다.

"집착을 버리거라!~~."

"마음을 비우거라!~~."

"아무생각도 하지 말거라!~~."

"우주하늘자연과 합일체가 되거라!~~"

정체불명의 천지가 울리는 음성을 듣고, 나는 순간 깨달으면서 집착과 마음의 끈을 살며시 놓아봅니다.

마음이 너무나도 평안해지고 더욱 무한대의 고요정적이 되면서 시간도 없어지고 공간도 없어지고 나 자신까지 없어져 버립니다.

무아지경의 완전초월 상태 무한대의 엄청난 고요정적 속에서 또 천지가 울리는 음성이 또 들려옵니다.

"벽을 뚫었느니라!~~. 인간계(人間界)와 신령계(神靈界) 간의 경계의 벽을 뚫었느니라!~~. 이승과 저승 간의 경계의 벽을 뚫었느니라!~~. 신통(神通)의 첫 관문인 하늘 문(天門)을 열었느니라!!~~."

무한대의 고요정적 속에서 천지가 울리는 음성을 내 두 귀로 생생히 들으면서 결정적 기회를 포착한 이 순간이 혹시나 환청현상은 아닌지 확인을 하고자 조심스럽게 소리 내어 말씀을 여쭤봅니다.

"천지를 울리는 이 음성을 들려주시는 분은 누구시온지요?"

그러자 또 천지가 울리는 음성이 들려옵니다.

"신령님이시다!"

"어떤 신령님이신지요?"

"오방신장 백마장군 신령님이시다!"

"정녕, 신령님이시라면 그 모습을 보여 주실는지요?"

그러자 하늘에서 천지가 울리는 말발굽소리가 들리면서 눈부신 흰빛이 또다시 나타나고 그 빛 속에서 대천사 미카엘의 호위를 받으면서 날개가 달린 하늘 백마를 탄 장군이 모습을 드러내시어 저~ 멀리서 이쪽을 향해 돌진을 해옵니다. 점점 더 가까이 달려오면서 점점 더 모습이 커집니다.

천지가 울리는 말발굽소리의 굉음과 함께 하늘 백마의 갈기털이 바람에 휘날립니다.

말 울음소리와 함께 날개가 달린 하늘 백마를 타고 내 앞에 멈추어 선 신령님의 모습은 쇠꼬챙이 달린 투구를 쓰고, 오색 빛깔의 갑옷을 입고, 한 손에 큰 칼을 들고, 왕방울만큼 크고 강렬한 눈빛을 하고 힘이 넘쳐보이는 장수 모습입니다.

신령님의 모습을 실제로 보니 너무나도 신비하고 무서운 모습이지만 그렇게도 맞닥뜨려보고 싶었기 때문에 내 스스로 두려움을 인내하면서 조심스럽게 직접 말씀을 또 여쭈어봅니다.

"대천사 미카엘의 호위를 받으면서 흰색 하늘 천마를 타고 오신 오방신장 백마장군 신령님께서는 무슨 역할을 하시는지요?"

"오방의 방위를 수호관장하면서 특별한 하늘신(天神·God) 제자들에게 하늘 문(天門)을 열어주고 또한 신변을 보호해주는 신령이니라."

"신령님! 그럼 저에게도 하늘 문이 열린 것이온지요?"

"그러하도다. 경계의 벽을 뚫고 하늘 문을 열었느니라."

"신령님! 그럼 이제부터는 어떻게 공부를 해야 되는지요?"

"제자야! 이미 경계의 벽을 뚫고 신령과 직접 통신(通神)을 하였으니 눈이 열리고, 귀가 열리고, 말문이 열렸느니라. 이제부터는 깊은 명상삼매로 '천기신통초월명상'에 들어와 이렇게 직접 신령과 대화를 나누면서 신령들로부터 직접 가르침을 받으면 되느니라."

"신령님! 정녕 그러하는지요?"

"제자야! 정녕 그러하느니라."

"고맙습니다. 이제부터 신령님들께서 많은 가르침을 주시옵소서!"

"잘 알았느니라."

말씀이 끝나시자, 순간 대천사와 신령님의 모습은 없어지고 하늘 백마의 말발굽소리만이 멀어져갑니다.

초월상태의 고요정적 속에서 환희가 막 솟구쳐 오릅니다.

의식으로 정신을 차리고, 몸을 일으켜 토굴 밖으로 나옵니다.

구슬 같은 땀으로 속옷까지 다 젖어있고, 환희의 눈물이 마구 펑펑 흘러내립니다.

해는 서산으로 기울며 노을이 찬란하게 빛나고, 가끔 날아와 친구가 되어주던 산 까마귀들이 토굴 주위의 나뭇가지에 앉아서 까악~까악~ 노래를 부르며 축하를 해 줍니다.

하늘을 올려다보며 솟구치는 환희의 큰 소리를 질러봅니다.

"벽을 뚫었다!~~."

산 메아리가 산 전체를 울리면서 하늘까지 올라갑니다.

아무도 없는 첩첩산중 깊고 높은 산(山)속에서 나 홀로 덩실~덩실~ 춤을 춥니다.

나는 환희의 눈물을 흘리면서 춤을 춥니다.

눈에서는 눈물이 흘러내리고 몸뚱이는 춤을 추면서 또 하늘을 올려다보며 큰소리를 지릅니다.

"인간계(人間界)와 신령계(神靈界) 간의 경계의 벽을 뚫었다!~~.

이승과 저승 간의 경계의 벽을 뚫었다!~~.

드디어 하늘 문(天門)을 열었다!~~."

나의 목소리는 산 하늘 메아리가 되어 하늘까지 계속 올라갑니다.

아무도 없는 깊고 높은 천등산 산(山)속에서 환희와 감격의 눈물을 펑펑 흘리면서 계속 덩실~덩실~ 춤을 춥니다.

동쪽하늘에 둥근 달이 떠오릅니다.

둥근 달이 어둠을 밝혀줍니다.

첩첩산중 깊고 높은 천등산 산(山)속에서 둥근 달이 떠있는 달밤에 나 홀로 덩실~덩실~ 춤을 춥니다.

환희의 눈물로 자축하는 나 홀로 추는 춤은 둥근 달이 머리 위에 떠 오를 때쯤에야 멈추어갑니다. 마음은 이 밤을 지새우도록 춤을 추고 싶지만 몸뚱이가 지쳤다고 그만 쉬자고 합니다.

머리 위에 떠있는 둥근 달에게 큰절을 합니다.

돌탑에도 큰절을 하고, 옹달샘에도 큰절을 하고, 토굴에도 큰절을 하고, 동서남북 사방으로 큰절을 합니다.

하늘자연의 모든 존재물께 감사함의 큰절을 올리고 또 올립니다.

도(道)닦으러 입산한지 120여 일만에 드디어 '하늘 문(天門)'을 열고 직접 하늘과 '통신(通神)'을 해내는 1차 목표를 달성했습니다. 열정을 가지고 집중과 끈기로 성공을 이루어 내었습니다……

제9장

자기 자신의 과거 '전생(前生)'을 알아야 한다

모든 사람은 자기 자신의 과거 '전생(前生)'을 꼭 알아야…….

신통력의 첫 관문인 경계의 벽을 뚫고 나서부터는 신안(神眼)의 눈이 열리고, 귀가 열리고, 말문이 열려서 언제든 기도할 때마다 신(神)들과 '직접대화'를 나눌 수 있고 직접 볼 수 있게 되었습니다.

무엇이든 의문이 있을 경우에는 기도 중에 직접 신령님께 질문을 드리고 또한 답을 얻을 수 있습니다.

하늘 문(天門)을 열고 통신(通神)을 하여 '신통력'을 얻은 이후부터는 커다란 육환장 지팡이에 삿갓을 쓴 스님과 백마를 타고 큰칼을 든 장군이 매일 같이 꿈속에도 명상삼매의 기도 중에도 나타납니다.

오늘도 어제처럼 돌제단 위에 정한수를 떠올리고, 촛불을 켜고, 향을 사르고 그리고 동서남북 사방으로 절을 한 번씩 하고 토굴 안으로 들어오면서 이렇게 마음을 먹습니다.

"오늘은 삿갓 쓴 스님과 큰칼 든 장군의 정체를 꼭 밝혀내야지!"

커다란 투명창문을 사이에 두고 돌탑과 돌제단을 향해 토굴 안에서 정성껏 큰절 3번을 올리고 조용히 방석 위에 앉습니다.

명상기도와 좌선(坐禪)을 행할 때는 먼저 몸속의 기혈이 잘 통할 수 있도록 준비운동으로 몸을 풀어주면서 '이완'을 해 주어야 합니다.

먼저 스스로 터득한 '온몸진동법'으로 가볍게 몸을 풀어줍니다.

다음으로 배가 쑥~ 들어갈만큼 후! 소리를 내면서 길게 '날숨'으로 몸속의 탁기를 내보내고, 입을 다물고 옴! 소리를 강하고 길게 내면서 머리와 뇌 속에 뇌파작동 준비로 진동을 주고, 그러고 나서 조심스레 두 다리는 오므려 포개어 가부좌로 앉고, 허리는 쭉 펴서 반듯하게 세우고, 이제부터 두 손은 손바닥을 위로 하여 양쪽의 두 무릎위에 올려놓고, 두 눈은 지그시 감아 눈동자를 아래쪽으로 코끝을 향하는 등 고정을 시키고, 마음은 편안히 하고, 호흡은 처음에는 깊고 날숨을 길게 하다가 차츰 고르게 하면서 들숨과 날숨에 집중을 하고, 의식은 상단전 앞이마 명궁을 통하여 우주하늘에 두고, 이제부터는 기도방법을 바꿔서 '천기신통초월명상'을 합니다.

들숨 날숨의 호흡을 의식하고, 의식의 변화진행을 '관찰'하면서 점점 더 깊이 명상에 집중을 하고, 내 의식체와 하늘과의 주파수 사이클을 맞추며 몰입해 들어갑니다. 이내 하늘의 천기와 직통을 하면서 몸에 진동과 떨림이 오고, 손끝과 발끝 그리고 머리끝에서부터 몸의 중심 쪽으로 찌르르~ 찌르르~ 찌르르~ 하는 기(氣)흐름의 전율이 쫙~ 뻗쳐옴을 느낍니다. 한참동안 고감도 기(氣)흐름의 전율이 찌르르 ~ 쫙~ 하고 여러 차례 계속되면서 몸뚱이가 공중에 붕~뜨는 무중력을 느끼면서 '무아의 황홀경'이 됩니다.

고감도 기(氣) 흐름의 이 쾌감과 황홀함은 이 세상 어느 것과도 비교할 수 없을 만큼 최고의 지극 · 지고 · 지락의 상태입니다.

황홀경의 정점에서 무한대의 고요 정적이 오고, 그리고 모든 것이 정지하면서 시간과 공간이 없어집니다. 이제 서서히 하늘 문이 열리고 내 영혼체는 신(神)들의 세계로 경계의 벽을 뚫고 들어갑니다.

필자가 스스로 터득한 이 기도와 명상법은 필요에 따라서 '신통술기도'라 하고 또한 경계를 초월할 때는 '신통술초월명상'이라 하는 등 두 개의 명칭을 사용하겠습니다.

(손도사가 직접 체험하고 있는 '신통술기도' 또는 '신통술초월명상' 등의 기도방법은 훗날에 최고의 전신수행법으로 두뇌계발과 영혼 진화 및 영혼 구원에 많은 도움이 될 것입니다.)

신통술초월명상 속에서 오늘도 삿갓 쓴 스님과 큰칼 든 장군이 함께하고, 머리칼과 눈썹과 수염이 기다랗고 하얀 백발노인 산신령님이 두꺼운 책을 들고 어제처럼 또 나타납니다.

책을 손에 든 백발노인 산신령님은 어제처럼 오늘도 내가 쌓아올리고 있는 돌탑 위에 걸터앉으시고, 삿갓 쓴 스님과 큰칼 든 장군은 내 곁에 앉습니다. 이 두 분의 모습을 자세히 들여다보면 나이와 의복차림새만 다를 뿐 내 얼굴과 거의 똑같이 닮아 있습니다.

요즘에 와서는 이러한 점이 굉장히 궁금합니다.

내 나이 17살쯤부터 지금까지 오랜 세월 동안 언제나 똑같은 모습으로 가끔씩 내 꿈속에 나타나고, 결국에는 나를 산(山)으로 데리고 들어오고, 지금은 꿈속에서나 명상 중에 매일같이 나타나서 나를 돕고 또한 나를 수호해 주는 정체불명의 두 분이 정말 궁금합니다.

오늘은 이 궁금증을 꼭 풀어야 하겠습니다.

신통술초월명상의 삼매경 속에서 이제 막 책을 펼치시는 백발노인 산신령님께 먼저 질문을 여쭙습니다.

"산신령님! 공부하기에 앞서 저에게는 오랜 세월 동안의 궁금함이 있사온데 오늘은 그 궁금함을 풀게 해주실런지요?"

"제자야! 무엇이 그리도 궁금한가?"

산신령님! 평생동안 나를 따라 다니고, 지금도 제 곁에 함께 앉아있는 삿갓 쓴 스님과 큰칼 든 장군은 누구이온지요?"

"제자야! 운때가 되면 가르쳐 줄 것이니라."

"산신령님! 궁금함이 오히려 기도공부에 방해물이 되오니 지금 가르쳐 주실 는지요?"

"제자야 산(山)기도공부는 순서가 있고 또한 모든 것은 운때가 있다고 하였 느니라."

"산신령님! 기도공부의 방해물은 즉시 없애버려야 한다고 생각되옵니다."

"제자야! 운때에 따른 공부 순서가 있는데, 별도의 과외공부를 하겠다고 약 속을 하면 가르쳐 줄 수 있느니라."

"산신령님! 그렇게 할 것을 약속드립니다."

"제자야! 잘 들을지니, 또 다른 신분의 너 자신이니라."

"산신령님, 제 자신은 따로 여기 있사온데 제 자신이라니요?"

"제자야! 과거 또 과거 전생(前生)의 또 다른 신분의 너 자신이니라."

"산신령님! 좀 더 상세히 가르쳐 주실는지요?"

"제자야! 잘 듣도록 하여라!"

"예, 잘 듣도록 하겠습니다."

"너는 본래부터 하느님의 왕심부름꾼 '천사장 Archangel'이었고, 과거 1,000년 전에는 '천왕승'이라는 하늘나라 도솔천궁의 최고 높은 신승(神僧)이 었고, 또한 과거 600년 전에는 이곳 천등산 탑사골에 있었던 탑사(塔寺)의 최 고 어른 방장 큰스님이었고, 이곳의 옹달샘은 그때에 네가 물마시던 그 약천샘이었느니라.

　지금은 불에 타서 없어지고 그 흔적으로 돌기둥만 남아 있지만 과거 600년 전, 너는 이곳 천등산 탑사에서 최고 어른 방장 큰스님으로 있을 때에 굉장한 법력을 얻고 도승(道僧)으로 열반하였느니라. 그리고는 또다시 하늘나라 천 상세계로 올라가 '제석천궁'이란 하늘궁전의 제석천왕 오른팔 역할 겸 백마신 장 중의 우두머리 역할인 '칠성장군(별이 7개)'으로 500년 동안 천상세계의 '천사장 Archangel' 역할을 또 하다가 하늘의 특별한 사명과 함께 더 도(道) 를 닦아 초월해탈 자유자재를 이루겠다고 스스로 원을 세우고 또다시 인간세 계로 환생(還生)을 하여 내려왔느니라.

　다시 사람 몸으로 '환생'을 한 너는 네 영혼의 진짜 바람이나 운명을 모르고 다른 길로만 가더구나. 자기 영혼의 바람과 자신의 운명도 모르고 인생길을 걸어가니, 가장 나쁜 운때에 하늘의 계획에 휘말려서 큰 사업을 또 실패하고 자살까지도 시도하더구나.

　예를 들어, 몸뚱이는 하나뿐인데 그 몸뚱이 속에 주인공으로 들어와 있는 자기 영혼의 바람과 그리고 현실적인 자신의 추구가 각각 다른 길을 선택한 다면 하나뿐인 몸뚱이는 과연 어느 길로 갈 것인가?를 한 번쯤은 깊게 정말로 깊이 생각해 볼 필요가 꼭 있느니라.

　자기 영혼의 바람과 자기 현실의 추구가 '서로 다른 길'을 택한 사람은 절대 로 성공적인 삶을 이룩할 수가 없느니라.

　네 몸뚱이의 주인으로 들어와 있는 과거 전생 너의 영혼의 바람은 최고의 깨달음으로 해탈을 이루어 대자유의 스스로 존재하는 '자재신'이 궁극이고, 너의 현실적인 추구는 보통 사람들처럼 성공출세를 하고 부자가 되어 잘 먹고 잘 입고 잘 쓰고 하면서 물질적으로 잘 사는 것이었으니, 그동안 너무나 귀중 한 삶을 헛고생만 하였느니라.

제자야! 너의 운명은 소년 때부터 하늘의 '전령자' 역할을 하면서 땅위에서 일어나는 나쁜 재앙들로부터 사람들을 구원하고 인도하라는 사명을 함께 부여했건만, 소년 때에는 신통능력을 없애버리더구나.

그러나 스스로 또는 하늘로부터 선택을 받아 특별하게 타고난 특별한 사명과 운명은 결국 따르게 되어 있고 또한 따라야 하느니라.

이제라도 깨닫고 스스로 제 길로 들어섰으니 잘되었느니라.

지금, 네 옆에 함께 앉아있는 삿갓 쓴 '천왕승'과 큰칼 든 '칠성장군'은 과거 또 과거 전생의 너 자신이었느니라.

과거 전생 너의 영혼들과 함께 이곳 천등산에서 한 10년 정도만 도(道)를 닦으면 과거 전생의 최고 상근기가 있으니, 삼천대천세계 우주하늘자연의 섭리와 진리를 다 터득하고 깨달아 너의 영혼의 바람인 초월해탈 자유자재를 이룩할 수 있을 것이니라. 잘 알아들었는가?"

"예, 잘 알아들었습니다. 하지만 하나 더 궁금함이 있사온데 가르쳐 주실는지요?"

"물어보도록 하여라!"

"저의 과거 전 전생까지 모두 알고 계시는 산신령님은 대체 누구이시고, 또한 저와는 어떤 인연이 있는지 가르쳐 주실는지요?"

"제자야! 운때가 되면 다 알게 될 것이니라."

"산신령님! 기왕 말씀이 나왔으니 지금 가르쳐 주실는지요?"

"제자야! 잘 듣도록 하여라!"

"예, 잘 듣도록 하겠습니다."

"네가 이미 알고 있다시피 나는 이곳 천등산의 산신령이고 너하고는 특별한 인연이 있으니, 너와 나는 과거 600년 전에 이곳 천등산 탑사에서 함께 수도했던 도반 친구였느니라.

너는 최고 높은 도승까지 되어 영적으로 거듭나서 천계 천상의 하늘궁전으로 올라가 높은 '인격신(人格神)'이 되었고, 나는 또 다른 인연법에 따라 이곳 천등산의 산신령이 되었느니라.

과거 전생의 도반 친구가 이곳 천등산을 인연으로 하여 인간계의 사람으로 다시 환생을 한다고 해서 기다렸고, 그동안 타고난 운명의 길을 잘못 가길래 염려는 되었으나 너의 운명이 반드시 이곳 천등산으로 또다시 입산하도록 되어 있기에 지금껏 너를 기다렸느니라.

옛날 옛적에 함께 수도했던 도반 친구여! 내가 친구의 우주하늘자연과 합일을 할 수 있는 '천기신통술명상' 산(山)기도공부를 힘껏 도와주겠노라. 하지만 꼭 한 가지 지켜주어야 할 것이 있으니 인간계와 신령계와는 엄연한 구분과 규칙이 있는 법이니라.

도반 친구는 지금 사람의 몸으로 그리고 수도수행자의 몸으로 다시 환생을 하고 또한 입산을 했으니 철저히 배우는 자세의 마음가짐과 태도를 갖추어야 하느니라. 잘 알아들었는가?"

"예, 잘 알아들었습니다."

"그럼, 이제부터 책을 펴도록 하여라!"

"예……."

나는 나이가 600살이나 된다는 백발노인 천등산 산신령님과 옛날 옛적의 탑사(塔寺 – 오래전에 화재로 불타 없어지고 현재는 절터의 흔적으로 돌기둥만 덩그러니 남아 있음)에서 함께 수도 수행했던 도반 친구였다는 것이 믿어지지 않지만, 그 말씀들을 받아들여 믿기로 합니다. 왜냐하면 ① 탑사의 흔적으로 절터와 함께 돌기둥이 현재까지 남아있고 ② 약천샘 옹달샘이 그대로 존재하고 ③ 삿갓 쓴 스님과 큰칼 든 장군이 나이와 의복 차림새만 다를 뿐 행동과 얼굴이 내 모습과 똑같이 닮았고 ④ 내 운명을 정확히 맞추고 ⑤ 내 영혼이 내 몸속에서 그러하다고 대답을 하고 ⑥ 천등산 아랫마을 사람들은 옛날 절 '탑사'를 모두 알고 있고 ⑦ 현재 산기도공부를 배우는 입장이기 때문에 이곳 주인인 천등산 산신령님의 말씀들을 그대로 믿기로 합니다.

나는 신통력(神通力)으로 내 영혼의 과거 전생(前生)들을 알게 되었고, 타고난 나의 운명과 내 몸뚱이 속에 주인공으로 들어와 있는 내 영혼의 바람을 모두 알게 되었습니다.

그렇기 때문에 나는 앞으로 어떻게 살아야 할지 그리고 무엇을 해야 할지 삶의 목표와 방법이 확실해짐을 스스로 깨닫게 됩니다.

지금, 이 글을 읽고 있는 독자분께 질문을 드립니다.

"당신의 영혼은 전생에 무엇?이었고, 현생을 어떻게 살다가 몇 살? 나이에 어떻게? 죽을 것이며, 죽어서는 또다시 무엇?이 되어 또 어디로? 가게 될 것인가……."

필자는 당신과 당신의 영혼에게 직접 이 '질문'을 드리는 것입니다.

영적인 존재 혼(魂)이 사람 몸속에 들어와 있으면 영혼(靈魂)이라 부르고, 사람 몸속에서 빠져나가면 혼령(魂靈)이라 부르며, 혼(魂)이 인과의 법칙과 인연법에 따라 이승과 저승을 왔다 갔다 할 뿐이고, 탄생과 죽음은 또 다른 세계로 들어가는 '출입문'일 뿐입니다..

"인생은 모두 영혼들의 나그네 길이다."

당신의 몸속에 주인공으로 들어와 있는 당신의 영혼이 누구?인지 꼭 알아야 함을 진심으로 충고합니다.

최면요법으로 전생체험을 해보든 또는 점(占)을 보든 어떤 방법을 통해서든 당신의 '과거 전생'을 꼭 알아보시길 바랍니다~.

당신의 영혼을 알면 전생을 알게 되고, 전생을 알면 '인과의 법칙'으로 타고난 현생의 운명을 정확히 알 수 있게 되기 때문입니다.

자기 자신의 전생과 영혼을 꼭 알아야…….

세상만물과 사람들은 생긴 대로 살아간다

세상만물에게는 생긴 대로 기(氣)흐름과 운(運)이 따르고……

겨울 동안의 매서운 추위 속에서 죽은 듯하던 나뭇가지 끝에 새움이 트기 시작하고 산수유 꽃이 피고 진달래꽃이 또 피어납니다.

진달래 꽃이 시들고 앵화 벚꽃이 온누리에 활짝 피었습니다.

하늘자연의 섭리와 법칙은 참으로 오묘하고 또한 정확합니다.

4계절의 변화가 뚜렷한 대한민국 한반도 우리 땅은 참으로 섭리와 진리 깨달음공부를 수도(修道)하기에 좋은 곳이라 생각합니다.

4계절 변화의 자연현상이 생로병사, 성주괴공, 생주이멸의 자연 법칙인 '참섭리'를 잘 가르쳐 주고 깨닫게 해 줍니다.

4계절의 뚜렷한 변화가 말 없는 말과 들리지 않는 소리로 우주하늘자연의 섭리 및 진리의 도(道)를 가르쳐 주기 때문입니다.

개소리 닭소리 사람소리가 전혀 들리지 않는 첩첩산중 깊고 높은 이곳 천등산 산(山)속에도 또다시 봄이 시작됩니다.

앞으로 오랜 세월을 이 산(山)속에서 나 홀로 살아가야 하기 때문에 내 스스로 채소를 가꾸어보기로 합니다.

"모든 생물체는 스스로 환경적응을 잘 해야 한다."

사람은 그 어떤 어려운 환경에 처할지라도 반드시 '적응'을 할 줄 알아야 하고 또한 스스로 자립심을 길러 반드시 '자주독립'의 자존을 할 줄 알아야 세상살이 삶을 당당히 주인으로 살아갈 수 있습니다.

나는 스스로의 생존을 위해서 잠깐씩 운동 삼아 토굴 아래편의 산비탈을 텃밭으로 사용하기 위해 개간을 합니다.

괭이로 땅을 파고 또 땅을 파고 또 땅을 파 나아갑니다.

여러 날 동안 계속하여 괭이로 산비탈을 텃밭으로 개간을 합니다.

나무뿌리와 풀뿌리를 골라내고, 돌멩이를 골라내고, 두렁과 이랑을 만들면서 산속에 나의 작은 텃밭을 만듭니다.

물이 흐르는 옹달샘 아래편의 습지에는 자연 야생의 산미나리가 자라고 있으니, 내가 만든 텃밭에는 배추·무우·당근·오이·옥수수 그리고 토마토·고구마 등등 비상식량 겸 생식으로 먹을 수 있는 것으로 여러 가지의 씨앗들을 심어 놓습니다.

비닐봉지로 물을 길어와 물을 뿌려 주면서 잘 보살피니 싹이 나고 줄기와 잎이 나면서 내 작은 텃밭에 채소 등이 자라고 있습니다.

나는 텃밭을 만들고, 씨앗을 심고, 물만 주었는데 자연이 스스로 농부가 되어 채소 등을 길러 줍니다.

산속의 작은 텃밭에 푸른 채소 등이 탐스럽게 잘 자라고 있습니다.

산새들이 몰래 뜯어먹고 산토끼도 몰래 뜯어 먹습니다.

싸릿대나무를 베어오고 칡넝쿨을 베어와 울타리를 만들어봅니다.

싸릿대나무로 울타리를 만들어 빙~둘러쳐 놓으니 산토끼 녀석들은 막을 수 있으나, 산새들은 공중으로 침투하니 막을 수가 없습니다.

산새들은 조금만 뜯어먹으니 그냥 내버려둡니다.

그러면서 내년에는 텃밭을 더 크고 넓게 만들고 더 많은 채소 등을 가꾸어 산토끼와도 함께 나누어 먹어야겠다고 '큰마음'을 내어봅니다.

사람의 마음은 작게 쓰면 한없이 작아지고, 좁게 쓰면 한없이 좁아지고, 크고 넓게 쓰면 한없이 크고 넓어집니다.

"인생살이 일체유심조(一切唯心造) 마음작용이라."

나는 도(道)를 닦으니 진실한 가슴과 큰마음으로 살려고 합니다…….

이제 계절이 바뀌어 또다시 신록의 초여름입니다.

깊고 높은 산(山)속에서 나 홀로 도(道)를 닦으며 하루 한 개씩 돌을 주워와 쌓고 있는 돌탑의 높이가 이제 조금씩 올라갑니다.

산 아래편에 피어있는 아카시아 꽃향기가 바람을 타고 이곳까지 올라오니 산 전체가 아카시아 꽃향기로 너무나 향기롭습니다. 야생초의 풀 향기도 너무나 싱그럽습니다.

요즘은 풀 향기와 아카시아 꽃향기 속에서 백발노인 천등산 산신령님께 한창 신나게 사람의 얼굴과 손금을 보는 '관상학'을 배워보니 정말로 사람의 운명과 운세가 얼굴과 손금 그리고 몸통 각각 부위의 생김새와 기색에 따라서 운(運)이 다르게 흐르고 또한 정확하게 나타나고 있음을 확인합니다.

사람은 태어날 때 각각의 전생(前生) 삶의 질에 따라서 '유유상종'의 영혼들끼리 조상과 후손으로 만나게 되고, 조상핏줄의 유전자와 함께 자기전생과 조상의 업(業)이 인과 법칙과 인연 법칙에 따라서 '운명(運命)'이라는 것을 타고나고, 또한 삶을 살아가면서 기운(氣運)이라는 것이 각각의 음양오행 법칙에 따라서 정확하게 작용을 하기 때문에 자기 자신의 타고난 '평생운명'을 반드시 알아둬야 한다고 생각합니다.

　지피지기 전략으로 자기 자신을 포함하여 각각 사람의 '생김새'에 따른 운(運)을 살필 줄 알아야 세상살이를 더욱 잘 살게 됩니다.

　어떤 경로를 통하든, 수많은 책들 중에서 '운명정보'의 귀중한 이 책을 접하고 있고 지금 이 글을 읽고 있는 독자분께서는 삶을 살아가면서 최고·최대 가르침의 '행운(幸運)'을 만난 것입니다.

　지금, 필자의 글을 읽고 있는 행운의 당신께 한 번 배워서 평생 써먹을 수 있는 '삶의 지혜'를 좀 가르쳐 드릴까 합니다.

　이 부분은 책 제목에 상관없이 책 본문의 글 속에 숨겨서 가르쳐 드리는 것이니 꼭 배워두길 진심으로 바라는 바입니다.

　이제부터 자기 자신과 배우자 및 가족들 그리고 친구의 얼굴모습을 떠올리면서 또한 밑줄을 그으면서 천천히 이해를 하면서 읽어보시길 바랍니다.

　그럼, 사람의 각각 얼굴 생김새에 따른 타고난 천성 및 성격분석과 소질 재능 및 운세와 운수 등 '얼굴 관상풀이'를 해 드리겠습니다.

　세계인 공통적용의 '손금풀이'는 별도로 해드리겠습니다.

　사람 얼굴의 생김새는 상·하·좌·우가 반드시 '균형과 조화'를 이루어야 합니다.

　만약, 얼굴의 어느 한 부위에 특징이 있으면 그 부위를 의미하는 특징적 운이 반드시 나타나고 또한 작용을 하게 됩니다.

　사람 얼굴의 생김새가 사각형인 사람은 대체로 실행력이 있고, 둥근형이면 원만하고, 역삼각형이면 머리가 영리합니다.

　사람은 이마가 잘 생겨야 복과 운이 따릅니다.

　이마 위쪽의 양끝이 벗겨지면 두뇌가 명석하고, 이마가 직선으로 각이 지면 실행력이 강하고, 이마의 중앙이 튀어나오면 오만하고, 이마의 하부와 눈썹

뼈가 튀어나오면 투지력이 강합니다.

이마에 주름살 한 개가 수평으로 기다랗게 생기면 고집과 의지가 강하고, 이마에 주름살 세 개가 길고 가지런하게 생기면 정신력이 풍부합니다.

이마가 너무 낮거나, 너무 좁거나, 잔주름살이 헝클어져서 못생기면 대체로 복과 운이 안 따르고, 고생이 많게 되니 이렇게 생긴 사람을 사무직원이나 또는 남편감으로 선택하지 마세요!

복과 운이 나쁜 사람을 곁에 두면 결국에는 함께 망하게 됩니다.

여성의 이마가 남성처럼 잘 생기면 기가 강해서 팔자가 사납게 되고, 여성의 이마에 흉터가 생기면 운이 나빠지고 남편 복이 없게 됩니다.

특히 관료와 공직자로 출세하려면 이마가 잘 생겨야 합니다.

눈썹은 눈보다 길고 가지런하고 청수해야 귀상이며 길상이고, 반대로 눈썹이 너무 짧거나, 중간에 끊어진 듯하거나, 헝클어져 있거나, 혼탁하면 천상이고 흉상입니다.

눈썹이 길면 정이 많고, 눈썹이 짧으면 고독합니다. 눈썹이 일자형은 강직하고, 초승달형은 총명하고, 삼각형은 지략이 뛰어나고, 눈썹 끝이 치켜 오른형은 용맹하고, 눈썹 끝이 내리처진 형은 나약합니다. 양 눈썹 사이가 넓은 사람은 마음이 느긋하며 속이 넓고, 양 눈썹 사이가 좁은 사람은 마음이 조급하며 속이 좁습니다.

특히 두 눈썹의 높이가 크게 다르면 가정환경과 육친 운이 나쁘고 자기 본위적이고 처신의 태도가 나빠서 인생 중년에 큰 실패와 고생이 따르게 되니, 그렇게 생긴 사람을 배우자감으로 선택하지 마세요!

눈빛이 살아있어야 생명력이 강하고 성공출세운이 따르게 됩니다.

눈은 맑고, 빛나고, 크기가 적당하고, 균형이 잡히고, 흑백이 분명하고, 안정감이 있어야 길상입니다. 반대로 눈이 혼탁하거나, 빛이 없거나, 힘이 없거나, 너무 크거나, 너무 작거나, 너무 쑥 들어가거나, 균형이 없거나, 흑백이 분명치 않거나, 살(殺) 기운이 흐르거나, 흰자위가 너무 많이 보이거나 등등은 흉상입니다.

눈이 쌍꺼풀형이면 사치하고, 외꺼풀형이면 내실합니다.

눈 꼬리가 치켜 오르면 기가 세고, 내리처지면 기가 약합니다.

눈에 흰자위가 많이 보이면 성질이 나쁘고 흉액을 당하게 됩니다.

다툴 때에 눈을 까뒤집어 흰자위가 많이 보이거나 또는 평소에도 흰 자위가 많이 보인 사람은 그러하지 않도록 꼭 '충고'를 합니다.

특히 눈빛이 힘이 없거나 혼탁한 사람을 중요 직책자 및 동업자 그리고 배우자감으로 선택하지 마세요!

정신력이 약하고 운까지 나쁘면 결국에는 함께 망하게 됩니다.

아래 눈꺼풀이 팽팽하게 부풀면 성격이 좋고 또한 이성적 성감이 좋으니 이러한 여성이나 사람을 애인 삼으면 좋습니다.

위 눈꺼풀에 주름살이 많으면 성욕이 강하고 바람끼가 많습니다.

눈 꼬리 주름살이 뚜렷하게 상·하 두 갈래로 갈라지면 마음씨는 착하지만 95% 확률로 부부별거 또는 사별이 따르니 꼭 '대비'하길 바랍니다.

특히 타고난 사주에 도화살과 끼가 들어있는 여성이 쌍꺼풀 수술을 하면 도화살과 끼 그리고 사치 허영심이 더욱 발동을 해서 결혼운이 치명적으로 나빠질 수 있으니, 여성들은 쌍꺼풀 수술을 하기 전에 반드시 운명전문도사를 찾아가 꼭 '운명상담'을 받아보고, 쌍꺼풀 수술 여부와 '개운관상 쌍꺼풀 성형수술'을 하도록 꼭 '충고'합니다.

눈에 붉은 핏줄이 한 가닥으로 기다랗게 눈동자를 꿰뚫으면 99% 확률로 큰 사고를 당하거나 죽음이 따르니 꼭 '조심'하길 바랍니다.

눈빛이 흐트러지면 영혼이 떠날 준비를 하니 '죽음'이 따릅니다.

특히 눈 꼬리 근처에서 옆으로 머리털이 나있는 곳까지의 부위에 손톱크기만큼의 '거무스레한 반점'이 생기면 95% 확률로 청춘에 홀아비가 되고 청상과부가 되어 인생살이가 고독하고 고생이 많게 되니 꼭 '대비'하길 바랍니다(이 '거무스레한 반점'은 젊을 때 생기기 때문에 늙어서 생기는 저승반점하고는 뚜렷하게 구별이 됩니다).

귀가 잘 생겨야 성품이 좋고 수복운이 따르게 됩니다.

귀가 크면 마음이 넉넉하고, 귀가 작으면 변덕이 많습니다. 귀가 단단하면 활동적이며 적극적이고, 엷으면 소극적이며 정서적이고, 가운데 부분이 튀어나오면 개성과 자기주장이 강합니다. 귀가 윤택하면 명예와 귀운이 따르고, 거무튀튀하고 어두운 색이면 빈천운이 따르고, 귓불에 주름살이 생기면 건강이 나쁩니다.

특히 귀 아래편 귓불의 살집이 두툼하고 엷은 홍색으로 윤택하면 건강과 운세가 좋으니 귓불이 잘생긴 사람을 배우자감으로 선택하면 좋고, 그러나 귀고리구멍을 여러 개 뚫은 여성은 '사치허영심'이 강하고 나이가 들어가면서 점점 수명운·재물운·남편운을 나쁘게 하니, 이러한 여성을 아내감으로 선택하지 말 것을 꼭 '충고'합니다.

광대뼈가 솟으면 기력이 강합니다.

광대뼈가 앞으로 솟으면 양성적으로 기력이 강하고, 광대뼈가 옆으로 뻗치면 음성적으로 기력이 강합니다.

특히 광대뼈가 살집이 없이 너무 튀어나오면 빈천운이 따르고 여성은 과부가 되기 쉬우니, 이러한 사람을 배우자감으로 선택하지 말 것을 꼭 '충고'합니다.

코가 잘 생겨야 명예와 재물운이 따릅니다.

코는 적당한 크기로 반듯하고 깨끗하고 윤택해야 좋습니다. 그러나 코가 너무 크거나, 너무 작거나, 너무 높거나, 너무 낮거나, 너무 길거나, 너무 짧거나, 콧등이 움푹 꺼지거나, 코끝이 뾰족하거나, 콧날이 옆으로 휘거나, 콧등의 중간이 튀어 오르거나, 콧등에 흉터가 생기거나, 콧방울이 너무 빈약하거나, 코가 지저분하거나 등등은 나쁘고 흉상입니다.

코가 높으면 자존심이 강하고, 코가 낮으면 자존심이 약하고, 코가 길면 고지식하고, 코가 짧으면 대충적이고, 코끝이 둥글면 소탈 원만하고, 코끝이 뾰족하면 고상 예민하고, 그리고 코가 너무 작거나 또는 움푹 꺼지면 자존심과 주체의식이 약하고 결혼운이 나쁩니다.

콧등의 중간이 튀어 오르면 상충하여 다툼이 많고, 콧날이 옆으로 휘거나 또는 콧등에 흉터가 생기면 재물운과 결혼운이 나쁘게 됩니다.

특히 코끝이 둥글고 윤택하고 콧방울에 살집이 좋고 힘차게 잘 생기면 의지력과 재물운이 따르니, 이러한 사람을 배우자감으로 선택하면 좋습니다. 그러나 반대로 콧날이 옆으로 휘거나, 콧등에 흉터가 있거나, 콧등이 튀어 오른 사람을 배우자감으로 선택하지 말 것을 꼭 '충고'합니다.

또한, 특히 타고난 천성의 성질과 성격이 강한 여성과 고집이 센 여성이 코 성형수술로 코를 잘못 더 높이면 오히려 운명이 나빠질 수도 있으니, 코 성형수술을 하기 전에 반드시 운명전문 도사를 찾아가 꼭 '운명상담'을 받고나서 코성형수술 여부와 '개운관상 코성형수술'을 하도록 거듭하여 꼭 '충고'하는 바입니다.

인중이란 코밑의 도랑을 가리키는데 이곳에 가로 주름살이나, 흉터나, 점이 없이 단정하고 적당히 길게 생기면 좋습니다.

그러나 인중 도랑이 너무 짧거나, 너무 가늘거나, 옆으로 휘거나, 거슬린 듯 굽거나, 흉터가 생기거나 등등은 나쁘고 흉상입니다. 인중이 길면 호인이고 두령운과 장수운이 따르고, 인중이 짧으면 빈천하고 수명이 짧고, 인중 도랑이 옆으로 굽으면 거짓말을 잘 하고 부부 이별운이 따르고, 인중에 검은 기색이 나타나면 99% 확률로 죽음이 따릅니다.

법령주름살이란 콧방울의 위쪽 부위에서 시작하여 입 양쪽 옆으로 뻗어 내린 주름살을 가리키는데 이 주름살은 나이가 들면서 점점 뚜렷하고 기다랗게 생겨야 합니다.

어른의 법령주름살이 넓고 기다랗게 잘 생기면 의지가 강하고 생활력과 사회 직업운이 좋음을 나타냅니다. 그러나 반대로 어른의 법령주름살이 좁고 짧게 생기면 생활력과 사회 직업운이 나쁨을 나타냅니다. 어른의 법령주름살이 너무 짧거나, 너무 좁거나, 희미하거나, 끝이 입으로 들어가는 모양으로 생기면 흉상입니다.

법령주름살이 이중으로 생기면 일 고생이 많고 생활력이 강합니다.

특히 법령주름살이 넓고 기다랗게 잘생긴 어른은 의지가 강하고, 근면 성실하고, 직업운이 좋고, 수명도 장수하니 믿어도 좋습니다.

나이 들어서 재혼을 하고자 할 때는 법령주름살이 넓고 기다랗게 잘생긴 사람을 남편감이나 맞벌이 아내감으로 선택하길 바랍니다.

입이 큰 사람은 생활력이 강하고 일복이 많고, 입이 작은 사람은 세심하고 소심합니다. 그리고 입술이 두툼하면 정이 많고, 입술이 엷으면 냉정합니다.

양쪽 입끝이 미소 지을 때처럼 항상 위쪽으로 올라간 모양으로 잘생긴 사람은 처세와 처신을 잘 하고 운을 좋게 만들어갑니다. 그러나 반대로 양쪽 입 끝이 아래쪽으로 내리쳐진 모양으로 생긴 사람은 고집이 강하고 처신이 나쁘고 또한 천복을 흘려버리니 다툼과 실패가 따르고 부부이별운이 따르게 됩니다.

특히 입이 삐뚤어지거나 또는 양쪽 입 끝이 아래쪽으로 내리쳐진 모양으로 생긴 여성을 아내감으로 선택하면 함께 망하게 되니 꼭 '조심'하길 바라고, 이러한 여성은 자신의 입 모양을 '스마일형'으로 반드시 빨리 바꾸기를 진심으로 꼭 '충고'합니다.

볼은 적당히 두툼하고 윤택해야 부하운과 재물운이 따릅니다.

그러나 너무 두툼하게 생기면 고집불통이 되고, 움푹하게 들어가거나 또는 주름살이 생기면 전반적으로 기력과 운세가 약합니다.

특히 볼이 움푹하게 들어간 모습으로 생긴 사람을 윗사람으로 모시거나 또는 배우자감으로 선택하지 말 것을 꼭 '충고'합니다.

턱이 잘 생겨야 생활의 안정과 말년운이 좋습니다.

턱은 적당히 둥그스름하고, 튼튼하고, 균형이 잡히고, 깨끗해야 길상입니다. 그러나 턱이 너무 뾰족하거나, 너무 내밀거나, 너무 들어가거나, 너무 짧거나, 좌우 균형이 틀어지거나, 빈약하거나 등등은 흉상입니다. 턱이 둥그스름하면 성격도 둥글며 원만하고, 턱이 네모형으로 각이 지면 실행적이고, 턱이 뾰족형은 예민하며 소심하고, 턱이 내밀형은 적극적이며 정열적이고, 턱이 깎인형은 소극적이며 감정적이고, 턱 끝이 패인형은 집념과 정력이 강하고, 턱 끝이 울퉁불퉁형은 고집이 세고, 좌·우 균형이 많이 틀어진 형은 인생후반에 큰 변화가 따르고, 턱이 튼튼하게 생기면 체력과 의지력이 강하고, 이중 턱 모양으로 생기면 생활의 안정이 따릅니다.

턱은 적당히 둥그스름하면서 잘 생겨야 성격이 좋고 생활의 안정과 말년운이 좋게 됩니다.

특히 턱 모양이 너무 뾰족하거나, 너무 짧거나, 좌·우 균형이 많이 틀어진 사람을 배우자감으로 선택하지 말 것을 꼭 '충고'합니다.

또한 특히 체력이 약한 사람과 의지력이 약한 사람이 양악수술 등 턱 성형 수술로 턱 뼈를 깎아내어 턱을 작고 가늘게 만들면 더욱 허약해지고 가난하게 되고, 말년운이 나쁘게 되고 또한 죽을 수도 있으니, 양악 수술 또는 턱 성형수술을 하기 전에 반드시 운명전문도사를 찾아가 꼭 '평생운명'을 먼저 감정부터 받고, 그리고 양악수술 및 턱 성형수술 여부와 '개운관상 턱성형수술'을 하도록 거듭하여 꼭 '충고'하는 바입니다.

예쁘게만 고친다고 반드시 운이 좋아지는 것은 결코 아닙니다!!!

술집에 다니는 화류계 여성들은 모두가 예쁘지만 결혼운이 나쁘다는 현실적 진실과 사실을 분명히 깨달아야 합니다.

얼굴 성형수술을 잘못해서 인생 망치는 사람 정말로 많이 봤습니다.

얼굴 성형수술을 하려고 계획을 세우고 있는 사람들은 가장 먼저 자기 자신의 타고난 평생운명을 사주+손금+얼굴+전생을 함께 볼 줄 아는 운명감정 전문도사를 찾아가 꼭 '운명상담'을 받고나서 '개운관상성형수술'을 해야 얼굴 성형수술로 운(運)까지 함께 좋은 쪽으로 바꿀 수 있다는 진실을 분명히 가르쳐 드리는 바입니다.

이제부터 여성들은 미용성형수술을 할 경우에는 예쁨과 함께 운(運)까지 좋아지게 하는 관상학적 '개운관상성형'을 더 중요시해야 할 때입니다.

또한 의료사고 예방 및 보상을 위해서 수술 전 모습 및 상담내용녹음과 수술비용 입금증 및 영수증 등을 꼭 '보관'해 두시길 바랍니다. 무슨 문제가 발생하게 되면 '증거물'이 꼭 필요하기 때문입니다.

사람의 얼굴을 볼 때에는 미(美)와 추(醜)를 보기보다는 복(福)과 운(運)을 더욱 중요하게 보아야 하고, 사람을 선택할 경우에는 '복운(福運)'이 좋은 사람을 선택해야 함을 꼭 가르쳐 드립니다.

또한 사람은 타고난 천성이 결코 안 바뀌니, 성질·성격·마음씨·행실·습관 그리고 두뇌가 좋은 사람을 잘 '선택'해야 함을 꼭 가르쳐 드립니다.

결혼과 행복 그리고 자식운까지 고려한다면 정말로 가장 중요합니다.

또한 남성들이 여성을 선택할 경우에는 얼굴보다는 몸매를, 몸매보다는 피부를, 피부보다는 마음씨를, 마음씨보다는 복(福)이 있는 여성인지 또는 운(運)이 좋은 여성인지를 잘 보고 '선택'을 잘 해야 합니다.

평생동안 전용으로 성생활을 해야 하고 또한 믿고 함께 살아가야 할 배우자를 선택할 경우에는 정말로 신중 또 신중해야 함을 진심으로 거듭 '충고' 드리는 바입니다.

또한, 남편과 부인일지라도 사랑을 할 때는 불타오르는 연인이 되어 상대에게 온전히 몸을 내맡기고 사랑에 몰입을 하면서 심장박동과 하나의 리듬으로 온몸이 진동과 떨림의 전율을 느끼면서 서로의 몸 안으로 녹아들어 오르가슴의 무아지경에까지 이르러야 비로소 영혼끼리의 만남이 되는 '완전한 사랑'이라 할 수 있습니다.

그리고 모든 사람들은 얼굴의 기색을 항상 잘 살펴야 합니다.

얼굴에 누르스름하게 뜬 황색이 생기면 큰 질병이 따르고, 어두운 암청색이 생기면 큰 근심이 따르고, 어둡고 붉은 암적색이 생기면 큰 사고가 따르고, 하얗게 뜬 백색이 생기면 큰 슬픔이 따르고, 어둡고 검은 암흑색이 생기면 반드시 죽음이 따르게 됩니다.

이러한 기색(氣色)이 얼굴의 어느 부위에 나타나면 그 부위와 그 기색에 해당하는 운(運)이 반드시 따르게 되니, 항상 세면할 때나 화장을 하고 지울 때 자기 자신의 얼굴색을 잘 살피는 지혜가 꼭 필요함을 이 책을 읽는 독자들에게 특별히 가르쳐 드리는 바입니다…….

필자는 첩첩산중 깊고 높은 천등산 산(山)속에서 스스로 터득한 '천기신통 초월명상'으로 도(道)를 닦으면서 신(神)의 게시로 얼굴관상법을 배우고 있습니다.

오늘은 기도발이 너무나 잘 받아 공부 진도가 많이 나아갑니다.

기도공부를 끝마치고 명상삼매 상태인 천기신통초월명상에서 깨어나는데 몸이 굳어서 꼼짝할 수가 없습니다. 너무 오랜 시간을 가부좌로 앉아 있어서 몸뚱이가 그대로 굳어 버렸습니다.

그대로의 상태에서 의식으로 팔의 혈을 눌러 팔을 풀고, 그리고 서서히 팔을 움직여 가부좌로 굳어 있는 다리를 내 손으로 다리의 혈을 눌러 다리를 풀고, 서서히 허리를 풀고 몸을 움직여봅니다.

그러고 나서 막 일어서려는데 이게 웬일입니까?!

가랑이 사이 사타구니와 엉덩이가 축축하게 젖어 있습니다. 하도 오랜 시간을 명상삼매 상태로 앉아 있어서 생리현상으로 자신도 모르게 오줌실례를 했나 봅니다.

찜찜한 기분으로 엉거주춤하며 일어서는데 이번에는 뱃속에서 꾸르르~ 하고 배고픔의 천둥소리가 납니다.

바지를 벗고, 속옷도 벗고, 아랫도리만 발가벗은 모습으로 어색하게 걸으며 옹달샘으로 갑니다.

우선 물 한 바가지를 떠서 벌컥~ 벌컥~ 들이키며 굶주린 배를 물로 채웁니다.

옹달샘 물로 시장끼부터 달래고 아랫도리를 씻으면서 명상삼매에 들어있던 시간을 어림잡아 계산해보니, 이틀 동안을 꼼짝도 않고 절구통 바위처럼 가부좌로 앉아 있었던 것입니다. 아마도 기도발이 잘 받아서 명상삼매에 너무 깊이 들어갔었나 봅니다.

신통력을 얻으면서 스스로 터득한 최고의 명상삼매 기도방법인 '천기신통초월명상'에 깊이 들어가면 '초월의식'이 되어 시간과 공간의 벽이 없어지고, 또한 '무아지경'이 되어 나 자신까지도 없어져버립니다.

이것이 무아의 상태이고 우주하늘자연과의 합일체가 되는 경지입니다.

(일반참선과 간화선 · 묵조선 · 조사선 및 단전호흡 · 석문호흡 · 사마타 · 위

빠사나 · 묵상 · 요가 · 참불명상 · 자비명상 · 염불기도 · 진언기도 등등은 완전한 무아의 경지로까지 잘 되지가 않습니다).

실용적 최고의 정신수행법은 '신통술초월명상'입니다. 초월명상을 해보지 않은 사람은 무아경지의 초월의식과 우주의식 및 순수의식을 통한 '대적정'과 그리고 '대광명'을 절대로 느껴보지 못하고 또한 모를 겁니다.

대적정의 초월명상삼매에 깊이 들어가면 바로 곁에서 대포를 쏘고 천둥이 쳐도 그 소리가 안 들리고, 잠시 동안이라고 생각하는데도 10시간, 20시간이 금세 지나가 버립니다.

이 글을 읽고 있는 독자분 중에도 재미있는 게임이나 놀이 등등의 무슨 일에 깊이 몰두하여 푹 빠져있을 때는 다른 생각이 안 나고, 다른 소리도 안 들리고, 배고픈 줄도 모르고 등등 경험들을 한두 번쯤은 겪은 적이 있었으리라 생각합니다.

이처럼 명상삼매에 깊이 들면 무아지경의 절대 고요정적 속에서 모든 것이 정지가 되고 시간과 공간의 개념이 모두 없어져 버립니다.

아주 깊은 명상상태가 되면 우주하늘과 내가 '합일체'가 되어 버립니다.

내 자신이 심층의식으로 들어가고 초월의식 · 우주의식 · 순수의식이 될 때 비로소 내 의식체는 곧 신(神)의 경지로까지 이르게 되고, 스스로 '육체를 가진 신(神)'이 될 수 있는 것입니다…….

독자 여러분께 천기신통초월명상과 신통력 및 신통술이 왜 중요한지에 대해 설명을 드리겠습니다.

사람들이 믿고 숭배하는 존재 신(神)들께 기도를 할 때에 응답으로 가르쳐 주는데도 그 말씀을 듣지 못할 경우에는 어떻게 해야 할까요?

신(神)들과 전혀 의사소통을 못할 경우에는 어떻게 해야 할까요?

전생업과 조상업을 전혀 모르고, 또한 역마살 · 고독살 · 장해살 · 파산살 ·

이혼살·사별살·상문살·동토살·급살 등 각종 살(煞)작용 및 빙의에 걸려서 평생동안 고통을 받고 있을 경우에는 어떻게 해야 할까요?

대학병원에서도 못고치는 귀신병 및 괴질 등은 어떻게 해야 할까요?

그러할 경우에는 '신통의술'이 꼭 필요하고, 신통력 및 도술과 많은 깨우침과 큰 깨달음을 얻기 위해서는 '천기신통초월명상'이 필요하다는 결론이고, 이러한 특별한 능력은 신(神)들로부터 선택과 사명을 받은 극소수의 특별한 사람만 가능함을 전달합니다…….

필자는 첩첩산중 깊고 높은 천등산 산(山)속의 토굴 속에서 깊은 명상삼매 기도의 '천기신통초월명상법'으로 인간계와 신령(神靈)계간의 경계의 벽을 뚫고 들어가 나이가 600살인 천등산 산신령님으로부터 영적 가르침의 방법으로 '관상술'과 '관심법'을 전수받았습니다.

이렇게 신(神)들로부터 영적으로 얼굴 및 손금보는 법을 직접 전수받은 관상법을 '신통관상술'이라 합니다.

풍수지리학도 관상법의 범주에 들기 때문에 신통관상술의 능력을 지니면 투시력으로 땅속까지 볼 수 있고 풍수지리를 잘 볼 줄 알게 됩니다.

천기공부의 한 과목으로 들어있는 관상법의 '얼굴관상과 손금풀이'는 세상살이에서 활용범위와 실용가치가 매우 높다고 생각합니다.

우리의 삶은 처음부터 끝날 때까지 사람을 만나고 또한 사람과 거래를 하는 대인관계 속에서 살아가야 합니다. 그러하기 때문에 성공출세를 하고 싶거나 부자가 되고 싶은 사람들은 사람과 사물을 제대로 볼 줄 알아야 하고, 또한 우리의 삶은 태어날 때부터 죽을 때까지 운(運)이 작용하기 때문에 '얼굴관상과 손금풀이'로 사람 개인들이 타고난 기질 및 소질과 성격 및 재능과 운(運)을 잘 판단할 줄 알아야 하고, 앞날의 예측을 잘 할 줄 알아야 합니다.

어느 개인의 정확한 운명감정 또는 운명 예언을 점(占)칠 경우에 객관적 판단기준의 자료가 될 수 있는 것이 바로 얼굴과 손금 그리고 사주에 나타나 있는 '암호해독'의 운(運) 분석·판단입니다.

사람의 얼굴과 타고난 사주 및 손금에는 그 사람 '개인운명 고유 암호'가 정확하게 나타나 있다는 진실을 분명히 가르쳐 드립니다.

성경책과 경전책 그리고 모든 예언서 등에도 "얼굴과 손금에는 생김새의 부호 및 암호로 표식을 주었다."라고 기록이 되어 있습니다.

개인들의 타고난 사주와 손금에는 '100% 운명표시'가 다 나타나 있고, 사주+얼굴+손금+전생을 함께 점(占)을 보면 100%까지 맞출 수 있습니다.

동양학의 '주역'은 점술서이고, 점(占)술은 최고의 통찰이며 엄청나게 방대하고 어려운 학문이며 3천년 동안 연구와 활용이 계속 되어 오고 있습니다.

3천년 전 구약성경시대에는 영매성 능력을 가진 예언가들이 많았고, 고대 이집트와 고대 인도의 찬란한 고대문명시대에는 마법사와 점술가들이 신통력으로 오히려 '시대의 지도자'이기도 했습니다.

우리는 현재, 약 2~3천년 전의 종교를 믿고 있기 때문에 시대에 안맞는 것은 버리고, 각종 예언서 및 점(占)술서와 천기누설 등을 현대사회에 잘 적용시켜 '실용지식'으로 활용을 잘 해야 한다고 생각합니다.

그렇게 하기 위해서는 필자의 저술책과 가르침이 방법이고 해법입니다.

필자는 이 책으로 우주하늘자연의 섭리 '운명작용법칙'에 따라서 태어날 때 각 사람의 타고난 천성적 기질과 소질 및 재능·체질·두뇌 및 생김새에 알맞은 '기질소질재능인간계발론'을 인간계발의 이념 및 교육정책으로 주장하면서 점차로 그 '증명'을 해 나아갈 것입니다.

"최선의 교육방법은 '천성기질소질재능운(運)인간계발론'의 실천이다."

사람 개인들의 본성과 천성은 결코 바뀌지 않습니다. 기질과 소질은 타고난 천성이고, 성격은 어린 시절 성장과정에 형성이 된 것입니다.

타고난 기질과 소질 및 재능과 운세 및 운명도 모르거나 또는 운(運)이 나쁜 사람들에게 똑같이 '획일적인 교육'은 전혀 무의미하다는 주장입니다.

모든 국가와 대한민국 정부와 교육청 및 교육감 그리고 모든 학교와 학원의 선생님들께 이 책을 꼭 한 번씩 읽어보시라고 진심으로 전달합니다!!

우주하늘자연의 오묘한 섭리의 운명작용법칙으로 사람 개인들의 얼굴과 손금에 나타난 천성적 기질 및 소질과 재능 및 성격과 운(運)과 운세 등은 학생들의 공부 및 진로선택과 어른들의 직업선택을 하는 데 정말로 중요하다는 진실을 분명히 전달합니다…….

필자가 천기(天氣) 공부와 인간학 및 운명학 공부를 하면서 직접 기록한 이 책 내용의 '실용적 가치'를 이제부터 하나하나 계속하여 증명을 해 드리겠습니다.

천기(天氣)는 우주하늘자연의 섭리이고 법칙이며 진리이고 진실이지만, 지금까지 너무나 많은 비밀에 쌓여있었습니다.

지금 이 책을 읽고 있는 독자분들은 나이가 몇 살이든 또는 직업과 신분이 무엇이든 또는 사상과 이념 및 종교가 무엇이든 간에 지금까지의 잘못 오해하고 있는 지식들로 인하여 생긴 '편견과 고정관념' 등의 구속으로부터 마음을 활짝 열고서 평생 단 한 번뿐이고 귀중한 기회인 하늘과 신(神)의 비밀 '천기누설 이야기' 속으로 계속 따라오시길 바랍니다.

우주하늘자연과 신(神)들의 비밀작용을 학문적으로 접근하는 것이 3천년 이상 학문적 역사를 가지고 있는 주역학이고, 명리학이며 점술학입니다. 오늘날에는 모든 대학 및 평생교육원에서 학문으로 가르치고 있고, 최고 지성인들은 우주하늘자연의 근본원리인 주역과 명리 등 '동양철학'을 공부하고 있습니다. 따라서 동양철학과 명상을 반드시 알아야 합니다.

필자는 천기(天氣)의 학문적 접근과 초학문적 접근 등으로 독자분들이 이해하기 쉽도록 서술에 노력을 하면서 정말로 중요한 운(運)작용인 '천기학'을 계속 펼쳐나가겠습니다.

우주하늘자연과 신(神)들의 비밀 천기누설을……

제11장

보이지 않는 기운(氣運)들이 세상을 다스린다

동양철학 및 정신과 운명작용의 비밀법칙을 많이 알아야······.

첩첩산중 깊고 높은 천등산 산속에서 산(山)기도 공부를 하며 신(神)들로부터 직접 학문적으로 천기학(天氣學)을 배우고 있습니다.

나이가 600살인 산신령님으로부터 '천기신통초월명상' 속에서 영적으로 관상학을 배우고 또한 명리학을 배우고 있습니다.

천간 · 지지 · 음양 · 오행 · 상극 · 상생 · 삼합 · 육합 · 삼형 · 자형 · 상충 · 상파 · 상해 · 원진 · 귀문관 · 역마 · 화개 · 도화 · 백호 · 12신살 · 대장군 · 상문 · 조객 · 삼살 · 생기 · 복덕 · 천의 · 유혼 · 절체 · 절명 · 귀혼 · 화해 · 천록 · 안손 · 식신 · 징파 · 오귀 · 합식 · 진귀 · 퇴식 · 관인 · 복단 · 공망 · 주당 · 용신 · 격국 · 대운 · 육갑 · 육효 · 육임 · 팔괘 · 구궁 · 둔갑술 등등을 배우고 또 배워 나아갑니다.

무극 및 태극에서 음 · 양으로 나누고, 음 · 양에서 5행(화 · 수 · 목 · 금 ·

토)을 적용하고, 5행에서 22행과 64괘 및 384효로 풀이하는 명리학과 통변술 및 방편술을 배워 나아갑니다.

시간을 잊고, 날짜를 잊고, 계절을 잊고, 세월을 잊고 살아갑니다.

세상은 시간과 공간으로 구성되지만, 신통초월명상삼매 속에서는 시간과 공간이 없어지고, 산속의 신선(神仙)에게는 시간개념이 없습니다.

토굴 밖 숲속의 나무를 보면서 계절의 변화를 알고 세월의 흐름을 짐작할 뿐입니다.

계절이 바뀌고 또 바뀌고 서너 번 바뀌어 추운 겨울이 되었습니다.

겨울철은 '생로병사 · 생주이멸 · 성주괴공' 우주하늘자연의 섭리에 따라 사 · 공 · 멸에 해당하니 겨울철이 되면 모두가 사(死)하고, 멸(滅)하고, 공(空)하게 됩니다. 즉, 우주자연의 만물은 태어나면 자라고, 늙고, 죽는다는 것이고, 만들어지면 사용되고 닳고 소멸된다는 이치입니다.

우주하늘자연의 만물과 만사가 다 이러할진대, 사람도 죽을 때가 되면 당연히 죽어야 하고 또한 죽게 됩니다.

첩첩산중 깊고 높은 겨울철의 산속에서 앙상한 나뭇가지를 바라보며 우주하늘자연의 원리와 섭리 그리고 순리를 깨달으면서 우리 사람과 인간의 죽음을 생각해 봅니다.

"세상에서 가장 확실한 진실은 누구나 죽는다는 것이다."

'죽음'이란 것 때문에 세상의 많은 종교와 철학이 생겨난 것입니다.

살아있는 사람은 누구나 우주자연의 섭리가 작용하는 '운명의 법칙'에 따라 운때가 되어 저승사자가 명부를 들고 데리러오면 누구든지 따라가야 하고, 또한 하늘의 명부에서 이름을 빼버리면 곧바로 죽을 수밖에 없거나 또는 죽어야 합니다.

그러할 때, 그 사람 한평생 인생살이의 성공과 실패의 기준은 죽음을 잘 준비한 사람과 죽음을 준비하지 못한 사람으로 나눌 수 있습니다.

"가장 성공적인 삶이란 죽을 때 가장 잘 죽는 것이다."

인생을 의미있고, 보람있고, 가치있는 삶을 살았거나 또는 깨달음을 얻은 사람은 편안한 마음과 편안한 모습으로 잘 죽을 수 있습니다.

원한이나 미련이 없이 편안하게 잘 죽어야 그 사람의 영혼이 '좋은 곳'으로 갈 수가 있고, 영혼이 좋은 곳으로 잘 돌아가야 그 자신과 남아있는 가족들 모두가 함께 좋게 되는 것입니다.

인과응보의 '운명작용윤회환생법칙'에 따라서 금생에 사람 몸을 빌려 사람으로 태어났으면 반드시 잘 살아야 하고 그리고 어떻게 살든지 간에 죽을 때에는 절대로 원한이나 미련이 없이 편안하게 잘 죽어야 함을 분명히 가르쳐 드립니다.

그러나 꿈속에서라도 저승사자를 무서워하는 사람 또는 저승사자에게 안 끌려가려고 하는 사람 또는 삶에 미련을 가진 사람과 죽음에 억울함을 느끼는 사람 그리고 죽음이 두려운 사람 등등은 분명히 죄를 지었을 것이고, 인생을 잘못 살아온 사람들입니다.

그리고 그렇게 나쁘게 죽음을 맞이한 사람들의 죽음이나 죄를 많이 지은 사람의 죽음, 또는 익사사고 · 교통사고 · 화재사고 등등의 각종 사고로 비명횡사를 당하고 죽는 죽음, 또는 각종 암으로 죽거나 또는 뇌사상태 · 각종 불치병 등등 눈을 뜨고서 서서히 한(恨) 많게 죽는 죽음, 또는 귀신병과 정신병으로 특별 격리되었다가 죽는 죽음, 또는 상문살 · 동토살 · 동목살 · 동법살 · 주당살 · 급살 그리고 사람들의 원망과 저주의 입살[口煞] 그리고 원한을 품고 스스로 목숨을 끊은 자살 등등으로 죽는 죽음은 그 모두가 전생의 삶과 현생의 삶을 잘못 살아서 그 '인과응보'로 벌을 받아서 죽음을 당한 나쁜 죽음들입니다.

그렇게 전생의 삶과 현생의 삶을 잘못 살아 '인과응보'로 벌을 받아 죽는 죽음들은 또다시 다음 생(來生)으로 이어지니, 그렇게 한 많은 죽음을 당한 그 영혼들은 죽은 후 '귀신(鬼神)'으로 전락되어 불쌍한 혼령으로 구천세계를 떠돌게 된다는 사실과 진실을 꼭 알아야 합니다.

이 대목에서 필자는 천기운명학으로 전생·현생·래생과 영혼·혼령 및 조상과 후손간의 업(業)내림 등의 '운명작용'을 공개하면서 이 글을 읽는 독자분들께만 천기(天氣)의 비밀을 또 가르쳐 드리고자 하니 다음 글들은 이해를 하면서 천천히 읽어보시길 바랍니다.

아래의 내용들은 모든 학교에서나 또는 모든 종교에서는 결코 가르쳐 주지도 않고 배울 수도 없는 가장 중요한 진짜 의문들과 진실을 조금씩 '천기누설'로 가르쳐 드리겠습니다.

태어날 때 신체적 불구자로 태어나거나 또는 간질병과 자폐증·조현병·귀신들림 등 각종 정신병에 걸리거나 또는 소아마비·뇌성마비 등등에 걸리거나 또는 어릴 때 죽는 죽음과 비명횡사 날벼락을 당하는 등등의 큰 불운과 큰 불행 등은 자기 영혼의 '전생업보'와 핏줄 내림의 '조상업보' 때문이라는 사실적 진실을 가르쳐 드립니다.

또한 어릴 때 죽은 영혼이나 젊어서 죽은 영혼은 본래 수명의 나이가 될 때까지 일정기간의 세월 동안은 절대로 저승세계를 못 들어가고 중음세계의 끝없는 기다림상태나 구천세계를 떠돌게 되며, 특히 10살쯤이나 20살쯤의 어린 나이 또는 젊은 청춘에 교통사고, 화재사고, 익사사고 등등의 객사 및 비명횡사로 죽음을 당하거나 또는 자살로 죽게 되면 약 40~50년 이상 오랜 세월동안 그 영혼은 저승세계를 못 들어가고 중음세계의 기다림 상태나 또는 유령과 좀비로 구천세계를 떠돌아다니다가 본래 수명의 나이가 되어야 저승세계로 들어갈 수 있게 된다는 것입니다.

한편, 사람으로 태어나서 나이가 육십갑자 60살 이상 70·80·90·100살 이상 수명장수를 누리다가 편안히 죽는 죽음을 맞이한 영혼들은 저승세계의 순리에 따라 곧바로 저승세계로 잘 들어갈 수 있으니, 이렇게 잘 죽은 영혼에게는 49재·천도재·진오기굿·씻김굿·추도식 등등 그 어떤 종교의식도 필요 없다는 것입니다.

혹시, 이 글을 읽고 있는 독자분 중에는 무녀(巫女) 또는 법사나 스님에게 조상점(祖上占)을 쳐보거나 또한 천도재·진오기굿·씻김굿·조상굿 등등의 굿이나 재를 올리는 경험을 해본 사람도 있을 것입니다.

원한 많은 조상을 풀어주는 조상굿 또는 천도재를 여러 번 해 주었는데도 자꾸 반복된 원한 많은 조상의 나쁜 얘기가 또 나오는 현상들은 어린나이 때 또는 젊은 나이 때 또는 억울하고 한 많게 죽은 영혼들은 본래 수명의 나이가 될 때까지 그리고 원한이 풀릴 때까지는 아무리 조상굿이나 조상천도재를 해 주어도 저승세계를 못 들어가고 해원천도(解寃薦度)가 안 된다는 '하늘의 법칙'이 있기 때문입니다. 원한 많은 영혼들은 신통도술법력으로 영혼에게 법문 및 영혼치유와 업살풀이를 함께 하는 '특수조상해원천도재'로만 해원천도를 시킬 수 있는 것입니다.

이러한 사실적 진실과 비밀진리적 이론과 법칙에 관하여 여러 번씩 필자가 세계 최초로 연구 발표한바 있고, 이 책에도 또다시 글자로 적시해서 '공개발표'를 하면서 진심으로 가르쳐 드리는 것입니다.

필자가 신통능력으로 사실과 진실을 확인까지 한 이러한 이론과 이 책의 내용에 대해서 틀린 부분을 발견할 수 있는 심령학자·철학가·신학자·법사·스님·목사님·신부님 등등이 있으면 누구든 언제라도 공개 토론이나 이의를 제기해 주시길 바라는 바입니다.

신(神)과 영혼 및 혼령에 관련해서는 신통능력을 가진 특별한 영적 능력의 스승 '영사(靈師)'만이 그 진실을 가장 잘 알 수 있으니, 신(神)을 대상으로 신앙하는 모든 종교에서는 '신통능력'을 가진 사람이 최고이고, 그것은 신(神)을 대신할 수 있는 능력을 증명하는 것입니다.

달을 가리키는 '손가락'에 불과한 모든 종교들의 경전책 또는 성경책 글자공부을 하는 성직자들은 그냥 '추종자'일 뿐이고, 신통능력이 없는 이는 결코 제사장 또는 신(神)의 대행자가 되지 못하며,가톨릭 종교에서도 신부(神父)자격이 결코 없는 것입니다.

이 글을 읽고 있는 독자 여러분 중에는 잘못 알고 있을지라도 지금까지 자기가 배우고 알고 있는 것만 또는 눈으로 볼 수 있는 것만 믿으려고 할 것이고 또한 많은 사람들도 그러할 것입니다.

초등학교 수준에서는 그만큼의 지식으로 세상을 바라 볼 뿐입니다.

"모든 종교와 신학에서는 영적 스승 '영사(靈師)'가 최고능력자이다."

세상은 아는 만큼 보이기 때문에 탁월한 '신통능력'을 가진 필자 영사(靈師)가 이 책으로 스스로 존재하는 신(神), 인격신(人格神), 정령(精靈) 그리고 요정과 심부름꾼 천사 등에 대해서 모두 가르쳐 줄 것인바, 이 책을 끝까지 읽고 스스로 잘 판단해 보시길 바랍니다.

생명과 영혼을 가지고 태어난 사람과 인간은 각 사람 개인의 운명(運命)이라는 것을 가지고 태어나고, 운명이라는 눈에 보이지 않는 작용은 반드시 '하늘 법칙'에 따르고, 각각의 사람은 ① 자기 영혼의 전생업작용 ② 자기 핏줄의 조상업작용 ③ 조상과 후손의 동기감응작용 ④ 풍수지리의 기운작용 ⑤ 음양 오행의 역리작용 등등 인과법칙과 관계성 법칙에 따라서 '항시 작용을 한다.'는 것입니다.

하늘법칙에 따른 섭리와 진리는 변할 수도 없고 변해지지도 않습니다.

사람 각 개인의 생각과 이념 및 사상과 종교 믿음 등은 시대변화에 따라서 바뀔지라도, 해와 달 그리고 별이 존재하는 동안 섭리와 법칙은 결코 바뀌지 않습니다…….

핏줄은 천륜적 하늘법칙으로 '항시 작용'을 하기 때문에 조상님과 후손 그리고 부모님과 자식 간의 핏줄적 DNA 유전현상과 핏줄적 관계성 현상이 살아 있는 사람과 죽은 자 간에 '천륜 핏줄 운(運)법칙'으로 항시 작용을 하고, 부모와 자식 간의 유전자검사는 99.99%까지 정확히 일치한다는 '과학적 진실'을 알아야 합니다.

이러한 천륜 핏줄의 운(運)법칙을 유전인자적 '핏줄내림법칙'이라 하고, 조상혼령과 자식영혼간의 '핏줄동기감응법칙'이라 하며, 특히 '핏줄동기감응법칙'이 가장 강하게 작용하는 분야는 핏줄내림유전병과 풍수지리학의 음택인 조상 산소 묘터입니다.

좋은 땅 명당자리에 조상님 산소 묘를 잘 쓰면 신기하게도 '즉시 발복'을 하게 되니 풍수지리학을 믿는 사람들은 대복(大福)과 대운(大運)을 잡으려고 지금도 좋은 땅 명당자리를 찾아다니고 있고, 특히 고위직의 관료와 정치인 그리고 재벌 기업인과 부자들은 '명당터' 작은 땅 몇 평에 수천만 원 또는 수억 원의 비밀거래를 하기도 합니다.

다이아몬드가 크기는 작아도 그 '가치성' 때문에 값이 비싸듯, 좋은 땅 명당터는 작아도 그 가치성 때문에 값이 비싸고 매우 귀중하게 여기는 사실과 진실들을 상류사회에서는 상식으로 되어 있습니다.

경제논리에서 명당터 몇 평에 수천만 원 또는 수억 원을 투자해서라도 그 이상의 복과 운을 만들어내면 더욱 '큰 이득'을 보기 때문입니다.

그러나 불효자와 무식한 사람 및 보통의 자손들은 아무곳에나 조상묘를 쓰고 또한 부모님을 공원묘원이나 납골함에 방치를 해 버립니다.

조상부모와 형제 및 자식을 그렇게 해 놓고 운(運)이 좋아질까요???

오늘, 곰곰이 돌이켜 생각을 좀 해 보시길 바랍니다…….

"오늘 자기 자신의 모든 행동은 그림자가 되어 평생을 따라다닌다."

기(氣)와 운(運) 연구의 전문가인 필자는 어떻게 했을까요?

필자는 운때에 맞추어 수년 전에 우리 조상님의 묘소를 고향 생가가 있는 마을 옆 '삼태봉 와우형'의 천하명당 자리로 새로이 이장을 해서 잘 모셔드렸습니다. 또한 필자는 하늘의 계시에 따라 특별한 명당터에 나무로 사람모양을 깎고 사주성명과 부적을 새겨 넣어 살아생전에 본인 자신의 '가묘'를 우리나라의 명산(明山)들과 국사봉마다에 '비방'을 해오고 있습니다.

특히 국사봉이란 명산(明山) 봉우리마다에 사주 성명과 부적을 묻는 '비방'을 해왔기 때문에 훗날 반드시 나라의 국사(國師)가 될 것입니다.

1평 정도의 명당터 혈에 조상님의 묘 또는 자기 자신의 가묘를 잘 쓰면, 정말로 '즉시 발복'이 이루어진다는 진실을 알려드립니다.

이 책은 일반 독자층을 대상으로 하기 때문에 명당터 '즉시발복' 효과와 집터 · 빌딩터 · 사찰터 · 공장터 · 가게터 · 묘터 그리고 살아 생전 자신의 '가묘비방' 등등의 풍수지리에 대해서는 '터문제'가 있거나 '터감정'을 요청해 오거나 또는 관심이 있는 사람들에게만 훗날 별도의 기회를 꼭 약속드리고, 살아생전 자기 자신의 '가묘 발복비법' (돈 한 푼 안 들이고 국립공원 등 전국 명산의 명당터에 비밀로 '가묘발복'을 시킬 수 있음) 등등도 꼭 필요한 특별한 사람들에게만 훗날 별도의 '만남기회'를 꼭 약속드리면서 일반 독자분들을 위해 우리가 살아가면서 많이 나타나고 있는 현상적 진리를 예로 들면서 하나씩 가르쳐 드리고자 합니다.

이러한 천륜 핏줄 운(運)법칙이 두 번째로 강하게 작용하는 쪽은 질병과 불운 그리고 수명 등등의 DNA 유전인자적 핏줄내림작용법칙에 따른 '핏줄 대물림운(運) 현상'이라는 것입니다.

핏줄적으로 아버지 할아버지 조상 중에서 간암·폐암·위암·췌장암·대장암 등등의 불치병 암으로 죽은 조상이 있으면 그 후손이나 살아있는 가족 중에서 똑같은 현상의 질병이 또 나타납니다.

핏줄적으로 아버지 할아버지 조상 중에서 뇌혈관 질환·심장병·고혈압·중풍·당뇨병·각종 정신질환·폐질환·신장질환·각종 희귀병 등등의 난치병이나 불치병으로 죽은 조상이 있으면 그 후손이나 살아있는 가족 중에서 똑같은 현상의 질병이 또 나타납니다.

핏줄적으로 아버지 할아버지 조상 중에서 두 집 살림·난봉꾼·사기꾼·도박꾼 또는 마약·술 등등의 중독자가 있으면 그 후손이나 살아있는 가족 중에서 똑같은 현상이 또 나타납니다.

핏줄적으로 어머니 할머니가 자궁암·난소암·유방암·췌장암·혈액암·신장질환·가슴앓이·치매 등등의 난치병·불치병에 걸리거나 또는 암으로 죽거나 또는 몸을 파는 창녀 및 화냥끼·바람끼가 있으면 그 딸이나 손녀 중에서 똑같은 현상이 또 나타납니다.

핏줄적으로 어머니 할머니가 청상과부가 되거나 또는 별거녀·이혼녀·세컨드가 되거나 소박을 당하면 그 딸이나 손녀 중에서 똑같은 현상이 또 생겨납니다.

핏줄적으로 어머니 할머니가 점쟁이 무녀(巫女)였으면 그 딸이나 손녀 중에서 또 무녀가 생기고, 또한 평생동안 신(神)끼 때문에 삶의 고통과 불행을 계속 죽을 때까지 당하게 됩니다.

현재 무녀 중에는 '핏줄내림'이 99%이고, 과부 또는 이혼녀가 많습니다.

핏줄적으로 조상이나 가족 중에서 교통사고·익사사고·화재사고·집 나가 죽은 객사 등등의 각종 사고로 '비명횡사 죽음'을 당했거나 또는 술·마약·도박 등등의 '중독자'가 있었거나 또는 '자살' 등으로 원한 많게 죽은 사람이 있었으면 그 후손이나 살아있는 가족 중에서 똑같은 현상의 사고와 중독자 및 자살이 또 생기게 됩니다.

특히, 자살사망 · 옥중사망 · 정신병사망 · 비명횡사사망 · 뇌사사망 · 암질병사망과 치매 · 중풍 · 술중독 · 홀아비와 과부 · 이혼 · 신(神)끼 등은 '유전인자적 핏줄운(運)내림'이 가장 강하게 나타납니다.

부모와 자녀 간의 '나쁜핏줄운내림'은 10가정 중에서 9가정이 들어맞으며, 그리고 형제 자매 중에서 억울하게도 '가장 운(運)이 나쁜 사람'에게 걸리게 됩니다.

또한 부모형제자식 중에서 원한 많게 죽은 그 '시점이 가까울수록' 남아있는 가족 및 후손들에게 강하게 나타납니다.

특히, 병들어 죽은 영혼들은 가족 및 자손들 몸속의 장기들 중 췌장 · 심장 · 폐 · 간 · 콩팥 · 위장 그리고 자궁에 가장 많이 '빙의'가 되어 똑같은 질병을 만들고, 각종 사고로 비명횡사한 영혼들은 똑같은 사고와 우환 등을 만들기 때문에 가족력으로 큰 질병 및 우환이 생기면 '영혼분리 및 영혼치료' 등으로 반드시 해결을 해야 합니다.

"병 걸려서 죽은 망자의 영혼치료와 영혼분리는 가장 중요하다."

특히, 조상 및 타인의 영혼이 뇌 속에 빙의가 되면 100% '정신질환'이 따르게 되고, 불면증 · 망상증 · 우울증 및 자살충동 등이 나타나게 됩니다.

나쁜 핏줄운(運)내림과 나쁜 영혼 빙의 등은 '가장 큰 불행'인데 등한시할 수 있겠습니까?!

후손과 자녀 및 가족들이 두 눈을 뻔히 뜨고 부모님처럼 '불운과 불행'을 닮아 가고 있는데 뾰족한 묘수가 있습니까?!

특히, 부모님이 잘못된 그 자녀들은 반드시 사주와 손금 및 조상점 등으로 '나쁜핏줄대물림'을 꼭 확인해보시길 진심으로 전달합니다……

이러한 현상은 'DNA 유전인자적 핏줄운(運)내림법칙' 때문입니다.

그리고 핏줄적으로 아버지 어머니가 사업가이면 그 후손 중에 또 사업가가 생겨나고, 아버지 어머니가 법조인이면 그 후손 중에 또 법조인이 생겨나고, 아버지 어머니가 연예인이면 그 후손 중에 또 연예인이 생겨나고, 아버지 어머니가 교육자이면 그 후손 중에 또 교육자가 생겨나게 됩니다.

그리고 핏줄적으로 아버지와 어머니 등 조상님이 장수(長壽)한 집안은 그 후손도 장수하는 사람이 많게 되고, 아버지와 어머니 등 조상님이 단명(短命)한 집안은 그 후손도 단명하는 사람이 많게 됩니다.

그리고 핏줄적으로 남자는 아버지계(父系)를 따라서 대체로 나타나고, 여자는 어머니계(母系)를 따라서 대체로 나타납니다.

또한 자기 자신의 유전자 반쪽인 어머니계(母系) 외갓집도 '핏줄운(運)내림'이 작용을 하니 잘 살펴야 합니다.

핏줄운(運)내림은 대체로 90% 이상 확률이고, 10집 중에서 9집이 들어맞으며 부자 집안은 대대로 부자로 살고, 가난한 집안은 가난이 계속 상속이 되기 때문에 서민층들은 '개운법'으로 집안 운(運) 바꿈을 꼭 해내야 합니다.

이처럼 핏줄대물림현상과 핏줄동기감응현상은 정도의 차이만 있을 뿐 거의 정확하고, 전생업작용보다 핏줄업작용을 더 많이 타고난 사람은 99%까지도 '조상 핏줄운(運)내림 현상'이 나타날 수 있다는 것을 가르쳐 줍니다.

물질과학이 아무리 발전을 해도 과학으로 영혼과 혼령을 만들 수 없고, 나쁜 상속의 전생업내림과 핏줄업내림을 막아낼 수가 없습니다.

현대의술의 최고인 대학병원에서 빙의치료 및 귀신을 떼어내거나 또는 살풀이 · 업장소멸과 나쁜 운 등을 치료할 수는 없습니다.

(대학병원에서 현대 의술로 영혼치료 및 조상천도와 살풀이 · 빙의 · 귀신병 및 업내림 등을 해결할 수 있으면 필자가 '1억 원 현상금'을 내걸겠습니다.)

또한 전생업내림과 핏줄업내림은 본인이 자가치료를 할 수 없습니다.

운명정보를 가르쳐 주는 이 책은 '귀중한 학술자료'가 될 것입니다.

이 글을 읽고 있는 독자분과 모든 사람들은 일반과학과 초과학 그리고 정신과학 및 심령과학 등을 '구별'할 줄 알아야 합니다.

현재의 과학수준으로는 그 증명을 해낼 수도 없고 또한 할 수도 없는 초과학분야 신비학의 기(氣)·살(煞)·업(業)·영혼(靈魂)·혼령(魂靈)·신(神)·운명(運命)작용 등등은 실제로 존재하고 작용하고 있다는 '비밀진실'들을 이 책의 구독자들께만 가르쳐 드리고 있습니다.

필자는 영혼과 혼령을 연구하는 심령세계와 신학·종교학·운명학 등을 연구하는 정신세계에서는 최고의 실력과 능력을 갖추고 있는 신통도술의 도사(道師)이고 영적스승 영사(靈師)입니다.

박사학위는 인간이 수여하지만, 도사학위는 하늘이 수여를 합니다.

특히 신(神)을 믿는 종교에서는 단순 성직자인 목사·신부·스님보다는 신통도술의 특별능력을 겸한 영적인 스승 '영사(靈師)와 도사(道師)'가 가장 높고, 살아있는 '신(神)의 대행자'임을 가르쳐 드리는 바입니다.

필자는 본래부터 하느님(God)의 왕심부름꾼 천사장(Archangel)이었고, 바로 앞 전생(前生)은 하늘나라 제석천궁의 천사장 칠성장군이었으며, 하늘신(天神)이 사람으로 환생을 하고 현재는 사람 모습이기 때문에 신인(神人)일체로 진리와 진실의 '가르침'을 주고자 합니다.

이 책은 독자분의 '영적 능력'에 따라서 받아들임의 차이가 생길 수 있으나 부처님과 예수님의 생존 당시를 생각해 보시길 바랍니다.

부처님과 예수님도 신(神)이 사람으로 '환생'을 했던 것입니다…….

이 책은 세상의 진리 및 섭리와 진실을 가르쳐 주는 진짜 좋은 책입니다.

이 책은 운명작용이론과 법칙들을 사람들의 실생활에 이롭게 도움을 주려고 하는 실용철학의 귀중한 책입니다.

사람은 태어날 때 복(福)을 못 타고 태어나고 살아가면서 운(運)까지 나쁘면 아무리 공부를 잘한들, 아무리 욕심을 부린들, 아무리 노력을 한들, 안 되는 사람은 계속 평생동안 안 되는 것입니다.

그렇기 때문에 '운명작용이론'의 비밀법칙들을 꼭 알아야 합니다.

물리학의 법칙·화학의 법칙·수학의 법칙·천기학의 법칙 등 법칙과 진리는 바꿀 수도 없고 바뀌어 지지도 않는 것입니다.

일·월·화·수·목·금·토 그리고 산·물은 우주하늘자연에너지의 근원이고, 해·달·별이 존재하는 동안 하늘과 자연의 섭리는 계속 존재할 것이고, 하늘과 자연의 섭리를 이론화하는 것이 주역이며, 필자가 독자적으로 더욱 연구한 것이 필자 '손도사운명작용이론'입니다.

필자는 이 책으로 '운명작용이론'을 공개 발표하면서 인연 닿은 독자분들께만 삶의 가장 중요한 잘 사는 방법의 실용철학을 그리고 영혼 진화와 영혼 구원의 방법까지 그리고 비밀까지 가르쳐 드릴 것입니다.

이 책을 읽은 후, 많은 사람들이 올바로 깨달아서 지금까지의 잘못된 편견과 고정관념들을 과감히 깨부수어 '달걀 속에서 병아리가 나오듯' 또는 '누에 꼬치에서 나방이 나오듯' 스스로 '의식개혁과 정신혁명'을 일으키고 그리고 현재의 삶이 '개선'이 되어 자유롭고 행복할 수만 있다면, 필자는 손가락이 부르트더라도 글을 쓸 것이고 또한 책으로 전달시켜 개인과 사회 그리고 인류 전체의 발전을 위해 홍익정신을 펼칠 것입니다.

필자는 실제체험의 대서사 자전구도 이야기를 계속 펼쳐 나아가면서 이 책에 사실과 진실 그리고 진리만을 기록할 것이며, 이렇게 책으로의 만남도 귀한 '인연'이라 생각하고, 이 글을 읽고 있는 독자분 모두를 반드시 성공·출세 시켜드리고, 부자가 되게 해드리고, 무병장수 100세 이상 잘 살게 해드리고,

그리고 행복함과 영혼 진화와 구원까지 해드릴 것입니다.

필자와 '인연'이 닿은 사람은 반드시 그렇게 해드릴 것입니다…….

제12장

마지막 방법으로 '죽음'을 각오하면 뜻을 이룬다

진짜 승부를 걸 때는 '죽음'까지도 각오를 해야⋯⋯.

다시 천등산 산(山)기도의 상황현실로 들어갑니다.

첩첩산중 깊고 높은 천등산 산속에서 도(道)를 닦고 있습니다.

계절이 바뀌고 또 바뀌고 여러 번 바뀌어갑니다.

오늘도 깊은 명상삼매에 들어가 천기신통초월명상으로 인간세계와 신령세계 간의 경계의 벽을 뚫고 신령계의 세계로 들어갑니다.

오늘도 어제처럼 삿갓 쓴 스님과 큰칼 든 장군이 백발노인 산신령님을 모셔옵니다.

두꺼운 책을 손에 들고 계신 백발노인 산신령님께서는 어제처럼 오늘도 내가 쌓아올리고 있는 돌탑 위에 높이 걸터앉으시고, 삿갓 쓴 스님과 큰칼 든 장군은 나와 똑같이 하여 내 곁에 앉습니다.

한창 신나게 우주하늘자연의 섭리 천기공부를 하는 중에 산신령님께서 목이 마르다고 하시기에 나는 물을 뜨러 옹달샘으로 갑니다.

옹달샘으로 걸어가다가 무심코 뒤를 돌아보니 내가 그대로 토굴 안에 '초월 명상삼매'로 앉아있는 것입니다.

나는 순간 놀라고 하도 신기해서 토굴 안에 앉아 있는 나를 보기도 하고, 옹 달샘으로 물을 뜨러 걸어가고 있는 또 다른 나를 보기도 하며, 둘이 된 나를 번갈아 보면서 갸우뚱거리며 바가지에 옹달샘 물을 떠 옵니다.

둘인 나를 번갈아 보며 물을 떠오다가 한눈을 팔고 발이 돌부리에 걸려 넘 어지려는 순간, 장군이 나를 부축을 하고 물바가지는 이미 백발노인 산신령 님의 손에 들려있습니다.

이 모든 상황을 가부좌로 앉아 깊은 초월신통술명상 속에서 삼매경에 들어 있는 또 다른 내가 모두 '주시'로 지켜보고 있는 것입니다.

"나도 이제 유체이탈을 하는 건가?!"

"나도 이제 신통술과 도술을 부리는 건가?!"

나는 방금 전의 상황을 분석하면서 돌이켜 생각을 해 봅니다.

개소리 닭소리 사람소리가 전혀 들리지 않는 첩첩산중 깊고 높은 천둥산 산 속의 토굴에서 한 번도 산(山) 밖을 나가지 않은 '두문불출'로 한 5년쯤 도(道) 를 닦으니 내 모습은 머리칼이 길게 자라서 등허리까지 내려오고, 수염도 길 게 자라서 앞가슴까지 내려오고, 다 헤진 누더기 옷차림을 하고 있습니다.

처음에는 기도를 하였지만, 이제는 명상을 합니다.

명상은 고요히 눈을 감고 잡생각을 하지 않으면서 주의깊은 관찰이고 관조 이며 초연하게 '주시'를 합니다.

산(山)속에서 한 5년쯤 두문불출 토굴기도로 도(道)를 닦으니 앉아서 만 리 를 보고, 서서 구만리를 볼 수 있는 등등 신통력과 함께 별의별 신기한 일들 이 일상처럼 벌어지고 있습니다.

지금은 수도(修道)생활 7단계의 시험까지 통과를 하고 명상기도공부에 가속도가 붙어서 진도가 잘 나아가고 있습니다.

　하지만 처음 산(山)기도를 시작할 때는 신령세계와 인간세계 사이 경계의 벽을 뚫어 천문(天門)을 열고, 직접 신(神)들과 통신(通神)을 하기까지의 고통과 그 후 단계 단계의 모든 장해와 시험을 통과하면서의 엄청 힘든 고행이 계속되어 왔습니다.

　오랜 세월 동안 인적이 끊겨 개소리 닭소리 사람소리가 전혀 들리지 않는 첩첩산중 깊고 높은 산(山)속에서 오직 나 혼자만 살고 있는데 기이한 여러 가지 일들이 벌어지곤 합니다.

　캄캄한 어두운 밤중에 토굴 밖의 숲속에서 부스럭~부스럭~ 거리는 정체불명의 소리와 소쩍~소쩍~ 하고 울어대는 소쩍새의 울음소리는 머리칼이 쭈뼛쭈뼛 거꾸로 서는 무서움과 애간장을 녹이는 구슬픔을 느끼게 하고, 또한 한밤중 저승세계가 가장 많이 열리는 시간 때 밤 12시 경에 천신(天神)기도를 하기 위해 옹달샘으로 정한수 물을 뜨러 갈 때, 또는 50m 거리쯤 멀리 떨어져 있는 화장실 뒷간을 캄캄한 어두운 밤중에 다녀올 때에 머리카락을 풀어헤치고 하얀 소복차림의 여자 귀신이 불쑥 나타나면 정말로 머리칼이 거꾸로 섭니다.

　그리고 신안(神眼)과 영안(靈眼)이 열리면서부터는 밤낮 구분이 없이 어느 때고 귀신과 혼령들의 모습이나 또는 신(神)들의 모습이 보이니 시도 때도 없이 섬뜩섬뜩합니다.

　죽은 혼령들의 모습은 사람으로 살면서 ① 가장 성공할 때의 모습 ② 평상시 삶의 모습 ③ 죽을 때의 모습 등등으로 상황과 필요에 따라 달리해서 보여지고 또한 나타나기도 합니다.

　혼령과 귀신들의 모습을 실제로 보면 목이 잘려 피가 철철 흘러내리는 목

없는 귀신, 대나무 죽창에 찔려서 피를 흘리고 다니는 귀신, 총 맞은 자리에 구멍이 뻥 뚫리고 피를 흘리고 다니는 귀신, 농약을 마시고 구역질을 하면서 흰 거품을 흘리고 다니는 귀신, 목에 밧줄을 매달고 혀를 늘어뜨리고 다니는 귀신, 온몸에 불이 훨훨 타서 뜨겁다고 소리소리 지르며 뛰어다니는 귀신, 춥다고 덜덜 떨고 다니는 귀신, 배고프다고 손을 벌리고 다니는 귀신, 시집 못 가서 발가벗고 다니는 처녀귀신, 따돌림 받고 너무나 슬퍼 보이는 할멈 귀신, 히죽거리며 돌아다니는 미친 귀신, 하얀 소복차림에 눈에 쌍심지를 켜고 다니는 원한 귀신 등등으로 불쑥불쑥 보이고 또한 나타납니다.

또한 신령님의 모습도 실제로 보이고 불쑥불쑥 나타납니다.

눈이 하나뿐이거나, 머리가 두 개이거나, 다리가 세 개이거나, 팔이 여러 개이거나, 머리에 뿔이 생겨있거나, 눈이 왕방울만큼 크거나, 키가 하늘 높이만큼 커다랗거나, 어깻죽지에 날개가 달려 있거나, 머리는 사람이고 몸통은 짐승의 모습 등등 기이한 모습들을 하고 있기도 합니다.

그리고 천둥·번개·폭풍·회오리가 칠 때 신(神)들의 성난 모습과 또한 흰 구름 푸른 하늘에 또한 큰 나무와 바위에도 신(神)들과 정령들이 생생히 직접 보이기도 합니다.

때로는 하늘의 신령님들께서 귀신들에게 명령을 내려 나의 산기도 공부를 시험하기도 합니다.

오랜 세월 동안 수많은 여러 가지 시험들 중에서도 '외로움'의 시험이 가장 힘들고 고통스럽습니다.

산(山)속에서 도(道) 닦는 공부는 100일을 넘기기가 힘이 듭니다. 그러나 나는 벌써 5년 동안을 버텨내고 있습니다.

이처럼 한 사람의 도사(道士)가 만들어지기까지는 엄청난 하늘의 시험과 오랜 세월의 고통과 인내가 따르는 '수행수도 생활'을 반드시 거쳐야 합니다.

산속에서 도(道) 닦는 공부는 단계 또 단계의 별의별 장해와 시험을 다 겪으면서 반드시 이겨내고 또한 통과를 해야 합니다.

단계 단계의 장해를 이겨내고 시험을 통과하면서 공부와 도(道)의 정도가 점점 높아가면서 이 몸 이대로 '우주하늘자연과 합일체'가 되어 갑니다.

보통 사람들은 무의식상태로 일상생활을 하지만, 명상수행 및 도(道)를 닦는 사람들은 무의식에서 의식으로 그리고 점점 의식의 각성으로 깨어나게 되고, 더욱 진행하여 올라가면 초월의식·우주의식·순수의식 등이 되고, 신통술이 저절로 생겨서 신통술을 방편으로 깨달음의 대각(大覺)을 이루고 해탈의 '대자유'를 얻게 됩니다.

아주 먼 옛날의 신선(神仙)들과 성자들처럼 또한 도(道)의 교조인 노자와 석가모니·예수님·달마대사·소태산·상월처럼……

계절이 바뀌고 또 계절이 바뀌어 나아갑니다.

오늘도 하루가 그냥 지나갑니다.

요즘 며칠 동안은 계속 명상삼매에 깊이 들지를 못하니 천기신통초월명상이 잘 안 되어 산신령님으로부터 영적 공부 개인교습을 받지 못하고 있습니다.

자만심과 교만심의 정신해이로 인한 마장(魔障)에 걸려서 7번째 단계의 시험에 걸리고 말았습니다.

마음속으로는 명상삼매에 들어가야 한다고 하면서도 정신이 해이해져 잘 되지가 않습니다. 내 스스로 내 점(占)을 쳐보니 신(神)들의 시험 마장에 딱 걸려들었습니다.

이쯤에서 신(神)들의 마장에 걸리면 대부분 미쳐버리거나, 병신 또는 폐인이 되어 버리기도 하는 등등 엄청난 고생을 치러야 합니다.

내 삶을 이렇게 두 눈 뻔히 뜨고 또다시 실패를 할 수는 없습니다.

몸부림을 치고 울부짖으며 잘못과 실수의 원인을 분석하면서 맨 처음의 초심으로 다시 되돌아갑니다.

처음 입산했을 때처럼 다시금 약쑥을 뜯어와 짓이겨 쑥물을 만들어 약쑥물 목욕을 하고, 향을 부수어 물에 담그고 향물을 우려내어 향물 목욕을 합니다. 또한 기도처 주위에 약쑥을 태워 약쑥 연기를 피우고, 굵은 소금을 사방으로 뿌리고, 맑은 물 청수를 사방으로 뿌립니다.

매일 여러 번씩 몸을 씻고 매일 기도처를 정화(淨化)합니다.

다시금 싸릿대나무 회초리를 준비합니다.

회초리를 손에 들고 팔을 머리위로 높이 들어 올려 내 등짝을 내 손으로 내리치면서 자만과 교만으로 해이해진 마음과 정신을 다잡아보려고 무진 애를 씁니다.

혹시나 부정이 타서 그런가 하면서 부정풀이도 해 봅니다

또다시 내 스스로 내 점(占)을 쳐보니 역시 신(神)들의 마장에 단단히 걸린 것을 알겠습니다.

운이 좋을 때는 아무리 딴 짓거리를 해도 잘 나아가지만, 운이 나쁠 때는 아무리 노력을 해도 잘 안되고 오히려 더 꼬이고 엎친 데 덮치기도 합니다.

하늘이 벌을 내리거나 또는 시험과 시련을 줄 경우에는 꼭 '나쁜 운때'를 고르니, 대부분 나쁜 운때에 손해 · 실패 · 사고발생 · 이혼 · 구설수 · 망신살 · 관재수 · 좌천 · 명퇴 · 큰 질병 · 죽음 등등을 당하게 됩니다.

그렇기 때문에 운세와 운수 그리고 운때를 미리 알고서 사전에 그 준비 및 대비와 대응을 잘 해야 합니다.

그러나 나는 지금 천기공부중이라 어쩔 수 없는 신(神)들의 계획에 따른 마장에 걸려 정말 미쳐버릴 만큼이나 괴롭고 고통스럽습니다.

해이된 정신과 마음을 다잡아 보려고 내 팔뚝을 내 이빨로 물어뜯으며 몸뚱

이에 긴장을 주어 봅니다.

연이틀 간격으로 오른쪽 팔뚝을 물어뜯고, 왼쪽 팔뚝까지 물어뜯으면서 몸뚱이에 긴장감을 점점 가중하다가 결국에는 내 이빨로 내 팔뚝의 살점을 뜯어내고야 맙니다.

양쪽 팔뚝을 메리야스 속옷을 찢어서 감싸고 묶어놓으니, 무더운 여름날 자기 이빨에 살점이 뜯겨나간 상처는 덧이 나서 퉁퉁 붓고 짓무르기 시작합니다.

나는 지금 신(神)들의 시험 마장으로 인해 너무나 지쳐있습니다.

하루 한 끼니씩 생식으로 먹는 음식까지 끊고 금식을 합니다.

나쁜 운때에 신들의 계획된 마장의 시험에 걸려들었기 때문에 이런 방법을 써보고 저런 방법을 써보지만 제대로 통하지가 않습니다.

"오! 내 인생이 여기서 끝나버리다니, 유서까지 써놓고 산(山)기도를 들어왔는데……."

이제 나로서는 최후의 방법을 쓸 수밖에 다른 방법은 없습니다.

최선의 노력을 하는 것은 잘 살려고 하는 것이고, 잘 살려고 하는 것은 행복하기 위해서이며, 궁극의 행복은 깨달음을 이루어 마음과 영혼의 해탈과 구원이니 이제 절차의 방법을 바꾸어 버립니다.

우주하늘자연의 이치는 무상(無常)하여 모두가 변화의 법칙을 따라서 화려한 꽃들도 시들어가고, 뭇생명들도 죽음은 피할 수 없으니 '덧없음'을 받아들이려 합니다.

"그래, 깨달음을 많이 얻었으니 차라리 생사초월을 해 버리자!"

죽음이란? 영혼들이 또 다른 세계로 들어가는 '출입문'일 뿐이고, 생로병사와 생주이멸 등 하늘자연의 섭리에 따를 뿐입니다.

기진맥진한 육신을 이끌고 기어가다시피 하여 옹달샘으로 갑니다.

옹달샘 물로 마지막 목욕을 하고, 빨아둔 새 옷으로 갈아입고, 길게 자란 머리칼과 수염을 정갈하게 쓰다듬고, 평안한 얼굴 표정을 짓고, 그리고 가부좌의 명상할 때 모습으로 앉아서 내 영혼을 가장 좋은 곳 하늘나라의 '하늘궁전'으로 인도하고자 스스로 의지적 '존엄한 죽음'의 의식을 나 홀로 쓸쓸히 시작을 합니다.

나는 해탈열반경과 함께 최고 높은 등급의 하늘천국행 극락왕생 주술진언을 계속 외우고 또한 내 영혼을 스스로 달래면서 직접 내 영혼에게 안내지시를 합니다.

"내 영혼아! 내 영혼아! 삶과 죽음을 초월해 버리자. 영원한 해탈열반 대자유로 가자꾸나. 하늘나라 7단계의 최고 높은 33천 천국행 극락왕생을 하자꾸나. 천년왕국 만년왕국 하늘궁전으로 올라가자꾸나. 하늘천국극락왕생진언~ 옴 마리 다리 훔바탁 사바하! 옴 마리 다리 훔바탁 사바하! 옴 마리 다리 훔바탁 사바하!……."

이렇게 가부좌로 앉아서 내 영혼을 내 의지에 따라 하늘나라 33천의 천국과 천당 중에서도 가장 좋은 '하늘궁전'으로 극락왕생을 시킬 수만 있다면, 내 영혼을 영원한 '대자유와 자재'를 누리는 하늘나라 최고 높은 등급의 신(神)으로 올라서게 할 수만 있다면, 그렇게만 죽을 수 있다면 가장 성공하는 삶이려니 또한 정말로 가장 멋스럽게 죽음을 맞이하는 것이려니 생각하면서 해탈열반경과 하늘궁전 천국행 극락왕생 주술진언을 계속 외웁니다.

나는 나의 자유의지에 따라서 '존엄한 죽음'을 선택하고 그리고 좌탈입망(座脫立亡) 방법의 가부좌로 앉아 경문과 진언을 밤낮으로 외우면서 스스로 가장 잘 죽는 죽음을 실행하고 있습니다.

이제 서서히 나의 의식이 가물가물해집니다.

나는 신(神)들의 마장에 걸린 지 21일 만에 가부좌로 앉아서 최고의 죽음의식 '좌탈입망'의 모습으로 스스로 죽어버립니다……

내 영혼은 몸뚱이를 빠져나가 길을 떠나갑니다.

다른 사람들은 죽을 때 저승사자가 데리러 오기도 하고, 또는 조상님이 마중을 나오기도 한다는데, 나에게는 저승사자도 나타나질 않고 조상님도 나타나지 않습니다.

이윽고 커다란 강이 눈앞에 나타납니다.

나는 '저 강만 건너면 되는구나!' 하고 생각하면서 강을 막 건너려고 하는 순간 하늘에서 눈부신 흰빛이 내 앞으로 쭉~ 뻗어옵니다[신령세계의 빛은 ① 흰색 빛 ② 파란색 빛 ③ 붉은색 빛 등으로 크게 나누고, 빛의 색깔과 밝고 어두움에 따라 구분을 할 수 있으니 눈부시게 밝은 '흰색 빛'을 최상급 신령의 빛이라 합니다].

나는 하늘에서 내게로 비춰온 눈부신 흰 빛 속으로 들어갑니다.

'이 눈부신 흰 빛은 극락 천국 하늘나라로 인도하는 빛이구나!' 하고 생각하면서 흰 빛을 타고 하늘나라로 올라갑니다.

12궁의 천당·천궁과 33천의 천국 하늘나라로 올라가니 금은칠보로 장식한 궁궐이 나타납니다. 궁궐을 바라보니 궁궐 앞에 '제석천궁(帝釋天宮)'이란 현판이 황금색 빛깔로 빛나고 있습니다.

죽어서 영혼이 하늘나라로 올라가보니 '하늘궁전'들이 실제로 있었습니다.

황금색으로 빛나는 궁궐 현판을 유심히 바라보니 언젠가 본 듯한 모습입니다.

내가 전생(前生)에 살던 하늘나라의 하늘궁전 '제석천궁'입니다.

반가운 마음으로 제석천궁의 궁전대문을 확~ 밀치고 들어섭니다.

하늘궁전 안 맞은편 정면의 높은 자리에 앉아 계시는 '제석천왕(帝釋天王)'님께서 뇌성 같은 큰 소리로 호통을 치십니다.

"그대는 천등산으로 다시 돌아가도록 하라! 10단계까지의 시험을 통과해서 인류의 위대한 성자들처럼 7신통 10지승을 꼭 이루도록 하라! 아직, 하늘나라에 올 때가 아니니라! 그대의 몸뚱이에 악령이 들어가기 전에 속히 천등산으로 다시 돌아가도록 하라!……."

나는 하늘나라 제석천궁까지 올라갔다가 제석천왕님의 호통소리만 듣고, 다시 수도처인 천등산으로 되돌아옵니다.

아직도 내 몸뚱이는 토굴 안에서 가부좌의 모습으로 그대로 앉아 있습니다.

악령과 귀신들이 몸뚱이에 들어가지 못하도록 하늘의 신장들이 갑옷을 입고 창검을 들고 내 몸뚱이를 지키고 서 있습니다.

내 육신의 모습은 기다란 머리칼과 기다란 수염에 다 헤져 꿰맨 누더기 옷을 입고, 메리야스 천으로 양쪽 팔뚝을 감싸 묶고, 기진맥진한 모습으로 앉아 있습니다.

내 영혼은, 최고의 '깨달음'을 완성하기 위해서는 반드시 몸뚱이가 필요하기 때문에 또다시 몸뚱이 속으로 쑥~들어갑니다.

또다시 삿갓 쓴 스님과 큰칼 든 장군이 나타납니다.

삿갓 쓴 스님이 처음 보는 약초를 손에 들고 보여주면서 약초가 있는 곳의 지형을 가르쳐 줍니다.

큰칼 든 장군이 나를 부축하고 산신령님도 나를 부축하여 일으켜줍니다. 나는 삿갓 쓴 스님과 큰칼 든 장군 그리고 산신령님과 신장들의 부축과 도움으로 기진맥진한 몸을 이끌고 가서 약초를 뜯어옵니다. 뜯어온 약초를 짓이겨 팔뚝 상처에 싸매고 그리고 약초 즙을 몇 모금 마시면서 기운을 차려봅니다.

깊은 산(山)속의 수많은 요정들과 정령들이 모두 지켜보고 있습니다.

하늘의 시험에 내 스스로 의지적 죽음이란 배수진을 치고 최후방법의 초강력 대응법을 쓰니 또 한 단계의 시험을 통과시켜줍니다……

이처럼 마지막 방법으로 죽을힘을 다하여 덤비거나 또는 죽음을 각오하고 버티면 안 되는 것이 없습니다.

값비싼 대가의 죽음을 몸소 체험하면서 세상과 인생살이에 자만심과 교만함이 얼마나 나쁜가를 뼈저리게 후회하며, 이제부터는 마음을 더욱 다잡아 철저히 경계를 합니다.

값비싼 대가를 치르면서 계속 정진과 겸손을 깨우치며 나아갑니다.

우리들 주변을 살펴볼 때도 한때는 화려하게 잘 나가던 정치인과 연예인들이 한순간 게이트나 스캔들을 일으켜서 구설수와 망신살을 당하고 감옥을 가기도 합니다.

이처럼 자만심과 교만함은 시기질투의 대상이 되기도 하고, 신(神)들로부터 경책으로 벌을 받기도 합니다.

높은 곳에서 떨어질 때는 날개없는 추락을 합니다. 잘 나갈수록 자만심과 교만함을 철저히 경계하길 꼭 '충고'합니다.

권력이 생기고, 돈을 잘 벌고, 유명해지고 등 할 때일수록 스스로 '자기절제'를 하면서 겸손과 검소를 꼭 당부합니다~.

제13장

깊은 산(山)속에서 신선(神仙)처럼 살아간다

계절이 바뀌고 또 바뀌고 또 바뀌면서 세월이 흘러갑니다.

시간 개념을 잊어버리고 살아가니 자연의 변화를 보면서 세월의 흐름을 짐작할 뿐입니다.

하루 한 개씩 돌을 주워와 쌓고 있는 돌탑이 이제는 내 키의 두 배 높이까지 올라갑니다.

돌탑을 쌓기 위해 가까운 곳에 있는 돌은 다 주워와 버렸으니, 돌 한 개를 주워오려면 이제는 멀리까지 가서 주워 와야 합니다.

쌓고 있는 돌탑이 높이 올라갈수록 나의 도(道)도 함께 올라갑니다.

신령님으로부터 직접 개인교습을 받는 '영적 가르침'은 명상삼매로 들어가 천기신통초월명상 속에서 이루어지고, 신(神)들의 계시와 공수는 어느 때고 주어지며, 평상시가 명상이고 명상이 평상시로 되면서 평상시와 명상의 구분이 없어지고 행주좌와가 매일 똑같이 일여합니다.

필자는 처음 입산(入山)을 할 때는 산도(山道)를 닦아서 신통과 도통을 이루어 초인·진인·신인이 되고 싶었습니다.

'신통술초월명상'으로 도(道)를 닦으면서 신통술을 방편삼아 의식의 계속된 각성으로 대각(大覺)을 이루고, 원각 및 본각을 이루어 '아뇩다라 샴막 삼보리' 최상의 깨달음을 이루어 이제 도사(道士)가 되었고, 그리고 신선(神仙)이 되어 하늘과 자연의 섭리와 순리에 따르며 무위로 살아갑니다.

"홀로 도(道)를 닦아 신통력과 도술을 얻는 것은 위대하다."

특히 신통력(神通力)은 여러 가지가 있고 특별히 하늘이 내려줍니다.

신통력은 먼저 천안통이 있고 '천안통'은 의식의 집중으로 보이지 않은 것을 볼 수 있고, '천이통'은 들리지 않은 소리를 들을 수 있으니, 모든 존재물의 참모습과 운(運)을 다 알아낼 수 있습니다.

'신족통'은 축지법을 쓰고 유체이탈을 할 수 있고, '타심통'은 상대를 꿰뚫어 볼 수 있고, '숙명통'은 먼 옛날의 과거도 볼 수 있고 또한 먼 훗날의 미래도 볼 수 있습니다.

'약신통'은 모든 질병을 알아낼 수 있고 또한 치유도 할 수 있고, '누진통'은 스스로 모든 번뇌와 망상을 끊고 대자유가 되는 것입니다.

필자는 이것을 '7신통'이라 명칭을 합니다.

지금까지 불교에서 2천년 이상 6신통이라고 해 왔지만, 필자가 기도 중에 약사불께서 질병을 고쳐주는 '약신통'을 꼭 넣으라고 말씀해 주시어 필자는 약사불의 가르침에 따라 이제부터 '7신통'이라고 호칭을 합니다.

7신통이란 명칭은 세계 최초로 손도사가 '처음 사용함'을 기록해 둡니다.

사람이 도(道)를 닦고 7신통력을 지니면 '전지전능자'가 됩니다.

나는 이제 석가모니불처럼 독성으로 7신통을 이루고 도(道)의 7단계까지 올라서니 신선(神仙)처럼 살아갑니다.

요즈음 나의 모습은 꼭 신선(神仙)의 모습입니다.

머리칼은 길게 자라서 등허리까지 내려오고, 수염도 길게 자라서 앞가슴까지 내려오고, 다 헤진 누더기 옷에 눈빛만 신비하리만큼 빛을 내고 있습니다.

자연인 또는 신선처럼의 기이한 모습을 하고, 그냥 그대로의 자연 속에서 자연과 함께 살면서 나 홀로 도(道)를 닦아 이제 독성(獨成)을 이루고 지존(至尊)으로 나아갑니다.

옛날 옛적에 석가모니께서 독성으로 깨달음을 이룬 것처럼…….

이제 계절이 바뀌어 이곳 깊은 산(山)속에도 수확의 가을철입니다

요즈음은 하늘자연의 섭리에 따라 새벽에 일찍 일어나고, 산꼭대기에서 동쪽을 향하여 명상자세로 앉아 솟아오르는 찬란한 태양의 기운을 받는 '아침태양명상'을 매일처럼 하고 있습니다. 태양과 우주하늘자연의 '생명 에너지'를 듬뿍 받아들이고 나서 하루 일과를 시작합니다.

오늘은 망태기를 짊어지고 산열매를 따러갑니다.

오랜 세월 동안 나 홀로 천등산 깊고 높은 산(山)속에 살면서 기도처를 중심으로 생활반경 이내의 산중턱 마당바위까지 산길을 만들어 놓았는 바, 모든 생활반경에는 길을 잘 만들어 놓아야 합니다.

산꼭대기까지도 산길을 만들어 놓았고, 저쪽 작은 봉우리 딸각봉 · 월각봉 · 수리봉까지도 산길을 만들어 놓았습니다.

이곳 천등산은 한반도의 남쪽 땅 끝 전라남도 고흥(高興)에 위치하고 남해바다 해안가에 해발 555m 높이로 불쑥 솟아 있습니다.

한반도의 백두대간이 남쪽으로 뻗으면서 지리산 노고단에 기(氣)를 뭉치고, 한 줄기 기맥(氣脈)이 남쪽으로 흐르면서 송광사가 있는 조계산을 만들고, 더 남쪽으로 고흥반도까지 따라 내려오면서 남해바다 바닷물을 만나 용호(龍虎)가 합작으로 이곳 천등산(天登山)을 만들어놓으니 엄청난 기(氣)가 하늘로 솟

구치고 있습니다.

천등산(天登山)이란 이름은 '하늘로 오르는 산'을 의미합니다.

하늘로 오르는 산이기 때문에 엄청나게 기(氣)가 강하게 느껴지고 기도발이 잘 받습니다……

필자는 이 책을 통하여 풍수지리학계와 모든 이들에게 지금까지 숨겨진 비밀 한 가지를 공개하고자 합니다.

이곳 천등산(天登山, 하늘로 오르는 산)의 바로 앞에는 또 하나의 높은 산인 유주산(楡朱山, 전라남도 고흥군 도화면 구암리 소재)이 남해 바다 해안가에 나란히 우뚝 솟아 있습니다.

그 유주산의 산꼭대기에는 축성 연대를 알 수 없는 높이 3m 가로 3m 세로 3m 정도의 커다란 돌탑이 납작한 자연 돌만 사용하여 정사각형 모양으로 신비하게 만들어져 있다는 것입니다.

이 고을에서는 이 돌탑을 한반도 중심선의 가장 남쪽에 위치한 봉화대라고 합니다. 하지만 필자가 신(神)들께 확인을 해보니, 이 돌탑은 본래가 바다신(海神)들께 제사를 올리는 신단(神壇)이라고 합니다.

한반도 중심선의 남쪽 땅 끝 남해바다 해안가 높은 유주산에 우리나라에서 자연석으로 쌓아올린 가장 커다란 신단이 왜 고흥에 있을까?

우리나라에 하나뿐인 나로우주선 발사대가 왜 고흥에 생겼을까? 우리나라의 가장 아래쪽 땅 끝에 위치한 이곳의 지명이 왜 고흥(高興)일까? 등등 관심이 있는 분들은 천등산의 기(氣) 흐름과 유주산 꼭대기에 납작한 돌로 쌓아올리고 축성연대는 알 수 없는 신비한 '333신단(神壇)'을 꼭 한 번 답사하여 직접 확인해보시길 바랍니다……

오늘은 가을철의 쾌청한 날씨에 경치도 구경할 겸 망태기를 짊어지고 천등산 산꼭대기로 올라갑니다.

천등산 산꼭대기에 올라와 사방을 한 바퀴 둘러봅니다.

산꼭대기 위에서 남쪽을 바라보니 유주산 너머로 망망대해의 남해바다와 다도해 해상국립공원이 보이고, 서쪽을 바라보니 녹동[도양]항구와 녹동 – 제주를 매일 왕래하는 카페리호 큰 배가 보이고, 그리고 남서쪽 사이로 바다 위에 소록도와 거금도 · 금당도 · 시산도 등등의 섬들이 보이고, 푸른 바다 위에 소록연륙교와 거금 연도교의 교각이 우뚝 솟아 보이며, 북쪽을 바라보니 고흥읍과 봉황산 · 말봉산이 보이고, 동쪽을 바라보니 산봉우리가 나란히 8개 솟아있는 팔영산과 고흥 나로우주발사대 시설이 저 멀리 보입니다.

전라남도 고흥군 남해바다 다도해의 가장 큰 섬 거금도의 가장 높은 산봉우리 해발 590m '적대봉'과 녹동항구 앞의 국립 특수시설 관광지로 유명한 '소록도'와 '녹동활어시장' 그리고 '나로 우주발사대'는 우리나라의 유명한 관광명소이기도 합니다.

특히 전라남도 고흥군 금산면에 위치하고 있는 '적대봉'은 푸른 파도가 넘실대는 남해바다위의 커다란 섬 거금도의 한 가운데에 해발 590m 높이이고, 산꼭대기에는 태백산 천제단처럼 높은 돌단을 쌓고 돌단위에 가슴높이로 돌담장을 쌓아놓았고, 돌단위에서 360도 빙~둘러 푸른 바다를 마음껏 바라 볼 수 있습니다.

적대봉 등산길은 네 갈래가 있고, 누구나 가볍게 산을 오를 수 있으며 산 아래 한가로운 시골 어촌에는 해산물이 풍부하고, 거금대교 끝지점 전망대 아래의 금진항에서 출항하여 소록도 및 거금도 바다유람을 할 수 있는 '거북선 유람선 나로호'는 꼭 한 번 타볼만 합니다.

또한 녹동항구에서 제주항까지 사람과 자전거 및 자동차를 함께 태우고 매일 왕복으로 운항하고 있는 (주)남해고속회사의 6,266톤급 대형카페리 '아리온제주호'는 고흥녹동항에서 매일 오전 9시에 출발하고, 제주항에서는 매일 오후 4시에 출발하며 3시간 30분쯤 소요되는 바다여행길은 아름다운 추억과 함께 몸과 마음의 힐링이 되어 줄 것이라 생각하고, 또한 녹동항구 여객선 대합실에서 300m쯤 거리의 '녹동용궁사' 방문과 2층 법당에서의 잠시 기도는 소원성취까지 할 수 있는 귀중한 시간이 되어 줄 것이라고 생각하면서 꼭 한 번 추천드리는 바입니다……

다도해 남해바다와 섬들의 경치가 너무나 아름답게 보입니다.

천등산 산꼭대기에서 사방을 한 바퀴 빙~ 둘러 경치를 구경하고, 저쪽 작은 봉우리로 향하면서 산길을 따라 걸어갑니다.

7년 동안의 오랜 세월을 이곳 산(山)속에서 살다보니 능선과 골짜기의 지형을 손바닥 들여다보듯 구석구석까지 모두 알고 있습니다.

어디에 가면 무슨 열매가 있고 또 어디에 가면 무슨 약초가 있는지 모두 다 압니다.

저쪽 작은 봉우리를 향하여 산길을 따라가면서 지난해에 그곳 골짜기에서 산머루와 산다래 그리고 으름 열매를 많이 따와서 잘 먹었기 때문에 올해도 또 그쪽으로 갑니다.

칡넝쿨이 이리저리 얽혀있고 머루넝쿨과 으름넝쿨 그리고 다래넝쿨이 나뭇가지 사이에 얽혀 있습니다.

망태기에 작은 포도송이처럼 생긴 산머루 열매를 따서 담고, 작은 바나나처럼 생긴 으름 열매를 따서 담고, 산다래 열매도 따서 망태기에 담습니다. 산 열매를 사나흘 먹을 만큼만 잘 익은 것으로 골라 따서 망태기에 담아 짊어지고 토굴로 돌아옵니다.

토굴로 돌아오는 길에 휘파람소리와 함께 나이가 200살이나 된다는 그 산신동자(山神童子)가 또 불쑥 나타납니다. 이번에는 선재동자와 요술동자 그리고 산속의 많은 요정들까지 따라 왔습니다.

"형아! 가르쳐 줄까? 말까?"

"동자야! 무슨 일인데 선택을 하라는 거냐?"

"형아가 사탕 사준다고 약속을 하면 또 한 가지 중요한 것을 가르쳐 줄 텐데."

"그래, 사탕 사줄 테니 말을 해 보거라!"

(어린아이 동자는 사탕을 좋아하고 어른 신(神)과 신장들은 술과 고기를 좋아하며, 모든 신령님은 떡·과일 그리고 생화(生花) 꽃을 좋아합니다. 그리고 신과의 약속은 반드시 지켜야 합니다.)

"형아! 약속을 했으니 이쪽으로 따라와 봐!"

동자들과 요정들이 나를 따라오라고 하더니 저만치 보이는 우거진 숲속의 작은 바위 쪽으로 데리고 갑니다. 앞서 걸어가고 있는 산신동자가 바위 아래에서 멈춰 서더니 또 말을 건네옵니다.

"형아! 이 근처에 보물이 있는데 그것이 뭐~게?"

"동자야! 사탕을 사준다고 약속했으니 그냥 가르쳐 주거라."

"형아! 보물이 있는 장소까지 왔으니 뚝딱 점(占)을 쳐봐."

산신동자가 자꾸 보물이 있다고 해서 나는 의식을 집중하여 신통술로 신안(神眼)을 열고 주위를 살펴봅니다.

서서히 신통술 신안(神眼)으로 주위를 살펴보니 양지 바른 곳에 산삼(山蔘)이 보입니다.

의식의 집중을 풀고 산신동자한테 보물을 찾았노라고 말을 합니다.

"동자야! 그 보물이라는 것이 산삼이 맞지?"

"형아! 산신할아버지께서 오늘 일러주라고 해서 가르쳐 준 거야."

"동자야! 항상 고맙구나."

"형아! 사탕 사준다는 약속은 꼭 지켜야 해!"

할 말이 끝나자 산신동자는 함께 온 선재동자와 요술동자 그리고 많은 요정들을 데리고 순간 뽕 ~ 하고 사라집니다.

조금 전에 신안으로 보았던 지점에서 빨간 열매가 달려있는 산삼을 발견합니다. 주위를 자세히 둘러보니 5그루나 자라고 있습니다.

그 중에서 가장 큰 것으로 하나만 조심스레 캐어 산열매가 담겨있는 망태기에 함께 넣고 토굴로 돌아옵니다.

이곳 깊은 산속에는 나 혼자만 오랜 세월 동안 살고 있고 또한 산삼이 있는 곳의 위치도 나 혼자만 알고 있으니, 가끔 필요할 때 하나씩 캐먹기로 하고 나머지 4그루는 그냥 그대로 놔둡니다.

나는 이곳 천등산에 살면서 야생으로 자란 산삼을 캐 먹고 산더덕 · 잔대 등을 많이 캐 먹습니다.

가끔씩 산신동자가 불쑥 나타나서 식물도감과 동의보감에도 없는 약초를 가르쳐 주고, 생약초 사용법도 가르쳐 줍니다. 모든 것이 언젠가는 필요할 테니 나는 신(神)들이 가르쳐준 것들을 모두 기록을 하면서 잘 배워 둡니다.

가을철의 산은 온갖 산열매가 무르익으니 먹을 것이 풍성합니다.

웅달샘이 있는 토굴 주위의 산 아래쪽 숲속에는 자생하고 있는 밤나무가 많습니다. 밤알을 따러 나무에 올라가지 않아도 익으면 밤송이가 저절로 벌어지면서 잘 익은 알밤이 땅에 떨어지니 그냥 주워오기만 하면 됩니다.

낙엽 사이에 숨어버린 알밤은 다람쥐와 산동물들 몫으로 내버려두고, 눈에 보이는 것만 주어와도 충분히 먹고도 남습니다.

나는 산속에서 도(道)를 닦으며, 생식(生食)을 하기 때문에 요즘처럼 가을철에는 산속에 있는 온갖 산열매로 늘 끼니를 해결하고 있습니다.

가을철의 산은 온갖 열매가 풍성하고 온갖 단풍이 울긋불긋하니 몸도 마음도 여유롭고 풍족함을 느낍니다.

우리의 삶이 가을철의 산(山)만 같으면 좋으련만 하고 작은 소망을 가져 봅니다.

진실한 삶의 소박한 작은 소망을…….

제14장

예정된 운(運)을 알아내고 '방편도술'로 바꾸어준다

예정된 운(運)을 알아내고 '방편도술'로 운(運)을 바꾸어 주고……

처음 입산(入山)할 때 산신령님께서 산(山) 기도 기간을 10년 정도라고 말씀하시더니 8년 전에 해주시던 그 말씀이 주변 환경변화를 볼 때 적중할 것 같습니다.

미래운명은 우주하늘자연의 오묘한 섭리로 수십 년 전에 또는 수백 년 전에 또는 수천년 전에 이미 모두 예정되어서 '예정된 운명의 프로그램'대로 진행되고 있다는 신령님의 가르침이 점점 더 신뢰가 갑니다.

지금까지 신령님의 가르침은 모두 다 들어맞고 있습니다.

나는 신령님의 가르침에 따라 섭리와 운(運)작용을 공부하면서 모든 존재물의 생긴 모양들과 이름들에 따른 기운(氣運)작용을 배웠습니다.

내가 산(山) 기도공부를 하고 있는 이곳 천등산(天登山)의 이름을 풀이하면 '하늘로 오르는 산'이란 좋은 의미와 기운을 나타내고 있습니다.

이처럼 모든 이름에는 그 '이름에 따른 기(氣)가 형성되고 운(運)이 작용한다.'는 진실입니다.

그렇기 때문에 기업 · 회사 · 빌딩 · 상품 · 가게 등등의 이름을 짓는 '상호작명'과 사람의 이름을 짓는 '성명작명'은 매우 중요합니다.

이름은 처음 지을 때 정말로 잘 지어야 하고, 잘 지은 이름은 평생동안의 기운(氣運)을 좋게 만들어갑니다.

인생을 살아가다가 운(運)이 안 좋은 사람들은 반드시 타고난 사주 및 손금과 이름풀이를 해 보아야 하고, 이름이 나쁠 경우에는 즉시 '개명(改名)'을 해주어 좋은 이름으로 바꾸어줘야 합니다.

요즈음은 개명과 개명신고가 잘되고 있습니다.

모든 이름은 처음 지을 때에 잘 짓는 것이 중요하고, 별명 · 아호 · 예명 · 세례명 · 법명 등등 함께 불러주는 이름도 정말로 중요합니다.

특히, 장사재수운과 직결된 가게이름 '상호'는 아주 중요하고, 인기운과 직결된 연예인의 '예명'은 정말로 중요하니 반드시 잘 지어야 합니다.

(필자는 그동안 수많은 사람들의 운명감정과 이름감정을 해주면서 수많은 상호와 가게이름을 700개쯤 지어주었고, 그리고 수많은 작명으로 사람들의 이름을 1,000개쯤 지어주었으며 유명 예술인들과 연예인 심ㅇ진, 김ㅇ수, 김ㅇ아, 김ㅇ희, 박ㅇ진, 이ㅇ연, 이ㅇ희, 송ㅇ아, 전ㅇ연, 최ㅇ지, 고ㅇ라 등 수많은 연예인들 약 50명쯤 '예명'을 지어주었고, 영화배우 손예진의 예명도 필자가 직접 지어주면서 당시 연예기획사 'MS팀' 김사장에게 최고 유명 연예인이 될 것이니 잘 키우라고 정확한 앞날의 '예언과 개운'까지 직접 해주었음을 증명하고, 또한 필자는 유명하고 능력있는 SM · YG · JYP · 빅히트 · 카카오엔터 · 칸스타 · K스타 등 엔터테인먼트 사장들을 많이 알고 있고, 천재적 끼 많은 '연예인 지망생'을 발굴하면 연결도 해줍니다.)

특히, 연예인들은 '인기운과 재물운'이 좋아야 하고, 연예인 후보자들은 가장 먼저 타고난 사주+얼굴+손금+전생으로 정확한 '운명진단감정'을 꼭 한 번 받아야 하며, '예명'을 잘 지어야 함을 전달합니다.

연예지망생이나 연예인들이 '인기운과 재물운'을 좋게 만들면 유명한 가수 등 '연예인'으로 성공출세를 하게 되고, 금세 10억, 100억, 1,000억을 벌 수도 있고, 연예인재벌까지도 될 수 있음을 전달합니다. 가장 먼저 자기 자신의 천성적 기질과 소질 및 재능발견을 정확히 해야 하고, 운때를 맞추고 운(運)을 좋게 만들면 10% 가능성을 100%까지 끌어올릴 수 있습니다…….

연예기획사 엔터테인먼트 회사들은 연예 지망생을 발굴하면 '손도사'에게 데리고 와서 가능성의 운명진단을 꼭 확인받고 예명까지 지어갑니다.

이처럼 이름을 잘 짓는 '작명'은 그 사람의 평생운명과 직업운·재물운·수명운 등 운(運)과 정확하게 직결되기 때문에 정말로 중요합니다.

유명한 상품 또는 상호와 유명한 사람 또는 유명한 지명 등등의 이름을 분석해보면 신비하리만큼 정확함을 알 수 있습니다.

그렇기 때문에 모든 이름을 지을 때는 '운명전문가'에게 작명하시길 진심으로 꼭 전달드리는 바입니다…….

특히, 오래된 옛 지명은 이미 그 이름에 따른 기운이 계속해왔기 때문에 나는 이곳 천등산(天登山)에서 산(山) 이름처럼 최고의 신통술과 득도 해탈을 이루고 반드시 하늘로 오르게 될 것입니다.

"천등산(天登山)에서 도(道)를 닦으면 하늘로 오르게 된다."

지금 이 글을 읽고 있는 독자분 중에 혹시 도(道)를 공부하는 사람이나, 신(神)을 공부하는 사람이나, 신(神)을 대상으로 깊은 신앙생활을 하고 있는 종교인들은 이 책의 이야기 현장이고 또한 필자가 산(山) 기도 공부를 한 대한민국 한반도 남쪽 땅 끝 전라남도 고흥군에 위치하고 있는 '천등산(天登山) 답사'를 꼭 한 번씩 해보시길 바랍니다.

고흥반도의 남쪽 남해안에 위치하고 있는 천등산(天登山)은 고흥군의 도화면 · 풍양면 · 포두면 등등 3개 면으로 나뉘어져 있고 산꼭대기가 그 분기점이 되고 있습니다.

그런데 이곳 천등산(天登山)이 산불예방과 철쭉꽃 관광 및 등산로 개발이란 명분으로 도화면 신호리 탑사골과 풍양면 사동리 뱀사골 사이에 자동차가 통행할 수 있는 임도 산길이 뚫리고 있습니다. 현재는 공사를 하고 있는 모습이 직접 눈의 시야에는 보이지 않지만, 앞쪽 산골짜기 저 멀리 능선 너머 아래편과 뒤쪽 산 고개 너머 저 멀리 반대쪽 아래편의 양쪽 끝에서부터 중장비들에 의해 나무들이 베이고 땅이 파헤쳐지는 모습들이 신안(神眼)으로 다 보입니다.

이로 인해 이곳 천등산(天登山) 산신령님께서 엄청 진노하고 계십니다.

나무들도 쓰러지면서 비명소리를 지릅니다.

산짐승들이 자기들의 생활터전을 침범한다고 시위를 합니다. 온갖 생물들이 일방적인 파괴의 괴력에 총궐기로 저항을 합니다.

그렇지만 사람들은 이를 보지 못하고 듣지를 못하고 있습니다.

나는 너무나도 안타까움을 느끼고 있습니다.

이곳 천등산(天登山)도 다른 지역의 관광지 산(山)들처럼 개발바람이란 못된 바람이 불어 닥쳐 개발계획의 예정된 운명에 따라 자연훼손이 진행되고 있습니다.

천등산 임도 산길을 뚫는 공사가 여러 달을 지나니, 이제 저 멀리 산골짜기 아래편에서 공사하는 모습이 시야에 보이기 시작합니다.

산신령님께서 나에게 잠시 산 아래편 공사현장에 내려가 기왕에 공사가 진행 중이니 산길의 방향이라도 다른 쪽으로 설계변경을 요구하라고 하십니다.

나는 산신령님께서 시키시는 대로 산 아래편 공사현장까지 내려갑니다.

한창 임도 산길을 뚫는 작업을 진행 중인 공사현장 사람들은 인적이 없는 깊은 산속에서 원시인처럼 모습을 하고 나타난 내 모습을 보고는 기겁을 하고 작업을 모두 멈추는 것입니다.

나는 공사현장 책임자에게 나의 신분을 밝히고, 임도 산길의 설계도면과 설명을 부탁하니 산신령님의 말씀대로 임도 산길이 옹달샘을 관통해서 산고개를 넘어가게 되어 있음을 확인합니다.

공사현장 책임자에게 산신령님의 말씀을 전달하면서 설계변경을 요구하니 이미 결정이 되어 공사가 진행 중이기 때문에 설계변경은 불가능하다고 합니다.

나는 산신령님의 진노와 옹달샘이 훼손되어 없어지게 되는 것을 어떻게든 해결하려고 궁리를 하면서 이런저런 얘기를 꺼내며 지혜를 발휘합니다.

'즉석에서 기적을 보여주면 관계기관과 공사시행자에게 보고가 들어가게 되고 또한 중간 설계변경도 가능하겠지'라고 생각을 하면서 공사현장 책임자와 공사진행 앞날의 사고발생을 정확히 점(占)을 쳐줍니다.

"내가 사람의 운명을 좀 볼 줄 아는데 한마디 해도 되겠습니까?"

"예, 말씀해 보시지요!"

"공사현장 책임자 당신의 얼굴을 보니, 당신 아버지는 술병으로 죽었고, 자녀는 2명이고, 당신도 지금 술병에 걸려있구먼. 혹시 맞습니까?"

"예! 맞습니다요, 그러면 앞으로 어떻게 살아야 잘 살겠습니까?"

"당신의 얼굴 관상만으로 간단히 운명을 볼 때 현재하고 있는 기술자 직업이 가장 적합하고, 당신의 수명은 59세까지이고 결국 술병으로 죽게 될 것입니다. 아버지가 술병으로 죽었고 당신도 술병으로 죽으면 당신 아들도 술병으로 죽게 될 것입니다. 당신의 운명은 그렇게 예정되어 있기 때문에 당장 생명보험이라도 가입을 해두고, 이제부터는 의지를 좀 강하게 하여 술을 끊고 선행을 베풀어야 합니다. 그렇게 할 수 있겠습니까?"

"예! 그렇게 하겠습니다. 그러나 술을 워낙 좋아해서 알코올중독까지 되면서도 끊지를 못하고 있으니 어떻게 하면 되는지요?"

"그것은 술병으로 죽은 당신 아버지의 핏줄내림현상과 핏줄동기감응작용으로 나타나기 때문이니, 당신 자신이 강한 의지로 당장 술을 끊든지 또는 술병으로 죽은 당신 아버지 혼령을 해원천도와 영혼치료를 동시에 해주든지 양자택일을 꼭 해야 해결이 될 것입니다. 자기 자신과 자식을 위한다면 나쁜핏줄운내림현상은 반드시 해결을 해야 할 것입니다."

"예! 잘 알았습니다. 꼭 그렇게 하겠습니다."

공사현장 책임자와의 얘기를 듣고 있던 건설 중장비 포클레인 기사가 곁에서 간단하게 자기 운명도 좀 봐달라고 부탁을 해옵니다.

나는 포클레인 기사의 나이만 물어보고 신안(神眼)으로 그 사람의 얼굴을 보면서 아주 짧막하게 점(占)을 쳐줍니다.

"포클레인 기사 당신의 얼굴을 보니, 당신 아버지도 기술자이고 핏줄운내림으로 손기술과 기계를 잘 다루는 기술을 타고나고 역마살을 타고났으니 돌아다니는 직업과 중장비 포클레인 기사 일이 잘 맞으나 전생업살 때문에 성질과 성격이 너무 강하여 인간 덕이 없고, 토목공사하러 다니면서 죽은 이들의 묘와 땅을 함부로 마구 파헤쳐서 동토살을 맞아 3년 전에 외동아들이 죽고 부인은 집 나가버렸구먼. 혹시 맞습니까?"

"예! 딱 맞습니다요. 그럼 앞으로 제 인생은 어떻게 되겠습니까?"

나는 포클레인 기사의 이름을 한 번 물어보고 신안(神眼)으로 그 사람의 얼굴을 보면서 또 답을 해줍니다.

"당신의 운명은 앞으로 혼자 독신으로 살게 되고, 수명은 68세까지이며, 욕심과 재물운은 가지고 태어나서 집문서를 3개씩이나 소유하게 되지만, 외롭고 쓸쓸한 죽음을 맞이하게 될 것입니다."

"앞날의 운명이 그렇게 되어 있다면 어떻게 하면 좋은지요?"

"당신은 전생업살 때문에 외로이 혼자가 되고 또한 성질과 성격이 강해서 그렇다고 했으니, 당장 성질머리부터 고치고 항상 동토살을 조심하고 반드시 업장소멸을 꼭 해주어야 할 것입니다."

"전생업살이 그렇게도 무서운 것입니까?"

"모든 사람과 일은 '지은 대로 되받기' 때문에 전생업살을 타고난 사람은 현생을 마칠 때까지 평생동안 업살작용으로 고통과 고생을 당하게 되니 정말 무서운 것입니다. 이것이 바로 '인과응보'의 정확한 법칙인바, 반드시 업(業)과 살(殺)을 풀어주고 당장 성질머리를 고치고 선행을 많이 베풀어야 할 것입니다."

"예! 잘 알았습니다. 꼭 그렇게 하겠습니다."

나는 그 자리에서 즉석으로 공사현장 사람들의 운명을 짤막하게 봐주면서 포클레인의 포크 샵에 검은 혼령 군웅(軍雄)이 붉은 피를 흘리고 앉아 있는 모습을 신안(神眼)으로 보면서 우락부락하게 생긴 포클레인 운전기사에게 조심하라는 경고를 해줍니다. 그러면서 공사현장 책임자에게 결정적 쐐기를 박는 공사진행의 앞날 사고발생을 예언해 줍니다.

"오늘로부터 3일 훗날 사시경에 포클레인이 뒤집히고 운전하던 기사는 몸을 크게 다치는 부상을 당하게 될 것입니다. 지금까지의 내 점(占)이 맞고 또한 3일 후의 사고발생 예언이 맞거든 당장 공사를 중지하고 관계기관과 공사 시행자에게 그대로 보고를 해서 설계변경을 하도록 하십시오!"라는 말을 남기고 다시 산(山)을 올라옵니다.

그로부터 3일 후가 되었습니다.

산신령님께서 다시 산(山) 아래편의 공사현장에 내려가 보라고 하십니다.

나는 신안(神眼)을 열고 산 아래편을 우선 살펴봅니다.

미리 앞날운(運)을 예언해주었던 그대로 사고가 발생했습니다.

나는 산(山) 아래편의 공사현장으로 다시 내려갑니다.

공사는 중지되었고, 양복차림의 사람들이 5~6명 와있습니다.

공사현장 책임자가 나를 보자마자 허겁지겁 뛰어오더니 급하게 말을 합니다.

"도사님이 예언을 해 주신 대로 중장비 포클레인이 큰 사고가 나서 운전자는 몸을 크게 다쳐 고흥병원으로 급하게 후송되었습니다. 그래서 모든 상황 보고와 함께 공사시행이 군청이기 때문에 군수님께서 직접 현장조사를 나오셨습니다."

나는 군수님과 인사를 나누고 나서 확실한 믿음을 확인시켜 주고자 즉석에서 군수님의 운명을 한마디 말해줍니다.

"군수님의 얼굴을 보니, 당신의 전생은 학자선비였고 또한 조상님 중에 관직을 지낸 분이 있으니 관록을 타먹는 공직이 잘 맞고, 고흥군 최초로 3선까지 군수를 해먹을 것입니다. 하늘문서에 '3선 군수직'이라고 벼슬이 쓰여 있으니 고흥군수 선거에 계속 출마해 보시길 바랍니다."

하늘문서에는 그 사람의 빈·부·귀·천에 따라서 '사회적 신분'과 최고 성공 출세의 '벼슬 직명'이 기록되어 있습니다.

군수님은 내 손을 덥석 잡더니 눈빛을 내면서 말을 합니다.

"도사님 말씀이 족집게처럼 꼭 맞습니다. 금번 지자체장에 또 출마를 하면 틀림없이 당선이 되겠습니까?"

"틀림없이 당선이 됩니다."

"도사님! 무엇이든 말씀을 해주십시요. 도사님의 청원은 다 들어드리겠습니다."

"천기의 비밀은 운때까지 또는 목적과 목표를 이룰 때까지 반드시 감추어 비밀을 유지해야 합니다. 당신에게 가르쳐 준 당신의 미래운(運)은 당신 혼자만 알고 있어야 하며 철저한 준비와 대비를 잘 해야 합니다. 그렇게 할 수 있겠습니까?"

"예! 꼭 그렇게 하겠습니다."

그러자 군수님을 따라온 수행원들이 자기들의 운명도 한마디씩만 간단히 봐달라고 부탁을 해옵니다.

나는 이렇게 만나는 것도 인연법이거늘 하고 생각하면서 신안(神眼)으로 얼굴 관상을 보면서 한마디씩만 간단히 그들의 '타고난 운명'을 가르쳐 줍니다.

그들은 나의 점(占)치는 능력을 지켜보면서 계속 감탄을 하고 또 감탄을 합니다.

나의 점(占)치는 능력에 감탄을 하고 있는 그들을 보면서 나는 객관적인 나의 신통력을 체크를 하고 확인하면서 다시금 삶의 보람을 느낍니다.

나는 오랜 세월만에 사람으로서의 삶의 보람을 느껴봅니다.

그리고 그 후, 천등산(天登山)의 자동차 임도 산길은 산 능선과 산골짜기를 구불구불하게 휘감아서 옹달샘 옆 작은 능선 저쪽 편으로 약 100m 거리를 두고 지나가게 되었습니다.

이로써 천년 동안 유지되어온 천등산(天登山) 산속의 옹달샘을 지키게 된 것입니다.

천등산의 운명 속에는 이곳 옹달샘이 훼손되어지게 되어 있었습니다. 그러나 나쁜 쪽으로의 운명을 미리 알고 진행중에 설계변경과 공사변경을 하도록 해서 옹달샘을 지키게 된 것입니다…….

우리 사람들의 운명과 인생도 마찬가지입니다.

예를 들면, 활시위를 떠난 화살은 쏘는 방향으로의 운명을 진행하면서 분명히 공중을 계속 날아가게 됩니다. 그러나 공중을 날아가고 있는 그 화살에 정확하게 어떤 힘을 작용시키면 화살의 진행방향을 바뀌게 할 수 있다는 것입니다.

이처럼, 사람의 운명은 전생습성 및 업살(業煞)과 조상유전성으로 사주와 얼굴 및 손금의 생김새에 따라 타고나고 또한 예정대로 진행이 되지만, 왜 그런가?를 알아내면 바꾸어 낼 수도 있습니다.

운명을 좋은 쪽으로 바꾸려면 가장 먼저 자기 자신의 타고난 사주와 얼굴 및 손금에 나타난 운명과 운(運)들을 미리 정확히 알아내야 합니다.

자기 자신의 타고난 사주와 얼굴 및 손금에 나타난 운명과 운(運)들을 '종합운명감정'을 통하여 미리 알아내야 하고, 전생과 핏줄운내림 및 핏줄동기 작용 등 조상점(占)까지도 잘 쳐서 앞날에 대한 준비와 대비를 잘 해내는 사람만이 성공 · 출세 · 부자가 될 수 있고 그리고 100세까지 무병장수를 하면서 행복하게 살아갈 수 있다는 것을 분명히 가르쳐 드리는 바입니다.

이 글들은 모두 사실이고 진실이며 또한 진리입니다.

필자는 이 책에 사실과 진실 그리고 진리만을 이야기 형식으로 기록하면서 진심 어린 마음으로 많은 사람들에게 잘 사는 방법의 '가르침'을 알려주고자 하는 것입니다.

지금, 필자의 이러한 글 「신비학의 실용철학」을 읽고 있는 독자분은 정말 '행운'을 만난 것이고 또한 한평생을 살아가면서 필자를 꼭 한 번 직접 만나게 되면 인생 최고의 '가르침'을 얻게 될 것입니다…….

제15장

절대존재 하늘 신(天神)들의 '가르침'을 전한다

계절이 바뀌고 또 바뀌고 세월이 흘러갑니다.

필자는 지금 첩첩산중 깊고 높은 산(山)속에서 10년째 산 밖을 한 번도 나가지 않는 두문불출 토굴기도를 하며 우주하늘자연과 신(神)의 섭리와 진리를 깨달아 본성을 찾고자 산도(山道)를 닦고 있습니다.

내 모습은 10년째 한 번도 머리칼을 자르지 않고 수염도 깎지 않아서 머리칼은 기다랗게 자라 등허리까지 내려오고, 수염도 기다랗게 자라 가슴까지 내려오고, 다 헤진 누더기 옷에 눈빛만 신비하리만큼 빛을 내고 있는 자연인의 모습을 하고 있습니다.

시간과 공간의 개념을 초월해 버리고, 삶과 죽음의 개념도 초월해 버리고, 그냥 그대로의 자연 속에서 하늘자연을 벗 삼아 섭리와 순리 그리고 도리에 따라 '무위자연법'으로 살아갑니다.

이제 도(道)의 10단계까지 올라서니 신선(神仙)처럼 살아갑니다.

하루에 한 끼니만 생식(生食)으로 물에 불려 둔 생쌀과 생콩을 솔잎 및 산나물들과 함께 먹고, 옹달샘 생수(生水)와 생명 에너지 생기(生氣)를 먹으며 진짜 신선(神仙)처럼 살아갑니다.

하루 한 개씩 돌을 주워와 쌓아올린 돌탑은 이미 완성이 다 되어서 돌탑의 꼭대기까지의 높이는 내 키의 3배쯤이 됩니다.

10년 동안 하루 한 개씩 돌을 주워와 쌓아올린 나의 돌탑입니다.

처음 입산할 때 산신령님께서는 '산기도로 도(道) 닦는 기간을 10년 정도가 될 것'이라고 말씀하셨지만, 나는 그냥 이 산(山)속에서 계속 한평생을 '은둔자로 살아버릴까' 하고 생각을 해 봅니다.

7평짜리 원룸식 움막집 토굴도 있고, 텃밭도 있고, 공기도 좋고, 물도 좋고 그리고 조용하고 평온하니 차라리 이 산(山)속에서 은둔도사 겸 신선(神仙)으로 계속 이대로 살고 싶습니다.

번뇌 · 망상 · 근심 · 탐진치(貪嗔癡) · 분별심과 살생심이 없으니 지극히 평안하고, 까마귀 · 비둘기 · 다람쥐 · 너구리 · 토끼 등등의 산짐승과 산새들이 벗이 되어 내가 산길을 거닐면 나를 따라다니고, 내가 좌선으로 명상에 들면 내 곁에 함께 앉아 있습니다.

산짐승과 산새들과 함께 식사도 하고 함께 잠도 잡니다.

동물들과 영적으로 의사소통을 할 줄 알고 또한 살생심이 없어지니 산짐승과 산새들이 나를 잘 따릅니다.

"인생은 사랑과 자비가 필요하고 진실한 가슴으로 살아야 한다."

나는 지금 첩첩산중 깊고 높은 산(山)속에서 평온하게 신선(神仙)으로 자연과 함께 대자유로 살아가고 있습니다.

천등산에 살아있는 산신령이 계신다는 입소문을 타고, 깊고 높은 이곳 산(山)속까지 나를 찾아온 하루 2~3명 정도의 외부 사람과의 만남 장소는 저만치 산 아래편에 또 한 채의 움막집을 만들어 사용하고 있습니다.

아마도 고흥군수님과 수행원들이 입소문을 내고, 군수님의 소개로 국회의원님과 사업가들이 출세운과 사업운을 알아보려고 4륜구동차를 타고 이곳 산(山)속까지 살아있는 산신령도사(道師)를 찾아옵니다.

산 아래편 만남의 장소 움막집 주위에는 키가 1~2m 높이로 자생하고 있는 신우대 대나무들이 군락을 이루고 있고, 뒤쪽은 큰 바위가 솟아있는 곳인데 이 산속에서 두 번째로 좋은 명당(明堂)자리입니다.

그곳의 명당자리는 사시사철 항상 생기(生氣)와 온기(溫氣)가 서려있어 그곳만큼은 겨울철에도 눈이 쌓이지 않습니다.

"야생동물들의 보금자리는 대체로 명당자리가 분명하다."

살아 있는 사람의 집터와 죽은 사람의 묘터는 반드시 '명당터' 혈 자리를 잘 잡을 줄 알아야 하고, 잠을 잘 자는 곳이 명당자리입니다.

명당 혈 자리 '좋은 터'에 빌딩·공장·사찰·기도원·별장·주택 등등의 집터나 또는 조상님의 묘터를 잘 잡으면 즉시 '개운 발복'이 되어 본인과 자손이 잘되고, 사업 및 영업이 잘되고, 선거당선 또는 승진 및 영전이 잘되어 정말로 출세가 잘 되고 반드시 부자가 됩니다.

그러나 거꾸로 '나쁜 터'에 집을 짓거나, 이사를 가거나 또는 조상님의 묘를 잘못 쓰면 반드시 여러 가지 나쁜 일이 생기고 결국에는 망하게 됩니다.

요즘은 시대가 변화하면서 생활편의 위주와 개인주의 위주로 인생관도 바뀌면서 조상묘관리가 힘들어진다는 가벼운 잘못된 생각으로 3~4년마다 돌아오는 윤년과 윤달에 '조상묘개장'을 덩달아 많이들 하고 있는 바, 꼭 전달해 주고 싶은 말은 조상묘개장을 계획하고 있거나 또는 조상묘개장을 하고 나서 집안에 나쁜 우환이 발생을 하면 반드시 '조상영혼천도재'를 꼭 한 번 해 드리길 진심으로 전달해 드리는 바입니다.

큰 정치가와 재벌부자들은 모두가 종중선산과 조상묘가 양지바른 명당터 좋은 자리에 보기 좋게 잘되어 있고, 태어나고 자라고 살고 있는 집터도 대체로 좋은 곳에서 살고 있다는 '사실적 진실'을 꼭 알아두어야 합니다.

윤년과 윤달에 '조상묘개장'은 못사는 서민들이 많이 행하고 있습니다.

"세상과 인생은 자기 눈높이로 바라보고, 자기 그릇 크기만큼 담는다."는 진실을 생각해보면서 '자신의 집안'을 살펴봐보시길 바랍니다.

훗날, 각종 '터감정'과 '조상묘개장' 및 '조상천도제' 등은 상담을 요청하거나 또는 인연이 닿는 독자분들께 반드시 증명을 해 드리겠습니다…….

필자는 이제 천기신통술초월명상으로 최고의 '해탈경지'에 올라섰으니 사람으로 다시 태어나서 영적으로 또는 정신적으로 더 이상 부러울 게 없습니다.

모든 집착을 초월하고 삶과 죽음까지도 초월을 해버리니 마음과 몸이 함께 평안하고 자유와 행복을 마음껏 누리고 있습니다.

항상 수호신장과 수호천사가 나를 지켜주고 있고, 신장과 천사를 움직여 나쁜 사람에게는 징벌을 줄 수도 있으며, 의식의 집중만으로 또는 점(占)을 치면 무엇이든 다 알아낼 수 있고, 어디를 가고 싶으면 유체이탈로 어디든 시간과 공간을 초월해서 다녀올 수도 있습니다.

내가 어디에 살든 거주하는 장소의 제한을 받지 않습니다.

그러하기 때문에 공기 좋고 물 좋고 그리고 조용하고 간섭이 없는 이 산(山)속에서 은둔도사 겸 신선(神仙)으로 살고 있습니다.

인간으로 환생을 한 후에 처음에는 몰랐지만, 다시금 나를 도사(道士)로 공부시켜준 신령님과 그리고 모든 존재들께 이 책을 통하여 진심으로 머리 숙여 지극한 마음으로 고마움과 감사함을 표하는 바입니다!!!

잠시 생각을 돌이켜 해 봅니다.

필자는 시골농부의 아들로 태어나서 잘 살기 위해 서울로 올라오고, 맨주

먹으로 사업을 배우면서 넘어지면 일어서고 또 넘어지면 또 일어서고 오뚜기처럼 살면서 서울 한복판 종로3가에 100년 전통브랜드로 유명한 2천억 원짜리 '종로3가 국일관'의 대주주 겸 회장까지 입지전적으로 성공출세를 하였으나 큰 사고로 쓰러지면서 큰 손해를 당하고, 그리고는 인생 가치관을 바꾸어 스스로 천등산(山)속으로 들어와 오직 홀로 두문불출 토굴기도 '신통술초월명상'으로 살아있는 산신령처럼 신선(神仙)의 경지에 올랐습니다.

작은 성공에 멈추지 않고 더욱 정진하여 드디어 최고가 되었습니다.

지금, 이 글을 읽고 있는 독자분들께 진심으로 충고를 합니다.

어느 분야에서든 최고가 되려면 도전정신과 열정 그리고 결코 포기하지 않는 끈기가 있어야 하고 그리고 운(運)을 반드시 알아야 합니다.

무슨 일을 하든지 간에 목표·계획·준비가 없거나 또는 열정과 집중 그리고 끈기가 없거나 또는 운(運)을 모르면 결코 성공할 수 없고, 운(運)이 나쁜 사람은 반드시 실패와 손해가 따르게 됩니다.

눈에 보이지 않는 기운(氣運)들이 눈에 보이는 것들을 모두 움직이고 있다는 진실적 '비밀진리'를 꼭 알고 살아가야 합니다.

사람의 운명은 자기 자신의 전생과 조상핏줄의 '업(業)작용'에 따라서 타고난 사주와 손금에 이미 100% '운명프로그램'으로 설정이 되어 버립니다.

그러하기 때문에 두 눈을 뻔히 뜨고 교통사고를 당하고, 이혼을 당하고, 투자사기를 당하고, 명퇴를 당하고, 망신을 당하고, 사업 실패를 당하고, 관재수로 감옥에 들어가고, 자폐증·우울증·정신분열증에 걸리고, 각종 난치병과 불치병에 걸리고, 또한 아무리 노력을 하여도 평생동안 가난과 고생과 불행을 못 벗어나기도 합니다.

또한 많은 공직자와 정치인들이 한때는 잘 나가다가 한방에 옷을 벗거나 감옥을 가고, 주도권과 정권까지 바뀌고, 또한 회사와 기업이 망하고, 사장과 회장이 구속이 되는 것을 TV뉴스로 많이 보았을 것입니다.

개인들의 운명과 운세는 '업살(業煞)작용과 섭리'로 사주와 손금을 타고나고, 그리고 타고난 운명의 '프로그램'에 따라 인생이 진행되어 갑니다.

반드시 그렇게 진행이 되기 때문에 자기 전생과 자기 조상의 업(業)작용과 12신살작용과 9수 및 삼재수 등을 평상시에 꼭 알고 있어야 하고, 또한 나쁜 운(運)들은 사전에 예방을 잘하고 운을 좋게 개운까지 잘해서 반드시 '운명프로그램'을 바꿔주지 않는 한 다른 해결책은 결코 없습니다…….

우리 사람과 인간들은 영혼을 가진 최고의 영적 존재물입니다.

섭리와 자기 전생과 조상의 업(業)작용 및 12신살의 살(殺)작용 그리고 음양·오행의 운(運)작용은 오묘한 섭리의 형이상학적 초과학입니다.

과학이 아무리 발전을 하여도 물질과학으로 결코 영혼과 혼령을 제조하지는 못하고 또한 개선하지도 못하기 때문에 영혼을 가지고 있는 인간의 나쁜 운(運)을 과학 및 의술로는 결코 해결할 수 없습니다.

대한민국에는 현재 각종 빙의와 귀신병환자가 약 100만 명쯤으로 추산되고 있는데 왜 대학병원에서 현대과학의술로 귀신을 못 떼어 낼까요?

대학병원에서 의술로 귀신을 떼어 낼 수 있거나 또는 조상해원천도 및 영혼치료를 해낼 수 있거나 동토살·상문살 등 살(煞)을 맞고 쓰러진 것을 맨손으로 치료할 수 있으면 필자가 '1억 원 현상금'을 또 내걸겠습니다.

"인간의 업살풀이와 귀신병 치료는 '신통도술'로만 해결할 수 있다."

심령과학분야는 '신통과 도술'로만 해결할 수 있다는 진실을 알려줍니다.

생명과 영혼을 가지고 태어난 우리 사람은 섭리와 법칙에 따라서 반드시 '운명작용'을 하기 때문에 모든 사람은 ① 자기 영혼의 전생을 알아야 하고 ② 자기 핏줄의 DNA를 알아야 하고 ③ 자기 핏줄의 동기감응현상을 알아야 하고 ④ 풍수지리의 기운작용을 알아야 하고 ⑤ 음양오행의 역리작용 등등을 반드시 알아야 합니다.

"세상은 아는 만큼 보이고, 인생은 운(運)과 능력만큼 살아간다."

우리는 이러한 것들을 알고 활용할 줄 아는 것을 '실용 지혜'라 합니다.

이러한 고차원의 지혜적 지식들 심령세계와 운명작용들에 대해서는 여러분의 부모님에게서도, 학교에서도, 종교에서도, 그 누구 또는 그 어디에서도 결코 배울 수 없지만, 삶을 살아갈 때는 정말로 중요하고 실제로 필요한 '실용철학'의 고급지식임을 꼭 알아둬야 합니다.

모든 학교교육의 교과서와 모든 종교의 경전 책에는 보편적 지식과 진리만을 가르치지만, 필자는 교수님도 그리고 부처님과 예수님도 가르쳐 주지 않은 하늘의 비밀들을 '천기누설'하여 특별한 비밀진리와 지혜를 사람들에게 가르쳐 주어 삶의 경쟁 진검승부만 존재하는 강호에서 반드시 승리하여 성공·출세·부자가 되고 함께 깨달음까지 이룰 수 있는 '최고의 가르침'을 전해 주고자 하는 진실한 바람입니다…….

이곳 천등산에는 진달래꽃이 활짝 피었습니다.

꽃이 활짝 핀 자연 그대로가 화엄세계이고 자연진리입니다.

처음 입산할 때도 진달래꽃이 피는 봄이었으니, 이제 산(山)속에 들어온 지도 10년이 되었고, 열 번째의 진달래꽃이 피었습니다.

한반도 남쪽 땅 끝 전라남도 고흥군 남해바다 해안가에 우뚝 솟은 천등산에서 아름다운 다도해 바다를 내려다봅니다.

훗날, 남해안을 여행할 기회가 있거든 또는 기회를 만들어서라도 세계적인 힐링랜드 '순천만'의 갈대숲을 구경하고, 벌교에서 꼬막정식을 먹어보고 그리고 조금 더 남쪽으로 고흥반도로 직행하여 남쪽 땅 끝 전라남도 고흥군의 천등산과 팔영산·유주산·나로우주발사대와 우주체험관을 구경하고, 녹동항구에서 참장어탕을 맛보고, 소록도·거금도·적대봉 등등을 꼭 한 번 여행해

보시길 바랍니다.

동양의 나폴리항이라 불릴 만큼 아름다운 시골 어촌 '녹동항구'에서 연륙교를 건너 소록도를 구경하고, 또다시 세계 최초로 위층은 자동차가 다니고, 아래층에는 자전거길과 인도가 있는 특수 2층 다리구조의 바다 수면 위 약 2km '거금대교' 푸른 바다 위의 다리를 걸으면서 다도해 풍광을 만끽해 보고, 거금대교 남쪽 끝 섬 입구 전망대에서 또다시 바다경치와 함께 소록도 앞모습 섬을 바라보면 왜 소록도(小鹿島, 작은 사슴섬)인지 알 수 있을 것입니다.

특히 녹동항구의 신항(제주 카페리호 여객선이 닿는 동쪽 부두)과 구항(수산어시장 회센터와 어선들이 닿는 서쪽 부두) 중간쯤의 구름다리 옆 해안 도로가에 있는 아주 작은 절 '녹동 용궁사'(옛날부터 어부들이 소원을 빌던 바닷가에 '용바위'가 있었고 바다 매립을 하면서 매립된 용바위 위에다 이 책의 필자가 바다용궁기도를 하면서 신(神)들의 계시로 소박하고 작게 마련한 전설이 있고 영험한 기도처)를 꼭 한 번 직접 방문하여 '해수보살'님을 친견해 보시길 바랍니다.

녹동 용궁사의 1층 출입구 앞에는 필자가 좋아하고 또한 복(福)을 나눠주는 '포대화상'이 서 있고요, 2층 법당에는 필자가 꿈속에서도 보고 용궁기도 할 때도 늘 보았던 해수보살과 관음보살이 계시고, 1시간만 기도를 하고 돌아가면 반드시 그 사람의 꿈속에 나타나 한 가지 소원을 꼭 들어주십니다. 다이아몬드는 작아도 최고의 가치가 있는 것처럼, 절과 기도터는 소박하여도 '영험한 곳'이 최고이고, 바닷가 용바위 위에다 소박하게 세운 고흥군 남해안 녹동항구의 '녹동 용궁사'는 필자의 특별한 '바다기도처'이고, 또한 가끔씩 휴식을 하는 곳입니다.

바다 해안가의 영험한 장소 명당터의 용궁기도는 특히 재물재수발원과 꼭 한 가지 소원성취가 잘 이루어집니다……

이제 다시금, 필자는 하늘과 신(神)들의 계시를 받고 철쭉꽃이 활짝 피어있는 천등산 산꼭대기 가장 높은 산봉우리로 올라갑니다.

항상 그림자처럼 따라다니는 나의 수호신장 삿갓 쓴 스님과 큰칼 든 장군 그리고 도사의 신변을 지켜주기 위해서 하늘의 특명으로 내려온 신장(神將)들이 함께 하고, 노루가 뒤따르고 까마귀들이 앞서거니 뒤서거니 머리 위를 날면서 까악~까악~ 노래를 부릅니다.

천등산 산꼭대기 가장 높은 산봉우리에 도착을 합니다.

하늘의 신(天神)들로부터 중대한 계시를 받고 산봉우리로 올라왔고, 중대한 계시라고 하니 정확한 내용을 알기 위해 '천기신통초월명상'으로 들어가 보기로 합니다.

풀잎을 한 아름 뜯어와 넓은 바위 위에 펼쳐 풀잎방석을 삼고 앉아서 4방의 하늘을 한 번 빙~ 둘러봅니다.

그러고 나서 이제 천기신통술초월명상으로 들어갑니다.

먼저 준비운동 '온몸진동법'으로 몸과 기혈을 가볍게 풀어줍니다.

다음으로 배가 쑥~ 들어갈만큼 후! 소리를 내면서 몸속의 탁기를 내보내며 날숨을 길게 하면서 몸을 이완시키고, 입을 다물고 옴! 소리를 강하고 길게 내면서 머리와 뇌 속에 진동을 주면서 뇌파작용을 준비시키고, 여러 번을 반복하고 그러고 나서 조심스레 바른 자세로 앉습니다.

두 다리는 오므려 포개어 가부좌로 앉고, 허리는 쭉 펴서 반듯하게 세우고, 두 손은 허벅지 위 배꼽 아래 단전 앞에 살며시 내려놓고 두 눈은 지그시 감아 눈동자를 아래쪽으로 코끝을 향해서 고정을 시키고, 마음을 편안히 합니다. 그리고 호흡은 처음에는 날숨을 길게 하다가 차츰 고르게 하면서 들숨과 날숨에 집중을 하고, 의식은 상단전 앞이마의 중앙 '명궁'을 통하여 우주하늘에 둡니다(모든 종교들의 신자 및 기도자와 수도인 그리고 모든 정신수련자 및 명상가들은 이 세상 최고의 기도명상법인 '신통술초월명상', 즉 '손도사초월명상'을 꼭 배워두시길 바랍니다).

몸과 마음 그리고 의식이 아주 편안해지면서 고요해집니다.

들숨 날숨의 호흡을 의식하고, 의식의 변화진행을 관찰 및 관조를 하면서 점점 더 깊이 명상에 집중을 하고, 내 의식체와 우주하늘자연과의 주파수 사이클을 맞추며 몰입을 해 들어 갑니다.

우주하늘자연의 존재계신(神)들과 기운이 연결되면서 그 반응으로 몸에 진동과 떨림이 오고, 전율이 온몸에 찌르르~ 통하면서 쫙~ 퍼집니다.

몸뚱이가 공중에 붕~ 뜨는 무중력을 느낍니다.

머릿속에 기감의 기운이 꽉 차 오름을 느낍니다.

상단전의 명궁 앞이마가 뜨거워지면서 멍~해집니다.

엄청난 기(氣)흐름의 쾌감과 무아지경의 황홀감이 찾아옵니다.

무아지경의 정점에서 무한대의 고요정적이 오고, 그리고 모든 것이 정지하면서 '초월의식'이 되어 시간과 공간이 없어지고, 우주하늘자연과 합일체가 되면서 '우주의식'이 됩니다.

드디어 '신통술초월명상'이 시작됩니다.

나는 지금 천등산 산꼭대기 가장 높은 산봉우리의 바위에 가부좌로 앉아서 '신통술초월명상'에 들어있습니다.

이제 나의 의식체와 영혼체는 자유로이 인간계와 신령계 사이의 경계의 벽을 뚫고 신(神)들의 세계로 들어갑니다.

내 몸뚱이는 수호신장들이 창검을 들고 지키고 있습니다.

하늘 문을 활짝 열고 신령계로 들어가 보니, 하늘 신령님들께서 나의 진로를 놓고 하늘에서 천상회의(天上會議)를 하고 있습니다.

지금까지 10년 동안의 오랜 세월 동안 나에게 하늘의 천기(天氣)와 명기(明

氣)를 주시고 또한 가르침을 주시던 신령님과 모든 신령님들이 다 모습을 나타내십니다.

천황상제 삼신상제 옥황상제 구천상제 일월성신 북두대성 비로자나불 로사나불 아미타불 약왕불 약사불 석가모니불 미륵불 천주님 천제님 사천왕 칠원성군 탐랑성군 거문성군 녹존성군 문곡성군 염정성군 무곡성군 파군성군 태을성군 태상노군 천존대왕 염라대왕 산신대왕 용궁대왕 삼불제석 제석천왕 태을천왕 도리천왕 도솔천왕 칠성여래 대일여래 보승여래 다보여래 약사여래 치성광여래 일광보살 월광보살 관음보살 문수보살 보현보살 약왕보살 약사보살 지장보살 미륵보살 해수보살 천상신장 지하신장 일월신장 자미신장 태을신장 태음신장 태양신장 여래신장 화엄신장 의술신장 천문신장 지리신장 백마신장 뇌성신장 벼락신장 풍운신장 풍랑신장 지진신장 팔미신장 육정신장 육임신장 육갑신장 둔갑신장 도술신장 군웅신장 검무신장 철망신장 철퇴신장 옥갑신장 옥추신장 금위신장 오방신장 구천신장 천상장군 지하장군 칠성장군 백마장군 백호장군 청룡장군 황룡장군 흑룡장군 백룡장군 용마장군 천마장군 뇌성장군 벼락장군 번개장군 태풍장군 천신장군 산신장군 용신장군 사신장군 별상장군 군웅장군 작두장군 질대장군 관운성제 문창대군 천신도사 선관도사 일월도사 천문도사 글문도사 지리도사 칠성도사 약왕도사 약명도사 의술도사 마의도사 화타의성 허준의성 부적도사 육갑도사 둔갑도사 도술도사 나반존자 유마거사 독성거사 옥천대사 달마대사 혜능대사 원효대사 의상대사 무학대사 서산대사 사명대사 진묵대사 대각국사 보우국사 도선국사 범일국사 도의선사 초의선사 상월선사 천신대감 지신대감 천복대감 일월대감 칠성대감 산신대감 용궁대감 천룡대감 군웅대감 벼슬대감 부귀대감 명예대감 별상대감 본향대감 당산대감 도당대감 터주대감 성주대감 상업대감 무역대감 술역대감 도깝대감 천상대신 지하대신 자미대신 일월대신 칠성대신 천왕대신 산왕대신 용왕대신불사대신 본향대신 상산대신 당산대신 말문대신 글문대신 천문대신 지리대신 풍수대신 부적대신 약왕대신 약사대신 의술대신 경문대신 법사대신 염라대신 육갑대신 둔갑대신 육정대신 육임대신 육효대신 팔괘대신 구궁대신 관상대신 도술대신 옥황선녀 일월선녀 천신선녀 산신선녀 용궁선녀 별상선녀 천신도령 산신도령 용궁도령 광림도령 천신동자 산신동자 용궁동자 일월동자 옥동자 칠성동자 뇌성동자 번개동자 육갑동자 둔갑동자 도술동자 요술동자 말문동자 글문동자 의술동자 법승동자 선재동자 문수동자 일광제석 월광제석 세존제석 제석불사 천궁불사 일월불사 옥황불사 천존불사 칠성불사 산신불사 용궁불사 진둥불사 업불사 복불사 명불사 미륵불사 본향불사 당산불사 도당불사 안당불사 대신불사 천왕승 그리고 시바 비슈누 크리슈나 미카엘 가브리엘 라파엘 프리엘 우리엘 카마엘 아나엘 사리엘 라구엘 라미엘 라지엘 자스엘과 수많은 요정과 동자 등등 엄청난 숫자의 팔만 사천 신령님들과 천사들이 하늘땅이 꽉 ~ 차도록 모두 다 모습을 나타내십니다.

[앞에 열거한 것처럼, 하늘 땅 자연 속에 존재하는 신(神)들이 무수하게 많다는 진실에 대해서는 맨 눈으로 신(神)과 영(靈) 및 귀신을 볼 줄 아는 인구 비중 약 0.1%의 소수자들은 100% 공감하실 것이고, 신령들은 둔갑술로 모습을 바꾸기도 하고, 종교에 따라서 이름을 다르게 부르기도 합니다.]

하늘과 땅의 많고 많은 신령님들께서 하늘땅이 울리는 한 목소리로 하문(下問)의 공수말씀을 내리십니다.

"제자야! 우리 신(神)들이 하늘에서 천상회의를 했으니 이제 제자의 진로를 선택하도록 하라. 이 산속에서 계속 은둔도사 신선(神仙)으로 살아갈 수도 있고 또는 하산하여 신전(神殿) 국사당을 짓고 보람있는 제2의 삶을 살아갈 수도 있으니 그 둘 중 하나를 선택하도록 하라."

"신령님들이시여! 어떤 선택을 해야 더 좋겠는지요?"

"하산(下山)을 하여 인간세상으로 다시 돌아가서 신전(神殿) 국사당을 짓고, 보람있는 제2의 삶을 다시 시작하는 것이 더 좋을 듯싶구나."

"정녕 그러하신다면 하산(下山)을 준비하도록 하겠습니다. 하오나 신령님들께서는 사람들의 삶 중에서 가장 귀중한 의문들에 대한 가르침을 주실 수 있을는지요?"

"그러하겠노라. 어떤 방법으로 가르침을 주면 되겠는가?"

"문답식 방법의 가르침이 좋을 듯합니다."

"그러하겠노라. 먼저 질문을 하도록 하라!"

"그럼, 사람들이 가장 알고 싶어 하고 그리고 꼭 알아둬야 할 몇 가지의 의문들에 대한 질문을 드리도록 하겠습니다."

나는 사람들이 인생을 살아가면서 혹시나 또는 확실치가 않아서 잘못을 범할 수 있는 의문들과 우리나라 내 민족 동포를 위한 미래운명의 지혜를 얻고자 신령님들께 질문을 드립니다.

"신령님! 광활한 우주와 별들에서 사람과 생명체들에게 기운(氣運)이 미치는 것은 어디까지로 할 수 있는지요?"

"제자야! 사람과 생명체들에게 기운(氣運)이 미칠 수 있는 것은 태양계 내에서만 가능하고, 너무나 거리가 먼 태양계 밖의 외우주는 생각하지도 말거라."

"신령님! 신(神)은 정말로 존재하는지요?"

"제자야! 지금 직접 신(神)을 보면서 대화까지 나누고 있으니 신(神)은 분명히 존재하고 있고, 스스로 존재신과 인격신으로 구분을 하느니라."

"신령님! 사람들이 어떻게 하면 신(神)을 직접 볼 수 있는지요?"

"제자야! 처음부터 하늘의 전령자로 사명을 받고 태어났거나 또는 영매적 능력으로 무녀(巫女)가 됐을 경우 또는 영매적 신끼를 타고난 사람이 신들림 현상과 빙의현상이 나타날 경우 그리고 도(道)를 닦아 신통능력을 지니게 되면 신(神)의 모습을 직접 볼 수가 있게 되고 또한 음성을 직접 들을 수 있게 되느니라."

"신령님! 귀신(鬼神)들림 현상과 빙의현상의 정신이상증세가 나타날 경우에는 어떻게 해야 되는지요?"

"제자야! 신(神)은 반드시 신(神)으로 다스려야 하니, 귀신들림현상과 빙의현상 그리고 정신질환이 나타날 경우에는 반드시 신통력으로 점(占)을 쳐서 '정확한 원인'을 밝혀내고 또한 반드시 신통술과 도술로 특별 치유를 해 주어야 되느니라."

"신령님!, 저승세계는 정말로 존재하고 있는 것인지요?"

"제자야! 물질적 몸뚱이가 없는 신(神)과 정령(精靈) 및 귀신(鬼神)의 세계는 분명히 존재하고 있으니 그곳이 저승세계이니라. 또한 저승세계에서 볼 경우에는 사람들의 세계가 저승세계이고, 영혼(靈魂)이 이쪽으로 저쪽으로 왔다 갔다 하면서 인연의 법칙과 인과의 법칙에 따라 윤회와 환생으로 변화만 하고 있을 뿐이니라."

"신령님! 천국세계와 지옥세계는 정말로 존재하는 것인지요?"

"제자야! 극락 천국과 고통지옥은 분명히 존재하고 있고, 살아가면서의 행업(行業)에 따라 인과응보로 그 결정이 되느니라."

"신령님! 하늘나라 극락 천국에 태어나게 할 수 있는 것이 종교 신앙과는 상관이 있는 것인지요?"

"제자야! 종교 신앙과는 상관이 없고, 종교와 신앙을 통하여 착한 일 '선행'을 많이 하거나 또는 종교 신앙이 없어도 착한 일 선행공덕을 많이 쌓거나 또는 우주하늘자연의 섭리와 진리를 깨우치고 많이 깨달은 영혼들은 스스로 하늘나라 극락 천국에 태어나느니라."

"신령님! 서방정토극락과 천국 및 천당에 태어나는 것보다 더 좋은 것이 있는지요?"

"제자야! 일반적인 서방정토극락과 천국 및 천당에 태어나는 것보다 더 좋은 것이 있으니, 그것은 최고로 좋은 하늘궁전 '천궁'에 태어나거나 또는 신통술초월명상으로 '전지전능자'가 되는 것이니라."

"신령님! 우주하늘자연의 섭리와 진리를 다 깨우치고 깨달음을 이룬 도통(道通)을 하려면 어떻게 해야 되는지요?"

"제자야! 옛 성현들의 가르침인 종교의 경전을 읽으면 좋으나, 종교의 경전들은 시대적 배경의 차이와 옮겨 적은 사람과 해석의 잘못 그리고 종교 체제 유지를 위한 의도성으로 내용 변경 등 '변질'이 되어 엉터리내용이 많고 또한 경전들은 아주 옛날 그 종교의 교주가 살던 그 지역동네와 그 민족의 이야기 뿐인바, 그러한 구시대적이고 또한 잘못된 경전 책을 공부하는 것보다는 신통도술을 얻는 '천기신통초월명상'을 통하여 신(神)과 직접 대화를 나눌 수 있는 통신(通神)으로 직접 신통력을 지니면 스스로 진리를 다 깨닫게 되고 진실을 모두 다 알게 되느니라. 일반 사람들은 신통과 도통을 크게 이룬 큰 스승의 가르침을 잘 따르면 되느니라."

"신령님! 기도하는 신령스런 산(山)을 선택할 경우에는 어떤 산이 좋은지요?"

"제자야! 기도하는 산(山)을 선택할 경우에는 높고, 깨끗하고, 조용하고, 명기(明氣)가 서려 무서운 기운이 감돌고, 특히 산 까마귀가 계속 살고 있는 산을 선택하면 좋으니라."

"한반도의 대표적 신령스런 산(山)을 가르쳐 주실는지요?"

"한반도의 대표적 신령스런 산(山)의 이름은 백두산·묘향산·칠보산·구월산·금강산·설악산·오대산·태백산·소백산·일월산·삼각산·도봉산·관악산·계룡산·지리산·가야산·영축산·팔공산·금정산·조계산·

월출산·두륜산 그리고 천등산 등이니라."

"신령님! 산(山)기도가 종교 신앙과 상관이 있는지요?"

"제자야! 분명히 종교 신앙과 상관이 있으니 신(神)을 대상으로 하는 모든 종교 신앙자는 '산(山)기도'를 잘 해야 하고, 태초부터 지금까지도 하늘의 계시와 명기는 산(山)을 통하여 땅에 내려지기 때문이니라.

옛날 옛적에 아브라함 때부터 모세와 예수·마호메트 그리고 석가모니와 달마·고승 그리고 명상가·도사들이 모두가 산(山)속에서 기도하여 신(神)과 도(道)를 통하고 깨달음을 이루어 최고의 '인격신(人格神)'들이 되었느니라."

"신령님! 세상의 많은 종교들 중 어느 것을 믿어야 좋은지요?"

"제자야! 종교란 '근본이 되는 가르침'이고, 절대 초인간적인 능력을 지닌 존재나 신(神)을 숭배하면서 그의 능력으로 더욱 잘 살아보려고 노력하는 '정신 활동'으로 구복과 기복으로 축복을 받으려함과 또는 우주하늘자연의 섭리를 깨우쳐서 깨달음으로 자기완성을 이루려함이니, 축복받음을 위해서는 우주하늘자연계의 신(神·God) 또는 초능력을 지닌 자를 따르고, 정신적 진리의 깨달음을 위해서는 붓다(道·Buddha)의 가르침을 따라야 하느니라."

"신령님! 인간 석가모니와 예수님 경지는 어느 만큼의 존재인지요?"

"제자야! 인간으로서 최고로 높은 인격신(人格神)이고, 그 경지가 되려면 그 영혼은 10번 이상의 영혼 진화와 환생으로만 가능하며 인간 3,000억 명 중 1명 정도로 태어난 귀한 존재이니라."

"신령님! 기도를 할 때에는 어떤 방법이 좋은지요?"

"제자야! 기도는 반드시 진실한 원(願)이 있어야 하고, 정성스러움과 간절함을 가지고 조용한 장소에서 은밀하게 행해야 하느니라."

"신령님! 기도를 하고자 할 때에는 어느 시간이 좋은지요?"

"제자야! 기도를 하는 시간은 기도의 목적과 사람에 따라서 모두가 다를 수 있으나 대체로 한밤중이 첫째로 좋고, 아침 태양이 솟을 무렵이 둘째로 좋고, 저녁 태양이 질 무렵이 셋째로 좋으니라. 특히 신(神) 제자와 신부·목사·스님 등등이 신(神)을 대상으로 큰 신통력을 얻고 싶거나 또는 영성과 불성을 크게 사용하고 싶은 특별한 신앙인과 전문수도인들은 한밤중의 '자시기도'가 가장 중요하니 매일 1시간씩 꼭 실천을 해야 하느니라."

"신령님! 특별한 신(神) 제자들은 어떻게 기도를 해야 되는지요?"

"제자야! 신(神) 제자들의 기도는 ① 직접 입산(入山)수도를 하거나 또는 신내림굿으로 오방신장과 백마신장의 도움을 받아 하늘 문(天門)을 열어야 하고 ② 산에서는 산왕대신을 찾고, 물에서는 용왕대신을 찾고, 기타 장소에서는 천왕대신·칠성대신·불사대신·말문대신·약사대신 등 주로 대신을 찾아야 하며 ③ 자기 자신의 통신 말문이 언제 열릴 것인지를 정확히 알아야 하고, 자기 전생과 조상핏줄로 신(神)줄인지 또는 도(道)줄인지를 정확히 알아야 하고, 선거리 만신줄인지 또는 앉은 거리 보살줄 또는 법사줄인지를 정확히 알아야 하며 ④ 자기 자신의 신통력이 어느 분야로 계발되고 발전할 것인지를 정확하게 알아야 하고 ⑤ 자기 자신의 신통력의 등급이 1등급·2등급·3등급 등등 어느 등급을 타고 났는지 또한 얼마만큼 계발·발전할 수 있을지를 정확히 알아야 하며 ⑥ 나이가 몇 살쯤에 통신(通神)의 말문이 열릴 것인지 정확한 운때를 알아야 하고 ⑦ 조상가리와 몸주 신(主神)을 알아야 하고 ⑧ 본향산을 정확히 꼭 알아야 하고 ⑨ 소당·육당·중당과 상단·중단·하단 그리고 탱화 그림과 가운데 중당의 중심에 어느 신(主神)을 모셔야 하는지 등등 신당(神堂) 또는 법당(法堂) 꾸미는 법을 알아야 하고 ⑩ 점(占)보는 통변의 방법과 각종 풀이하는 방법 그리고 운처방과 비방하는 비법을 알아야 하고 ⑪ 기(氣)는 충전과 방전의 원리가 있기 때문에 항상 충전의 상태를 유지하기 위해서 모든 신(神) 제자들은 한밤중의 자시기도를 1시간씩 꼭 해야 하느니라."

"신령님! 신(神) 제자가 말문을 못 여는 것은 무슨 이유 때문인지요?"

"제자야! 신(神) 제자가 말문을 못 여는 것은 여러 가지 이유가 있지만 가장 큰 이유는 ① 자기 자신이 도(道)줄 제자감인데 신(神)줄 무녀(巫女)를 찾아갔을 경우 ② 신통력의 등급이 제자보다 낮은 스승을 찾아 갔을 경우 ③ 자기 자신의 전생과 조상핏줄을 정확히 모르고 덤볐을 경우 ④ 정확한 운(運)때를 모르고 시행착오를 일으킬 경우 ⑤ 조상가리가 잘못되거나 또는 몸 주신(主神)을 모를 경우 ⑥ 산기도 방법 또는 신내림굿의 방법이 틀릴 경우 ⑦ 자기 전생의 업살(業殺)이 너무도 무거울 경우 ⑧ 60갑자 일진법에 따른 기(氣) 주파수 사이클을 못 맞춘 경우 등등이고, 신내림굿은 한 번에 반드시 '말문'을 열어야 하느니라."

(모든 신(神) 제자와 산(山) 기도하는 사람들은 반드시 알아둬야 함.)

"신령님! 신(神) 제자와 무당제도는 누가 왜 만들었는지요?"

"제자야! 신(神) 제자와 무당제도는 신(神)들이 인간들을 다스리기 위해 만들었으며, 넓은 의미에서는 신부·목사·스님 등등도 신(神)과 인간의 '중개역할'을 담당하는 무당(巫堂)이고, 인연법과 전생(前生)의 특별한 업(業)이 많은 영혼들과 칠성줄 또는 공줄이 쎈 영혼들을 신(神)들이 심부름꾼으로 사용하기 위한 것이니라."

"신령님! 모든 사람들의 기도응답과 소원성취는 누구나 모두가 다 이루어지는 것인지요?"

"제자야! 그러하지 않느니라. 모든 사람에게는 자기 전생(前生)의 존재가 현재의 자기 영혼으로 들어와 있기 때문에 반드시 자기 전생의 업(業)이 먼저 풀려야 죄가 소멸이 되고, 그리고 죄가 소멸되어야 기도응답과 함께 비로소 운(運)이 열리게 되며 또한 자기 영혼 및 자기 조상이 신앙으로 섬기는 신(神)이 서로 잘 맞아야 하고, 기도하는 날짜의 일진과 기도하는 시간의 운때가 맞아야 하며, 반드시 지극 정성스러워야 기도응답과 소원성취를 이룰 수 있느니라."

"신령님! 전생(前生)은 정말로 존재하는 것인지요?"

"제자야! 모든 사람과 존재물(存在物)은 각각의 전생(前生)이 다 있고, 진짜 주인공 혼(魂)들은 지옥도 · 아귀도 · 아수라도 · 축생도 · 어생도 · 인간도 · 천상도 등을 자기가 지은 대로의 업(業)과 습성에 따라서 순서와 기간이 없이 '영혼 7도윤회법칙'이 계속되며 그 앞전이 곧 전생이고, 지금의 현생은 죽은 후의 전생이 되느니라."

"신령님! 몽매한 보통 사람들이 자기 전생 영혼의 좋고 나쁨을 어떻게 대충이라도 짐작할 수 있는지요?"

"제자야! 보통 사람들이 자기 전생의 좋고 나쁨을 대충이나마 짐작하려면, 현재 자기 자신의 삶이 얼마나 복(福)이 많고 적은가? 또는 운(運)이 얼마나 좋고 나쁜가?로 짐작을 해볼 수 있느니라."

"신령님! 자기 전생과 조상님의 업살(業殺)로 현재의 삶이 복이 없고, 운이 나쁘고, 고생만 하는 사람들은 어떻게 하면 되는지요?"

"제자야! 인과응보의 하늘법칙에 따라서 반드시 지은 대로 나타나기 때문에 현재의 삶이 복이 없고 운이 나빠 고통과 고생만 따르는 사람은 자기 전생과 조상님의 업(業)과 타고난 사주팔자에 들어있는 나쁜 기운작용 살(殺, 煞)을 풀어서 반드시 '업살소멸'을 해주어야 면죄를 받을 수 있느니라."

"신령님! 복과 운이 좋은 사람은 어떻게 살아야 하는지요?"

"제자야! 복과 운이 좋은 사람이 선행공덕을 행하지 않으면 다음 생(來生)에는 처지가 뒤바뀌게 될 것이니라. 태어남과 죽음의 현상은 영혼작용이고, 영혼이 이승과 저승을 왔다 갔다 하면서 반드시 자기 자신이 지은 대로의 '과보'가 따르기 때문이니라."

"신령님! 사람들의 유전인자적 핏줄내림병과 원인을 모르는 큰 질병 및 난치병과 불치병들을 치유할 수 있는지요?"

"제자야! 유전인자적 핏줄내림병과 원인을 모르는 큰 질병 및 난치병과 불치병들을 꼭 치유하려면, 나쁜 질병으로 한 많게 죽은 조상영혼에 대해 '영혼분리'와 '영혼치유 및 천도재'를 꼭 한 번 정확하게 해주고, 자기 자신의 '업살풀이'까지 해주면 깨끗하게 치유할 수 있느니라."

"신령님! 운명과 운(運)의 작용은 정말로 실제하는지요?"

"제자야! 모든 존재물의 운명과 운(運)의 작용은 우주하늘자연의 섭리와 법칙에 따라서 반드시 작용을 하기 때문에, 사람의 운명도 운세·운수·운때로 분명히 작용을 하느니라. 태양계에 속해있는 지구는 해·달·별 그리고 바다와 바람이 존재할 때까지 운명과 운(運)은 항시 작용하고 있느니라."

"신령님! 핏줄업내림과 핏줄대물림의 유전은 정말로 작용하는지요?"

"제자야! 핏줄적 DNA 유전자 검사는 99.99%까지 정확하니, 조상부모의 나쁜 핏줄내림은 오직 '사전예방'이 최선책이니라."

"신령님! 남의 조상이 내 집안과 우리민족을 도와주는지요?"

"제자야! 하늘천륜법칙의 핏줄 관계는 최우선으로 작용을 하기 때문에 남의 조상이 내 집안과 우리민족을 결코 도와주지 않느니라."

"신령님! 사람도 죽어서 신(神)이 될 수 있는지요?"

"제자야! 사람도 죽어서 신(神)이 될 수 있으니, 높은 큰 도(大道)를 이루거나 또는 깨달음을 얻고 위대한 업적을 쌓으면 죽어서 '인격신(人格神)'이 될 수 있고, 영혼과 혼령의 궁극적 목표와 소망은 모든 존재로부터 인정과 대접을 받는 '신(神)'이 되고 싶은 것이니라."

"신령님, 사람이 죽으면 그 영혼은 어떻게 되는지요?"

"제자야! 사람이 죽으면 그 영혼은 몸뚱이에서 빠져나가 섭리와 법칙에 따라 삼혼(三魂)으로 갈라져서 각각의 역할 세계로 돌아가고, 칠백(七魄)으로 흩어져서 자연 소멸이 되니, 즉 3혼으로 갈라지고 7백으로 흩어지느니라."

"신령님! 사람이 죽을 때 그 영혼은 어떻게 대처해야 가장 좋은지요?"

"제자야! 사람이 죽을 때는 어떤 사유로 죽든지 간에 죽음에 직면하면, 그 영혼은 절대로 당황하거나 두려워하지 말고, 결코 피할 수 없으니 순리에 따라서 인로왕보살 및 저승사자(使者) 또는 마중 나온 선망조상(先亡祖上)을 따라가든지 또는 빛이 나타나면 가장 투명한 밝은 빛이나 밝고 눈부신 흰 빛을 따라가면 좋으니라. 평상시 자기 영혼에게 자기 암시법으로 주입을 시켜 놓으면 도움이 되느니라."

"신령님! 불교의 성불(成佛)과 기독교의 부활(復活)은 참말인지요?"

"제자야! 석가모니 이후로 2천5백 년 동안 부처가 된 사람은 한 명도 없었고, 예수 이후로 2천년 동안 부활된 사람이 한 명도 없었으니, 그것은 인간들에게 착하게 살게 하려고 한 선의적 거짓말이니라. 모든 종교의 가르침들은 '상징적 해석'을 잘 해야 하느니라."

"신령님! 신통능력이 없는 성직자는 신(神)의 대행자 자격이 있는지요?"

"제자야! 신(神)을 대상으로 믿는 종교에서 신통능력이 없는 성직자는 신(神)을 대신하는 대행자의 자격이 결코 없느니라."

"신령님! 하늘천손 배달민족의 대한민국 우리나라에서만 사람의 나이를 계산할 때 한 살을 올려주는 연유는 무엇 때문인지요?"

"제자야! 아이가 어머니의 뱃속에 잉태할 때부터 이미 영혼이 들어와 있기 때문에 영혼이 깃든 태아를 사람으로 인정을 하니 이 셈법은 세계에서 가장 하늘의 이치에 맞느니라."

"신령님! 여성들의 낙태수술행위는 죄가 되는지요?"

"제자야! 태중의 아기에게는 이미 영혼이 깃들어 있기 때문에 낙태수술행위는 '살인죄'의 큰 죄가 되고, 그 어미와 산부인과의사는 '살인죄업' 때문에 반드시 그 대가의 벌(罰)을 받게 되느니라."

"신령님! 모든 사람에게는 자기가 지은 대로의 행업에 따라서 그 과보가 따른다는 인과응보의 법칙은 정말인지요?"

"제자야! 인과응보의 법칙은 하늘법칙이니 정말이니라. 모든 사람은 삼생(三生)을 지은 대로의 인과법칙에 따라서 살아가게 되느니라."

"신령님! 이 말씀들을 듣기 전에 이미 많은 잘못을 범했거나, 또는 죄를 지었거나, 또는 잘못 살아온 사람들은 어떻게 하면 좋은지요?"

"제자야! 지금부터라도 즉시 잘못을 뉘우쳐 참회를 하고, 하늘신(神)으로부터 속죄와 면죄를 받아야 하느니라."

"신령님! 좋고 나쁜 일에는 미리 그 징조(徵兆)가 나타난다고 하는데 정말 그러하는지요?"

"제자야! 모든 일에는 어떻게든 사전에 그 징조가 예고되느니라."

"신령님! 사전예고의 징조들은 어떻게 나타나는지요?"

"제자야! 사전예고의 징조들은 현상적으로 나타나기도 하고, 또는 꿈속에서 예시몽으로 그리고 얼굴과 손금에 분명히 나타나니, 큰일과 객관적인 징조는 큰 사고와 자연현상으로 먼저 나타나고, 작은 일과 주관적인 징조는 개인의 신체 이상과 얼굴 및 손금에 부호와 기색으로 나타나며, 특히 꿈속에서 예시와 계시로 나타내 주느니라. 사전예고의 징조들을 잘 살펴서 사전에 '준비와 대비'를 잘 하는 지혜가 꼭 필요하느니라."

"신령님! 꿈속에서 미리 예시와 계시로 나타내 주는 '좋은 꿈과 나쁜 꿈'의 구별을 가르쳐 주실는지요?"

"제자야! 꿈속에서의 예시와 계시는 남·녀의 성별과 나이 그리고 직업과 상황에 따라서 조금씩 다르게 나타나고 또한 조금씩 다르게 꿈풀이를 하느니라. 하지만 먼저 '좋은 꿈들'을 대체로 열거하면 돼지꿈·용꿈·큰구렁이꿈·두꺼비꿈·큰물고기꿈·호랑이꿈·족제비꿈·독수리꿈·봉황새꿈·불꿈·똥꿈·돈뭉치꿈·귀인을 만나는 꿈·종이문서 또는 고액 수표를 받는꿈·귀중품을 받는 꿈·백발도인 꿈·조상님이 일러 주는 꿈·특별한 숫자또는 이름 또는 장소를 가르쳐 주는 꿈·맑은 물꿈·목욕하는 꿈·정돈하는꿈·청소하는 꿈·빨래하는 꿈·불이 잘 타는 꿈·꽃상여를 보는 꿈·싸움에서 이기는 꿈·기쁜 소식 꿈·물고기를 많이 잡는 꿈·수확을 하는 꿈·현재보다 좋은 집에서 살고 있는 꿈·잔칫상을 보는 꿈·기도를 하는 꿈·아침에 일어나서 예감과 느낌이 좋은 꿈 등등이니라.

다음으로 '나쁜 꿈들'을 대체로 열거하면 젊은 여자들 꿈·어린 아기꿈·갓난아기를 안거나 업고 다니는 꿈·귀신꿈·경찰꿈·군인꿈·검은 옷을 입은사람 꿈·벌레꿈·소가 덤벼드는 꿈·짐승이 덤벼드는 꿈·쫓기는 꿈·흙탕물 꿈·물이 더러운 꿈·물이 줄어드는 꿈·물고기를 못 잡는 꿈·교량이 끊기는 꿈·큰 사고가 발생하는 꿈·자기 신발을 잃어버리는 꿈·자가용차를잃어버리는 꿈·자기 물건을 찾으러 다니는 꿈·자기 물건을 빼앗기는 꿈·이빨이 빠지는 꿈·못사는 동네 또는 다른 곳에 옮겨있는 꿈·죽은 사람이 보이는 꿈·억울한 사람이 꿈속에 나타나는 꿈·헐벗고 굶주린 조상꿈·조상님이 자주 보이는 꿈·가위눌리는 꿈·무서움과 공포를 느낀 꿈·기분 나쁜꿈·느낌과 예감이 안 좋은 꿈 등등 헤아릴 수 없을 만큼 많느니라.

이러한 좋은 꿈 또는 나쁜 꿈들 중에서 두 번 이상 반복되는 꿈과 특별한 꿈그리고 새벽 잠자리에서 일어나기 직전에 꾸는 꿈들은 귀중한 계시와 암시가들어 있으니 반드시 '꿈풀이'를 잘 해야 하느니라. 특히 사람의 이름 또는 어느 곳의 지명을 가르쳐 주는 꿈이나 글자와 숫자를 가르쳐 주는 꿈 등등은 복권당첨 또는 횡재와 행운을 잡을 수 있는 '좋은 꿈'이기도 하니 특별한 꿈 또는 이상한 꿈을 꿀 경우에는 반드시 용한 점쟁이를 찾아가 '꿈풀이'를 잘 받아 보아야 하느니라.

특히, 평소에도 또는 가끔씩 꿈이 잘 맞는 사람들은 나이운때와 날짜운때만 잘 맞추면 인생역전의 '로또복권 1등 당첨'도 가능하느니라."

"신령님! 전생(前生)이 현생의 삶과 운명에 얼마만큼 영향을 끼치는지요?"

"제자야! 전생의 존재가 현생의 자기 몸속에 영혼으로 들어와 있기 때문에 자기 자신의 타고난 운명과 전생을 얼마만큼 알고 있는가? 또는 ① 복(福)을 타고났는지? ② 운(運)을 타고났는지? ③ 업(業)을 타고났는지? 등등에 따라서 99%까지 현생의 삶과 운명에 영향을 끼치느니라. 자기 자신이 잘못 살거나 또는 원한 많게 죽으면 자기 자손과 자기 영혼은 함께 이후로 약 10~1,000년 동안 고통받고 고생하고 불행하게 되기 때문에 반드시 운(運)작용의 '비밀지식'을 알아둬야 하느니라."

"신령님! 인간으로 태어나서 어릴 때 또는 젊은 나이에 각종 사고 또는 질병으로 억울하고 한(恨) 많게 죽은 사람들의 영혼은 천도(薦度)가 잘 되는지요?"

"제자야! 인간으로 태어나서 어릴 때 또는 젊은 나이에 각종 사고 또는 질병으로 억울하고 한 많게 죽은 사람들의 영혼은 본래 수명의 나이가 될 때까지 수십 년 동안을 저승세계로 들어갈 수가 없기 때문에 천도가 잘 되지 않느니라. 이렇게 억울하게 죽은 영혼들은 반드시 신통력으로 법력과 도력이 높은 도사(道士) 또는 도승(道僧)이 '특별 천도재'를 해줘야 해원과 천도가 동시에 이루어지느니라."

"신령님! 여자들의 자궁 속에서 억울한 죽음을 당한 낙태 아기들의 영혼은 어떻게 되는지요?"

"제자야! 여자들의 자궁 속에서 억울한 죽음을 당한 낙태 아기들의 영혼은 태어나서 어른으로 성장하고 죽어야 하는 예정된 수명의 나이가 될 때까지 수십 년 동안을 저승세계로 들어갈 수가 없기 때문에 태중혼령이 되어서 평생동안 그 어미의 자궁 속이나 몸뚱이에 달라붙어 원한의 복수를 하게 되느니라. 억울한 죽음을 당한 혼령들은 원한의 대상자와 죽음을 당한 그 장소에 붙박이 지박령 원한귀신으로 붙어있기 때문에 교통사고로 사람이 죽은 장소에서는 또 원한의 교통사고로 사람이 많이 죽는 것처럼, 낙태 살인을 한 자궁에서는 '자궁살'이 생겨 자궁암과 불임 또는 남편외도와 부부싸움·별거·이혼 등등의 벌(罰)이 따르게 되느니라. 낙태 살인을 한 여성으로서 애정운 및 결혼생활이 나빠지거나 또는 아기꿈을 꾸거나 또는 자궁암 등에 걸리면 최대한 빨리 '자궁살'을 꼭 풀어주면서 함께 낙태아기영혼을 특수도술법으로 반드시 꼭 '해원천도'를 해 주어야 하느니라. 또한 낙태살인을 많이 행한 산부인과 의사들은 '낙태살인죄업'으로 점점 운(運)이 나빠지고 또한 인생 말년이 불행하게 되니 '낙태아기천도재'를 꼭 해주어야 하느니라."

(낙태수술과 살인의 '죄의식'을 느끼고 있는 사람들은 꼭 해결을 바람.)

"신령님! 불쌍하고 억울하게 죽은 원귀·악귀·요귀·좀비·수비·영산 등등의 원한이 강한 혼령과 귀신들은 천도가 되는지요?"

"제자야! 원한이 강한 귀신들은 최고의 신통력과 도술법을 사용하지 않고서는 천도가 잘 되지 않느니라. 원한이 강한 혼령과 귀신들은 반드시 신통력으로 법력과 도력이 높은 도사(道士) 또는 도승(道僧)이 '특별 천도재'로 해원과 천도를 동시에 정확히 해 주어야 하느니라."

"신령님! 원한이나 미련이 없이 행복하게 장수를 누리고 잘 죽은 사람의 영혼도 조상굿이나 49재·천도재가 필요한지요?"

"제자야! 잘 죽은 사람의 영혼들은 스스로 순리를 잘 따르게 되니 조상굿이나 49재·천도재가 필요 없느니라."

"신령님! 보통 사람으로 살면서 가장 좋은 일은 무엇인지요?"

"제자야! 보통 사람으로 살면서 가장 좋은 일은 착한 일 선행공덕을 쌓는 것과 깨우침과 깨달음으로 자기 영혼의 '영혼 진화'를 많이 해서 하늘나라 천국 · 천당 · 천궁과 정토의 극락세계로 잘 올라가는 것이니라."

"신령님! 먼저 죽은 많은 영혼(혼령)들은 모두 어디에 존재하는지요?"

"제자야! 먼저 죽은 영혼(혼령)들은 대다수가 7×7=49이니 죽은 후 7일부터 49일 동안에 지은 대로 심판을 받고, 연옥에서 무한정 대기를 하다가 오묘한 섭리와 운명작용에 따라 또 다른 몸을 빌려 동물이나 사람으로 태어나니 지구별의 동물 숫자는 항시 같으니라."

"신령님! 사람이 죽음에 이르면 어떤 상황이 벌어지는지요?"

"제자야! 사람이 죽음에 이르면 그 영혼체는 잠깐 졸도 또는 당황을 하다가 살아 있을 때의 가치관과 믿는 종교적 인연법에 따라 어두운 터널이 나타나기도 하고, 또는 출입문이 나타나기도 하고, 또는 초원이 나타나기도 하고, 또는 강이나 바다가 나타나기도 하느니라."

"신령님! 사람이 죽음에 이르면 누군가 안내자가 나타나는지요?"

"제자야! 사람이 죽음에 이르면 핏줄 관계인 조상이나 또는 저승세계의 심부름꾼인 저승사자 등의 영혼 안내자가 나타나기도 하고, 또는 아무도 안 나타나기도 하느니라."

"신령님! 사람이 죽을 때 안내자가 안 나타나면 어떻게 되는지요?"

"제자야! 사람이 죽을 때 영혼 안내자가 없으면 당황스럽고, 두렵고, 방황을 하게 되고, 안내자가 없는 영혼들은 대부분 유령이 되고 수비 · 영산 · 좀비가 되느니라."

(천기비밀을 가르쳐 주는 귀중한 이 책으로 저승세계와 죽음 · 영혼 · 신(神) · 종교 등의 '진짜 고급지식'을 꼭 알아두시길 바람.)

"신령님! 사람이 죽을 때 또다시 돌아가는 저 세상은 어떻게 구분되어 있으며, 죽은 영혼(혼령)들은 어떻게 분류가 되는지요?"

"제자야! 사람이 죽을 때 또다시 돌아가는 저 세상은 ① 천국 ② 연옥 ③ 지옥으로 구분이 되어 있고, 사람으로 살 때의 행실과 행업에 따라 지은 대로 심판을 받고 분류가 되어 그만큼의 대접과 형벌이 주어지며, 천국은 너무나 밝고 아름답고 평화스러운 곳이고, 지옥은 너무도 어둡고 무섭고 고통스러운 곳이며, 연옥은 불로 정화를 기다리는 수많은 방들과 출입문이 있는 곳이니라."

"신령님! 이승과 저승의 관계를 좀 가르쳐 주실는지요?"

"제자야! 이승과 저승은 사람과 영혼(혼령) 및 신들의 입장차이이니 사람의 입장에서는 혼령과 신들의 세계가 저승이고, 혼령과 신들의 입장에서는 사람들의 세계가 저승이며, 자기들이 현재 머물고 있는 곳이 이승이고, 사람들의 이승세계는 영혼들이 사람의 몸을 빌려 잠시 와 있는 곳이며, 모든 영혼들은 영혼들의 세계 저승으로 반드시 돌아가야 하니 영혼들의 저승세계가 곧 본향이고 고향이니라."

"신령님! 이승과 저승 중에서 어느 쪽의 삶이 더 중요하는지요?"

"제자야! 잠시 왔다 가는 나그네의 이승 삶도 중요하고, 영원히 살아가고 또한 반드시 돌아가야 하는 저승의 삶은 더욱 중요하느니라."

"신령님! 육체적인 삶과 영혼적인 삶 중에서 어느 쪽의 삶이 더 중요하는지요?"

"제자야! 사람들의 삶은 육체적인 삶도 중요하고, 영혼적인 삶은 더욱 중요하니 반드시 영혼 진화와 영혼승천의 준비를 잘 해야 하느니라."

"신령님! 서양종교 기독교의 예수님은 진짜 하느님의 아들이 맞는지요?"

"제자야! 예수는 하느님의 진짜 아들이 맞도다. 또한 하늘 하느님의 아들들은 인류 이래 사람으로 환생하여 7명이 태어났느니라."

"신령님! 서양종교의 기독교와 가톨릭에서 성모마리아님 예수님 그리고 하느님 중에서 누구를 믿어야 하는지요?"

"제자야! 사람잣대의 교리해석을 떠나서 인간은 반드시 신(神)을 믿어야 하니, 기독교와 가톨릭에서는 반드시 스스로 절대존재 하느님(神 · God)을 믿어야 하느니라."

"신령님! 종교들의 종말론에 대해서 가르쳐 주실는지요?"

"제자야! 종말이란 전쟁 · 질병 · 자연재해 등 세상의 '큰 재앙'들을 의미하고, 종말이라고 일컫는 큰 재앙은 인류역사 이래 100번 이상 있었고, 중세시대 때 페스트 바이러스 전염병은 당시 유럽 인구의 3분의 1이 목숨을 잃은 대공포였으니, 종교들에서의 종말론은 세상의 '큰 재앙'을 말함이니라."

"신령님! 서양종교 기독교 등의 부활에 대해서 가르쳐 주실는지요?"

"제자야! 부활이란 죽은 시체가 다시 살아나는 것이 아니고, 달걀껍질을 깨뜨리고 병아리가 나오듯, 번데기가 껍질을 벗고 나방이 되듯, 오직 자기 수행과 정신수련으로 우주하늘자연의 모든 섭리와 진리의 도(道)를 깨닫고, 그 깨달은 마음 및 의식과 영혼으로 '거듭나서' 병아리처럼 또는 나방처럼 자유로워지는 '완전 자유로움의 경지'를 일컫느니라."

"신령님! 천국과 천당 그리고 천궁에 대해서 가르쳐 주실는지요?"

"제자야! 천국은 하늘나라를 의미하고, 천당은 하늘집을 의미하고, 그리고 천궁은 최고로 좋은 하늘궁전을 의미하며, 최고의 '하늘궁전'으로 올라갈 수 있는 확률은 사람 1천 명 중 1명 정도가 되느니라."

"신령님! 동양종교 불교의 성불에 대해서 가르쳐 주실는지요?"

"제자야! 성불이란 우주하늘자연의 모든 섭리와 진리의 깨달음 경지를 실현하는 '도통인격체'를 의미하는 것이고, 반드시 7신통 10지승을 이루어 모르는 것이 없고 또한 못하는 것이 없는 석가모니불처럼 '전지전능과 해탈자유 경지'를 일컫느니라."

"신령님! 동양종교의 불교에서는 누구를 믿어야 하는지요?"

"제자야! 불교에서의 수행방법은 석가모니를 따르고, 현세에서의 구고 구난은 관세음보살을 부르고, 아플 때는 약사불을 부르고, 영혼의 구원과 극락왕생을 위해서는 아미타불을 부르고 믿어야 하느니라."

"신령님! 하늘의 신(神)과 정령 및 조상령들도 음식물이 필요하는지요?"

"제자야! 하늘의 신(神)과 정령 및 조상령들까지도 모두가 기운이 필요하기 때문에 음식물을 흠향해야 하고, 하늘천제와 산신제 및 용신제 그리고 조상제사 때에는 반드시 제물로 음식물을 받쳐야 하느니라."

"신령님! 서양종교 기독교와 제사의식을 가르쳐 주실는지요?"

"제자야! 서양종교 기독교의 성경책과 말씀에는 분명하게 소제 · 번제 · 속죄제 · 속건제 · 화목제 등의 '제사의식'이 있고, 반드시 '제물'을 바쳐야 한다고 했느니라. 모든 종교에는 제사의식이 있고 반드시 제물을 차려야 하며 또한 추도식과 차례상에도 제물로 음식을 꼭 차려야 하느니라."

(성경책 모세 5경 중에서 '레위기'에 제사의식 관련이 모두 나와 있음.)

"신령님! 신(神)과 정령 및 영들의 세계도 높고 낮음이 있는지요?"

"제자야! 신(神)과 정령 및 영들의 세계는 영적 능력에 따라 직분과 직책 그리고 높고 낮음의 구별과 단계의 층이 있느니라."

"신령님! 하늘과 신령계의 단계는 몇 단계 및 몇 층으로 되어 있는지요?"

"제자야! 태양계 지구별의 하늘은 3단계로 되어 있고, 신령계의 단계는 아래에서 위로 33층까지 있느니라."

"신령님! 외계인은 존재하는지요?"

"제자야! 태양계 밖의 외계인은 존재하지 않느니라."

(3번을 물어도 똑같은 답변을 함)

"신령님! 사람 영혼들 영계의 단계는 몇 단계나 있는지요?"

"제자야! 영혼들 영계의 단계는 '7단계'까지 있으니 모든 영혼들과 조상령들은 최고 높은 7단계의 등급까지 올라가는 것이 목표이고 또한 인격신(神)이 되어 신령대접을 받는 것이 최종목표이니라."

"신령님! 하늘천상 신령계의 영역은 어떻게 구분되어 있는지요?"

"제자야! 하늘천상 신령계의 영역구분은 '12궁'의 나라들로 되어 있고, 각각의 궁과 나라에는 또 다른 작은 영역이 많이 있느니라."

"신령님! 천계와 영계의 높낮음은 어떻게 구분되어 있는지요?"

"제자야! 천계와 영계의 높낮음은 땅 지표로부터 공중으로 올라갈수록 높고 반대로 땅속으로 내려갈수록 낮으며, 가장 낮은 곳은 유황불이 이글거리는 불지옥이니라."

"신령님! 신령계의 신분과 직급은 어떻게 구별하는지요?"

"제자야! 신령계의 신분과 직급은 표시와 용모 그리고 옷차림새로 구별할 수 있느니라."

"신령님! 영계의 조상령들의 영적인 상태와 좋고 나쁨 및 등급은 어떻게 구별하는지요?"

"제자야! 영계의 조상령들은 영적 투시 또는 가족의 꿈속에 나타난 모습과 용모 및 옷차림새로 현재 영적 상태의 편안함과 처참함 및 등급을 구별할 수 있느니라."

"신령님! 사람들이 죽을 때는 반드시 심판대에 서고, 살아 있을 때의 행실과 행업에 따라서 반드시 심판을 받는다는데 꼭 그러하는지요?"

"제자야! 사람들이 죽을 때는 살아있을 때의 행실과 행업에 따라서 그만큼 '상과 벌'이 주어지는 심판을 받느니라."

"신령님! 일반신자들이 기도를 열심히 하면서 소망과 소원을 빌어도 기도응답이 없고 삶이 나아지지 않은 것은 무엇 때문인지요?"

"제자야! 기도응답이 없는 것은 자기 영혼과 믿는 신(神)이 전혀 맞지 않기 때문이니, 1년 이상 어느 종교와 신(神)을 믿었는데도 삶이 개선되지 않거나, 질병이 낫지 않거나 등등 기도응답이 없고, 오히려 금전손해와 사업실패 · 승진누락 · 선거낙선 · 각종 사고발생 · 큰 질병 · 이혼 · 계속 빈곤 등등 나쁜 일이 생기거든 미련 없이 믿는 대상을 바꾸어야 하느니라."

"신령님! 종교신앙과 공부 및 직업 등을 바꾸어도 되는지요?"

"제자야! 자기 자신에게 적합하지 않는 것은 바꾸어도 되느니라. 효과가 없는 약을 계속 복용하는 것은 가장 어리석은 바보이니라. 높은 산을 오르는데 산을 오르는 길은 동서남북 여러 갈래의 길이 있고, 자기 자신에게 가장 알맞은 길을 잘 '선택'하면 되느니라. 종교와 공부 및 직업은 삶의 목적이 아니고 잘 살기 위한 준비 및 수단의 '방편'일 뿐이니라."

"신령님! 정말로 가난한 사람들은 어떤 기도방법이 좋은지요?"

"제자야! 정말로 가난한 사람들은 하늘의 천복대신(天福大神)을 찾아야 하늘에서 '돈복'을 내려주느니라. 인생살이의 가치와 목표를 최우선적으로 가난의 고통에서 벗어나 사람대접을 받고 싶은 사람들은 모든 종교기도는 잠시 멈추고, 집중기도방법으로 '천복대신(天福大神)'을 기도주문처럼 100일 동안을 계속하면 기운(氣運)이 작용하면서 반드시 부자가 되느니라."

"신령님! 다음은 대한민국의 민족과 국민 그리고 국가의 미래를 위해서 가르침을 주실는지요?"

"제자야! 민족과 국가의 미래를 위해서는 교육정책과 인간계발 그리고 최소 100년 계획과 10년 비전 등의 '국가전략'이 필요하느니라."

"신령님! 바람직한 방법을 가르쳐 주실는지요?"

"제자야! 사람은 태어날 때 반드시 한 가지씩 저마다의 개성적 기질 및 소질과 운명을 가지고 태어나기 때문에 각 사람의 타고난 기질과 소질·지능·재능·성격·신체·체력·미추·가치관 그리고 타고난 수명과 운때 및 운세에 따른 천성적 '기질소질운(運)인간계발'이 꼭 필요하느니라. 각 사람의 타고난 기질과 소질 등 개성을 꼭 발견하여 반드시 '적성'에 맞게 계발을 시켜주고, 각 사람의 타고난 운명과 운세에 가장 적합한 공부와 직업의 '인생진로방향'을 잘 제시하는 교육정책과 스스로 선택을 잘 하도록 해주면, 각 사람 개인의 성공과 민족 국가의 발전을 함께 이룩할 수가 있느니라."

"신령님! 인간사회의 대형사고와 자연재해 등등의 재앙과 국가의 정책 실패로 인한 막대한 피해와 손실을 막을 수 있거나 또는 줄일 수 있는 방법을 가르쳐 주실는지요?"

"제자야! 앞날의 미래예언은 점술가들이 전문가이니, 앞날 통찰능력이 뛰어난 실력 있는 신통력의 점술가를 10명 정도 선정을 하고 '국가자문위원'으로 위촉하여 하늘에서 계시와 예시가 있을 때마다 중앙 집결 전화에 수시로 기록을 하도록 유도를 하고 그리고 컴퓨터와 전담요원으로 하여금 '집계분석'을 계속하도록 하여 정확한 준비·대비·대응을 잘 할 수 있도록 하는 '시스템'을 만들어 활용하면 대형사고와 자연재해 등등의 재앙과 수많은 정책 실패로 인한 엄청난 비용의 손실과 피해를 절반으로 줄일 수 있고 또한 막을 수도 있느니라. 이 시스템은 기업경영과 국가경영 그리고 국가정보와 국가방위 그리고 모든 협상의 전략에도 큰 도움이 될 수 있느니라."

"신령님! 대한민국 국가의 안정과 생존 및 평화 그리고 지속적인 발전을 위해서는 어떻게 해야 되는지요?"

"제자야! 국가의 안정을 위해서는 실익의 '외교'를 잘 해야 하고, 지속적인 발전을 위해서는 '친기업정책'으로 적극 기업활동 지원 및 수출확대 장려를 해야 하며, 국내적으로는 좌·우 및 진보와 보수 및 계층 간 그리고 집단 간의 갈등과 대립을 '소통'을 잘하게 하여 포용설득과 협의 및 합의 그리고 냉철한 합리적이고 일관된 정책과 통일된 비전 제시로 해결을 하고, 북한은 결코 핵 포기를 안 하기 때문에 대한민국도 '핵무장'을 해서 동북아시아 군사력 힘의 균형으로 평화를 지켜야 하고, 가까운 중국 해안에는 약 60기의 원자력발전소가 가동 중이고 또한 한반도는 서풍바람이 불기 때문에 중국 해안에서 원자력발전소 1개만 큰 사고가 발생하면 대한민국은 지옥이 되고, 원자력 발전은 최고의 효율이며 관리의 대상이니 탈원전정책은 즉시 바꿔야 하고, 주 52시간 노동 제한의 강제보다는 '노동시간 자유선택권'을 당사자들 자유의사에 맡겨야 하고, 분배식 복지도 중요하지만 '성장발전'을 더 많이 꼭 해야 할 것인바, 생산과 성장이 없는 거지근성을 양산시키는 세금 나눠주기식 복지와 포퓰리즘 정책 등은 결국 함께 망하게 될 것이니라. 망하지 않으려면 민족과 국가를 다스리는 행정 및 정치와 통치를 잘 해야 하고, 평화를 위해서는 반드시 한반도전쟁을 막아야 하며, 글로벌 경쟁에서는 4차 산업혁명을 위한 기술과 금융을 더욱 '발전'시켜야 하느니라."

"신령님! 대한민국을 이끌어가는 행정 및 정치와 통치를 잘 하려면 어떻게 해야 되는지요?"

"제자야! 자질과 능력을 갖춘 인물들이 필요할지니, 애족애국심이 결여된 이중국적자와 직무능력이 부족한 자 그리고 민족관 · 역사관 · 국가관이 결여된 자 그리고 꼼수와 선동질만 일삼는 꾼들과 국민세금 도둑질 자와 빨갱이 좌파성을 가진 자 등등은 행정 및 정치에서 철저히 배제를 시키고, 최고지도자는 반드시 독선을 버려야 하고, 탕평책으로 자질과 능력에 따른 '인재발굴'로 등용 및 인사발령을 잘 해야 하며, 탁월한 통찰력과 영웅 같은 위대함을 발휘하여 국민통합 및 미래비전 제시로 '국가 방향'을 잘 이끌어야 하느니라."

"신령님! 사람들의 모든 질병으로 인한 고통과 가난 그리고 원한 서린 자살

행위 및 각종 재앙으로 인한 사고와 죽음들 그리고 우리민족 남북 간의 적대관계의 근본들을 모두 해결할 수는 있는지요?"

"제자야! 해결할 수 있느니라. 인간은 영적 작용(靈的作用)을 하기 때문에 한반도 남북전쟁 때 이 땅에서 피를 흘리며 원한 많게 죽은 수많은 원혼들과 또한 각종 사고와 난치병 및 불치병 등등으로 원한 많게 죽은 수많은 원혼들을 잘 달래고 깨우치게 하고 영혼치유까지 하는 특수 도술법으로 '해원천도'를 잘 해서 서로 상생(相生)하도록 기도를 해주고, 또한 개운(改運)을 하면 나쁜 운 작용의 근본을 모두 해결할 수 있느니라. 그렇기 때문에 대한민국은 국사당(國祠堂)을 꼭 지어야 하느니라."

"신령님! 대한민국의 민족성과 발전을 위한 가르침을 주실는지요?"

"제자야! 민족과 국가가 비록 약소하더라도 미래사회는 결국 사람의 능력에 달려있으니 사람 개인들이 타고난 천성소질재능계발을 최고로 잘 할 수 있는 '교육과 직업'을 잘 갖게 하고 결코 무너지지 않는 강인한 '정신력'을 가진 민족성을 기르고, 하늘천손 배달민족은 본래부터 재주가 많고 부지런하고 그리고 신명이 강하니 예술·예능·노래·영화·점술 등 '코리아 K문화'로 세계만방에 이름을 떨쳐 나아가면서 민족과 국가 그리고 개인까지도 앞날의 정확한 '미래예측'을 잘 해내고, 위대한 통찰력으로 준비를 철저히 잘 하는 '국가발전 장기계획'이 중요하느니라.

정권이 바뀌어도 계속 유지되는 '100년 국가발전상임위원회'를 만들면 가장 좋고, 썩은 곳은 도려내야 하는 것처럼, 사회의 모든 분야에서 꼼수만을 쓰는 꾼들과 선동질 및 분열 조장과 나쁜 좌파세력들은 철저히 배제를 시켜야 하고, 아예 싹을 잘라버려야 하는 등 국가와 사회의 '암적 존재'들은 반드시 제거를 해야 하느니라!!

더 이상의 가르침은 하산(下山) 후에 시대변화의 상황에 따라서 차차로 또한 필요하면 때때로 주어질 것이니라……."

나는 아쉽지만 신령님들과의 문답식 가르침이 끝나자 하늘과 신령님들께 삼배(三拜)로 큰절을 올리고 천등산(天登山) 산꼭대기 가장 높은 산봉우리를 내려옵니다.

해가 지고 있는 노을 진 석양 무렵에 산봉우리를 내려옵니다.

산(山)기도로 도(道)를 닦으면서 10년 동안 하루에 한 개씩 쌓아올린 돌탑은 내 키의 3배 높이만큼이나 높습니다.

나는 돌탑 앞에 서서 합장을 하고 돌탑을 올려다봅니다.

내 손으로 10년 동안 쌓아올린 나의 돌탑을 감회 어린 심정으로 한참 동안을 올려다보고 있습니다.

석양노을의 하늘에서 눈부신 흰 빛줄기가 돌탑을 향해 비춰옵니다.

하늘 빛줄기 속에서 황금색으로 눈부신 아미타불이 모습을 드러내시어 돌탑 꼭대기 위의 공중에 가부좌를 하고 앉으십니다.

"아미타불이시여! 가르침을 주실는지요?"

"제자야! 대광명의 전지전능자로서 말하노니, 공들여 쌓아올린 이 돌탑은 영원토록 무너지지 않을 것이니라. 이곳 천등산(天登山)에서 오직 홀로 10년 동안 두문불출 토굴기도 천기신통초월명상으로 신(神)들의 가르침에 따라 인간 최고의 신통력과 도통의 경지에 오른 도사(道士)가 되고 깨달음을 이룬 지존(至尊)에 올라섰느니라.

이곳 천등산(天登山)을 하산하거든 이 나라의 신령스런 명산인 유주산과 팔영산을 거쳐서 조계산 · 월출산 · 한라산 · 두륜산 · 무등산 · 내장산 · 모악산 · 계룡산 · 마이산 · 지리산 · 덕유산 · 가야산 · 금정산 · 영축산 · 팔공산 · 속리산 · 월악산 · 소백산 · 태백산 · 오대산 · 설악산 · 치악산 · 불암산 · 수락산 · 도봉산 · 삼각산 · 인왕산 · 관악산 · 남산을 직접 거쳐서 서울 중심으로 들어가도록 하여라.

세간의 사람들 속에 함께 살면서 인간계 최고의 신통술과 관상술 그리고 부적술과 도술을 방편으로 많은 중생들을 도와줄지니, 반드시 모든 종교 종파와 정치 당파를 초월하여 구속과 걸림이 없는 해탈한 '대자유인'으로 살며, 교통이 편리한 서울에 터를 잡아 스스로 터득한 이 세상 최고의 기도와 명상법인 '신통술명상' 가르침과 타고난 각 개인의 천성소질재능을 발견하고 운(運)을 열어주는 '인간계발'을 잘 시켜주고 또한 '종합운명진단 및 상담' 등을 해주면서 인연이 닿는 대로 가르침을 많이 베풀도록 하고, 진실한 '하늘메시지'를 전하도록 하여라.

우주하늘자연의 섭리와 진리를 가르쳐주는 '도사(道師)'로서의 삶의 길을 묵묵히 걸어가면 깨달음의 가르침을 받으려는 사람과 공덕을 쌓으려는 사람과 복(福)을 지으려는 사람들이 나타나 '국사당(國祠堂)'을 짓는 데 함께 동참을 많이 해 줄 것이니라.

사람들의 시주헌금과 후원금으로 백두대간의 최고 명당자리 두 곳에 국사당을 짓고 또한 남쪽 바닷가에 용궁사를 짓고 산신암을 짓는 등등 반드시 '신전(神殿)'을 많이 지어 천손의 배달민족이 살아가는 한반도 땅을 세계 제일 강한 기운(氣運)으로 꼭 만들도록 하여라~.

제자는 이제부터 현시대 인간계 최고의 신통도술능력으로 중생구제와 영혼들 구원 그리고 대한국의 정신적 구심점을 위한 국사당 '신전(神殿)'건립이 그 사명이니라. 잘 알아들었는가?"

"예! 잘 알아들었습니다."

"제자는 오직 홀로 도(道)를 닦아 스스로 깨우치고 깨달아 성도해탈을 하였으니 내가 너에게 '독성존자(獨成尊者)'로 인가하노라 ~~~

제자의 금생 수명은 120살까지이고, 다음 생은 하늘나라 '지혜천궁'의 천왕이 될 것이니라 ~~~"

아미타불의 모습과 음성이 사라지고 이제 고요함만 남습니다.

어두움이 드리워지고 있는 고요한 깊고 높은 산속에서 하늘을 올려다보고 있습니다.

하늘에서 내가 어릴 때에 자주 들었던 '하늘음성'이 하늘땅이 울리도록 큰 음성으로 또다시 들려옵니다.

"아들아! 하늘로 오르는 천등산에서 하늘우주자연의 섭리와 진리 깨달음의 하늘공부를 잘 하였느니라. 이제부터는 신(神 · God)들의 '전령자'가 되어 사람들과 영혼들을 많이 구원해 주거라 ~~~"

나는 하늘에다 소리 내어 물어봅니다.

"내 어릴 적과 지금에 하늘음성을 들려주시는 분은 누구신지요? 모습을 보여주실는지요?"

"내 존재는 결코 모습으로 보여질 수 없느니라 ~~~"

"그러시다면 하늘음성으로 가르침을 주실는지요?"

"아들아! 혼(魂)이란 것이 영혼이 되고 혼령이 되는 인간들의 본체이고, 깨달음으로의 정신과 영혼의 거듭남이 부활이며, 깨달음을 이룬 자유로운 영혼체가 곧 영생의 주체임을 잘 가르쳐 올바른 믿음과 함께 사람들과 영혼들을 잘 인도하고 구원을 해주거라 ~~~"

"예! 잘 알아들었습니다."

나는 '하늘로 오르는 산'이라는 전라남도 고흥에 있는 천등산(天登山)에서 '신(神)의 계시'를 받고 책임감을 느끼지만, 천기신통술기도명상으로 깨달음을 이루고, 하늘 신(天神 · God)들로부터 직접 인가와 인증까지 받았으니 너무나도 환희롭습니다.

나도 모르게 환희의 눈물이 볼을 타고 흘러내립니다.

동쪽 하늘에서 커다란 둥근달이 떠오릅니다.

밤하늘의 둥근달이 어둠의 대지(大地)를 환하게 비추어 줍니다.

나는 밤하늘의 둥근달을 바라보면서 눈물을 흘립니다.

마음은 즐거운데 눈에서는 눈물이 납니다.

나의 눈에서 눈물이…….

제16장

신통도술의 초능력자가 되어 하산(下山)을 한다

천등산에 들어와서 산(山) 밖을 한 번도 안 나가는 두문불출 10년 토굴기도로 대각(大覺)의 깨달음과 신통도술의 초능력을 얻고, 이제 하산(下山)을 하기 위해 준비를 합니다.

계절이 한창 무르익은 봄철이니 또다시 토굴 옆 산골짜기 비탈의 텃밭에 채소 씨를 심기 위해 땀을 흘리며 괭이질을 합니다.

여러 날 동안 땀을 흘리면서 괭이로 땅을 파 엎고 두둑과 이랑을 만들어 정성스럽게 채소 씨를 심습니다.

누가 먹든지 간에 산속의 텃밭에 채소 씨를 심어놓습니다.

내 스스로 넓은 마음 그리고 큰마음으로 마음을 씁니다.

이곳 천등산에 자동차가 통행할 수 있는 임도 산길이 생기고, 또한 옹달샘 토굴에서 큰 도사(大道士)님이 탄생했다는 입소문이 났으니, 누군가 또 인연 있는 사람들이 이곳을 찾아와 산(山)기도공부를 하게 될 것을 대비해서 깨끗이 청소를 해 놓습니다.

돌탑과 돌제단 그리고 옹달샘과 토굴에 한없는 고마움과 감사함으로 머리 숙여 마음 숙여 골백번 큰절을 올리고 동서남북 4방으로도 큰절을 올리고 그리고 이제 하산(下山)을 합니다.

새로운 삶의 가치관으로 바꾸고, 유언과 유서를 남겨놓고 죽음을 각오하는 배수진을 치고 10년 동안 산도(山道)를 닦아 드디어 성도(成道)를 이루고 해탈자유인 지존의 도사(道士)가 되어 이제 하산(下山)을 합니다.

하늘로부터 특명을 받고 죽을 때까지 도사의 신변을 보호해주고 또한 지시와 명령에 무조건 따르는 여러 명의 수호신장과 신령 그리고 동자들을 거느리고 천등산(天登山)을 내려옵니다.

하늘에서 승리의 축하 음악 소리가 들려오고 산 까마귀들도 머리 위를 날면서 까악~까악~ 축하를 해줍니다.

나는 승리자가 되어 축하를 받으며 산(山)을 내려옵니다…….

집 떠난 지 10년 만에 시골집 생가(生家)로 돌아옵니다.

많은 사람들과 친지 가족들이 나를 반겨줍니다.

한 사람 한 사람 손을 잡아주고 그리고 대청마루에 앉아 계신 육신의 어머님께로 가서 큰절을 올리며 문안 인사를 드립니다.

우리 어머님께서는 이제 허리가 굽은 백발노인으로 늙으셨습니다.

지금도 장독대의 큰항아리 위에 정한수를 떠올리고 계십니다.

손씨 집안으로 시집을 와 첫아이 임신 때부터 아이가 태어나고 자라서 어른이 된 지금까지 매일처럼 장독대 큰항아리 위에 정한수로 물 한 그릇을 떠올리면서 평생동안 기도를 해 오셨습니다.

당신께서 시집온 손씨 집안과 당신께서 배 아파 낳으신 6남 1녀 7남매 자식들이 오직 잘되기만을 평생 빌어 오고 계십니다.

필자는 이 책을 가장 먼저 나의 어머님 안동 김씨 '김순애'님께 엎드려 받쳐 올리는 바입니다.

그리고 어머님의 7남매 자식을 대표해서 그러하신 어머님의 헌신적인 거룩하신 삶에 한없는 고마움과 존경심을 표하는 바입니다.

그러하신 어머님께서 이제 늙으시니 무릎관절과 허리와 골반 뼈가 아프다고 하십니다.

나는 자식된 도리로 직접 우주자연의 기운을 모아서 어머님의 아픈 곳을 의술통의 신통술로 정성껏 치유를 해 드립니다.

우주자연의 생기(生氣)를 두손에 모으고 병 고침 주술진언의 신통술 '권능'으로 어머님을 치유해드리니, 20년 동안의 만성질병 고통이 기적처럼 깨끗이 나아버렸습니다.

또한 시골 이웃마을에 살고 있고 어느 날인가부터 귀신이 씌워 시집도 못가고 늙은 부모가 항상 방에 가둬두고 있는 불행한 처녀의 소식을 전해 듣고는 귀신을 떼어내서 정신이 멀쩡하게 만들어 주고, 다시는 그 몸속에 귀신들이 못 들어가게 몸에다 도술부적을 그려주었습니다.

생가(生家)의 어머님 곁에 잠시 머물면서 찾아온 사람들에게 '신통도술'로 온갖 빙의와 귀신병·심각한 우울증·자폐증·핏줄대물림우환과 온갖 불치병 및 난치병과 병원에서 원인을 모르는 희귀병 등을 치유해주면서 그 사람에게 꼭 맞는 좋은 말을 한마디씩 해줍니다.

나는 그 사람의 운명과 운(運)흐름에 꼭 맞는 '가르침'을 줍니다.

그 사람의 타고난 운명과 운세 등을 종합적으로 분석하고 진단하여 현 시점에서 가상 합리적인 '가르침'을 직설법으로 말해줍니다.

하루는 국회의원님의 소개로 찾아왔다면서 내가 머물고 있는 시골동네에 고급승용차 리무진을 타고 귀부인과 여학생이 나타납니다.

요즘 이곳 시골동네에 외지사람들의 고급승용차가 자주 찾아옵니다.

찾아온 손님은 대뜸 복채(상담비용)가 얼마냐고 묻습니다.

"복채는 상류층은 10만 원이고, 서민층은 5만 원입니다."

손님은 탁자위에다 복채를 놓으면서 자기가 찾아온 이유를 먼저 맞춰보라고 합니다.

나는 나를 시험하는 이러한 무례함이 가장 싫지만, 멀리서 찾아왔고 또한 소개를 한 국회의원님의 체면도 있고 하여 빙그레 웃음으로 대하며, 신안(神眼)으로 손님의 얼굴을 유심히 살피면서 입을 엽니다.

"여사님! 여학생 딸아이의 '사주팔자'를 보러왔지요?"

"예, 도사님이 사람 개인들의 사주팔자 운명을 잘 보신다고 해서 지인의 소개를 받고 찾아왔습니다."

"딸아이의 사주팔자를 정확히 보려면 그 어머니의 사주팔자를 함께 보면 더욱 정확히 알 수 있으니, 어머니와 딸의 사주를 말씀해 주세요!"

나는 먼저 어머니의 사주와 손금은 운명이 일치해서 정확히 봐 주었으나, 딸은 사주와 손금이 불일치하여 그 어머께 물어봅니다.

"여사님! 따님의 사주와 손금이 불일치하는데 혹시나 철학관 점(占)쟁이에게서 좋은 날짜와 시간을 받아서 제왕절개 병원수술로 아이가 태어나지는 않았는지요?"

"예, 점(占)쟁이에게 좋은 날짜와 시간을 받아서 출산예정일보다 이틀쯤 전에 제왕절개 병원수술로 태어난 아이입니다."

"여사님! 따님의 사주는 태어난 날짜와 시간이 섭리를 거스른 '가짜 사주'이기 때문에 따님의 '실제 손금'과 나이만으로 타고난 운명진단과 앞날 운(運)을 가르쳐 드리겠으니 다 듣고 나서 맞으면 맞다 또는 틀리면 틀리다고 말씀해 주시길 바랍니다."

나는 손금으로 객관적인 근거를 가지고 분석운명점(占)을 정확히 판단하기 위해서 여학생 딸의 양 손바닥을 확대경 돋보기로 자세히 살펴보면서 우선 선천적으로 타고난 기본 3대 손금과 운세를 가리키는 세로 4대 손금을 살피고, 후천적으로 변화를 하는 가느다란 가지선들을 상세히 살피고, 왼손과 오른손의 서로 다른 손금들까지 상세히 살피면서 천성적 기질·소질·재능·성격 분석과 공부운·미래의 대학진학운·직업운·결혼운·재물운·성공운·출세운·건강운·수명운 등을 정확히 '종합분석'을 해서 그 사람의 특성과 좋은 것 10가지와 약하고 나쁜 것 10가지 등을 정확하고 상세하게 가르쳐 주는 등 정확한 운명분석을 통한 운명점(占)을 쳐 줍니다.

　"여사님! 따님의 실제 손금풀이로 좋은 것과 나쁜 것을 정확히 구분을 해서 운명분석을 통한 운명점(占)이 맞습니까? 틀립니까?"

　"도사님! 우리 딸의 기질 및 성격과 지능 등으로 학교성적은 중간쯤이고, 언·행과 습성은 유별나는 등 도사님의 분석이 너무나 정확합니다. 딸의 사주는 다 좋다고 하는데 실제 삶은 엉터리로 느껴져서 늘 의혹이 있었는데요, 우리 딸의 사주와 손금의 차이가 무엇 때문입니까?"

　"따님의 사주는 철학관 점(占)쟁이에게서 좋은 날짜와 시간을 받아서 제왕절개 병원수술로 태어났기 때문에 사주는 좋다고 하지만, 그러한 것은 하늘자연의 섭리를 거스른 '가짜 사주'이고요, 실제 손금은 하늘자연의 섭리작용이 정확하게 들어맞은 진짜 운명을 정확히 나타내주고 있는 것입니다."

　"도사님! 우리 아이는 귀한 외동딸인데 칠성줄로 태어나 신(神)끼로 인한 빙의 증상은 어떻게 하면 해결할 수 있는지요?"

　"대학병원에서는 어떤 진단이 나왔습니까?"

　"MRI에도 나타나지 않고 등 하여 신경성으로만 처방을 내렸는데 점점 증상이 악화되고 있습니다."

나는 여학생 따님의 얼굴과 눈을 자세히 보면서 신통술로 영혼과 전생을 알아냅니다.

그리고 이번에는 당사자 따님에게 질문을 합니다.

"학생! 이미 학생도 몸속에 들어와 있는 영혼하고 가끔 내면 소리로 대화를 하고 있으니 알고 있을 것이고, 지금은 솔직히 말해 주어야 하니 맞으면 맞다 또는 틀리면 틀리다고 말을 해주세요!"

학생은 어머니와 내가 지켜보는 상황 속에서 솔직히 다 얘기를 해주면서 '도사님 말씀이 다 맞습니다.'라고 진실을 말해 줍니다.

모든 비밀의 진실이 다 확인이 되었으니 나는 대학병원의 의사처럼 운명치료 처방을 내려 줍니다.

"여사님! 따님 몸속에는 예쁜 선녀가 들어있고요, 그 선녀는 따님의 전생영혼이고, 선녀 옆에 또 하나의 영혼이 보이는데 여사님의 큰딸이라고 합니다. 그러하기 때문에 영혼 분리를 해서 죽은 큰따님의 영혼은 천도를 시켜주고, 함께 나쁜 운(運)작용의 살풀이만 해주면 모두가 정상적인 삶을 살 수 있게 됩니다. 그리고 전생 영혼 선녀는 너무나 예쁘고 노래 부르기를 잘하고 또한 좋아하니 천성적으로 타고난 노래 재능을 잘 살려주면 따님은 뛰어난 인기가수 연예인이 될 수 있다고 확신합니다."

이렇게 마무리를 하고, 도술부적 2장을 그려주면서 1개는 휴대하는 지갑 속에 넣고 다니게 하고, 또 1개는 잠잘 때 사용하는 베갯속에 넣어두라고 하면서 '꼭 한 번은 영혼분리 및 천도재와 살풀이 등 의식의 하늘제사를 꼭 한 번 해 주세요!'라고 말해 줍니다.

여사님은 지혜롭게도 흔쾌히 동의를 하고, 하늘제사 올리는 날짜를 달라고 해서 생기복덕천의 길일을 잡아줍니다.

사람과 개인들이 자신의 노력으로는 도저히 해결할 수 없는 '특별한 운명문제' 등은 신통술과 도술의 도움을 받아야 하는 것입니다.

그리고 모든 학생들과 어른들은 천성적으로 타고난 기질·소질과 재능발견 및 성격분석과 운(運)을 제대로 알고 살아가야 하고, 적성에 알맞은 공부와 직업을 잘 선택해야 함을 꼭 강조합니다⋯⋯.

오늘도 밝은 모습으로 되돌아가는 손님들을 보면서 이것은 환자를 치료해 주는 의사처럼 진짜 '활인(活人)'이구나 하고 생각을 해 봅니다⋯⋯.

요즈음 생가(生家)가 있는 이곳 시골동네에 외지에서 찾아온 사람들이 점차 많아지고 있습니다.

그러나 나는 하산(下山)을 할 때 하늘 신령님들로부터 천명(天命)을 받았기 때문에 이곳 시골 생가에 계속 머물러 있을 수가 없습니다.

또다시 길을 떠나기 위해 준비를 합니다.

어머님께 인사를 드리고, 하늘의 천명(天命)을 받들고자 우리나라의 신령스런 명산(明山)들을 찾아 남쪽에서부터 시작하여 북쪽으로 올라가면서 산행(山行)을 합니다.

고향의 가까운 유주산·팔영산·조계산·월출산·두륜산·무등산·내장산·모악산을 거쳐서 충청도 계룡산의 삼불봉으로 갑니다.

계룡산 삼불봉 바위 앞에서 삼칠일기도를 하고, 한반도 남쪽의 제일명산인 지리산의 천왕봉으로 갑니다.

지리산 아랫마을 중산리에서 산을 오르기 시작하여 법계사를 지나 가장 높은 천왕봉에 올라섭니다.

지리산 천왕봉에 실제로 오르고 산기도를 해보니, 지리산에 큰 도사님이 오셨다고 하면서 선쟁 때 죽은 혼령들과 사고로 죽은 혼령들이 구름떼처럼 몰려옵니다. 수많은 원혼의 혼령들이 피를 흘리고 헐벗고 굶주린 너무나도 불쌍한 모습으로 울부짖으며 하소연들을 해옵니다. 저 수많은 불쌍한 혼령들 속에는 먼 친척이나마 내 조상님도 끼어 있을 수 있고, 독자분의 조상님도 끼어 있을 수 있습니다.

억울하고 한 많게 죽고, 죽어서는 원한귀신이 되어 구천세계를 떠돌고 다니는 저 많고 많은 우리민족 동포 조상님들을 모두 다 해원천도시켜 드리고자 반드시 국사당(國祠堂)을 짓고 그리고 이 생명 다할 때까지 지장경·해원천도경 등을 독송하리라고 다시 한 번 더 굳은 각오와 함께 삶의 목표를 또 세웁니다.

하늘 신령님들께서 또 하명(下命)의 공수말씀을 내리십니다.

"한반도 백두대간의 최고명당 지리산 아래 범왕리(凡王里)에 국사당을 짓거라! 억울한 원혼들의 해원천도와 불쌍한 선조혼령들을 모두 구제하거라! 국사당을 지어 민족과 나라의 '구심점'을 꼭 만들도록 하여라!"

"예! 그렇게 하겠습니다."

나는 지리산의 가장 높은 천왕봉에서 삼칠일기도를 하고, 지리산을 종주 횡단하여 반야봉과 노고단을 지나서 덕유산·가야산·부산 금정산을 거쳐서 대구 팔공산의 갓바위로 갑니다.

팔공산의 정상 갓바위 앞에서 삼칠일기도를 하고, 속리산·월악산을 거쳐서 소백산으로 갑니다. 구인사를 지나 연화봉에서 특별히 '상월선사'를 만나고, 태백산의 천제단(天祭壇)으로 갑니다.

자연석 돌로 쌓아올린 태백산 천제단에서 삼칠일기도를 하고, 오대산을 거쳐 설악산으로 갑니다.

설악산의 대청봉에 올라 인사를 하고 봉정암에서 기도를 합니다.

하늘 신령님들께서 또 하명(下命)의 공수말씀을 내리십니다.

"한반도 백두대간의 2번째 명당 설악산 입구 도문동(道門洞)에 국사당을 짓거라! 국사당을 지어 민족과 나라의 '구심점'을 꼭 만들도록 하여라!"

"예! 그렇게 하겠습니다."

(필자는 훗날, 대한민국 신전(神殿) 국사당을 지을 터로 백두대간 설악산에 '강원도 속초시 도문동 산306번지' 면적 4만 평과 지리산에 '경상남도 하동군 화개면 범왕리 산100번지' 면적 2만 평을 매입해 두었는바, 누구든지 위 주소의 부동산 등기부에 '손재찬' 이름을 확인해 볼 수 있고, 이것은 사실과 진실입니다.)

나는 설악산에서 또 하늘의 계시를 받고 그리고 치악산을 거쳐서 드디어 서울의 불암산 · 수락산 · 도봉산을 거쳐 주산(主山) 삼각산 백운대로 갑니다.

서울의 자연 국립공원으로 지정된 삼각산 아랫마을 우이동에서 산을 오르기 시작하여 도선사를 지나 가장 높은 백운대로 갑니다. 삼각산의 백운대 · 인수봉 · 만경봉의 큰 바위 위에서 사방을 둘러보니 서울 시내가 한눈에 내려다보입니다. 삼각산 가장 높은 산봉우리 백운대의 큰 바위 뒤편 너머로 바위에 박아놓은 쇠줄을 타고 내려가 사람들이 다니지 않는 곳의 바위 아래에서 산기도를 합니다.

서울 삼각산의 남쪽 산줄기를 따라 평창동 뒤편의 보현봉 쪽을 둘러보니 기독교를 신앙하는 신자님들 수백 명이 산골짜기마다에서 날밤으로 통성기도(通聲祈禱)를 하고 있습니다. 요즘은 기독교의 기도원들이 산속에 많이 생기고 또한 많은 신앙인들이 산속에서 날밤으로 기도를 많이 하고 있습니다. '하늘의 명기(明氣)가 산(山)을 통해서 땅에 내린다.'는 그 비밀진리를 아는가 봅니다. 노자와 석가모니 그리고 모세와 예수님을 포함한 목자와 수도자들이 모두 산도(山道)를 닦고, 산(山)에서 하늘과 신(神)의 계시를 받은 사실과 진실들을 이제 아는가 봅니다.

이처럼 산도(山道)의 위력과 진실을 제대로 알게 되니 다행이라고 생각하면서 산(山)속에서 기도할 때는 미친 사람처럼 큰 소리로 하는 통성기도보다는 조용하게 뇌파기도 또는 명상기도를 꼭 권유하고, 모든 수도자와 신앙인들 그리고 신(神) 제자들에게 신(神)과의 직접 교통은 '산기도(山祈禱)'에 있음을 가르쳐 드리는 바입니다.

그렇습니다.

필자도 과거의 위대한 스승들처럼 신(神)의 계시와 산(山)기도를 통해서 도인(道人)이 되고 신인(神人)이 되었습니다.

오직 나 홀로 도(道)를 닦아서 대각(大覺)을 이루고, 신족통 · 타심통 · 숙명통 · 천이통 · 천안통 · 약신통 그리고 누진통까지 '7신통'을 이루어 삼계의 도사가 된 석가모니불처럼 필자도 '독성불(獨成佛)'이 되었습니다.

또한 절대존재 하늘 신(天神 · God)으로부터 신(神)들의 '전령자'가 되어 사람과 영혼들을 구제하고 구원하라는 천명(天命)도 받았습니다.

필자는 이제 모든 사람과 모든 종교를 큰마음으로 모두 다 포용을 하면서 방편도술로 참 진리의 '가르침'을 조용히 베풀 것입니다.

하늘 신(天神 · God)들께서는 인간들에게 "종교의 파당을 짓지 말라!"고 말씀하셨는데 어리석고 욕심 많은 인간들이 '파당'을 지어서 기독교는 약 1만 개의 교파가 생겼고, 불교는 약 1천개의 교파가 생겼습니다.

종교의 파당들을 만들거나 사이비 종단 및 교주들은 모두가 욕심 많고 교활한 '출세주의자'들입니다.

필자는 결코 종교의 파당을 짓지 않고, 신도들도 만들지 않고, 배척도 하지 않고, 인연 따라 찾아온 모두를 다 '포용'할 것입니다.

방황하는 사람들에게는 길을 안내해주고, 가난한 사람들에게는 재테크를 가르쳐 주고, 도(道)를 찾는 사람들에게는 깨달음을 주고, 그리고 현대의술로 못 고치는 온갖 빙의와 귀신병 · 핏줄내림병 · 살(殺)맞은병 등 각종 '불치병 및 난치병'으로 고통 받는 사람들에게 병을 치유해 줄 것입니다.

약사불과 예수님이 권능으로 병고침의 신통기적을 행한 것처럼…….

기독교 신앙인들이 가장 많이 산(山)기도를 하고 있는 서울의 삼각산 보현봉 산골짜기를 지나서 대통령궁이 있는 청와대의 뒷산 북악산을 살펴봅니다.

주산(主山) 삼각산의 기운(氣運)이 가장 강하게 흐르는 산줄기의 북악산 산신령님으로부터 북악산의 악(惡)기운과 청와대의 터기운 때문에 "한국 대통령들은 인생 종말의 운(運)이 모두 나쁘게 된다."는 무섭고도 정말로 중요한 비밀진실을 알아내었습니다.

그리고 이후 앞으로 5대까지의 대통령 성씨를 알아내었습니다…….

하늘 신령님들께서 또 하명(下命)의 공수말씀을 내리십니다.

"훗날에 손도사가 삼각산과 북악산의 산신제 및 청와대 터의 터신제를 꼭 주관을 하거라! 또한 청와대 뒤편에 작은 '국사당'을 하나 꼭 짓거라!"

"예! 대통령이 도움을 청하면 그렇게 하겠습니다."

삼각산 백운대에서 삼칠일기도를 하고, 청와대 옆산에 위치한 인왕산 선바위로 갑니다. 인왕산 선바위 앞에서 잠시 기도를 하고, 인왕산국사당 무학대사와 함께 관악산 연주대를 거쳐서 서울 한복판의 남산(南山)으로 갑니다.

서울 남산 꼭대기에서 서울 시내를 빙~ 둘러 한 번 둘러보고, 그리고 서울 성곽을 쭉~ 살펴 바라보면서 4대문의 수문장신(守門將神)께 알리고 나서 남산을 내려와 서울 중심가 종로통으로 들어갑니다.

한반도 남쪽 땅 끝 전라남도 고흥의 천등산을 하산(下山)하여 남쪽에서부터 시작하여 금수강산 이 땅의 대표적 영산(靈山)산신령님들께 두루 인사를 올리고 또한 명기(明氣)를 받으면서 드디어 하늘 신령님의 가르침에 따라 서울 4대문 안의 중심가 종로통으로 들어왔습니다.

지난 젊은 날의 나에게 한때는 사업성공과 사나이 출세를 안겨주고, 또한 큰 손실도 안겨준 그곳으로 약 10년 만에 다시 나타납니다.

하늘과 신(神)들의 계시로 새로운 삶의 가치관을 가지고, 새로운 삶의 목표와 새로운 삶의 방법으로 다시금 삶의 도전을 위해 나를 넘어뜨린 그곳에 또다시 나타납니다.

커다란 희망과 위대한 꿈을 가지고서…….

제17장

모습을 바꾸고 '중생구제'의 길로 나아간다

모습을 바꾸고 '중생구제'의 길로 나아가고…….

오랜 세월 10년 동안의 기도 및 수도생활로 머리칼과 수염을 한 번도 자르지 않으니, 머리칼은 기다랗게 자라서 등허리까지 내려오고 수염도 기다랗게 자라서 앞가슴까지 내려옵니다.

남루하고 이상한 옷차림에 커다란 배낭을 짊어지고 서울 중심가 종로통 뒷골목의 오래된 여관으로 들어섭니다.

서울 종로통 뒷골목의 오래된 여관에 임시 숙소를 정합니다.

다음날 동대문시장에서 어울리는 생활한복을 두 벌 구입합니다.

그리고 다음날은 탑골공원 돌담장 담벼락옆 길바닥에 돗자리를 폅니다.

이상한 모습으로 길비닥에 돗자리를 펴고 앉아있으니, 지나가는 사람들이 이상한 눈길로 쳐다보기만 할 뿐 앉지를 않습니다.

하루 종일 동물원의 원숭이처럼 사람들의 구경거리가 되고 있는데 나의 수호신(守護神)이 거둬치우고 동대문시장으로 가자고 합니다.

동대문시장에서 양쪽 팔 길이만큼 길이의 흰색 천을 구입하고, 또 문방구점에서 검정색과 빨간색의 매직펜을 사들고 여관방으로 돌아옵니다.

여관방에서 나의 수호신이 가르쳐 주는 대로 흰색 천 위에다 검정색 매직펜으로 직접 사람의 얼굴과 손금을 그려 넣고, 그림 속에다 여러 가지 명칭과 숫자 및 운(運)을 표시하고, 손님을 끌어 모으고 재수운을 불러들이는 '도술부적(道術符籍)'을 빨간색 매직펜으로 함께 그려 넣습니다.

얼굴과 손금 관상도를 완성해 놓고 자세히 들여다보니 상당한 실력의 작품이기도 합니다.

다음날 또다시 탑골공원으로 나가 길바닥에 돗자리를 펴고 등 뒤의 벽에는 내가 그린 얼굴과 손금 관상도(觀相圖) 그림을 걸어 놓으니 지나가는 사람들이 한 사람 두 사람 모여들기 시작하더니 많은 사람들이 모여듭니다.

탑골공원에 길거리 도사(道士)가 출현하여 신통술과 관상술로 '운명점(運命占)'을 잘 맞춘다는 입소문이 퍼지면서 사람들이 모여듭니다.

때로는 내가 나오기 전에 손님들이 먼저 나와 선착순으로 길거리에 줄을 서 있기까지도 합니다.

나는 길거리 도사(道士)로부터 또다시 출발을 하지만, 인생살이는 장거리 달리기와 같기 때문에 계획을 세우고 지혜를 발휘하면서 현재의 상황에서 최선의 방법과 노력을 해 갑니다.

낮에는 길거리 도사(道士)로 탑골공원에서 점(占)을 봐주고, 밤에는 변장을 하고 동대문시장과 종로통에서 새로운 사업을 시작하며 정말로 열심히 투잡·쓰리잡으로 하루 16시간씩 일을 합니다.

또한 내 자신의 태어난 사주를 가지고 직접 '주술진언'을 말하면서 신통력으로 '도술부적'을 그려 지갑 속에 넣고 다닌 효험으로 귀인과 후원자를 만나고,

길거리 점쟁이 생활 1년 만에 서울 태릉지역에 위·아래 2개 층 아파트를 마련해서 임시숙소 여관생활로부터 탈출을 합니다.

아파트는 낮에 주차장 사용이 편리하니, 2개 층을 소음방지시설을 잘해서 상담실과 법당(法堂)을 꾸밉니다.

종로3가 고려만물사에서 황금색 불상과 황금색 범종을 구입해 옵니다.

하늘 신(天神)들의 천상도 그림 종합 탱화를 특별주문을 해오고, 3단의 맨 윗단 중앙에 황금불상과 천신(天神·God)을 함께 모시고, 직접 점안식(點眼式)을 하면서 우주하늘의 기운(氣運)을 불어 넣습니다.

아미타불께서 하명(下命)의 말씀을 내려주십니다.

"제자야! 이제 기다랗게 자란 머리칼과 수염을 깎아버려라! 새로운 삶의 큰 목표를 위해서는 장기계획을 세우고, 세상을 주시와 통찰로 정확한 미래운을 예측하면서 때로는 신념으로 살고, 때로는 초월자유로 살면서 입산수도할 때의 초심(初心)과 신(神)들과의 약속을 잊지 않도록 하여라~~."

"예! 하오나, 이 몸은 종교를 초월해서 종파도 없고 인간스승도 없는데 머리를 깎으려면 누구를 찾아가면 좋겠는지요?"

"제자야! 도사의 머리를 깎아줄 만한 큰 사람이 없으니 신(神)들이 지켜보는 앞에서 본인이 직접 깎도록 하여라~~."

"예! 잘 알겠습니다."

밖으로 나가 종로3가 세운상가에서 가위·전기자동이발기·면도기 등을 사들고 옵니다.

나는 법당에 새로이 청수를 올리고, 향을 사르고, 절 3번을 올리고 나서 아미타불과 신령님들께 말씀을 올립니다.

"오늘 또다시 600년 만에 하늘로부터 천계(天戒)를 받으니 아미타불이 은사(恩師)가 되어 주시고, 여러 신령님들은 증명법사(證明法師)가 되어 주시길 바랍니다~."

도(道)를 닦느라고 오랜 세월 10년 동안 한 번도 자르지 않은 기다랗게 자란 머리칼과 수염을 마지막으로 가지런히 빗어봅니다.

그리고 거울 앞에 무릎을 꿇고 앉아 거울 속의 내 모습을 바라보면서 기다란 머리칼을 가위로 싹둑~싹둑~ 잘라버리고 전기자동이발기로 빡~빡~ 깎아버립니다.

기다란 수염도 가위로 싹둑 ~ 싹둑 ~ 잘라버리고 면도기로 쓱싹 ~쓱싹 ~ 깎아버립니다.

나는 많은 신령님들이 지켜보는 앞에서 내 손으로 직접 내 머리를 깎아버렸습니다.

아미타불과 신령님들께서 또 직접 말씀을 내려주십니다.

"이제부터는 과거 전 전생(前前生) 때 나라의 국사(國師)급 큰절의 방장 큰스님일 때 사용했던 법명 대산(大山)을 그대로 사용하거라~~."

"또한 금생의 핏줄인연은 '손씨'성으로 태어났으니 '손도사'를 사용하고, 차차로 국사당(國師堂)이란 칭호를 사용하거라~~."

하늘에서 직접 법명과 닉네임을 내려주십니다…….

(과거에도 현재도 한국땅에서 은사스님 및 계사스님이 없이 석가모니처럼 홀로 도(道)를 닦고, 하늘의 아미타불께 직접 '독성존자'의 인가를 받은 사람은 유일하게 '대산(大山)'뿐이라는 사실적 진실을 가르쳐 줍니다.)

나는 해탈과 대자유이니 몸과 마음 그리고 영혼의 자유를 위해서 외모와 유행 · 복잡스러움 · 신경쓰임들로부터 모두 초월을 합니다.

머리칼과 수염을 깨끗이 깎아버리고, 의복도 생활한복을 입으니 생활이 아주 편리합니다. 법당(法堂)을 모시고 살고 있는 곳이 서울시내 중심에서 동북쪽으로 '태릉지역'이고, 서울 지하철 1호선과 6호선의 '석계역' ③번 출구 앞의 큰 도로가에 위치하고 있는데 어떻게든 알아보고 또는 입소문을 듣고 매일같이 손님들이 찾아옵니다.

요즈음 필자는 머리를 깎은 모습이고, 생활한복에 먹물색 조끼를 걸치고 있으니 처음 찾아온 손님들은 선생님이라 부르기도 하고, 도사님이라 부르기도 하고, 선사님이라 부르기도 합니다.

그러나 나는 호칭을 어떻게 부르든 별 신경을 쓰지 않습니다.

오늘도 어제처럼 법당(法堂)에 청수(정한수)를 올리고 아침 명상을 하고 있는데, 아미타불께서 오늘은 손님 7명이 올 것이니 상담을 잘 해주고 특히 네 번째 중년남자 손님은 멀리 광주에서 고속버스를 타고 서울까지 올라오고, 일곱 번째 젊은 여자 손님은 멀리 부산에서 KTX를 타고 서울까지 올라오는데, 이 일곱 번째 젊은 여자 손님을 특별히 잘 봐 주도록 하라고 하십니다.

오늘의 일곱 번째 손님은 30대 후반 나이쯤의 젊은 여자 손님이고, 멀리 부산에서 서울까지 필자가 앞전에 저술한 책을 읽고는 만사를 제쳐 놓고 찾아왔다고 말하면서 현관출입문으로 들어옵니다.

얼굴도 미인이고 지성인처럼 보이나, 눈매가 매섭고 웃음이 없는 차가운 인상이 풍기는 모습입니다.

"조용히 들어오시고 편안하게 앉으세요! 커피와 녹차가 준비되어 있는 데 어느 걸로 드시겠습니까?"

손님이 커피를 선택하기에 골드커피 한 잔을 건네줍니다. 손님이 먼저 5만 원짜리 한 장을 복채함에 넣으면서 한 사람 보는 데 시간을 얼마나 주느냐고 물어봅니다. 한 사람 또는 한 번 보는데 1시간 이상씩 시간을 드리고 있으니 편안히 커피부터 한잔 드시고 시작하자고 말해 줍니다.

찾아온 손님이 먼저 말을 합니다.

"손도사님은 사주·손금·얼굴관상을 함께 봐 주는 '운명점(運命占)'의 최고 대가이시고, 영혼과 전생까지 함께 보면서 운명진단을 잘 하신다고 하시니 '운명점'을 좀 봐주세요!"

나는 손님의 얼굴 관상과 눈빛을 먼저 자세히 살펴봅니다.

먼저 얼굴모습과 눈을 보면서 신통관상과 관심법(觀心法)으로 마음씨와 영혼 모습 그리고 전생(前生)을 함께 살펴봅니다.

손님이 무심코 들어올 때의 행동기운과 한마디 말을 건네면서 목소리 기운은 이미 분석되었으니, 영혼모습으로 전생을 알아내고 또 다른 영혼이 붙어 있나 없나 관찰을 합니다.

그리고 항상 하는 방식대로 손님의 나이와 이름을 물어보고, 얼굴과 사주 및 손금을 신통관상술로 보면서 타고난 천성적 기질 및 소질과 성격분석으로 약 20개 항목의 '운명진단표'를 적어놓고, 그 사람의 타고난 운명을 알기 쉽게 풀어서 '종합동시분석 운명점(運命占)'을 봐 주는 방법으로 핵심적인 종합운명진단을 말해 줍니다.

"얼굴도 미인이고, 공부도 많이 하고, 욕심도 많고, 특히 두뇌가 우수하여 두뇌로 일하는 전문직을 가진 골드미스이구먼. 평생동안의 운명과 운세를 볼 때 30대 나이에 가장 변화운이 심하게 되고, 성공출세를 향한 노력은 엄청 많이 하지만 타고난 운명 속에 격정살이 들어 있어 성질이 사납고, 상심살이 들어 있어 마음고생 상심을 계속 당하고, 손해실패살이 들어있어 어쩔 수 없는 운 막힘으로 두 번씩이나 큰 금전손해를 당하고, 재혼살이 들어 있어 일찍 결혼하여 첫 결혼은 이미 이혼을 당했고 또 이별을 당할 팔자구먼. 지금 올해의 운수는 3년 동안 마음 주고 몸까지 주면서 공들이며 사귀어온 남자한테 차일 운수이며, 이미 90% 정도 버림을 받고 있구먼. 여자에게 가장 중요한 결혼운을 나쁘게 타고났어. 자네의 영혼이 지금 불안해하고 아주 슬픈 모습으로 보이는구먼. 내가 봐주는 종합운명진단과 운세 및 올해의 운수점(占)이 맞습니까? 틀립니까?”

나는 가끔씩 대상의 기운에 따라서 말투가 바뀌기도 합니다.

의사가 환자를 정확히 진단하는 것처럼, 점(占)을 볼 때의 운명진단은 직접 대면을 하고 있는 손님의 면전에서 무조건 정확히 잘 맞춰야 합니다.

점(占)을 볼 때는 손님이 맞다고 동의를 해야 잘 맞추는 것입니다.

“도사님 말씀이 너무나 정확히 다 맞습니다. 35세에 성격 차이로 이혼을 당했고, 현재 투자한 주식이 반 토막이 되어 10억쯤 날리고, 지금까지 3년 동안 마음 주고, 몸까지 주고, 공들이면서 재벌 3세와 서로 재혼을 조건으로 사귀어 왔는데 이제 와서 자꾸 결혼을 미루면서 버리려고 하니 어떻게 하면 좋을까요? 혹시 좋은 해법과 비방이 있으면 좀 가르쳐 주세요!”

사람의 운명은 태어날 때 이미 100% 가까이 ‘프로그램화’되어 진행되고 있기 때문에 이 손님도 예정이 된 나쁜 운명에 당하고 있는 것입니다.

“자네는 다른 여자와 비교할 때 아내감으로 전혀 부족함이 없어. 다만 타고 난 사주팔자의 운명에 나쁜 살(煞)이 많아서 운(運)이 나쁠 뿐이야.”

“도사님, 개선점과 처방술 그리고 지혜를 좀 가르쳐 주시면 가르쳐 주신 대로 다 하겠습니다.”

“자네 스스로 할 수 있는 개선점은 자네의 매서운 눈매와 차가운 인상을 미소 짓는 모습으로 얼굴 표정을 조금만 바꿔주고, 좋은 마누라가 되려면 여우꼬리 3개쯤을 가진 애교짓 좀 하도록 노력을 하고, 그리고 자네의 타고난 운명 속에 들어있는 격정살·상심살·재혼살·손재수 등등을 살풀이와 업장소멸로 운치료를 해주면 성격도 좋아지고, 손해를 당한 주식투자도 선택과 운 때만 잘 맞추면 회복이 되고, 재벌 3세와 결혼도 할 수 있고, 운(運)이 좋게 개운이 되면 행복하게 잘 살게 될 거야.”

상담의 핵심을 잘 짚어주고 친절하게 해주니 손님도 태도가 바뀌면서 친절하게 물어옵니다.

"도사님, 정확한 개선점을 잘 짚어주시고 또한 명쾌해서 아주 좋습니다. 우선적으로 사람을 해치는 나쁜 운명작용의 나쁜 살(煞)의 이름들을 좀 가르쳐 주실는지요?"

필자는 이 책을 읽은 독자분들에게만 사람이 태어날 때 그리고 살아가면서 나쁜 기운(氣運)작용을 하는 나쁜 살(煞)의 이름들 약 100가지를 여기에 '세계 최초로 공개'를 해 드리겠습니다.

천살 지살 겁살 육합살 육해살 해패살 상극살 장애살 방해살 장해살 객신살 빈천살 극부살 상처살 옥녀살 천궁살 지궁살 비명살 횡사살 산신살 용신살 곡성살 주당살 상문살 원진살 상충살 상파살 상해살 삼형살 자형살 유혼살 절체살 절명살 공망살 복단살 자살살 요절살 단명살 고독살 고립살 공방살 격정살 과격살 관재살 구설살 망신살 낙방살 손재살 파산살 음양살 천옥살 지옥살 감옥살 방위살 삼재살 9수살 동목살 동토살 동법살 천관살 지관살 지패살 구마살 허용살 창부살 창녀살 도화살 화개살 병부살 곡각살 관절살 뇌골살 안질살 비염살 후두살 천식살 중풍살 치매살 탕화살 홍염살 부벽살 마비살 타살살 비명살 급살 객신살 간질살 서낭살 삼승살 적두살 우환살 원억살 흉신살 행업살 호구살 익수살 추락살 애환살 사범살 삼패살 횡액살 귀혼살 식신살 고신살 과숙살 자궁살 낙태살 상심살 비관살 염세살 우울살 조울살 자폐살 중얼살 환청살 영매살 빙의살 방종살 방탕살 이별살 별거살 이혼살 재혼살 저능살 맹신살 추종살 역마살 오구방살 삼살방살 대장군방살 조객방살 원귀살 수비살 영산살 허주살 좀비살 등등…….

사람들의 운명과 운을 나쁘게 작용시키는 나쁜 살(煞)이 이렇게도 많은바, 세상과 인생살이는 아는 만큼 보이는 법이니 모르면 두 눈을 뜨고 나쁜 운(運)에 당할 수밖에 없는 것입니다. 두 눈을 뜨고 돈사기를 당하고, 장사영업을 실패 당하고, 개인파산과 사업도산을 당하고, 이혼을 당하고, 또한 눈뜨고 망신살 및 관재수로 세무조사·검찰수사·감옥살이를 하고, 또한 눈뜨고 빙의와 정신병에 걸리고, 눈 뜨고 암에 걸리고, 눈뜨고 각종 사고로 비명횡사를 당하고, 또한 설마 괜찮겠지 하다가 두 눈을 뜨고 핏줄내림병에 걸리고 등등 운(運)이 나쁜 사람들은 모두 눈을 뜨고 '날벼락'을 당하게 되는 것입니다.

사람의 운명은 자기 영혼의 전생과 자기 조상부모님의 업(業)내림이 하늘 자연의 섭리에 따라 태어날 때 타고난 사주와 손금에 이미 100% 가까이 '프로그램화' 되어 있기 때문에 모든 사람들은 자기 자신의 타고난 사주와 손금 등으로 예정이 되어있는 '운명'을 평소에 꼭 알아두고, 준비와 대비 그리고 예방과 치료만이 '최선의 해결책'임을 자신있게 공개하는 바입니다.

손님이 정색을 하면서 계속 묻습니다.

"도사님, 그럼 어떻게 하면 되는지요?"

"사람의 타고난 나쁜 운명은 의사가 환자를 먼저 진단을 하고 그리고 치료를 하듯, 반드시 살풀이와 업장소멸 등으로만 '치료개운'을 할 수 있기 때문에 하늘 신(天神)들께 천제(天祭) 의식을 통하여 나쁜 작용을 하는 '살풀이'와 업장소멸의 '업풀이'그리고 핏줄적 관계 원한조상과 낙태아기 해원천도의 '원한풀이'와 10년에 한 번씩 걸리는 '삼재풀이' 및 '9수풀이' 등을 한꺼번에 '종합운명치료'로 모두 해결해 버리면 자기 전생과 조상의 업(業) 그리고 나쁜 신수까지 함께 해결되면서 운(運)이 바뀌게 되고 열리게 되는 거야."

"도사님, 1년 전에 조상점을 보는 무녀보살님한테서 조상굿만 하면 잘 된다고 하여 구렁이 알 같은 돈을 들여서 나름대로 조상굿을 했는데 좋아지기는커녕 오히려 나빠졌습니다.

또한 불교를 믿는 불자(佛子)이기 때문에 다니는 큰절에서 스님 권유로 천도재도 올렸는데 역시 아무런 효험이 없었습니다. 그러한 것들과 손도사님의 신통도술 '종합운명치료 하늘제사'와는 어떤 차이인지요?"

"질문을 하나 하지, 조상점을 보는 무녀보살이 자네의 운명진단을 나만큼 정확하게 봐주지 못하고 그냥 두루 뭉실 조상 탓만 말을 했을 것이고, 또한 다니는 큰절의 스님은 자네의 사주와 얼굴관상 및 손금도 볼 줄 모르고 또한 운명진단도 해주지 않고 그냥 조상천도재를 한 번 해주라고 권유했을 것이니, 돌팔이 의사가 큰 병에 걸린 환자를 정확한 진단도 없이 엉터리로 수술을 하는 것과 같은 거야.

분명히 그렇게 했을 거야. 내 말이 맞아? 틀려?"

"도사님 말씀이 다 맞습니다. 조상점을 보는 무녀보살님은 점도 잘못 보면서 조상탈이라고 말하면서 조상굿만 시켰고, 다니는 큰절의 스님은 아예 점도 못 보면서 조상천도재만 시켰습니다."

대다수의 무녀보살님과 일반스님들은 그렇게들 하고 있습니다. 병원의 등급이 동네의원급·동네병원급·중간병원급·대학병원 및 최상급병원이 있는 것처럼, 운명상담가도 3류급·2류급·1류급 등의 등급이 있으니 '1류급'을 꼭 찾아가야 하고, 필자처럼 최고 1류급 전문운명감정가는 가장 먼저 찾아오는 손님들의 사주·얼굴관상·손금풀이와 전생까지 함께 동시에 보면서 '종합운명진단'을 정확하게 봐 줍니다.

"훌륭한 의사 선생님이 먼저 정확한 진단을 하고 질병의 원인과 상태를 알아내어 환자를 치료해 주는 것처럼, 나는 각 사람의 타고난 운명을 타고난 사주와 얼굴 관상 및 손금과 영혼까지 함께 정확히 분석하여 '종합운명진단'을 하고, 나쁜 운의 원인을 모두 알아내어 '살풀이'와 '업풀이' 및 낙태아기해원천도와 조상해원천도의 '원한풀이' 및 신끼있는 사람의 신끼 제거인 '신(神)풀이' 및 칠성줄 수명이음의 '명다리' 그리고 '9수풀이와 삼재풀이' 및 궁합이 안 맞은 사람의 '합궁비방' 그리고 나쁜 핏줄대물림·각종 정신병·귀신병·불치병 등의 '특별치유' 그리고 '재수 운맞이'를 해주면서 그 사람의 소망 및 소원에 따라 새로운 '운명프로그램재설정'까지 등등을 한꺼번에 정확히 '종합운명치료'로 개운(改運)을 해주고, 그렇게 해야 가장 합리적이고 또한 100%까지 정확히 할 수 있는 거야."

(현재 우리나라에서 필자처럼 '운명종합진단과 운명치료'를 할 줄 아는 능력자가 있으면 필자가 1억 원 현상금을 내걸겠습니다. 아직은 유일하게 필자만 할 줄 알고, 이 책의 내용과 일부 용어들은 연구개발 최초발표 및 사용의 '창작물'이고 필자의 지적재산권 임을 또 기록해 둡니다.)

"도사님의 정확한 운명진단이 너무나 공감이 가고 또한 '국사당' 건립 등 좋은 일을 추진하는 것도 공감을 하니 앞으로는 대도사(大道師)이신 손도사님을 믿고 따르고 가르쳐 주시는 대로 하겠습니다. 반 토막으로 큰 손실을 보고 있는 주식 투자가 손도사님이 직접 '신통점괘'로 찍어준 기업의 주식이 대박이 나거나 또는 3년 동안 공들인 재벌 3세와 재혼 성사만 잘되면 손도사님이 추진하신 '신전(神殿) 국사당' 건립에 물심양면으로 후원을 하겠습니다. 타고난 팔자운명을 좋게 바꾸는 개운의 '하늘제사' 기도날짜를 잡아주세요."

종교를 초월하여 사람과 영혼들의 운(運)을 관여하는 하늘자연의 신(神)들께 올리는 '특별하늘제사'는 인간으로서 하늘 신(天神)들께 올리는 최선의 공양의식이고, 조상님들께 올리는 최고의 효도의식이며, 자신에게는 평생 한 번뿐인 최고 최선의 개운(改運)방법의 의식입니다.

타고난 운명과 운(運)이 나쁜 사람들에게만 적용되는 개운(改運) 목적의 '하늘제사의식'은 평생에 딱 한 번만 하면 됩니다…….

(혹시나, 운명상담이나 점(占)을 볼 때에 바로 맞추지 못하거나 또는 무녀보살님들이 굿을 여러 번 시키거나 또는 일반 스님들이 조상 천도제를 여러 번 시키거나 등 그러한 사람들은 가짜가 분명하니 꼭 조심하길 알려줍니다.)

멀리 부산에서 서울까지 필자를 찾아온 젊은 여자 손님은 '하늘제사'를 올리는 기도 준비금을 특별히 하늘의 극락왕궁 주재신 아미타불 앞에 올려놓고 소원 3가지를 빌고 여러 번 절을 하고 그리고 활짝 웃는 밝은 표정으로 되돌아갑니다.

혹시나 불교 신도가 아닌 사람들은 절을 하지 않아도 됩니다.

또한 타고난 운명과 운이 좋은 사람은 개운(改運)이 필요 없습니다. 운명치료와 개운이 필요한 사람은 손님 10명 중 1~2명 정도입니다.

복채(상담비용)는 상류층은 10만 원이고, 서민층은 5만 원입니다.

나는 우주하늘자연 합일체 의식의 눈으로 하늘신(God)과 아미타불을 바라보며 이심전심법으로 말씀을 나눕니다.

저 처자가 주식투자 대박이나 또는 재벌 3세와 결혼 성사만 잘되면 배우자 남편감 잘 붙잡아서 상류인생으로 '신분상승'을 할 수 있을 텐데?!…….

하늘신(God)과 아미타불께서 고개를 끄덕여 주십니다.

사업가들이 큰돈 비용을 먼저 쓰면서 로비를 하듯, 아주 지혜로운 사람들은 하늘자연의 신(神)들께 '하늘제사'를 올리면서 로비를 잘 할 줄 압니다.

그러나 소심하고 어리석은 사람은 로비를 할 줄 모르고 또한 비용을 안 쓰려고 하고, 더 어리석은 사람은 사주와 손금에 100%까지 '운명예정표시'가 다 나타나있는데도 알려고 하지 않고 눈뜬 봉사처럼 살아가고 있습니다.

투자를 잘 하면 큰 이득이 생기고, 투자를 안하면 전혀 이득이 안 생기고, 비용을 잘 쓰면 큰 이익이 생기고, 비용을 쓰지 않으면 전혀 이익도 생기지 않으니 이것도 투자효용의 법칙이고 인과의 법칙입니다.

전생과 조상의 업(業)을 타고나서 계속 고생만 하는 무거운 벌을 계속 짊어지고 못살아야 할까요? 죄업의 벌을 벗어버리고 잘살아야 할까요?

몸이 계속 아픈데도 고통을 참고 살아야 할까요? 병원에 가서 치료를 잘 받고 고통없이 살아야 할까요?

무거운 업장은 벗어버리고, 고통들은 치료를 받아야 합니다…….

참고로, 독자분들이 가끔 필자에게 '하늘제사'의 방법으로 천제(天祭)의식과 불공(佛供)의식의 차이를 묻는 것에 답을 드립니다.

천제(天祭)의식은 비불교인과 기독교인들에게 해당되고, 불공(佛供)의식은 불교인들에게 해당되지만, 필자는 멜기세덱처럼 직접 '대제사장'으로서 당사자에게 가장 적합한 제(祭)의식을 정확하게 대행을 해줍니다.

기독교에도 구약시대부터 제물을 바쳐 올리면서 5가지의 제사를 지내었는바, 소제·번제·속죄제·속건제·화목제 등이 있고, 그중에서 '속죄제'는 살풀이와 업장소멸에 해당되는 것입니다.

성경책 모세 5경의 '레위기'는 제사의식을 모두 열거해 놓았습니다.

세상의 모든 종교는 그 나름대로의 '제사의식'을 다 행하고 있습니다.

필자는 치유자 겸 대행자로서의 사명에 충실하기 위해서 국가·민족·인류 차원의 큰일과 그리고 개인 차원의 작은 일을 엄격히 구분을 하면서 사랑과 자비로 사람들의 죄사함과 나쁜 운명을 바꿔주고 있습니다…….

필자는 이제 모든 영혼들의 스승 '영사(靈師)' 겸 좋은 길로 인생 안내를 잘 해주는 스승 '도사(導師)'이기 때문에 평생동안 신용과 명예를 걸고서 직접 정확한 '운명진단'을 먼저하고, 그리고 진실되게 인생상담·자문·컨설팅 등을 해주면서 반드시 성공출세와 부자가 되게 해주고, 병원에서 못 고치는 온갖 빙의의 귀신병과 불치병 그리고 핏줄대물림우환과 수명이 짧은 집안의 수명장수개운 등등 '특별치유'를 해주며, 모든 비용은 부자층·상류층·중산층·서민층으로 '차등적용'을 하고 또한 예방과 치유 그리고 긴급함과 중요함 정도에 따라서 구분적용을 잘해주고 있습니다.

특히, 타고난 사주에 결혼운이 나쁜 사람의 '결혼운 개운'과 가난한 사람의

'재물운 개운'과 수명이 짧은 사람의 '수명운 개운'은 정말로 중요합니다…….

오늘 하루도 사전에 '상담예약'을 해 놓고 찾아온 손님 7명은 멀리 떨어진 지방도시에서 서울까지 찾아온 손님들이고, 아주 중요한 문제들을 잘 해결하기 위해서 또는 잘 살기 위해서 또는 자기 자신의 타고난 사주운명을 미리 알아두기 위해서 등등 각각의 '사연들'을 가지고 찾아온 손님들이기 때문에 필자는 최선의 노력으로 정성껏 운명진단과 인생상담 및 컨설팅 등을 해주고, 또한 전생과 조상의 업(業)내림으로 발생된 각종 불치병 및 난치병 등을 '치유'해 주고, 때로는 개인들에게 특별한 하늘의 '메시지'를 전달해 주기도 합니다.

필자는 남녀노소와 빈부귀천과 국적에 상관없이 오늘도 필자를 찾아온 사람들이 저마다의 타고난 '평생운명진단감정'을 받으면서 인생 방향 및 직업운·취업운·승진운·관운·사업운·재물운·횡재운·로또 1등 당첨운·문서운·이사운·질병과 수명운·궁합과 결혼운·이혼과 재혼운·실패운·파산운·관재수와 감옥운·송사운·노년운·선거출마운·당선운·출세운·이름 작명 및 개명·꿈해몽 그리고 병원에서 못 고치고 원인도 잘 모르는 온갖 난치병·불치병·귀신병 등을 신통도술 기(氣)치유 등으로 '문제해결'을 잘하고 그리고 밝은 표정으로 되돌아가는 모습들을 보면서 새로운 '삶의 보람'을 느껴봅니다…….

이제 오늘 하루일과도 끝났으니, 커피 한 잔을 마시고 잠시 산책과 운동을 하러 법당(法堂)을 모시고 있는 아파트를 나섭니다. 필자가 운명상담을 하고 있는 곳은 서울 태릉선수촌과 육군사관학교 화랑대 근처 서울 노원구 월계 3동 930번지 우남아파트 101동 201호(도로명 새주소 : 서울 노원구 화랑로 355, 101동 201호)이고, 서울지하철 1호선과 6호선의 '석계역' ③번 출구 10m 앞 큰 도로가이고, 바로 옆에는 '월릉교'다리가 있고, 100m쯤 길이의

'월릉교' 다리를 건너면 지하철 7호선 '태릉입구역'도 가까워 전철교통이 아주 편리한 곳이고, 자동차 접근과 아파트 내에 주차도 종일 '무료주차'로 아주 편리합니다.

필자가 주로 상담을 하고 있는 곳은 서울시내 동북쪽 '태릉지역'으로 강남고속버스터미널에서는 30분쯤 걸리고, KTX 등 고속철을 이용할 경우에는 수서역과 용산역·서울역에서도 30분쯤 걸리며, 서울시내 전체와 경기도·강원도·충청도까지 지하철 연결이 아주 잘되어 있고 교통이 참 편리합니다.

혹시, 정보를 몰라 고생만 하는 사람들을 위해서 '공개'를 해 줍니다.

필자는 집 옆에 있는 월릉교 아래로 흐르는 한강의 중랑천변 둑길과 산책로에서 가끔 기공체조와 천천히 홀로 '걷기명상'을 합니다. 중랑천변 둑길과 산책로 옆에는 나란히 자동차 전용 '동부간선도로'가 서울 강남까지 시원하게 뻥 뚫려 있고, 월릉교 위의 높은 고가도로는 자동차 전용 '북부간선도로'가 서울 강서쪽 경인고속도로와 서해안고속도로까지 연결되고 있으며, 집에서 자동차로 7분만 나가면 '구리IC'로 연결되어 중부고속도로와 경부고속도로·서울외곽순환도로로 바로 연결되니 교통의 접근이 너무나 좋고, 낮에는 아파트 내에 '무료주차'가 편리합니다.

필자가 가끔 걷기명상을 하는 서울 시내 동북쪽 '태릉지역' 중랑천변은 풍광이 좋고 물도 깨끗하여 잉어가 많이 살고 있습니다. 서울 도심 중랑천변 양쪽에서 한가로이 물고기를 낚는 낚시꾼들의 모습도 보이고, 물위에서 헤엄치고 어디론가 가고 있는 어미오리와 어미오리 뒤를 줄지어 따라 다니는 새끼오리들의 모습이 보입니다. 어미오리는 새끼오리들이 성장을 할 때까지 '생존법'을 가르치면서 끝까지 보호를 해 줍니다.

"영혼의 스승 영사(靈師)는 모든 영혼들을 구제하고 잘 인도를 해 준다."

필자는 어두워질 때까지 황혼녘에 나 홀로 걷기명상을 하면서 자기성찰과 함께 더불어 잘 사는 '평화와 행복'을 진심으로 소망합니다.

황혼녘의 산책길에 자신의 그림자를 보면서 길을 걸어갑니다…….

제18장

한 번 읽고 평생 잘사는 '손도사 어록'을 전한다

좋은 책 한 권으로 평생동안 잘 사는 인생지혜를…….

"세상과 인생은 아는 만큼 보이고, 능력과 운(運)으로 살아간다."

사람의 주인공은 영혼이고, 영혼들은 윤회의 법칙에 따라 삼생(三生)을 살아가고, 사람의 몸을 받아 이 세상에 다시 태어날 때는 전생의 업(業)에 따른 인연법으로 '유유상종'의 부모를 만나고, 또다시 조상부모님의 DNA와 핏줄업(業)내림이 함께 작용하면서 각각의 사람에게는 운(運)으로 작용하여 운수·운세·운때 그리고 그 사람의 '운명(運命)'이 됩니다.

일단 이 세상에 사람으로 태어났으면, 타고난 기질 및 성격분석과 소질 및 재능발견을 잘하고, 자기 자신의 유리한 것을 잘 계발하여 죽을 때까지 살아남기 위한 '무한경쟁' 속에서 어떻게든 성공출세를 해야 하고, 부자가 되어야 하고, 100세까지 무병장수하면서 반드시 '행복'해야 하며 책을 읽고 깨우침과 깨달음으로 '영혼 진화'를 계속해 나아가야 합니다.

성공출세와 부자가 되려면 가장 먼저 '아는 것'이 많아야 합니다.

부자가 되려면 직업을 잘 가져야 하고, 그리고 투자와 영업 및 사업을 알아야 하고, 마케팅을 잘 해야 하며 자본주의 경쟁사회에서는 반드시 경제관념을 가지고 '부동산과 금융'을 많이 알아야 합니다.

반드시 운때 '운(運)타이밍'을 잘 맞춰야 하고, 잘 아는 것에만 투자를 잘 해야 하며 죽을 때까지 '자산관리와 돈관리'를 잘 해야 합니다.

모든 운(運)은 오르막 내리막이 있고, 크게 움직이는 대운(大運)은 약 100년 주기 및 10년 주기이고, 작게 움직이는 소운(小運)은 약 3~4년 주기이니 운때에 잘 맞춰서 '변동계획'을 잘 세워야 합니다.

21세기 첨단과 혼돈의 불확실시대에는 AI 인공지능 및 로봇과 '직업경쟁'을 해야 하고, 각종 사고발생의 위험들? 그리고 태풍 및 홍수와 바이러스 및 괴질과 전쟁 등 수 많은 '재앙들'로부터 반드시 살아 남아야 합니다.

끝까지 살아남는 사람이 최후의 승리자입니다.

타고난 업살(業煞) 때문에 몸이 아픈 사람도, 손해와 실패를 당한 사람도, 직업이 없는 사람도, 이혼을 당한 사람도, 평생동안 가난한 사람도 모두가 자기 자신의 타고난 사주 + 손금 + 얼굴 + 전생과 핏줄운내림을 동시에 함께 봐주는 '종합운명진단'을 꼭 한 번 받아보고, 그리고 최선의 방법과 해법을 잘 찾아내고 또다시 시작을 해야 합니다.

마지막 인생 포기를 할 때까지는 결코 실패가 아닙니다. 결코 쓰러지지 않는 '오뚝이처럼' 다시 일어서야 하고, 꼭 '인생역전'을 해내야 합니다.

21세기 자본주의사회에서는 '인생 3단계' 성공발전의 방법으로 누구든 1단계로 자기 앞가림 민생고 해결 1억 원은 모아야 하고, 2단계로 10억 원은 모아야 하며, 3단계로 평생동안 100억 원쯤의 '자산가'가 되어야만 하고 싶은 것을 할 수가 있고, 진정한 행복을 누릴 수 있습니다.

21세기 산업과 문화에서 혁명이 일어나고 있는 '제4의 물결' 새로운 시대에는 새로운 삶의 방식으로 살아가야 하고, 이러한 혼돈과 불확실시대에는 '좋은 책'을 꼭 읽으면서 생존과 성공방법을 배우고, 부자가 되는 물질적 성공과 깨달음을 이루는 정신적 성공과 100세까지 건강과 목숨을 잘 유지해야 합니다.

사람은 누구나 모두가 ① 부유함 ② 무병장수 ③ 깨달음 등 '인생 3박자'를 함께 꼭 성공시켜야 하고 또한 성공해 낼 수 있습니다.

위 3가지 중에서 어느 한쪽이라도 부족하면 결코 안 됩니다.

21세기 실용철학가 손재찬(손도사)의 '인생3단계 성공론'과 '인생3박자 성공론'은 실제 삶의 경험을 통해 얻은 실천적 실용철학입니다…….

필자는 젊은 나이 때부터 사업을 하면서 의지할 데가 없으니 산전수전을 다 겪어 보았고, 다양한 경험들을 통해 계속 배우고 터득을 하면서 부동산과 금융으로 성공을 하고, 나름대로 분야별 한국 최고로 큰 사업을 하다가 큰 사고로 쓰러지면서 비록 큰손실을 당했지만 결코 삶을 포기하지 않고, 다시금 인생 '가치관'을 바꾸고 스스로 입산수도를 선택하였고, 10년 동안 산도(山道)를 닦고 '신통술초월명상기도'로 직접 신(神·God)들과 소통을 하면서 신통력과 큰 깨달음을 이루고, 이제는 최고의 정신세계 및 영혼세계의 '공익사업'을 펼치면서 삶의 기술 가르침을 펼치고 있습니다.

타고난 자신의 운명을 알고, 이제부터는 '나의 길'을 가고 있습니다…….

이제 초늙은이가 되어 후인들과 이 책을 읽고 있는 독자들에게 단 몇 글귀라도 삶을 살아가는 데 '도움'이 되어드리고자, 필자가 젊은 날부터 평생동안 투자와 사업을 해오면서 배우고 체험하고 터득한 평생의 경험지식과 동양의 정신철학 그리고 10년 동안 천기신통초월명상 산(山)기도를 할 때에 얻은 많은 깨달음과 하늘자연의 섭리와 진리 등 엄청난 '비밀지식'을 천기누설해서 일반사람들이 평생동안을 살아가면서 또한 죽은 후에까지 정말로 꼭 필요한 '종합실용지식'의 가르침을 책으로 전달해 주고자 합니다.

　다음의 쭉~ 열거하는 글귀들은 책 제목과 상관없이 누구나 한 번씩은 꼭 읽어둬야 하는 세상에서 가장 중요한 '진짜 실용철학 및 삶의 기술'들이니 꼭 이해를 하면서 아주 천천히 정독으로 읽어보시기 바랍니다.

- 여기에 열거하는 글모음은 그동안 '손재찬 도사 어록'의 실용글들입니다.
- 세상 사람들 모두가 평생 꼭 한 번씩 읽어보시길 진심으로 전달합니다.
- 한 번 읽어보시면 세상을 보는 '안목과 통찰력'이 엄청 높아집니다.
- 소크라테스는 2,300년 전에 '너 자신을 알라'고 말했고, 21세기 손도사는 '너 자신의 타고난 사주와 손금을 꼭 알라'고 말한다.
- 사람의 운명은 전생의 습성 및 업살과 핏줄의 유전성이 함께 작용을 한다.
- 사람 개인들은 태어날 때 각각의 개성으로 '기질과 소질'을 타고난다.
- 섭리작용으로 타고난 천성적인 '기질과 소질'은 평생동안 바뀌지 않는다.
- 태어날 때의 정확한 시간을 모르는 사람들은 '손금'을 꼭 함께 봐라~.
- 병원에서 수술로 태어난 사람들은 사주보다는 '손금'을 더욱 중요시하라~.
- 철학관이나 점쟁이에게 날짜와 시간을 받아서 제왕절개 병원수술로 태어난 사주는 날짜와 시간이 앞당겨진 섭리를 거스른 '가짜 사주'가 분명하다.
- 같은 날 같은 시간에 태어난 쌍둥이는 사주가 같아도 손금은 다르다!!
- 지문은 사람식별의 정확한 데이터과학이고, 손금은 더욱 정확한 인성과 운(運)데이터과학이며 이 세상 80억 명 중에 똑같이 생긴 손금은 없다.
- 운명암호손금에는 개인의 운(運)이 '99% 정도'가 정확히 나타나 있다.
- 사람 개인의 '평생운명감정'은 사주+얼굴+손금+전생을 꼭 함께 봐라~.
- 개인들의 타고난 천성적 기질 및 소질과 재능 및 성격과 운세 및 운명을 잘

살펴서 적성에 알맞은 '공부와 직업'을 정말로 잘 선택하라~.

- 자본주의 현대사회에서 돈을 벌려면 개인의 타고난 '재물운'을 꼭 알라.
- 모든 선거에 출마하려면 먼저 점(占)술로 나이 운때의 '당선운'을 꼭 알라.
- 직장에서 꼭 승진을 하려면 점(占)술로 나이 운때의 '승진운'을 꼭 알라.
- 결혼을 잘 하고 싶은 사람은 가장 먼저 타고난 '결혼운'을 꼭 알라.
- 부모가 단명자 또는 위험한 일을 하는 사람들은 '수명운'을 꼭 알라.
- 현재 불치병 및 난치병 등 모든 환자들은 타고난 '수명운'을 꼭 알라.
- 성공출세를 하려면 하늘자연의 섭리와 운명의 법칙을 꼭 알아야 한다.
- 나이가 '9수와 삼재수'에 걸릴 때는 운때가 나쁘니 최고로 조심하라.
- 사고발생 · 손해 · 실패 · 이혼 · 관재수 · 죽음은 '나쁜 운때'에 꼭 당한다.
- 이사를 갈 경우에는 방위를 가려서 손 없는 '좋은 방향'으로 잘 가라.
- 날짜를 택일할 경우에는 반드시 생기복덕천의 '길일'을 꼭 선택하라.
- 건물 · 공장 · 집을 짓거나 묘소를 쓰고는 '3년 동안'을 조심하라.
- 이사를 하거나 묘소개장 및 화장을 하고는 '1년 동안'을 조심하라.
- 조상묘소를 건들거나 화장을 할 때는 반드시 '조상천도재'를 해드려라.
- 조상묘소와 납골탑 · 수목장과 건물은 좋은 명당터를 잘 선택하라.
- 명당터에 묘를 쓰거나 집을 지으면 '즉시 발복'이 반드시 이루어진다.
- 박사 배출 및 고위공직과 자수성가로 성공출세와 부자가 된 사람들은 태어 난 곳과 조상님 묘자리가 '명당자리'에 위치하고 있다.
- 성공출세 및 부자가 꼭 되고 싶은 사람들은 태어난 고향산 또는 국립공원 등 기운이 센 명산의 명당자리에 비밀로 '가묘비방'을 잘 해두어라~.
- 조상님의 혼령과 후손의 영혼은 혼(魂)으로 '함께 운(運)작용'을 계속 한다.
- 한 번 맺어진 천륜의 핏줄 관계는 100년 동안 기운작용을 한다.
- 부모 · 자식 간의 DNA 유전인자는 99.9%가 일치한다.

- 자녀들의 손금에 두뇌선·감정선·생명선이 중간에 끊겨있거나 짧게 생겨 있으면, 즉시 운명진단으로 '수명운'부터 꼭 한 번 확인을 받아라~.
- 자녀들은 7살까지와 20살까지 잘 성장하는 것이 1차 생존법이다.
- 세상에서 가장 귀중한 자녀들의 손금을 꼭 한 번 살펴보고, 만약 생명금이 위쪽에서 끊겨있으면 어릴 때 100% 죽을 고비만큼 생명 위험을 겪게 되거나 또는 죽음을 예고 및 경고한다.
- 학생들은 타고난 기질과 소질 및 재능을 빨리 발견 '집중계발'을 해주어라.
- 가장 좋은 교육정책은 개인들의 '기질소질재능운(運)인간계발'의 활용이다.
- 정권이 바뀌어도 계속 유지될 수 있는, 손재찬 박사도사가 주창한 모든 국민들 100년대계의 '천성기질소질재능운(運) 인간계발론'을 꼭 적용하라~.
- 손재찬 박사도사는 개인들이 타고난 기질과 소질 및 재능발견과 운(運) 예측으로 공부와 직업의 진로선택 등 '적성검사'의 최고 전문가이다.
- 필자 손재찬 박사도사는 영재 발굴 및 인간계발의 최고 전문가이다.
- 개인들의 상세한 운명정보는 《손도사 손금풀이》를 검색·활용을 하라~.
- 인류 지식유산 세계인 공통적용 「손도사 손금풀이」는 여러 가지 '유형별로 분석'하여 약 1,000가지의 상세운을 '자가진단'해볼 수 있다.
- 자녀들을 잘 키워둬야 훗날 '명문가'가 되고 효도와 가문유지를 잘한다.
- 명문가들과 종가집들은 전통승계와 대대로 '조상'을 잘 받들고 살아간다.
- 명문가가 되고 싶거든 조상 묘소에 돌제단과 석등을 꼭 세우라.
- 모든 종교의 성소에는 금촛대를, 출입구에는 석등을 꼭 세우라.
- 금촛대와 석등은 영원한 불밝힘의 '축복 빛'을 상징한다……
- 사람들은 '관심'이 있거나 또는 찾고 있는 것만 눈에 보인다.
- 사람의 뇌는 한 번 관심을 가지면 스스로 계속 '의식'을 하게 된다.
- 사람은 하늘의 천기(天氣)와 땅의 지기(地氣)로 살아간다.

- 좋은 땅을 소유하는 사람들은 반드시 성공출세와 부자가 된다.
- 성공출세와 부자가 되려면 '자산의 포트폴리오'를 잘 짜라.
- 자산의 포트폴리오는 부동산·주식·예금·보험·연금·현금 등이다.
- 모든 사람은 이 책을 꼭 한 번 읽고 '부동산과 경제공부'를 해두어라~.
- 부동산은 용도별 사용가치와 수요·공급에 따라 값이 매겨진다.
- 대한민국의 국토는 '세계물류'의 부동산공학에서 위치가 참 좋다.
- 대한민국의 국토면적은 약 10만km²이고, 해상의 섬은 약 3,600개이며, 사람이 살고 있는 섬은 약 500개이고, 공유수면 매립이 계속 진행 중이다.
- 국토의 개발은 용도에 따른 수요·공급과 물류의 효율성을 위해서는 도시 주변과 항구 주변을 '계획복합개발'로 진행해 나아가야 한다.
- 국토의 개발은 정부가 10년 계획과 5년 단위로 조정을 하고 있다.
- 부동산정책은 공급확대 및 조정과 자유시장경제에 맡기라~.
- 부동산 땅의 개념에서 건축물이 있는 토지는 '건부지'라 하고, 건축물이 없는 토지는 '나지'라 하고, 건축물이 없는 대지는 '나대지'라 하고, 건축물의 바닥면적을 제외한 토지부분은 '공지'라 하고, 타인의 토지에 둘러 싸여 도로가 없는 토지는 '맹지'라 하고, 소유권은 인정되고 활용실익이 없는 토지는 '법지'라 하고, 해변처럼 활용실익은 인정되나 소유권이 인정되지 않는 토지는 '빈지'라 하고, 놀리고 있는 토지는 '유휴지'라 하고, 농지 등에서 쉬게 하는 토지는 '휴경지'라 하고, 하천 및 강으로 침식된 토지는 '포락지'라 하고, 고압선 아래의 토지는 '선하지'라 하고, 택지 이용의 최원방으로 멀리 떨어진 토지는 '한계지'라 하고, 자연상태 그대로의 토지는 '소지' 또는 '원지'라 한다.
- 부동산투자는 먼저 땅을 살피고, 다음으로 건물을 잘 살펴라.
- 부동산투자는 먼저 지역을 살피고, 다음으로 개별물건을 살펴라.

- 부동산의 가치는 도로접도와 편리성 등 '위치'가 중요하다.
- 부동산투자는 활용성 · 접근성 · 편의성 · 쾌적성 · 조망성 · 환금성 · 가치성 등 일반적 '대중선호도'가 좋은 것을 잘 선택하라.
- 화재와 소방차 접근이 불리한 골목길집 또는 초고층집은 피하라~.
- 앞쪽에 나대지공터 또는 노후 건축물이 있는 곳은 반드시 피하라~.
- 기존에 있는 집의 앞쪽에 새 건축물이 들어서면 큰 손해를 당한다.
- 부동산투자는 매매차익 또는 임대수요가 많은 것을 잘 선택하라.
- 땅투자는 반드시 도로변이나 새로운 도로가 뚫리는 곳 또는 개발이 예상되는 곳을 남보다 먼저 '선점'을 잘 하라.
- 부동산투자는 신문광고 등 기획부동산권유에는 절대로 속지 말라.
- 부동산의 분양광고 등은 대다수가 뻥튀기와 '사기성'이 너무 많다.
- 은행금리 3배 이상 수익률 또는 연 7% 이상 수익배당금지급 또는 수익확정증서발급 등의 부동산분양광고들은 모두가 '거짓말'이고, 잘못 속으면 10년 이상 손실과 피해를 당한다.
- 정상적인 부동산임대의 평균 수익률은 약 4~5%선이다.
- 평균 수익률보다 저조하거나 아예 수익이 없는 경우에는 물건운(運)이 나쁘거나 또는 물건주인운(運)이 나쁘거나 둘 중 하나가 분명하다.
- 특히 분양형 호텔의 시행사 및 위탁운영사 등은 결코 믿지 말라!!
- 그러나, 필자 손재찬 박사도사는 대형집합건물 서울 '동대문 쇼핑몰과 종로 3가 국일관'의 대주주 겸 회장을 역임한 부동산 경험으로 분양형 호텔 속초 라마다의 고문을 맡고, 김용환 이사회 의장과 함께 관리규약제정 및 각종 업무규칙 등을 만들고, 능력 있는 총지배인을 95:1로 공개 채용하고 시스템을 잘 만들어서 100개 분양형 호텔 중에서 연 수익률 6~7% 배당을 7년째 계속 지급해 주고 있는 '수익률 1등호텔'로 만들어 주었다.

- 동해바다 속초시 대포항 바닷가의 '속초라마다 호텔'은 코로나팬데믹 불경기 때에도 투자자들에게 6~7% 수익배당을 계속 지급해 주었다.
- 구분소유자들이 평생동안을 자기 별장처럼 사용하면서 1년에 30박을 무료 사용하고 계속 6% 이상 수익배당은 우리나라 900개 전체 호텔 중 최고 수익률이다.
- 동해바다 속초시 대포항구의 바다에 접한 속초라마다호텔은 풍수지리의 최고 길지 중 하나이고, 바다용궁기도가 아주 잘 받는 곳이고, 동해 일출이 환상적이며 침대에 누워서도 동해 일출을 볼 수 있고, 관리 운영이 아주 잘 되고 있다.
- 분양형 호텔의 관리단 구성과 운영은 전문지식 및 경험이 꼭 필요하다. (분양형 호텔과 아파트에서는 공동집합건물운영관리 및 사업경영 등의 경험이 부족한 사람들이 설쳐되면 '99% 망하게 됨'을 꼭 충고합니다.)
- 모든 자본투자를 할 때는 자기 자신의 재물운과 금전운 그리고 성공운 등 반드시 먼저 '운세점(占)'을 보고 그리고 결정을 잘 하라.
- 투자를 해놓고 손실과 피해를 당하면 즉시 '운(運)상담'을 꼭 받으라~.
- 부동산투자를 할 경우에 지역·지구·구역 등이 지정되어 있는 곳은 각종 '행위제한'이 많으니 잘 살펴보고 조심을 하라.
- 부동산투자는 입지분석과 국가정부의 정책결정 및 개발계획정보 등에 대해 항상 '관심'을 가지고, 부동산 책을 읽으면서 '공부'를 꼭 하라.
- 투자는 '수요와 공급'의 예상과 장기적인 '개발계획' 등을 잘 분석하라.
- 부동산투자는 미래 역세권이 될 지역, 큰 집객시설이 들어설 지역, 큰 녹지공원이 생길 지역, 도로가 생길 지역 등을 잘 살펴라.
- 부동산투자는 '토지이용계획확인서'를 발급받아 그 내용을 살피고 '지적도'를 발급받아 경계와 도로 및 도로계획선 등을 꼭 확인하라.

- 한국사람은 부동산과 주택의 '소유개념'이 강하기 때문에 특히 공공임대주택 정부정책 등은 반드시 실패하게 되니 정책에 참고를 하라.
- 부동산투자는 '자기 집' 마련부터 최우선으로 먼저 하라.
- 자기 집 마련은 일하는 직장과 가장 '가까운 곳'을 잘 선택하라.
- 출·퇴근시간을 최소로 해서 그 시간을 다른 용도로 활용을 잘 하라.
- 하루 1시간 이상씩 출·퇴근시간만 아껴도 10년을 이익 본다.
- 집 값이 가장 비쌀 때는 결코 아파트 매입과 분양을 받지 말라.
- 산이 높으면 골이 깊은 것처럼 반드시 3~4년 후 '집값 폭락'이 된다.
- 집을 구입하고자 할 때는 10년에 한두 번 '폭락'할 때를 기다리라.
- 불경기와 집값 및 주식의 폭락은 10년에 한두 번씩 꼭 발생을 한다.
- 집을 살 경우에는 주위환경·조망·햇볕·바람·교통을 잘 살펴라.
- 미래투자 겸 주거용 아파트 분양은 인구감소 진행과 핵가족 등의 수요예측에 따라서 선택을 잘 하고, 반드시 바람이 불어오는 방향과 일조권 및 조망권과 슈퍼 및 병원과 대중교통 및 주차 등 '편리성'을 잘 살펴라.
- 가정집은 층호 숫자·안방·거실·주방·화장실·대문을 잘 살펴라.
- 가정집 주택은 '잠을 잘 자게 해주는 집'이 가장 좋은 명당자리이다.
- 잠을 잘 자는 '숙면'은 인체가 우주자연의 기(氣)를 받는 중요한 기능이다.
- 잠을 잘 자는 '숙면'을 할 수 있으면 건강과 운이 저절로 좋아진다.
- 편안히 잠을 못들게 하거나 숙면을 못하는 집은 가장 나쁜 집이다.
- 특히 살(殺)기운과 수맥 및 냉혈의 땅위에는 집과 묘를 쓰지 말라.
- 살(殺)기운과 수맥 및 냉혈자리는 영혼과 사람이 숙면을 못한다……
- 잠을 편히 숙면을 못 하거나 집안이 안 풀리면 대부분 조상묘자리 및 집터가 나쁘니 즉시 점(占)을 꼭 한 번 봐라~. 점술은 고도의 통찰력이다!
- 터 기운이 쎈 곳 도깨비터에는 가정집을 절대로 짓지 말라~.

- 주거용 주택은 소음공해가 없고 '주변환경'이 좋은 곳을 선택하라.
- 상업용 건물과 가게는 비탈진 경사지대와 높은 지대는 꼭 피하라.
- 상업을 하는 부동산은 물류의 중심 쪽 '목 좋은 곳'을 잘 선택하라.
- 상가는 역세권 · 큰길가 · 평지 · 많은 유동인구 · 주차편의 및 접근성과 발전하는 지역 및 상가운영관리가 잘 되는 곳을 잘 선택하라.
- 집합건물상가 또는 다중시설상가는 '출입구 근처'가 가장 좋다.
- 일반 모든 상가는 1~2층이 가장 비싸고 장사가 잘된다.
- 일반상가의 2층 분양가 및 임대료는 1층의 약 60%선이다.
- 상가는 지역과 층별 여건을 감안한 '업종선택'이 가장 중요하다.
- 일시적으로 유행을 타는 부동산투자는 '과잉'으로 손해를 꼭 조심하라.
- 상가투자는 발전지역과 활성화 가능성이 높은 곳을 잘 선택하라.
- 모든 상가는 처음 활성화에 실패하면 '10년 동안'을 손해 당한다.
- 부동산주인들은 관리운영의 '부실징후'가 보이면 즉시 매도를 해버려라.
- 부동산 매매와 전세는 '등기부'를 꼭 확인하고 주인과 계약을 하라.
- 잔금 지급 날은 모든 서류를 돌려받고 돈 지불을 '동시'에 행하라~.
- 부동산의 매매 또는 임대차계약서에는 '특약사항'을 잘 써 넣어라.
- 부동산에 딸린 부합물과 종물은 '주물'의 권리처분에 따라간다.
- 집합건물은 건물이 주물이고, 땅은 '대사사용권'으로 종물이다.
- 부동산을 살 경우 압류 · 가등기 · 가처분 등이 있으면 반드시 피하라.
- 부동산 권리의 방어적 · 지능적 방법으로 '가등기' 활용을 잘 해두어라.
- 부동산의 임차인은 전세등기 또는 확정일자 등을 잘 해두어라.
- 공동소유건물은 다량지분자 또는 과반수 이상자가 '관리권'을 가진다.
- 집을 '부부공동소유'로 등기를 하면 절세와 상호신뢰가 좋아진다.
- 한 집안의 가장은 반드시 최고로 좋은 '큰 방'을 꼭 사용하라~.

- 집주인은 최고로 중요한 층 또는 가장 큰 공간을 꼭 사용하라~.
- 집안의 가장이나 주인이 '작은 공간'을 사용하면 점점 운(運)이 나빠진다.
- 부동산은 가장 안전하고 귀중한 평생동안의 '자기 자산'이다.
- 가장 안전하고 귀중한 자기 자산인 부동산을 결코 포기하지 말라.
- 서툴고 잘못된 정책들은 정권이 바뀌면 합리적으로 바뀌어진다.
- 미래의 건축물은 모두가 심각한 기후변화에 대한 '에너지 효율성'과 화재예방 및 폭우침수 등에 '준비와 대비'를 잘하라~.
- 자본주의 사회에서 돈과 재물 및 개인의 자산관리는 참으로 중요하다.
- 돈은 삶을 유지하고 자아실현과 행복을 위한 절대 '필요조건'이다.
- 돈은 사람들의 품격과 자존심을 세워주고 '인간답게' 살게 해준다······.
- 인생대박의 '횡재운'은 평생에 한두 번뿐이니 반드시 붙잡아라~.
- 운때를 잘 맞추는 '운(運)타이밍'은 인생과 투자의 최고 기술이다.
- 부자는 돈의 주인님이 되지만, 가난뱅이는 돈의 노예가 된다.
- 필요한 만큼의 돈과 재산이 꼭 있어야 '자유와 행복'을 누릴 수 있다.
- 현대사회는 많은 재산과 부동산 소유자들의 '신계급사회'이다!!
- 현대사회는 현금 및 재물과 부동산이 많아야 '상류층'이 될 수 있다.
- 그러나 소유한다는 것은 그 소유물에 얽매일 수도 있음을 알라~.
- 무엇에 집착을 하면 노예가 되고, 집착을 않으면 자유롭다.
- 현대사회에서의 소유방법은 '집착 않는 소유'가 가장 좋은 방법이다.
- 집착 않는 소유 방법으로 자유로운 '진짜 부자'가 꼭 되어라~.
- 돈을 벌려면 반드시 목표와 계획 그리고 준비를 철저히 잘 세우라.
- 돈을 벌려면 우선적으로 '재테크공부'부터 반드시 시작을 하라.
- 모든 여성과 주부들은 가정 살림살이 경제와 재테크를 꼭 공부하라.
- 재테크를 잘하고 자산을 더 많이 가지면 부부간에도 '귀한 대접'을 받는다.

- 재테크 공부와 자산관리는 일찍부터 그리고 '평생동안'을 계속하라~.
- 재테크를 잘 하려면 금융·주식·부동산 그리고 '운(運)'을 알아야 한다.
- 부자가 되고 싶거든 가장 먼저 사주와 손금에서 '재물운'을 꼭 알아두어라.
- 모든 사람과 개인들의 재물운은 「손도사 손금풀이」의 운세선들 ①번 손금, ②번 손금, ③번 손금, ④번 손금이 확실하니 꼭 확인을 해보라~.
- 개인들의 타고난 기질 및 성격과 소질 및 재능 그리고 재물운으로 월급쟁이 또는 개인사업 등 '직업선택'을 잘하라~.
- 특별한 재주 및 기술과 아이템이 있으면 그것을 '사업화'를 잘 시켜라.
- 원천기술의 소유권 및 특허권·상표권·저작권 등을 반드시 소유하라!!
- 특별한 재주 및 기술을 사업으로 성공하려면 '성공운'을 꼭 점(占) 봐라~.
- 부자가 되고 싶거든 투자와 개인사업으로 영업 및 장사에 뛰어들어라.
- 개인사업을 시작할 때는 가게 등의 계약과 인수및 양수를 잘 받으라.
- 가게의 상호와 영업권 등은 '포괄승계와 한정승계'가 있다.
- 가게인수 및 사업인수 등을 할 때는 '양·수도계약'을 잘 해야 한다.
- 양도인이 복잡하고 빚이 많을 경우에는 말썽꺼리를 방지하기 위해 가게이름과 회사이름 등을 바꾸어 버려라.
- 가게 또는 회사를 인수 및 양수받을 때는 꼭 '전문가상담'을 받으라~.
- 직장보다는 '직업'을 더 중시하고, 꼭 하고 싶은 분야에 '창업'을 잘 하라.
- 처음 창업을 할 때는 고정지출비용을 최소화하고 꼭 경험을 쌓으라.
- 처음 창업을 할 때는 가장 잘하는 곳을 '모방벤치마킹'하여 그곳보다 더 잘 할수 있도록 항상 연구를 하라.
- 모든 사업과 영업 및 장사는 시대 흐름의 '트렌드'를 잘 읽어라.
- 모든 사업과 투자가는 글로벌 정치와 경제상황 등 '뉴스'를 잘 살펴라.
- 영업과 장사 등 자기 사업을 잘 하려면 항상 '원가계산'을 잘하라.

- 갑자기 가게장사가 안될 경우에는 운 막힘의 '상문살'이 90%이다.
- 갑자기 가게장사가 안될 경우에는 즉시 점(占)을 꼭 봐라~.
- 상문살인지? 도깨비터신 문제인지? 운 때문인지? 해법을 찾아야 한다.
- 영업과 장사를 잘 하려면 가게 안에 '종교 상징물'을 두지 말라~.
- 영업집에 종교 상징물이 있을 경우에 타 종교인은 거부감을 느낀다.
- 가게 오픈과 영업 및 장사를 할 때는 계절적 '타이밍'을 잘 맞춰라~.
- 영업과 장사 등 판매를 잘 하려면 항상 '가망고객'을 연구하라.
- 영업과 장사를 잘 하려면 손님고객과는 절대로 싸우지 말라.
- 판매를 잘하려면 동종업계 1등점을 '벤치마킹'도 잘 생각해보라.
- 잘하는 곳의 벤치마킹 모방전략은 '저비용고효율'의 판매기술이다.
- 자기 자신이 잘 할 수 있는 것의 '유리한 장점'을 최대로 활용을 잘하라.
- 영업과 장사 판매를 잘 하려면 깔끔한 옷차림과 예의바름으로 '첫 인상'을 좋게 하고, 미소와 친절서비스로 '호감'을 계속 심어가라.
- 판매를 할 때는 첫인상 3초와 첫마디 말 10초가 가장 중요하다.
- 판매를 할 때는 처음 15초 동안에 '관심'을 잘 끌면 성공을 한다.
- 판매나 광고를 할 때는 그 상품이 안겨줄 '유익함'을 최고로 강조하라.
- 판매광고를 할 때는 감성적 구매욕구와 동기를 잘 유발시켜라.
- 판매광고를 할 때는 그림과 소리로 '감정효과'를 최대화시켜라.
- 눈으로 귀로 마음으로 함께 느낄 수 있게 '이미지표현'을 잘 하라.
- 눈으로 보는 것은 더욱 빠르고 강력하며 기억 속에 오래 남는다.
- 사업과 영업 및 장사를 잘하려면 '판매 마케팅전략'을 잘 세우라.
- 모든 영업과 상품들은 가격경쟁력과 품질경쟁력으로 계속 싸운다.
- 판매를 할 때는 잘 파는 '목표'에 집중을 하고 또한 집중시켜라.
- 최초 판매 및 기획 판매를 할 때는 '미끼상품' 전략을 잘 쓰라.

- 사업 및 영업의 마케팅을 잘 하려면 '현지맞춤형' 서비스로 나아가라.
- 영업과 장사를 잘 하려면 여러 번 '재사용'하는 방법을 연구하라.
- 영업과 장사를 잘 하려면 원가절감과 폭리 등의 방법을 연구하라.
- 영업과 장사를 잘 하려면 손님과 고객을 끌어들이는 미끼용 '집객상품'과 이익을 많이 남길 수 있는 '수익상품'을 함께 팔아라.
- 영업과 장사를 잘 하려면 '계속 구매와 이용'을 하도록 만들어가라.
- 영업과 장사를 계속 잘 하려면 돈 벌고 있음을 아무도 모르게 하라.
- 영업과 장사를 할 때는 장사 냄새가 풍기지 않게 잘 하라.
- 영업 및 장사와 사업을 계속 잘 하려면 특별히 '단골관리'를 잘 하라.
- 단골손님과 함께 온 손님에게도 각별하게 잘 대접을 하라.
- 단골손님을 만들어가려면 반드시 '주인'이 직접 매장을 잘 지켜라.
- 영업과 사업을 할 때는 '오랫동안 한다'는 마음자세로 잘 해나가라.
- 영업과 장사 판매를 잘 하려면 '관련 상품'을 함께 취급을 하라.
- 영업과 장사 판매를 잘 하려면 '고객의 취향'을 항상 연구하라.
- 영업과 장사 판매를 잘 하려면 '말솜씨'를 맞나게 잘 사용하라.
- 모든 판매를 할 때 가장 흥미로운 것은 가격의 '불확정원리'이다.
- 어떻게 판매할까?에 따라서 저가물건을 높은 고가에 팔 수도 있다.
- 모든 가격은 상황 및 가치에 따라서 임의적으로 '변경' 가능성이 있다.
- 상품의 가격을 정할 때는 합리적 '저가 마케팅' 또는 사치 허영심의 정서적 '고가마케팅' 방법 등 기획 및 전략을 잘 짜라.
- 상품의 가격을 정할 때는 가격 중심의 '저가상품' 또는 가치 중심의 '고가상품' 그리고 '중간상품' 등으로 가격 구분을 세분화시켜라.
- 물건과 상품의 '희소성 가치'는 사람들에게 구매 결정을 스스로 재촉한다.
- 판매를 할 때는 ① 제한된 수량 ② 곧 가격인상 ③ 오늘만 가격인하 ④ 곧

마감시한 등을 '마케팅방법'으로 활용을 잘 하라.

- 음식점은 맛있게 보이는 음식그림과 맛있는 냄새를 잘 풍겨라.
- 외식업은 업종에 따라 낮장사 또는 밤장사가 있고, 평일장사 또는 주말장사가 있고, 메뉴에 따라 계절장사가 있으니 '장사계획'을 잘 세우라.
- 식당 및 외식업을 개업하려면 ① 가망고객분석 ② 상권분석과 장소선택 ③ 투자여력의 규모산정 ④ 메뉴선정 및 가격결정 ⑤ 고객 감동의 서비스 차별화 등 '계획과 준비'를 잘하라~.
- 음식업은 고객친절과 청결 및 '음식맛'으로 승부를 각오해야 한다…….
- 모든 가계와 기업 그리고 상품 및 사람은 평판이 참 중요하니 고객과 사람들로부터 '평판관리'를 계속 잘 해나가라~.
- 관계된 주변사람들로부터 틀림없는 사람이라는 '신뢰'를 계속 심어가라.
- 비즈니스할 때의 '약속'은 반드시 이행을 잘해야 한다…….
- 사업과 영업을 잘하려면 업계와 협회의 '모임'에 꼭 참여를 하라.
- 업계의 모임과 행사는 황금같은 정보와 인맥을 만들어준다.
- 모임과 행사를 할 때는 어떻게든 연설·강연·의견발표 등의 '발언기회'를 얻고 자신의 얼굴을 알리고 '입지'를 굳혀 나아가라.
- 발언을 할 때는 상황파악과 주제와 본질을 잘 알고 '근거'로 말을 잘하라.
- 말을 시작할 때는 누구나 '공감'할 수 있는 것으로 시작을 하라.
- 말을 끝맺을 때는 핵심요약과 동의를 얻어내고 행동으로 잘 유도시켜라.
- 연설과 강연 등을 할 때는 깔끔하게 옷을 잘 차려입어라.
- 옷차림새는 그 사람의 첫 번째 명함이고 이미지를 좋게 심어준다.
- 성공출세와 비즈니스를 잘 하려면 '명함사용 및 관리'를 잘하라.
- 비즈니스로 명함을 건넬 때는 함께 자기 자신을 말로 '소개'를 하라.
- 비즈니스로 명함을 받을 때는 약 10초 정도는 꼭 읽어보라.

- 명함을 건네고 받을 때 '관심'을 가져주면 상대로부터 호감을 얻는다.
- 명함을 받으면 날짜·장소·용건 등을 뒷면에 꼭 '메모'해 두어라.
- 명함관리는 ① 꼭 필요성 ② 불필요성으로 분류처리를 잘하라.
- 꼭 필요성 명함은 잘 보관을 하고, 불필요성 명함은 버려라.
- 비즈니스로 친분을 잘 쌓으려면 함께 꼭 '식사'를 잘하라.
- 비즈니스로 식사 또는 음료와 술을 주문할 경우에는 대접받는 사람에게 먼저 권하고 같은 것으로 주문을 하라.
- 비즈니스 만남은 오직 '비즈니스 성공'만 생각을 집중하라!
- 모든 투자 및 영업과 장사는 경제의 호황 및 불황에 '준비'를 잘하라.
- 모든 사업가와 국민들은 국가의 금융정책 '기준금리'를 잘 살펴라.
- 기준금리는 경기가 좋을 때는 인상을 하고, 나쁠 때는 인하를 한다.
- 기준금리가 인상되면 이자 증가로 기업과 가게는 부담이 많아진다.
- 기준금리를 인하하면 이자 부담이 줄어들고 투자가 많아진다.
- 재테크의 기본은 우선 최대한의 저축으로 '종잣돈'을 꼭 만들어라.
- 종잣돈을 만들려면 최대한 수입을 늘리고 '통장관리'를 잘 하라.
- 통장 및 계좌관리는 ① 공과금납부 자동이체용 ② 목돈마련용 ③ 투자돈 관리용 ④ 사업등록자의 국세청 신고용 ⑤ 예비자금용 등 3~5개로 용도에 따른 '계좌분류와 관리'를 잘 하라.
- 연금상품은 장기구조이니 누구나 일찍부터 평생 재테크와 노후준비로 반드시 '연금 가입'을 꼭 해 두어라.
- 21세기 100세 시대에서는 '평생재테크'계획을 종합적으로 잘 세우라!
- 고등재테크로 큰돈을 벌려면 금융공부와 금융투자 및 운용을 잘 하라.
- 금융은 자본주의사회 시장경제의 두뇌이고 엔진이다.
- 21세기 금융세계화는 혜택과 위험을 항상 함께 내포하고 있다.

- 금융시스템은 제대로 작동되면 모든 경제 분야에 혜택을 주고, 잘못 작동되면 엄청난 재앙을 불러온다.
- 금융과 경제의 위기들은 '순환반복법칙'에 따라 계속 발생을 한다.
- 금융위기는 금융회사의 신뢰가 무너질 때 발생하는 것이다.
- 금융위기는 ① 은행위기 ② 외환위기 ③ 외채위기 ④ 체계적 금융위기 등으로 나눈다.
- 은행위기는 뱅크런(예금인출사태)현상이 발생하는 것이다.
- 외환위기는 자국의 통화가치폭락 등이 발생하는 것이다.
- 외채위기는 외국에서 빌린 채무를 갚지 못해서 발생하는 것이다.
- 체계적 금융위기는 금융중개기능에 일시적 심각한 문제가 생기면서 실물경제에까지 위기가 파급되는 것이다.
- 경제위기는 ① 금융위기 ② 재정위기 ③ 실물경제위기 등이다.
- 어느 국가에 금융위기 또는 경제위기 등이 발생하면 핫머니와 헤지펀드 등이 일시에 공격을 감행하고 수익만 챙기고 빠져나간다.
- 핫머니는 투기적 이익만을 위해 글로벌 금융시장을 이동하는 '단기자금' 등이다.
- 모든 사람은 금융위기와 경제위기에 철저히 '대비'를 잘 하라.
- 외국자본이 개입된 금융위기는 '환율위기'로 많이 나타난다.
- 외국자본이 빠져 나갈 때는 달러 등 '외환'으로 바꾸기 때문이다.
- 모든 사람은 이익과 손해 그리고 공포 때문에 스스로 움직인다!
- 모든 사람은 '자기 입장'에서 이해득실로 사물을 바라보고 판단을 한다.
- 모든 국가와 기업은 '이해득실'로 의사결정 및 행동들을 취한다.
- 특히 한 국가의 경영은 '국방과 외교 및 통상'이 가장 중요하다!
- 대통령은 통찰력으로 특히 국방과 외교 및 통상을 잘 해 나가라~.

- 모든 문제는 '이해득실'로 예측과 진실규명을 하면 해결이 잘 된다.
- 외국의 자본들은 대체로 타국가의 정부를 신뢰하지 않는다.
- 경제상황이 악화되면 도덕적 해이와 역선택 현상이 더욱 심해진다.
- 수출이 나빠지면 각국은 자국화폐를 절하하는 '환율경쟁'을 벌인다.
- 양적완화정책은 임시적이고 단기적인 '응급수단'일 뿐이다.
- 시중의 유동성증가는 부동산과 주식시장에 '자산거품'을 일으킨다.
- 초저금리정책은 자본 남용과 투자 왜곡을 더욱 초래할 수 있다.
- 그러나, 초저금리 때는 빚을 내서라도 반드시 '투자'를 하라~.
- 주식과 부동산이 폭락을 할 때는 빚을 내서라도 '투자'을 해두라~.
- 국가 · 기업 · 개인들에게 금융지식과 금융운용은 정말로 중요하다.
- 모든 국가와 교육기관은 자국민들에게 '금융공부'를 많이 시켜라.
- 금융공학이 앞선 미국 경제는 파생금융 때문에 망하지는 않는다.
- 세계 제1기축통화인 '미국 달러'의 운용정책을 연구 및 주시를 잘 하라.
- 미국 달러는 5~6단계로 운용을 하고, 강달러와 약달러로 반복을 한다.
- 달러가 세계 제1기축통화인 미국경제는 결코 망하지 않는다.
- 그러나 재정적자가 계속되면 국가도 기업도 결국 어려워진다.
- 고등재테크로 큰돈을 벌려면 주식공부와 주식투자를 잘 하라.
- 주식투자는 좋은 기업에 '장기간 투자'를 기본원칙으로 하라.
- 주식을 살 때는 대상 기업의 '내재가치' 발견을 가장 중요시하라!
- 저평가된 주식과 가치주 · 성장주 · 우량주 · 배당주를 중요시하라.
- 주식과 선물 투자는 예측도 중요하지만 '대응'은 더욱 중요하다.
- 선물시장은 90%의 수익이 10%의 투자자에게 돌아간다.
- 선물거래는 주식 · 채권 · 통화 · 원자재 등 다양한 기초상품을 '미래일정시점의 정해진 가격에 사고팔기로 약속한 것'으로 선물거래소를 거쳐 이루어

진다.

- 선물시장은 제로섬게임의 도박이니 일반인들은 결코 뛰어들지 말라.
- 선물 · 가상화폐 · 코인 · 주식 등 투자는 '재물운'을 꼭 알라!!
- 자기 자신의 타고난 운명에 재물운이 나쁜 사람은 투자실패로 큰 손해를 당하고 '개인파산'까지 갈 수도 있다.
- 모든 투자는 투자대상의 장점과 단점을 정확히 '파악'을 잘 하라.
- 투자를 할 때는 투자대상의 '내재가치와 미래전망'을 잘 살펴라.
- 투자대상을 파악하지 못할 경우에는 절대로 투자를 하지 말라~.
- 자기 자신이 모르는 분야나 이해를 못하거든 투자를 하지 말라~.
- 투자의 정석은 '자신이 잘 아는 것'에만 투자하는 것이다.
- 투자의 진리는 '좋은 물건'에 대한 장기투자를 하는 것이다.
- 투자의 기술은 최저가 매입과 최고가 매도이고 세금절세이다.
- 모든 투자에서 가장 중요한 것은 '치명적 실수'를 하지 않는 것이고, 치명적 실수는 평생 후회와 재기 불능에 빠질 수 있다.
- 모든 투자에서 치명적인 실수를 범했다고 판단이 되면, 즉시 1류급 운명상담사를 찾아가 '앞으로의 운(運)'을 꼭 점검 및 확인을 받으라~.
- 개인들의 사주와 손금에는 '재물운과 성공운'이 정확하게 나타나 있다.
- 모든 실패는 불합리성 및 무지함과 기본을 어긴 데서 비롯된다……
- 투자에 성공하려면 앞날의 '재물운과 성공운'을 꼭 점(占)봐 두어라~.
- 앞날의 재물운과 성공운이 나쁜 사람은 반드시 '손해실패'를 당한다.
- 투자에 성공하려면 맡기지만 말고, 스스로 공부하여 '관리'를 잘 하라.
- 투자에 성공하려면 자신만의 노하우 전략과 기술을 꼭 갖추어라.
- 모든 투자는 투자대상의 '내재가치'에 있으니 기업의 신기술개발과 재무상태 및 경영상황 등을 반드시 직접 살펴라.

- 신기술개발 특허로 '핵심지적재산권'을 확보한 강소기업과 벤처기업을 발굴하고 잘 주시하여 남보다 '앞선 투자'를 잘 하라.
- 사업과 투자를 할 때는 경제동향파악 '경기선행지수'를 잘 살펴라.
- 경기선행지수는 약 6개월 후의 경기흐름을 '예측'하는 지표이고, 100 이상이면 경기상승을, 100 이하이면 경기하락이 예상된다는 뜻이다.
- 항상 세계 경제와 환율·금리·증시 등 '추세흐름'을 잘 관찰하라.
- 모든 시장은 추세에 따라 움직이고 '평균지수'는 모든 것을 나타낸다.
- 시장은 추세가 형성되면 지속이 되고, 외부요인이 발생하면 또다시 추세전환이 일어난다.
- 외부요인으로 추세전환이 생길 때마다 '역발상'의 투자와 투기로 차익과 큰 수익을 얻고 또다시 얻으라.
- 통찰력의 반대이론 '역발상기술'은 큰 수익을 얻는 방법이다.
- 증시의 조정은 주식을 적정가격으로 매입할 수 있는 좋은 기회이고, 증시의 폭락은 주식을 헐값에 매집할 수 있는 절호의 기회이다.
- 국제사회의 큰 이슈와 예고 및 위기에 따라서 항상 '최저가매수와 최고가매도'를 꾸준히 잘 해 나가라.
- 글로벌 사회 세계 곳곳의 경제가 어려운 '폭락장'만 잘 찾아다녀라.
- 폭락장세는 반드시 폭등장세로 바뀌고 '큰수익'을 얻는다!!
- 돈 투자에 관하여 잘 모르는 사람들은 손도사가 가르쳐 주는 방법대로 또는 손도사가 '신통점괘'로 찍어준 곳에 투자를 잘하라~.
- 손도사는 각 개인의 운(運)을 중시하기 때문에 AI보다 정확하다!!
- 모든 투자는 '실제수익률'을 가장 중요시해야 하고, 소문과 광풍이 불 때는 최고점이니 즉시 '처분'을 해 버려라~.
- 수익률 투자는 '최고점'을 잘 맞춰야 하고, 운타이밍으로 처분을 잘 하라~.

- 손도사의 '신통점괘' 투자방법은 앞날의 점(占)술과 운타이밍기술이다……
- 손도사는 지난날에 손재찬이란 필명으로 《運운타이밍재테크》 책과 《이 책을 읽으면 돈벼락이》 책까지 '직접 저술'하여 출간을 했었다.
- 최고 전문가들과 1타 강사들은 자기 자신이 쓴 '저술책'이 있다.
- 분야별 최고 전문가들이 '직접 쓴 저술책'은 꼭 한 번 씩 읽어보라.
- 세상은 아는 만큼 보이고, 인생은 운(運)을 알아야 한다……
- 이 세상 모든 것은 섭리작용으로 운(運) 변화의 '순환법칙'이 계속된다.
- 천기학 대주역에는 약 100년주기법칙과 약 10년주기법칙이 있고, ① 한국의 외환위기 ② 세계의 금융위기 ③ 코로나19 대공포 및 세계경제위기와 개인의 9수나이 및 삼재수나이 등은 약 '10년주기운(運)법칙' 때문이고, 다음의 큰 위기와 큰 변동은 2029년과 2039년쯤이 될 것이다……
- 주기운(運)법칙은 국가와 기업 등의 '미래계획'에 활용을 꼭 잘하라~.
- 모든 경제시장은 거품의 대호황 직후에는 반드시 '불황'이 따른다.
- 경제적 거품이 터질 때는 과도하게 평가된 자산들부터 우선적으로 붕괴와 폭락이 진행되고 다시 불황으로 바뀌게 된다.
- 호황기로 물건의 값이 최고점일 때는 미련없이 주식과 부동산 등을 모두 팔아서 '현금'으로 바꾸어 놓아라.
- 모든 투자는 물건들이 가장 비쌀 때는 팔아버리고, 반드시 기다렸다가 값이 가장 쌀 때 헐값으로 다시 사는 것이다.
- 모든 투자는 ① 값이 폭락할 때 ② 최악의 불경기일 때 ③ 최저가로 값이 떨어졌을 때 ④ 모두가 망했다고 할 때 등이다.
- 준비와 다음 기회를 기다리는 '시간투자'는 고도의 투자기술이다.
- 오랜 세월 자금과 자산을 늘리려면 세상을 '더 넓고 더 길게' 바라보라!
- 어떤 상황이 오더라도 자금과 자산은 직접 '관리'를 잘 해 나아가라.

- 삶을 잘 살려면 근면성실로 규칙적 '아침형 인간'이 되어라.
- 젊은이여! 취직과 취업보다는 도전과 모험으로 '창업'을 시도하라.
- 젊은이여! 직장보다는 평생 할 수 있는 '직업'을 더 중요시하라.
- 직업을 선택했으면 10년 이상 인내하면서 '본업'에 꼭 충실을 하라.
- 시장경제 자본주의사회에서 부자가 되려면 '목표와 계획'을 꼭 세우라.
- 지금부터 1단계로 자기 앞가림의 민생고 해결과 종잣돈 마련을 위해 1억 원을 모으고, 2단계로 10억 원을 모으고, 3단계로 평생동안 100억 원쯤 개인재산을 소유하는 부자 '자산가'를 목표로 하라.
- 개인재산 100억 이상을 더 벌려고 재물집착은 결코 하지 말라!
- 지나친 과욕의 재물집착은 물고기의 낚시바늘처럼 '구속'을 당해간다.
- 집착 않는 소유가 지혜로운 방법이고, 자유와 행복을 누린다.
- 삶의 꿈과 계획 및 목표가 있는 사람은 분명히 '성공'을 한다……
- 세상과 인생은 아는 만큼 보이고, 많이 알아야 '권리'를 찾는다.
- 모든 사람은 조직 및 단체와 회사 · 기업의 '운영과 경영'을 잘 배워두어라.
- 모든 조직 · 단체 · 회사 · 기업 등은 임원회의와 정기총회를 한다.
- 모든 조직 · 단체와 회사 · 기업의 임원과 회원 및 주주는 기본 재무와 회계 등 '재무상태표'를 꼭 볼 줄 알아야 한다.
- 회원 및 주주와 임원들은 재무상태표(대차대조표)에서 ① 현금흐름표 ② 손익계산서 ③ 재무비율 등을 알아야 하고 또한 경영을 알아야 한다.
- 모든 회사 및 기업이 사업을 잘 하려면 항상 '재무상태'가 좋아야 한다.
- 회사의 재무상태를 알려면 먼저 '현금흐름표'를 상세히 보라.
- 현금흐름표는 월간 또는 연간의 '성과'를 추적하는 데 유용하다.
- 현금흐름표는 특정기간 동안의 '은행계좌'를 잘 확인하라.
- 은행계좌에 현금을 예치하는 것과 현금을 인출하는 것이다.

- 현금흐름표는 현금흐름발생의 '출처'를 구분해서 '추적'을 잘 하라.
- 현금은 은행계좌에 있든지 또는 금고에 있든지 둘 중 하나이다.
- 현금의 유입은 ① 영업활동 ② 투자 ③ 자금조달 등이다.
- 현금흐름은 인출보다 예치가 많아야 하고 0이 되면 안 된다.
- 모든 기업들은 '자유현금흐름'이 필수적이고, 기업의 경영 및 운영을 유지하기 위한 자유현금흐름은 클수록 더욱 좋다.
- 기업과 사업을 할 때 현금은 중요하지만 '이윤'은 더욱 중요하다.
- 기업과 사업은 '장기간의 이윤'이 없으면 반드시 망하게 된다.
- 판매와 수익을 판단하기 위해서는 '비용'을 연결해서 추적을 하라.
- 기업회계는 '발생주의'로 수익과 비용을 대응시키는 '대응원칙'을 기본원리로 하고 있다.
- 기업의 손익계산은 매출 − 상품원가 − 비용 − 세금 = 순이익이다.
- 특히 회계의 대응원칙에서 전문가들은 '잠재적 편향'을 잘 써서 공식 또는 가정 등을 변경해 이윤선을 '조정'할 수도 있다.
- 기업들은 특정기간에 기업의 순가치를 '대차대조표'로 작성을 한다.
- 기업들은 지난 1~2년간의 회계를 회계년도 마지막 날을 기준으로 계산한 '대차대조표'를 작성 · 보고 · 고시를 해야 한다.
- 기업들은 많은 자산과 부채 그리고 자본으로 구성되어 있다.
- 자산이란 시설과 설비 · 제품 · 재고 · 외상매출계정 · 현금 등이다.
- 부채는 대출금 · 조달자금 · 외상매입계정 · 채무 등이다.
- 자본은 소유주지분의 자본 및 투자자자본과 유보이익금 등이다.
- 기업의 대차대조표는 양쪽의 합산수치가 '균형'을 이뤄야 한다.
- 대차대조표(재무상태표)는 해당 기업의 재무적 건전성과 지불능력여부 등 '기업가치'를 판단하는 귀중한 자료이다.

- 특히 대차대조표는 수치의 편향을 줄 수 있는 가정 또는 추정이 있으니 대차대조표를 볼 때는 '주석'을 꼭 함께 잘 살펴라.
- 기업과 사업을 할 때는 항상 '재무비율'을 꼭 알아야 한다.
- 재무비율을 보면 특정부분의 비즈니스를 잘 판가름할 수 있다.
- 재무비율을 산업평균과 비교해 보면서 해당기업의 '성과'를 알라.
- 수익성비율은 이윤을 창출하는 그 기업의 능력을 표시한다.
- 자산수익률은 그 사업에 투자된 자산 대비 이윤을 나타낸다.
- 타인자본비율은 그 기업이 빚을 얼마나 쓰고 있는지를 나타낸다.
- 유동성 비율은 청구서에 지급할 수 있는 그 기업의 능력을 나타낸다.
- 효율성 비율은 그 기업이 얼마나 효과적으로 자산과 부채 등을 잘 관리하고 있는가를 나타낸다.
- 이자보상배율은 영업이익으로 은행이자 등을 감당할 수 있는 정도를 나타내고, 영업이익으로 은행이자도 못 갚을 경우는 그 사업을 과감히 접어야 한다.
- 투자수익률은 시간·노동·자본 등의 투자에서 생기는 가치이다.
- 매몰비용은 일단 투자가 된 후에 회복될 수 없는 시간·노동·에너지·자본 등의 총체를 말한다.
- 모든 사업과 기업은 '매몰비용'이 발생되어서는 절대로 안 된다.
- 재무제표를 검토할 때 투자수익률·총자산수익률·재고회전률·매출채권 회수율·재무비율 등은 '사업건전성'확인에 아주 중요하다.
- 모든 사업은 비용과 편익분석으로 '비용 대비 편익'도 잘 검토를 하라.
- 경영은 누구나 할 수 있지만, 아무나 잘 할 수는 없다.
- 단체 및 조직과 기업 등의 운영과 경영은 반드시 '방향성'을 잘 잡아라.
- 모든 기업과 조직단체는 기본적으로 '사람과 시스템'으로 움직인다.

- 기업과 조직단체는 기획전략이 필요하고, 경영자는 인재와 시스템을 잘 관리하여 모든 구성원을 반드시 '공동목표'로 잘 이끌어야 한다.
- 기업과 조직단체가 공동목표를 향해 나아가면 반드시 '성공'을 이룬다.
- 특히 공동주택아파트와 집합건물 등 모든 조직 및 단체와 회사 및 기업 등의 감사는 '운영감사와 회계감사'를 잘 하라.
- 정기회계감사를 할 때는 특히 ① 합계잔액시산표, ② 금전출납장과 전표철, ③ 재무상태표상예금과 실제통장의 대조 및 은행발행의 잔액증명서 첨부, ④ 장기수선충당금 통장은 2인 이상 인감사용 등을 꼭 '확인'을 잘 하라.
- 회계를 잘 모르는 사람은 '감사직'을 맡거나 또는 맡기지 말라~.
- 경영을 잘 모르는 사람에게 입주자대표 또는 관리인·대표이사·기관장·단체장 그리고 회장직을 맡기지 말라~.
- 모든 전문적인 일은 반드시 그 분야의 '전문가'에게 꼭 맡겨라.
- 모든 업무와 일은 실력과 능력이 있는 '적임자'에게 꼭 맡겨라.
- 어떤 경우에도 실력과 능력이 없는 사람에게는 일을 맡기지 말라~.
- 어떤 경우에도 적임자가 아니면 '선출과 인사발령'을 하지 말라~.
- 비전문가에게 일을 맡기는 것은 모두가 함께 망하는 지름길이다.
- 자기 자신이 잘 모르는 분야에는 절대로 관여나 손을 대지 말라.
- 잘 모르거나 운(運)까지 안 따르면 반드시 손해와 실패가 따른다.
- 인생살이에서 큰 잘못을 초래하면 '죽음'까지도 당할 수 있다……
- 모든 나라의 국민들은 국가 경영에 필요한 조세부담 의무가 있다.
- 대한민국의 조세체계는 ① 국세 ② 지방세 ③ 관세가 있고, 나라의 세금은 다른 공과금 및 기타 채권에 우선하여 징수를 한다.
- 부동산을 취득할 때는 취득세와 등록세를 신고·납부해야 한다.
- 부동산을 매도·교환을 할 때는 양도소득세를 신고·납부해야 한다.

- 소득이 있을 경우에 개인은 ① 소득세, 법인은 ② 법인세를 내야 한다.
- 소득세는 개인의 모든 소득에 합산과세이고 누진세율을 적용한다.
- 법인세는 각 사업연도 종료일로부터 3개월 이내에 ① 대차대조표 ② 손익계산서 ③ 이익잉여금처분(결손금처리)계산서 ④ 현금흐름표 ⑤ 세무조정계산서 등을 '함께제출'과 관할세무서에 신고·납부를 해야 한다.
- 세무조정에서는 익금 및 손금의 산입 및 불산입을 잘하라.
- 모든 사업자는 '각 사업장마다' 관할관청에 신고·등록을 해야 하고, 소득세 또는 법인세와 부가가치세 등을 신고·납부해야 한다.
- 사업자는 ① 일반과세 ② 간이과세 ③ 면세 등으로 구분하고, 일반과세자는 개인이든 법인이든 '부가가치세'를 내야 한다.
- 부가가치세는 매년 1월과 7월달에, 소득세는 매년 5월달에, 법인세는 통상 매년 3월달에 신고·납부를 해야 한다.
- 재산세는 매년 과세기준일(6월 1일자) 현재 부동산 소유자에게 건축물은 7월달에, 토지는 9월달에, 주택은 7월과 9월에 반반씩, 선박 및 항공기는 7월달에, 과세표준으로 신고·납부를 해야 한다.
- 대한민국에는 현재 약 30가지의 각종 세금이 부과되고 있다.
- 대한민국에서 현재 사업을 하는 사람들은 실력 및 능력과 운(運)이 좋은 대단한 사람들이고, 세금을 많이 내는 사람은 정말로 애국자들이다.
- 세금을 많이 내거나 기부금을 잘 내는 사람에게 '감사'를 해야 한다……
- 모든 사람은 태어나면 죽을 때까지 계속 '경쟁' 속에서 살아간다.
- 모든 생명체는 생존을 위해서 죽을 때까지 '경쟁'을 해야 한다.
- 싸우지 않고 이기는 방법이 최선의 방법이고 기술이다.
- 싸우지 않고 이기는 방법과 기술이 '권모와 술수'이다.
- 권모와 술수는 자연계에서 식충세계와 동물세계의 먹이 경쟁을 할 때 항상

일어나는 자연계의 생존방법이고 성공기술이다.

- 약자가 강자를 이기려면 반드시 '권모술수 전략'을 잘 사용하라.
- 약자가 강자를 이기려면 '담대한 전략'을 철저하게 잘 세우라.
- 꼭 이기기 위해서는 모든 것을 반드시 '최적화'를 잘 시켜라~.
- 독수리가 높은 곳에서 땅을 내려다 보듯, 호랑이가 은밀하게 먹잇감에 접근을 하듯, 사자가 용맹스럽게 먹잇감을 넘어뜨리듯 행하라.
- 선전포고와 정면승부 싸움은 손실이 크니 절대로 잘 피하라.
- 상황에 따라 행동을 잘 하고 돌발 상황의 '대비책'도 세워두어라.
- 자기편의 강점·장점·이점을 최대한 내세우고 활용을 잘 하라.
- 자기편의 권위와 인맥 등 유리한 것을 최대한 활용을 잘 하라.
- 상대편의 약점·단점·허점을 계속해서 집요하게 공격을 하라.
- 상대편이 무방비일 때 기습과 역습으로 '급소'를 공격하라.
- 싸움을 하려면 공격목표 내부에 정보원과 간첩을 심어두어라.
- 상대편 적들끼리 싸우게 하는 어부지리술책을 사용하라.
- 상대편에게 책임과 허물을 씌우는 모함술책을 사용하라.
- 상대편에게 음해와 죄를 날조하는 조작술책을 사용하라.
- 상대편에게 사람과 자금돈줄을 막는 고립술책을 사용하라.
- TV·신문·인터넷 등 언론매체로 여론몰이술책을 사용하라.
- 비밀로 철저하게 중상·모략·음해로 상대를 곤경에 빠뜨려라(위의 나쁜 술책들은 꼭 필요할 때만 사용해야 합니다).
- 싸움이나 경쟁을 할 때는 고도의 '심리전술'을 잘 사용하라.
- 빈틈을 주지 말고 연쇄적으로 파도처럼 '파상공격'을 계속하라.
- 알고 있어도 모르는 척하고 함부로 속마음을 드러내지 말라.
- 싸움이나 모든 문제들은 '사전예방'이 가장 중요하다.

- 피할 수 없는 한판 대결의 싸움이라면 '선제타격'을 감행하라~.
- 선제타격과 예방타격은 최소피해의 '선제방어'이다.
- 싸움이나 경쟁을 할 때는 '정보와 보안'에 신경을 많이 쓰라.
- 정치인 및 기업인과 특수 중요한 일을 하는 사람들은 항상 CCTV와 언론 기자 등을 조심하고, 대화와 통신의 '감청과 도청'을 조심하라(현대사회는 비밀녹음과 촬영 그리고 감청과 도청기술이 놀라울 정도이고, 모든 국가와 기업체 등의 경쟁자끼리는 언제나 감청과 도청이 빈발하고 특히 미국은 100개 이상의 위성으로 전 세계의 모든 통신과 대화 등을 24시간 감시를 하고 있다).
- 첩보 및 정보의 수집과 보완유지는 곧 경쟁력이고 힘이다.
- 모든 정보들은 시간별·지역별·분야별 등으로 '분류'를 잘 하라.
- 신문구독은 보수·진보·중도 등을 함께 골고루 읽어라.
- 출세야망이 있는 사람들은 반드시 정당가입과 정치에 뜻을 세우라.
- 야망이 있는 사람들은 우선적으로 군의원·구의원·시의원·도의원·국회의원 등을 '순차적'으로 출마도전을 하고, 지방자치단체장 및 공공기관장 또는 국무위원 등으로 '성공과 출세'를 꼭 진행시켜 나아가라~.
- 선출직과 임명직으로 성공과 출세를 하려면, 반드시 '출마당선운'과 '낙하산발령운' 및 '내정임명운' 등에 대해 사전에 꼭 점(占)을 봐 두어라~.
- 야망이 큰 사람들은 자기 자신의 '성공출세운'을 꼭 점(占) 봐 두어라~.
- 개인들의 사주와 손금에는 '성공출세운'이 정확하게 나타나 있다.
- 정치와 정당의 당원들은 정당의 이념과 노선 그리고 정강과 정책을 알아야 하고, 정당의 지도자가 되려면 당헌과 당규를 꼭 알아두라.
- 특히 정당은 국가발전과 사회개혁에 대한 강력한 의지와 그 의지를 반영한 분명한 '노선과 색깔'을 가져야 한다.

- 특히 정치인은 정치철학과 국정철학을 가져야 하고, 정부 및 지방의 단체장들은 행정철학을 가져야 한다.
- 특히 정치인은 은퇴를 할 때까지 계속 선거를 치르고 계속 싸워야 한다.
- 정치인과 민선 단체장들은 시대정신과 '세력조직'을 꼭 갖추어라~.
- 민선 단체장에 도전하려면 국가관과 '비전제시'를 크게 잘 하라.
- 민선 단체장에 도전하려면 TV 노출과 언론플레이를 잘 하라.
- 모든 선출직에 도전하려면 치밀한 전략과 다수의 지지를 얻어내라.
- 모든 선출직에 도전하려면 가장 먼저 '당선운(運)'부터 알아두어라~.
- 모든 선거를 치를 때는 사전에 반드시 '선거전략'을 잘 세우라.
- 선거운동에서 효과가 가장 큰 것은 선거관리위원회 등에서 개인과 집집마다 보내주는 '선거홍보자료'이니 반드시 홍보물을 잘 만들어라.
- 선거전략에서는 정책과 공약 등의 강력한 '의지'를 분명히 밝혀라.
- 모든 선거를 치를 때는 전략의 '책사'와 전투의 '투사'를 잘 두어라.
- 모든 선거를 치를 때는 겁쟁이 지식인과 대학교수들을 배제시켜라.
- 또한 대학교수들은 결코 '폴리페서(polifessor)'가 되지 말라.
- 본업에 충직하지 않은 '철새' 같은 사람은 결코 신뢰를 하지 말라.
- 대학교수들은 오직 연구와 학생들 '가르침'에만 평생동안을 하라.
- 모든 선거는 지혜와 행동을 수반한 진두지휘 '야전사령관'을 잘 두어라.
- 모든 선거를 치를 때는 ① 전략기획팀 ② 이미지개발홍보팀 ③ 조직운영팀 ④ 자금조달재정팀 등 선거에 따른 '팀구성'을 잘 하라.
- 선거출마의 후보자는 조직관리와 정책개발 및 비전제시를 잘 하라.
- 모든 선거 때는 돌출발언과 행동으로 대중의 '관심'을 잘 유도하라.
- 모든 선거와 정치선거는 '여론'을 잘 살피고 '바람몰이'를 잘 하라.
- 선거를 꼭 성공하려면 단합과 연대·연합·합당 등을 잘 하라.

- 정당대표와 원내대표는 '기운(氣運)이 강한 사람'을 꼭 선출하라~.
- 정당대표와 원내대표는 외모가 대표적으로 잘 생긴 사람을 꼭 선출하라~.
- 정당대표와 원내대표는 '장애인 및 어린 사람'은 꼭 배제를 하라~.
- 정치정당의 당대표와 원내대표는 당의 '이미지와 운(運)'을 대표한다!
- 선거와 정당공천은 반드시 '이길 수 있는 후보자'를 잘 선택하라.
- 선거를 앞두고 있는 정당과 대표들은 먼저 '점(占)'을 꼭 봐두어라~.
- 특히 총선과 대선은 선거가 있는 해의 사회 여론과 경제상황이 중요하고, 정치 정당의 운(運)과 후보자의 '개인 운(運)'은 정말로 더욱 중요하다!!
- 모든 의원과 단체장 선출을 할 때는 후보자 개인의 '공천운 및 당선운과 출세운'을 사전에 반드시 점(占) 봐두어라~. 점(占)술은 최고의 통찰이다!
- 필자 손도사는 국회의원 선출과 지방의원 선출 및 단체장 선출 등 선거를 할 때마다 수많은 후보자들의 '선거당락'을 점(占)쳐 주었고, 한국 정치 1번지 서울 '종로3가 국일관'의 대주주 겸 터줏대감으로서 큰 선거를 할 때마다 '은둔 막후역할'을 하면서 대한민국의 국가와 민족을 위한 '위대한 대통령' 선출을 진심으로 소망하고 기도하고 예언을 한다.
- 필자 손도사는 2020년 8월 1일자 출간한 《정권은 바뀐다》 책의 앞표지에 "다음 대통령은 이 책 속에 있습니다."라고 충격적인 예언을 큰 글자로 공개를 해놓았고, 또한 유튜브 채널 손도사 동영상 104번 〈윤석열 대통령 당선〉 제목으로 방송을 하면서 99% 당선 가능성을 미리 공개예언을 해놓았고, 그 당시 조회 수는 6만 정도이었다.
- 그리고, 2년 후 2022년 3월 9일 한국 대통령선거는 손도사의 2년 전 팩트 예언대로 집권 여당이 패배를 당하고, 윤석열 대통령 당선으로 5년 만에 '정권교체'가 되었다.
- 또다시 충격적인 예언!!으로 "대한민국의 다음 21대 대통령 성씨에는 이씨

가 없다!!라고 기록을 남겨둔다……

(사람의 그림자는 평생동안을 따라다니고, 국민 집단지성은 올바로 간다.)

- 그리고, 잠깐 동안의 권력인 대통령보다 더 위대한 사람은 '시대의 영웅'일 것이다……
- 모든 선출직과 인사발령의 대상자들은 '운 8 · 노력 2 법칙'이니, 가장 먼저 자기 자신의 '출세운'을 사전에 꼭 점(占) 봐두어라~
- 점(占)술가도 1류급 · 2류급 · 3류급이 있으니 1류급을 꼭 찾아가라~
- 나를 알고, 적을 알고, 세상의 이치를 알고 그리고 '운(運)'을 알라~
- 내 인생의 진정한 적은 마음에 끄달리는 '자기 자신'임을 알아야 한다.
- 남을 이기는 것보다 자기 자신을 이기는 사람은 정말로 강한 사람이다.
- 사람에게는 평생동안 자기 자신의 '그림자'가 따라다닌다.
- 그림자가 항상 따라다니기 때문에 말과 행동을 항상 '조심'하라!!
- 자기 자신의 과거 그림자에 떳떳하지 않거든 결코 '공직'에 나서지 말라!
- 국정조사 및 청문회 등은 사전조사와 준비 그리고 계획 및 의도적으로 물어보니 답변자는 철저하게 '준비와 대응'을 잘 하고, 반드시 운(運)을 알라!
- 정권이 바뀌면 앞 정권 때 '특혜'를 받은 기업인들은 조심을 하라!
- 정권이 바뀌면 '기업길들이기'가 따르고, 세무조사와 적폐청산 · 부정비리 청산 등 정치적 온갖 조사 및 수사 등이 꼭 뒤따른다.
- 모든 싸움은 준비 · 대비 · 대응을 잘 하는 쪽이 항상 유리하다.
- 명분이 있으면 약자가 강자를 이길 수 있고 싸움을 이길 수 있다.
- 명분 쌓기를 계속 하면서 '대의명분'으로 기회와 대세를 잘 잡아라.
- 모든 일은 절차를 따르고 '명분 쌓기와 실적 쌓기'를 잘 해나가라.
- 모든 것은 상황에 따른 시기적절의 '타이밍'을 잘 맞추어라.
- 모든 것은 타이밍을 잘못 맞추면 결국 실패로 끝나 버린다.

- 타이밍을 잘 맞추기 위해 '운때'를 기다리는 것은 최적의 전략이다.
- 아랫사람을 쓸 때는 오직 '충성심'과 '직무능력'을 함께 잘 살펴라.
- 우두머리는 아랫사람들의 능력을 꿰뚫어 보는 '안목'을 꼭 키우라.
- 무척해야 무탈하고 잘 살게 되니 인생과정에 적을 만들지 말라.
- 성공과 출세를 하려면 소통과 설득 및 협상을 잘 해 나아가라~.
- 소통 및 설득 그리고 협상 및 회의 등을 잘 하려면 '동의'를 받아낼 수 있도록 사전에 준비와 계획 등 '전략'을 잘 세우라.
- 설득을 잘 하려면 예스를 할 수 있도록 '분위기'를 잘 조성시켜라.
- 설득을 잘 하려면 객관적인 근거와 데이터를 잘 제시하라.
- 협상을 할 때는 자신에게 유리한 조건을 먼저 '선점'해 두어라.
- 협상을 할 때는 상대방이 거절할 경우를 '대비'까지 해 두어라.
- 협상을 할 때는 양쪽이 만족할만한 '합의점'을 잘 생각해 두어라.
- 설득과 협상을 잘 하려면 먼저 가장 적절한 '타이밍'을 잘 잡아라.
- 설득과 협상을 할 때는 최선책이 안 되면 차선책이라도 꼭 받아내라.
- 세상은 아는 만큼 보이니, 공부하고 경험을 쌓고 '안목'을 키워라.
- 꿈과 야망은 성공을 낳고, 성공은 더 큰 야망을 낳는다.
- 성공을 하려면 자신의 강점·약점·장점·단점 등을 정확히 '인식'하라.
- 성공을 하려면 진정한 지식과 실력 및 능력을 갖춘 '인재'가 되어라.
- 성공을 하려면 나쁜 성격·나쁜 말투·나쁜 행동 등은 꼭 '개선'을 하라.
- 성공을 하려면 규칙적인 운동으로 '몸관리'부터 잘 해 나아가라.
- 성공을 하려면 꼭 필요한 사람들과 '인맥형성'을 잘 해 나아가라.
- 성공을 하려면 자신에게 유리한 '상황조성'을 계속 만들어 나아가라.
- 성공을 하려면 항상 주류 편에 함께하고 '주도권'을 꽉 잡아라.
- 현재를 주도하는 사람들이 항상 그 시대와 그 사회를 지배한다.

- 역사 이래 가장 큰 세계의 주도권은 15~16세기는 스페인이 그리고 17~19세기는 영국이 그리고 20~21세기는 미국이다.
- 미국은 경제·군사·정치 등에서 세계의 '큰형님' 역할을 하고 있다.
- 세계 글로벌 경제는 미국의 경제정책과 미국 달러의 운용구조이다.
- 글로벌 경제는 미국 달러 운용에 따라 희비가 엇갈리는 시스템이다.
- 모든 기업과 국가들은 미국의 경제정책과 달러운용을 꼭 알아야 한다.
- 모든 국가의 정치는 여당이 주도권을 잡고, 정치 이념적 우파와 좌파는 시대정신에 따라서 주도권이 번갈아 '반복'이 된다.
- 역사는 옳음과 정의를 기준으로 살았던 사람들에 의해 발전을 해왔다.
- 소인배들은 항상 자신의 이익만을 생각하지만, 대인과 영웅은 항상 옳음과 정의를 생각한다.
- 오늘에 최선을 다하라. 한 번 지나간 시간은 되돌아오지 않는다…….
- 성공출세와 부자가 되려면 평생동안 항상 '시간관리'를 잘 하고 반드시 '아침형인간'이 되어라~.
- 똑같이 주어진 하루 24시간을 어떻게 쓰느냐가 성공을 좌우한다.
- 남보다 1시간 일찍 일어난 사람은 10년을 앞당겨 성공을 이룬다.
- 일을 꼭 성공시키려면 차근차근 '절차'에 따라 준비를 잘 하라~.
- 일은 계획과 준비를 잘 해두면 스스로 용기와 자신감이 생겨진다.
- 성공한 사람은 남다르니, 그것을 한 수 배우고 '벤치마킹'을 잘하라.
- 실패한 사람들은 잘못들이 있으니, 실패 원인을 꼭 분석해 봐야 한다.
- 큰 실수와 큰 실패를 당했거든 그것을 '평생 교훈'으로 꼭 삼으라~.
- 실수와 실패로부터 배우는 사람은 훗날에 더 크게 성공을 해 낼 수 있다.
- 위기와 위험 및 역경에 처할 때가 '전화위복'의 진정한 기회이다.
- 기회는 기다리기도 하지만, 적극적으로 기회를 만들어가라.

- 물고기는 그물과 낚싯바늘로 잡고, 사람은 '돈과 신뢰'로 잡는다!
- 사람의 신뢰와 신용은 정말로 중요하니 평생동안을 잘 '관리'하라.
- 신용불량을 경험한 부모는 자기의 자녀들에게 평생동안의 '신용관리교육'을 잘 시켜 부모의 전철을 밟지 않게 하라.
- 무슨 일이든 큰 실패를 경험한 부모는 자기의 자녀들에게 실패의 경험담을 들려주어 부모의 전철을 밟지 않게 하라.
- 큰 질병으로 고생한 부모는 자기의 자녀들에게 질병의 원인과 고통의 경험담을 들려주어 부모의 전철을 밟지 않게 하라.
- 가난한 부모는 자기의 자녀들에게 천성적으로 타고난 기질·소질·재능·성격을 일찍 발견 및 집중계발을 해주고, 핏줄유전인자 나쁜 운(運)을 좋게 바꿔주는 '개운'을 해주어 가난대물림이 되지 않게 하라.
- 세상과 인생살이는 직접 경험을 해 본 것이 가장 '진실'한 지식이다.
- 세상과 인생은 운(運)이 중요하니 반드시 '운을 좋게' 만들어 가라~.
- 몸이 아프면 약국과 병원을 찾아가듯, 운(運)이 안 풀리거나 또는 나쁘다고 생각이 들면 반드시 사주 + 손금으로 꼭 한 번 '운명진단'을 받으라~.
- 사주풀이와 손금풀이를 함께 보면 100%까지 '개인운명'을 맞출 수 있다.
- 병원에서 수술로 태어나거나 태어난 시간을 모르면 반드시 '손금'을 봐라.
- 특히 세계 1등「손도사 손금풀이」는 100%까지 '개인운명'을 맞출 수 있다.
- 세상은 아는 만큼 보이고, 인생살이는 '운과 복'으로 살아간다…….
- 세상 이치를 잘 모르는 사람은 '좋은 책'을 읽고 꼭 배워나가라~.
- 배우고 실천하고 또 배우면 인생살이가 반드시 더 나아진다.
- 거대한 느티나무도 작은 씨앗으로부터 자라난 것이다.
- 천리길도 한 걸음부터이고, 높은 산을 오를 때도 한 계단부터이다.
- 자수성가한 사람들은 환경을 탓하지 않고 오히려 환경을 만들어간다.

- 뛰어난 기술자는 연장을 탓하지 않고, 명필은 붓을 탓하지 않는다.
- 큰 야망이 있거나 천부적인 재능이 있거나 두뇌가 우수한 사람들은 하고자 하는 자신만의 길을 걷는 '시대의 이단아'가 꼭 되어라~.
- 이단이란? 그른 것이 아니라 기존 것들과는 더 좋게 다른 것이다.
- 거울을 보고 내 모양새를 바로 잡듯, 이 책을 읽고 삶을 바로 잡아라~.
- 책 한 권에서 '좋은 글귀' 한 개만 얻어도 책값은 충분하다!
- 책을 읽지 않는 사람은 결코 성공·출세·부자가 될 수 없다.
- TV를 시청할 때 3류 드라마나 개그프로 등을 즐겨보는 사람은 결코 성공·출세·부자가 될 수 없으니, 뉴스와 경제채널도 함께 꼭 봐라.
- 인터넷으로 게임·오락만을 즐겨 하는 사람은 결코 부자가 될 수 없다.
- 스마트폰중독·게임중독·도박중독·마약중독·알코올중독·니코틴중독·종교중독·권력중독 등 '중독자'들은 반드시 인생을 망치게 된다.
- 망하고 후회하지 않으려면 어금니를 악물고 스스로 '절제'를 꼭 하여라.
- 너무나도 귀중한 자기 인생을 '중독성' 때문에 망치지 말라~.
- 사주운명에 따른 각종 중독성은 스스로 자가치료가 정말로 어렵다!!
- 향정신성의 모든 중독자들은 스스로 자기 절제가 결코 되지 않는다!!
- 나쁜 중독자들은 타고난 사주에 따라 과거 및 전생과 조상핏줄의 업(業)내림 때문이니, 반드시 업살풀이로 '운치료'를 꼭 한 번 받아야 한다.
- 사주운명에 따른 각종 정신질환과 빙의는 스스로 자가치료를 할 수 없다!!
- 암치료를 의사가 해주는 것처럼 운명치료는 1등급의 '도사'가 해준다······.
- 잘못되었다고 생각이 들 때는 온갖 방법으로 반드시 '개선'을 하라~.
- 위기와 절망이라고 생각들 때가 정말로 과감히 '행동'을 할 때이다.
- 큰 성공을 하려면 계속된 학습·연습과 끈기로 '한 우물'을 파 나아가라.
- 오직 한 분야에서 최고전문가 소리를 들어야 '큰 성공'을 이룬다.

- 큰 성공을 이룬 뒤에는 오히려 겸손하고 더욱 검소하여라~.
- 부자에 대한 부러움과 배타적 질투와 미움은 '서민들의 본성'이다.
- 가난뱅이와 약자는 부자 및 강자를 선망하면서도 적대시를 한다.
- 높이 오를수록 시야는 넓어지나 시기질투의 바람은 더욱 거세진다.
- 유명세를 타고 얼굴과 이름이 알려지면 사생활이 없어진다.
- 큰 성공을 하고 유명세를 타면 필연적으로 대중들의 '감시'가 따른다.
- 유명세를 타면 절제와 겸손으로 항상 비판에 '대비'를 잘 해 나아가라.
- 잘난 체하면 적을 만들고, 못난 체 겸손하면 친구를 만든다.
- 진정으로 승리와 자유를 바라거든 때로는 바보처럼 행동을 하라.
- 진짜 바보는 어리석은 바보이고, 가짜 바보는 영리한 바보이다.
- 성낼 줄 모른 사람은 바보이고, 성내지 않으면 영리한 사람이다.
- 아는 체하는 사람은 바보이고, 물어 볼 줄 알면 영리한 사람이다.
- 대립하는 사람은 바보이고, 상생할 줄 알면 영리한 사람이다.
- 적을 만드는 사람은 바보이고, 친구를 만들면 영리한 사람이다.
- 그 사람의 어릴 적 성장과정을 모르면 사람판단에 오해가 따를 수 있다.
- 그 사람의 현재상황 및 속마음을 모르면 계속 오해가 따를 수 있다.
- 그 사람의 인생 가치관 및 목표를 모르면 계속 오해가 따를 수 있다.
- 세상과 인생은 이해를 하기 전까지는 대부분 잘못 오해들을 한다.
- 무슨 문제가 있거든 문제의 '본질'을 파악해서 이해를 잘하라.
- 무슨 문제가 있거든 원인과 결과의 '관련성'을 잘 파악해 보라.
- 무슨 문제가 있거든 '이해득실'의 관점에서 분석을 잘 해 보라.
- 대다수 사람들의 인간본성은 대체로 '자기중심적'이다.
- 세상만사는 모두 '자기 입장'에서 생각과 행동들을 한다.
- 자신에게 이득 및 중요하지 않은 것은 대부분 무시해 버린다.

- 관심이 없는 주제에 대해서는 아예 관심을 꺼버리기도 한다.
- 사람들은 자기 자신과의 이해득실로 모든 '의사결정'들을 행사한다.
- 특히 동질성을 가진 사람들의 의사결정은 크게 '잘못'될 수도 있다.
- 자신과의 이해득실에 따른 다수결제도는 '큰 위험?'일 수도 있다.
- 특히 민주주의 다수결제도는 절차와 목적이 '최선쪽'이어야 한다…….
- 성공출세와 부자가 되려면 항상 '핵심과 본질'을 중요시하라.
- 성공출세와 부자가 되려면 한눈에 꿰뚫는 '통찰과 안목'을 키우라.
- 성공출세와 부자가 되려면 자기 분야에서 탁월한 '전문가'가 되어라.
- 성공출세와 부자가 되려면 훌륭한 인재를 '협조자'로 잘 얻으라.
- 성공출세와 부자가 되려면 항상 '기회창조'를 계속 만들어 가라.
- 성공출세와 부자가 되려면 목표 · 계획 · 준비 · 실천으로 꼭 행하라.
- 성공과 출세를 하고 있는 사람은 항상 '스캔들'을 조심하라~.
- 유명인사와 공인들은 항상 '구설수 및 망신살과 관재수'를 조심하라~.
- 유명인사가 된 사람들은 반드시 '겸손과 절제'를 많이 가져라~.
- 자기 절제로 겸손과 검소한 생활은 가르침과 배움의 '품성공부'이다.
- 가르침과 동기부여를 주는 '좋은 책'은 반드시 수중에 꼭 넣어라~.
- 사람들에게 '동기부여'를 계속 유발시키면 누구나 성공을 이룬다.
- 자기 자신과 자녀에게 '끼'가 있으면 연예인으로 도전을 꼭 해보라.
- 연예인으로 발탁이 되면 가장 먼저 '인기운' 여부?를 꼭 점(占) 봐라~.
- 가장 먼저 정확한 '운(運)감정'을 받은 후에 시간과 노력을 투자하라~.
- 모든 연예인은 인기운을 좋게 '개운'하면 큰 인기를 얻을 수 있다.
- 모든 사람은 개성으로 저마다의 한 가지씩은 '소질과 재능'을 타고난다.
- 타고난 소질재능 및 장점과 강점을 찾아내어 최대로 활용을 잘 하라~.
- 사람의 타고난 천성적 기질 · 소질 · 재능발견 및 계발과 운(運)을 좋게 하는

'개운'은 정말로 중요하다……

- 성공출세와 부자가 되려면 최우선으로 '자기 자신'을 잘 경영하라.

- 평생동안을 잘 살려면 운영과 경영 등 '경영학'을 꼭 공부해 두어라.

- 집안의 가장과 주부가 가정을 잘 경영하는 것은 '경영기술'의 기본이다.

- 자기 가정을 잘 경영하지 못한 가장과 주부들은 반드시 '공부'를 하라.

- 공부는 마음을 잘 다스리는 것과 운(運)을 아는 것이 첫번째이다.

- 집안과 가게 · 기업 · 국가 경영까지도 '앞날의 운(運)'을 꼭 알아야 한다.

- 앞날의 운(運)을 모르거나 또는 운(運)이 나쁘면 모든 것이 허사가 된다.

- 세상의 모든 것은 개발과 발전을 향해 스스로 '변화'를 계속 한다.

- 손도사는 평생동안 다양한 장르의 책을 저술해오면서, 사람의 '기질소질재능계발론'과 '인생3박자성공론'을 주창하였고 또한 '제4의 물결'을 예언하면서 첨단기술물결과 신명나는 한류문화의 큰 물결을 선언까지 했었다.

- 21세기에는 제4의 정신 및 문화의 물결로 K팝 · K트로트 · K뷰티 · K푸드 · K패션 · K무브 · K문학 그리고 K신통의술 · K퇴마술 · K점술과 K명상수련 등이 '한류물결'로 세상만방에 뻗쳐나간다.

- 21세기는 첨단기술의 물결로 '기존 직업의 종말'들을 예고한다.

- 앞으로 10년 후 당신의 직업과 사업을 '준비 및 대비'를 잘 하라~.

- 앞으로 미래산업과 미래사회의 예측을 대략해 보면, 소비자 직접 구매대중화 · 지식검색 대중화 · 딥러닝 대중화 · 모든 경계의 파괴화 · 모든 기득권의 파괴화 · 외국어 동시통역기의 대중화 · 현실과 가상경계의 파괴화 · 게임과 미디어 파괴화 · 스마트폰의 디지털 브레인화 · 3D프린팅의 대중화 · 가상화폐와 핀테크 등 금융의 다양화 · AR증강현실의 상업대중화 · 생체인식보안의 대중화 · 드론의 상용화 · 데이터과학의 상용화 · 양자컴퓨터의 상용화 · 대체에너지의 대중화 · 클라우드펀딩의 대중화 · 스마트 홈시대의

대중화 · 사물인터넷의 대중화 · 클라우드서비스 상용화 · GMO산업의 세계화 · 에너지집적기술의 가속화 · 전기자동차의 대중화 · 자율주행자동차의 상용화 · 로보어드바이저의 대중화 · AI인공지능의 상용 및 대중화 · 생활서비스로봇의 대중화 · 웨어러블장치의 대중화 · 인공지능 및 원격진료의료서비스의 상용화 · 로보닥 및 모바일 주치의 대중화 · 텔레파시와 염력의 실용화 · 뇌 인터페이스의 실용화 · 산업융복합의 일반화 · 바이오산업의 활성화 · 나노기술산업의 보편화 · 합성생물학의 상용화 · 자의식 인공지능과 자율 로봇의 상용화 · 레이저무기 실용화 · 사이보그인간 대중화 · 뇌신경 공학산업의 상용화 · 민간우주여행 상용화 · 초고속하이퍼루프기술의 상용화 · 극초음속비행기의 상용화 · 공중비행자동차의 상용화 · 인간의 자기복제 그리고 초광속비행 · 순간이동 · 시간여행 · 투명인간 등등 많은 첨단기술의 '미래산업'이 예상된다.

- 개인들과 투자 및 기업인들은 '통찰과 예측'을 정말로 잘하라~.
- 크고 작은 모든 기업에서는 '의사결정권자'의 운(運)이 정말로 중요하니 모든 사업 및 기업의 오너들은 자기 자신의 앞날 운(運)을 정확히 '진단 겸 상담'을 반드시 받아둬라~.
- 21세기에는 끊임없이 변화와 혁신으로 '적응'을 잘 해나가야 한다.
- 혁신은 가장 어려운 것을, 변화는 가장 쉬운 것부터 '실행'을 하라~.
- 변화와 혁신에 앞서거나 적응하지 못하면 결국 '도태'를 당한다.
- 항상 현실을 직시하고 연구와 개발로 혁신과 발전을 계속하라~.
- 비즈니스는 끝없이 계속 도전하고 배우고 성장하는 '과정'이다.
- 모든 일에 통합성과 시너지효과가 없는 것들은 '정리'를 잘 하라.
- 살아남으려면 핵심역량과 통합성으로 '재편성'을 잘 구상하라.
- 몸통이 살아남으려면 팔과 다리 하나쯤은 과감히 잘라 내어라.

- 모든 것의 끝은 끝이 아니고 또 다른 시작의 '시점'일 뿐이다.
- 모든 것의 시작과 끝은 '변화순환법칙'의 어느 시점일 뿐이다.
- 모든 것은 현재만 존재하니 항상 '현재'에 최선의 노력을 다하라~.
- 무슨 일이든 계획과 준비를 잘 하고, 중간에 '보완'을 잘 해나가라.
- 평생동안 밥을 먹는 것처럼 끊임없이 배우면서 능력을 키워나가라.
- 명성과 능력을 갖춘 도움이 되는 친구와 사람들을 잘 사귀어 나가라.
- 세상과 인생을 잘 살려면 '자기편의 사람'을 계속 만들어 나가라.
- 모든 조직과 단체에서 성공을 하려면 '자기편의 사람'을 꼭 만들어 가라~.
- 능력있고 믿을만한 자기편 사람이 몇 명만 있으면 반드시 성공을 한다.
- 자기 소유의 재산이 있는 사람들은 항상 '손해배상사고'를 조심하라~.
- 자기 재산이 많거나 유명인들은 항상 '자동차사고'를 조심하라.
- 자동차 사고가 발생하면 민사 · 형사 · 행정법상 '책임'이 따른다.
- 자동차 손해배상법상 배상책임은 '운행자와 소유자'가 함께 진다.
- 자동차보험은 피해자도 보험금을 '직접 청구'할 수 있다.
- 자동차 사고의 피해자가 직접 보험금을 청구하면 보험회사는 피보험자에게 통지를 하고 7일 이내에 보험금을 지급한다.
- 자동차의 소유 · 세금 · 법규 · 사고 · 보험 · 운행 등은 아주 중요하다.
- 교통사고를 낸 자동차는 가해차량과 피해차량으로 구분 및 적용을 하고 추돌할 때는 뒤 차량이 가해자이고, 차로변경을 할 때는 변경을 하는 차가 가해자이고, 신호등이 있는 교차로에서는 신호위반 교차로 진입차가 가해자이고, 신호등이 없는 교차로에서는 먼저 진입한 차가 우선순위이고, 큰길과 작은 길에서는 큰 길차가 우선순위이고, 직진과 좌회전에서는 직진차가 우선순위이고, 양보표지판 또는 일시정지표지판이 있는 곳에서는 진입차가 가해자이고, 일방통행표지판이 있는 곳에서는 어긴 쪽이 가해자이다.

- 자동차사고로 사망 및 중상해 그리고 10대 중과실 및 뺑소니를 일으키면 '형사처벌'을 받을 수 있고, 형사합의를 해야 참작이 되며 합의가 안 될 경우에는 '공탁금'을 예치하라.
- 세상의 이치는 아는 만큼 보이니, 모르는 것은 배우고 또 배워나가라~.
- 모든 국민은 헌법에 자유 및 행복추구의 권리가 있고 신체의 자유, 표현의 자유, 주거의 자유, 직업의 자유, 종교의 자유 · 계약의 자유 · 사랑의 자유 · 사생활의 자유 등이 있다.
- 모든 국민은 그 나라의 헌법과 기본 3법을 알아야 하고 또한 모든 종교인은 그 종교의 종헌과 종법을 알아야 한다.
- 모든 사람은 민법 · 형법 · 상법 등 '기본법률'은 꼭 알아두어라~.
- 모든 영업과 장사 · 사업 등 상업을 하는 사람은 '상법'을 꼭 알아두어라~.
- 상가 · 주상건물 · 집합건물 · 오피스텔 · 분양형 호텔 등의 구분소유자와 관리위원은 '집합건물법'과 '관리규약' 등을 꼭 알고 있어야 한다.
- 모든 아파트의 입주민과 동대표는 '공동주택법'을 꼭 알아야 한다.
- 부동산의 사용 및 임대차관계에서 월세 또는 관리비가 '3개월 연체'가 될 경우에는 핸드폰 문자 또는 내용증명 우편으로 독촉 · 최고를 꼭 전달하고, 계약해지 및 명도(인도) 청구절차 진행을 잘 하라~.
- 모든 임차인들은 월세 또는 관리비를 3개월 연체를 하지 말라~.
- 중요한 의사전달은 내용증명 또는 핸드폰 문자 등을 잘 이용하라~.
- 사고사건 등 문제가 발생할 경우에는 반드시 '물증 확보'를 잘 하라~.
- 사고사건 등이 발생을 하면 2~3군데에서 '법률상담'을 받아보고 그리고 그 중에서 가장 합리적인 선택을 잘 하라~.
- 민사소송을 당하면 30일 이내에 반드시 '답변서'를 써내야 한다.
- 민사재판은 ① 소장 ② 답변서 ③ 준비서면 ④ 재판의 순서이다.

- 답변서 · 준비서면 · 항소장 · 항고장 등은 정말로 잘 써 내어라~.
- 소송을 할 때는 가장 먼저 '관련법률'과 '대법원판례'를 꼭 조사하라.[필자는 유사사건의 판례와 정확한 송사운(運) 점괘로 변호사 없이 '종로 국일관 대지권소송'을 직접 진두지휘하여 약 1,000억 원 상당의 건물대지소유권을 되찾아 오기도 했었던바, 모든 송사문제는 가장 먼저 '판례조사와 승소운(運)'이 가장 중요합니다.]
- 고소를 할 때 또는 재판을 할 때는 먼저 '승소운(運)'을 꼭 점(占) 봐라~.
- 1심판결에서 패소를 당하면 반드시 '2심승소운(運)'을 꼭 점(占) 봐라~.
- 판결 · 결정 · 명령서 등 서류를 받고 불복해 이의가 있을 경우에는 해당 법원 또는 기관에 반드시 '이의신청서' 등을 제출하라.
- 국가정부 행정기관의 잘못 처분이 있을 경우에는 행정심판청구 또는 행정법원이나 지방법원 행정재판부에 '행정소송'을 내어라.
- 민사사건 · 형사사건 · 행정사건은 번지수가 다르니 꼭 '문의'를 잘 하라.
- 살인 · 방화 · 강도 · 강간 · 상해 · 아동성폭행 그리고 계획성과 고의성이 있는 형사범죄는 처벌과 형벌이 강하니 반드시 '조심'을 하라!!
- 모든 소송과 재판을 할 때는 주장을 하는 사람이 확실한 증거와 판례 및 법률조항으로 반드시 입증을 해야 하는 '입증책임'이 따른다.
- 모든 사고와 사건 관련으로 조사 · 수사 · 재판을 받을 경우에 사실과 진실의 '증거'들은 아주 중요하니 계약서 · 차용증 · 영수증 · 입금증 · 핸드폰문자 · 내용증명 · 사진 · 동영상 · 진단서 · 진료기록부 · 대화녹음 · 회의록 · 결의서 · 녹취록 · 공증서 · 합의서 등의 '물적 증서'는 보관을 잘 하고 필요할 때는 '제출'을 꼭 하라~.
- 조사관 및 검사와 판사는 확실한 물증의 '증거서류'로만 판단을 한다…….
- 모든 피의자와 피고인은 증거인멸 또는 도주의사가 없을 경우 구속적부심

사와 보석청구를 잘 하라.

- 체포 · 구속의 적부심사와 보석청구는 변호사 · 법정대리인 · 배우자 · 직계친족 · 형제자매 · 동거인 · 고용주 등등이다.

- 경찰서나 검찰에서 피의자 신문조서 진술서를 작성할 경우에는 진술내용을 다시 자세히 꼭 읽어보고, 진술내용이 사실과 다르거나 또는 빠진 내용이 있거나 또는 이의가 있을 경우에는 반드시 '수정 및 보완'을 요구하고 마지막 확인 후 무인을 찍어라~.

- 처음 진술이 잘못되었다고 생각되거나 또는 고문 · 협박 · 회유 · 강요 때문에 잘못 진술을 했을 경우에는 '공개재판'을 받을 때 재판장 앞에서 사실대로 꼭 말을 잘 하여라~.

- 재판장 앞에서의 직접 진술과 변론은 가장 확실한 방법이다.

- 재판은 증거에 의한 진실관계 및 상관관계의 '법률적용'에 의한다.

- 형사재판과 모든 재판을 받을 때는 사실과 진실의 '실체적 증명'이 중요하니 잘 모르는 것은 모른다고 답하고, 기억이 안 나는 것은 기억이 안 난다고 답하고, 애매한 것은 제정신이 아니었다 또는 착오했다 또는 죄가 되는 줄 몰랐다 또는 우발적이었다 등등으로 답변을 잘하고, 자신에게 유리한 것은 메모를 하면서 끝까지 차근차근 사실과 증거들로 '변론'을 잘 해야 한다.

- 원심판결이 억울하거든 꼭 '상소'를 하고, 억울함과 부당함에 대한 사실증거와 법리해석 및 판례 등으로 '상소이유서'를 잘 써내어라

- 상소이유서 내용으로는 사실오인 · 양형부당 · 법령위반 · 절차위반 · 기존의 판례와 다름 등등이니 잘못된 부분을 꼭 찾아내어 이유를 잘 만들어라.

- 진실은 스스로 증명을 하게 되니, 진실한 증거들은 승소로 이끌어준다.

- 재판을 받을 때는 진술과 답변을 잘 하고, 증거신청과 증인신청을 잘 하고, 그리고 사무관이 기록을 잘 하도록 유도를 잘 하라.

- 민사소송과 형사고소 등을 할 때는 아주 '신중'을 기하라.
- 모든 소송에서는 패소를 당한 사람이 '소송비용'까지 부담을 해야 한다.
- 기본 법률지식을 모르면 변호사에게까지도 '사기'를 당할 수 있다.
- 변호사들은 어떻게든 사건소송으로 유도를 해서 착수금과 성공사례금 등 오직 '수임료 돈'만 밝히니 변호사들의 말은 그대로 다 믿지 말라.
- 판사도 믿지 말라. 유전무죄와 무전유죄의 잘못된 '오판결'이 많다.
- 오직 믿을 수 있는 것은 '판례'와 자기 자신의 '승소운(運)'뿐이다…….
- 모든 관재수와 소송문제해결은 그 사람의 '승소운(運)'이 최고이다.
- 민사 · 형사 · 행정 · 세금 등 사고 및 사건의 '관재수'가 생기면, 가장 먼저 최고 1류급 운명상담가를 찾아가 '점(占)'을 꼭 봐라~.
- 점(占)술가도 능력에 따라 1류급 · 2류급 · 3류급 등의 '등급'이 있다.
- 중요한 사람들과 위험한 일을 하는 사람들은 CCTV와 녹음 · 도청 및 감청이 많으니 통화와 문자발송 등에 항상 '주의'를 기울여라.
- 명예훼손죄는 형사와 민사로 함께 처벌을 받으니 함부로 남을 공개적으로 지나친 비방이나 악성 댓글 등은 꼭 '조심'을 하라.
- 사기죄는 처음부터 계획 및 고의성으로 타인을 거짓 기망하여 재물이나 이익을 취하면 성립이 된다.
- 저작권 · 특허권 · 상표권 등은 매우 중요하니 '불법사용'을 조심하라.
- 금전의 이해관련 민사소송은 가처분 · 가압류부터 먼저 꼭 해두어라.
- 소송을 승소하더라도 가처분 · 가압류 등 '사전보전조치'를 안 해두면 또는 패소자나 채무자가 배 째라 해버리면 받아낼 방법이 없다.
- 개인파산을 당했거나 개인 소유의 자산 및 재산이 없는 사람과는 민사소송을 하고 승소를 하더라도 한 푼도 받아낼 수가 없으니 '신중'을 하라.
- 개인 소유의 자산 및 재산이 없는 사람과의 거래는 '신중'을 기하라.

- 살아가면서 어떻게든 사건을 만들거나 사건에 휘말리지 말라.
- 하늘은 사람들에게 양심을 심어 놓았으니 그 양심에 잘 따르라.
- 모든 법원의 재판장들은 '실체적 진실발견'의 권리와 의무가 있다.
- 모든 재판을 할 때는 단 한 사람이라도 '억울한 판결'이 없어야 한다.
- 판사들이 '양심적 판결'을 한다면 억울한 판결은 결코 없을 것이다…….
- 행위 중에서 ① 정당한 행위 ② 정당방위 ③ 긴급피난 ④ 자구행위 ⑤ 피해자의 승낙 ⑥ 공공의 이익 ⑦ 일시오락성 도박 ⑧ 점유자의 자력구제 ⑨ 폭력 또는 협박에 의한 강요행위의 방어 ⑩ 심신상실상태의 행위 등은 처벌받지 않으니 '참고'를 하라.
- 대다수의 민주주의 국가들과 대한민국의 헌법에는 언론·출판·결사·집회 등 '표현의 자유'가 있다.
- 억울함을 당할 경우에는 '소송'을 해야 하지만, 소송 등은 시간이 오래 걸리고 비용이 들어가고, 집회시위 등은 목적달성에 가장 효과적일 수 있다.
- 약자에게는 집회시위가 가장 효과적인 '투쟁수단'이기도 하다.
- 집시법에는 2인 이상의 집회시위는 관할 경찰서에 반드시 '사전신고'를 해야 하고, 접수증을 교부받아야 하며, 최소 48시간이 지나야 시행을 할 수 있다.
- 집단으로 집회시위를 할 때는 주체자·주관자·질서유지인 등이 있어야 한다.
- 그러나 '1인시위'는 집회 신고 없이 누구나 어느 장소에서나 가능하다.
- 1인시위는 자기 자신에게 운(運)이 좋은 날짜를 택일하고, 가장 좋은 방법과 장소를 잘 선택해야 하고, 상대자의 건물 앞·회사 앞·공장 앞·사무실 앞·집 앞 등에서 피켓 문구 또는 작은 현수막 등을 손에 들고 서 있거나 또는 큰소리로 구호를 외치면 아주 효과적이다.

- 손해 및 피해를 보고 억울함을 당할 경우에는 반드시 행동을 하라~.
- 항상 현재의 상황에서 누가 '갑'인지 또는 '을'인지 생각을 잘 하라~.
- 대한민국은 현재 초혼과 재혼의 혼인신고가 1년에 약 30만 쌍이고, 이혼신고는 약 10만 쌍으로 개인들의 타고난 '결혼운'은 정말로 중요하다!!
- 결혼과 이혼 및 재혼 또는 별거 및 합가 그리고 송사 등의 중요한 인생문제가 발생을 하면 반드시 1류 상담가에게 '운명상담'을 꼭 받으라~.
- 이혼을 할 수 있는 방법은 협의이혼 · 조정이혼 · 소송이혼 등이다.
- 이혼의 위자료는 부부관계를 깬 쪽이 줘야 하고 적은 금액이다.
- 이혼의 재산분할은 부부관계를 깨뜨린 쪽도 청구할 수 있다.
- 이혼의 재산분할은 두 사람 결혼생활 중 '재산 형성의 기여도'에 따른다.
- 결혼과 이혼 · 재혼 등의 문제는 결혼도 안 해보거나 사주풀이와 손금풀이도 볼 줄 모르는 스님 · 신부님 · 목사님에게 결코 상담을 받지 말라~.
- 세상과 인생은 '분야별 전문가'가 가장 잘 아는 것이다……
- 결혼과 재혼을 잘 하면 인생살이 50%는 저절로 '성공'을 하게 된다.
- 돈 없는 사람들은 결혼 및 재혼이 최고의 '재테크' 방법일 수도 있다.
- 애인을 만나고 초혼이든 또는 재혼이든 상대편이 재산이 많이 있으면 '결혼과 혼인신고'를 빨리 그리고 꼭 해두어라~.
- 혼인신고가 되어야 상대편으로부터 보호와 '경제적 도움'을 받는다.
- 결혼과 재혼을 잘 하려면 먼저 타고난 '결혼운과 궁합'을 꼭 점(占) 봐라~.
- 궁합을 점(占) 볼 때는 원진살 · 상충살 · 상형살 · 상파살을 꼭 피하라~.
- 자궁살 · 과부살 · 백호살 · 고독살이 있는 여성과는 결혼을 꼭 피하라~.
- 특히 '과부살'을 타고난 여성과 결혼을 하면 남자가 빨리 죽는다.
- 역마살 · 방탕살 · 파산살 · 고립살이 있는 남성과는 결혼을 꼭 피하라~.
- 신경정신이상의 빙의살 · 종교세뇌의 맹신살 · 현실성과 사리판단력이 부족

한 저능살이 있는 사람과는 결혼을 반드시 피하라~.

• 사주팔자 운명 속에 죄업(罪業)이 많은 사람과는 결혼을 꼭 피하라~.

• 타고난 사주와 손금에 살(煞)이 많은 사람과는 결혼을 꼭 피하라~.

• 부모가 이혼을 했거나 과부・홀아비・큰 질병・큰 사고・범죄꾼・술중독・마약중독・도박중독・가정폭력・무능력・가난 그리고 수명이 단명한 집안의 자녀와는 결혼을 피하고, 이미 결혼을 해 버렸으면 반드시 '개운법'으로 예방과 치료의 '대비책'을 꼭 세우라~.

• 부모와 자녀간의 '유전자검사'는 99.99%까지 일치를 한다.

• 부모조상의 DNA 유전인자적 '핏줄대물림'은 99%까지 적중을 한다.

• 운명작용에서 '핏줄대물림현상'은 10가정 중 9가정이 적중을 한다.

• 부모님의 억울한 나쁜 핏줄대물림은 오직 '예방'만이 최선책이다!!

• 핏줄대물림과 전생업(業) 및 나쁜 운작용의 살(煞)을 타고난 개인들의 결혼운과 이혼・사별・재혼과 고독운 등은 「손도사 손금풀이」의 ⑮번 손금들과 ㉓번 손금을 꼭 확인해 보라~.

• 전생과 핏줄대물림의 업살(業煞)풀이는 최선의 '개운법'이다…….

• 모든 사람은 선천성유전자와 후천성유전자를 함께 알아야 한다.

• 금생에 당신이 생각하고 보고 듣고 먹고 느끼고 기억하고 이해하고 깨닫고 그리고 행복과 고통 및 불행 등 모든 것들은 또다시 '후천성유전자형성'에 반드시 영향을 끼친다.

• 사람의 후천성유전학에서 자신의 업(業)은 자식들에게 '상속'이 된다.

• 특히 정신작용을 가장 많이 일으키는 맹신적인 추종의 과종교 신앙행위는 일종의 '정신질환'으로 자식에게 가장 나쁜 영향을 끼친다…….

• 칠성줄 또는 공줄로 태어난 사람은 사주와 이름을 꼭 팔아주어라~.

• 칠성줄로 태어난 사람은 신불(神・佛) 앞에 촛불을 항상 밝혀주어라~.

- 칠성줄로 태어난 사람과 종교인 및 신자들은 '개고기'를 먹지 말라.
- 특별한 자기 조상이나 영혼들은 강아지로 가장 많이 '환생'을 한다.
- 특히 칠성줄 또는 공줄로 태어난 사람 또는 그러한 말을 들은 사람은 자기 자신의 '전생 업(業)내림'으로 태어난 특별한 영혼들로서 종교성 · 영성 · 불성 · 영매성 · 허약성 · 수명단명 등을 의미하고, 그 집안에 칠성공이나 기도를 많이 한 조상이 꼭 존재한다.
- 특별하게 사람(주인 · 가족)을 잘 따르는 애완견 강아지는 전생(前生)이 사람이었고, 또한 자기 조상 및 가족이었기 때문에 그 애완견이 죽을 때는 다시 사람으로 태어나게 해주는 '인도환생천도재'를 꼭 해주어라~.
- 애완견이 죽은 후 '인도환생천도재'를 해주면 다시 만날 수 있다…….
- 삶이란? 영혼들이 전생 · 현생 · 래생을 살아가는 '과정'일 뿐이다.
- 모든 것은 모든 것의 원인이 되고 그리고 결과가 반드시 따르게 된다!!
- 모든 사람들의 선천성장애와 불치병 및 난치병 그리고 핏줄내림병 및 집안 수명 짧음과 가난대물림까지도 그 진실은 '업(業)작용' 때문이다.
- 인간의 '원죄'는 본래가 자기 영혼의 전생과 자기 부모의 '업(業)죄'이다.
- 현생의 업(業)은 이후의 삶과 다음 생으로 또다시 반드시 작용을 한다!!
- 인간들의 법규에 낙태죄를 없앤다고 '살인죄업'이 없어지지 않는다.
- 낙태수술로 자궁속의 태아들을 죽인 '태아살인자'들은 대부분 그 애기영혼들의 원망스런 저주와 벌을 받는다.
- 영혼이 깃들고 심장이 뛰고 있는 태아는 '인간생명체'들이다.
- 대한민국의 사람 나이 셈법 한(1) 살을 올려주는 전통은 어머니 배 속의 아이를 '사람으로 인정'해 주는 세계 유일의 과학적 셈법이다.
- 하나의 영혼이 사람으로 태어날 수 있는 기회는 약 1억 분지 1 확률이고, 태아 살인은 인간 환생의 기회 박탈이며 살인죄가 분명하다.

- 낙태수술 경험이 있는 여성으로서 남편복이 없거나 또는 자궁질환의 큰 병이 생기거나 또는 애기꿈을 자주 꾼 여성들은 '자궁살풀이'와 태아살인 아기영혼의 '해원천도재'를 꼭 한 번 해주어라~.
- 낙태수술을 많이 행한 산부인과 의사들은 '인생 종말'이 반드시 나빠진다.
- 낙태살인을 많이 행한 산부인과 의사들과 낙태살인을 곁에서 도와준 간호사들은 아기영혼들 '해원천도재'를 꼭 한 번 해주어라~.
- 사람을 죽인 살인자들은 '인과응보'로 인생살이가 반드시 나빠진다!!
- 지난 과거와 전생에 지은 죄업은 반드시 '면죄'를 받아야 한다……
- 자기 소유등기의 부동산 및 재산이 있는 사람들은 '법'을 잘 지켜라.
- 재산이 있는 사람이 법을 어겼을 경우 '재산압류' 등을 당할 수 있다.
- 삶을 여유롭게 잘 살려면 평생동안 '경제활동과 신용관리'를 잘 하라.
- 경제활동과 신용관리를 잘 하려면 '돈 관리'를 잘 해야 한다.
- 살아가면서 고수익보장이라는 모든 광고에는 절대로 속지 말라!!
- 상식 이상의 고수익보장이라는 모든 광고는 모두 '사기꾼'들이다.
- 이 세상에 정당한 대가 없는 공짜 고수익이란 아무것도 없다.
- 어떠한 경우에도 돈놀이를 하는 개인사채와 대부업체의 '고금리 이자' 돈은 절대로 빌려 쓰지 말라.
- 돈 재정수입이 적거나 없는 사람이 연 10% 이상 이자를 물어줄 경우에는 대부분 빚이 점차로 더 늘어나고 결국에는 망하게 된다.
- 특히 금전의 빚은 원금과 이자 그리고 이자의 이자까지 복리식으로 계속 불어나고 '빚은 죽을 때까지'따라 다닌다.
- 명심하라! 빚과 이자는 당신이 잠을 잘 때도 계속 불어난다.
- 어떠한 경우에도 젊은 사람들은 범법자 · 전과자가 되지 말라.
- 한 번 잘못으로 전과자가 되면 평생동안 사회활동을 제한받는다.

- 삶이 억울하거든 지금부터라도 제대로 '다시 시작'을 해보라~.
- 지금부터라도 또한 늦게라도 시작할 때가 가장 빠른 법이다.
- 지금은 힘들지라도 '꿈과 희망'을 가지고 살면 언젠가 꿈은 현실이 된다.
- 거북이와 달팽이가 꿈과 희망을 가지면 천리길을 갈 수 있다.
- 어떻게든 성공출세를 하고 부자가 되어 '대접받는 사람'이 꼭 되어라~.
- 가난과 삶이 고통스럽고 불행한 사람들은 정성스럽게 '기도'를 많이 하라~.
- 진심과 정성의 간절한 기도는 모든 존재계의 신(神)들께 전달이 된다.
- 모든 기도의 본질은 우주하늘자연 속의 위대한 능력을 현실세계로 끄집어 내려는 강한 시도이다.
- 모든 종교와 기도의 목적은 복(福)을 달라는 '기복과 구복'이고, 구제와 구원의 '축복(祝福)'을 받으려함이다.
- 종교(宗敎)를 뜻글자로 해석을 하면 으뜸가는 종(宗), 가르칠 교(敎)로서 '으뜸가는 가르침'이고, 그 뜻은 삶과 죽음을 해결하는 것이다.
- 기독교는 고대 히브리문화(유대문화)에 뿌리를 두고, 4,000년 전쯤에 메소포타미아지역 수메르문명권의 갈대아우르에 살던 아브라함이 그 아버지 데라와 함께 시작되었고, 이삭의 아들 야곱이 열두 명의 아들을 낳아 열두 부족의 조상이 되어 12지파의 역사가 시작되었으며, 아브라함부족은 야훼 신(God)을 받들면서 유일신 신앙이 시작되고, 예수그리스도를 구세주로 믿고 죽어서 천국가는 것을 이상향으로 한다.
- 불교는 고대인도지역에서 위대한 성자 고타마붓다 석가모니가 2,500년 전쯤에 창시한 종교이고, 우주하늘자연의 섭리와 도(道)를 깨달아 이 세상의 모든 번뇌와 고통으로부터 벗어나 해탈자유의 부처가 됨을 종지로 하며, 죽어서는 정토극락세계로 가는 것을 이상향으로 한다.
- 종교인들과 신자 및 성도들은 자신이 믿고 있는 그 종교가 과연 최선 및 최

고의 종교(으뜸가는 가르침)인가? 꼭 한 번 스스로에게 물어보아라~.

- 부모 또는 배우자 또는 누구로부터 시작되어 현재 믿고 있는 그 종교가 잘 사는 삶과 잘 죽는 죽음의 '진실과 깨우침'을 잘 가르쳐 주고 있는가?를 냉철하게 합리적인 생각을 꼭 해보라~.

- 세상에는 거짓으로 '희망고문'만을 주는 나쁜 종교들이 너무나 많다.

- 특히, 말세론 및 종말론과 병겁 등으로 선량한 사람들을 겁주거나 또는 신천지ㆍ왕국론ㆍ천국론 및 휴거론과 구원론 및 미륵세상 등으로 사람들을 유혹하는 종교들은 모두가 진실 및 진리의 본질을 '왜곡'한 잘못들이다.

- 우주하늘자연의 섭리 및 순리와 도리가 진정한 '진리이고 진실'이다.

- 종교와 정치는 사회 혼란을 야기한 '선동적 세뇌주입'이 너무나 많다.

- 오늘날의 사람들은 과거의 철학과 종교들에 몽땅 '세뇌'가 되어 있다.

- 모두가 과거의 부처님과 성경책 말씀을 '앵무새'처럼 사용만 하고 있고, 맹신적인 추종으로 영혼까지 '노예'가 되어 가고 있다.

- 세뇌의 산물로부터 정신 차리는 것이 '알아차림이고 깨우침'이다.

- 이빨이 아플 때 아픈 이빨을 뽑아버리면 즉시 치통은 해결이 된다.

- 질병을 못 고치는 그 병원에 계속 다니는 것은 어리석은 것처럼, 기도응답이 없고 나아지지 않는 그 종교를 계속 믿는 것은 '가장 어리석은 짓'이다.

- 환자를 못 고치는 의사는 필요없는 것처럼, 인생문제들을 해결해 주지 못하는 앵무새처럼의 '일반종교 가르침들'은 정말로 필요 없다.

- 기존의 종교체제를 계속 고집한 종교인들은 오직 신도 유지와 돈 욕심뿐이다.

- 종교인이 새로운 파당 및 사이비종교를 만드는 것은 오직 '돈 욕심'뿐이다.

- 과거에도 현재에도 종교들은 오직 서민들 돈을 '갈취'해 오고 있다.

- 갖가지 명목의 헌금 및 시주금을 강조 및 강요하는 종교들은 즉시 바꾸

라~.

- 1년 이상을 믿었는데도 기도응답이 없는 종교는 반드시 바꾸라~.
- 1년 이상을 추종하는데도 나아지지 않으면 미련없이 즉시 떠나라~.
- 삶이 나아지지 않는다면 '삶의 방법'을 과감히 바꾸어야 한다!!
- 자기 영혼에게 맞는 종교와 기도는 즉시 '좋은 응답'이 주어진다.
- 모든 존재물은 각자 고유의 '주파수'가 있고 서로 맞아야 응답이 온다.
- 신(神)들은 때로는 빛으로 때로는 음성으로 '응답과 의사전달'을 한다!!
- 우주하늘자연의 신(神)들은 종교에 따라서 약 1,000가지의 신명(神名) 이름이 있고, 둔갑술로 모습을 바꾸며, 모두가 '역할분담'을 따로 맡고 있다.
- 모든 신(神)들은 '고유의 주파수'를 가지고 있으니, 기도를 할 때는 반드시 주파수 사이클을 잘 맞추어라~.
- 내 영혼이 믿는 신(神)과 반드시 주파수 사이클이 맞아야 비로소 '기도의 응답'이 주어진다.
- 라디오와 TV를 켤 때 주파수가 맞아야 소리가 들리고, 화면이 보이는 것처럼 모든 기도는 반드시 '주파수'가 맞아야 한다.
- 신(神)들은 믿는 종교에 따라서 '둔갑술'로 다르게 모습을 나타내니, 기독교를 믿는 사람에게는 예수님이 나타날 수 있고, 불교를 믿는 사람에게는 부처님 또는 보살님이 나타날 수 있다.
- 신(神)들이 생시 때나 또는 꿈속에서 모습을 보여줄 때는 실체인지? 또는 마음작용의 허상인지? 또는 맹신적인 과종교중으로 헛것을 본 것인지? 등의 '구별'을 잘하라~.
- 어느 종교를 계속 믿으면서 예수님이나 또는 부처님이나 또는 보살님이나 등 신(神)의 모습을 한 번도 접하지 못한 사람은 '안 맞는 종교'를 계속 믿고 있는 인생 최대의 '어리석은 짓'을 하고 있는 중이다.

- 기도응답이 없는 사람들은 '종교 적합성'을 꼭 한 번 진단받으라~.
- 종교 적합성도 모르고, 주파수도 못 맞추면, 인생 '헛고생'만 계속된다…….
- 모든 종교인과 신자들은 기도로 시작해서 반드시 '명상'으로 끝내라~.
- 명상기도는 자기성찰과 통찰력을 기르는 최고급의 '정신수련'이다.
- 일반적 종교기도와 천기신통술초월명상기도는 '영적수준'이 다르다.
- 영적수준은 아기단계 → 청년단계 → 어른단계로 진행이 된다.
- 명상은 일반묵상 → 신통술명상 → 초월명상으로 진행을 하라~.
- 천기신통술초월명상은 우주합일체로 사람이 '신(神)적 존재'가 되는 것이다.
- 인격적 및 정신적으로 '위대한 사람'이 되어서 존경과 숭배를 받으라~.
- 종교적 숭배와 찬양을 드리기보다는 '천기신통술초월명상'으로 스스로 '위대한 사람'이 되고, 숭배와 찬양을 받는 고귀한 존재가 되어라~.
- 천기신통술초월명상으로 신통력과 도술을 부리는 초능력의 신인(神人) 겸 도인(道人)이 되거나 또는 깨달음을 이룬 위대한 예언자와 인도자 등의 '존자(尊者)'들은 사람모습을 하고 있는 살아있는 신(神)격이다.
- 죽을 때의 두려움과 죽은 후의 지옥행으로부터 '영혼 구원'을 받으려면 지금 살아있을 때 반드시 예언자와 인도자를 꼭 만나고 '가르침'을 잘 따르라~.
- 진정한 구제와 구원을 받으려면 몸뚱이의 속죄와 영혼의 속죄가 함께 이루어져야 하고, 핏줄적 천륜인 조상과 후손 및 자기 자신 그리고 전생의 속죄와 현생의 속죄가 함께 이루어져야 한다.
- 몸뚱이의 속죄는 '살풀이'로 정화를 꼭 받아야 하고, 영혼의 속죄는 '업풀이'로 정화를 꼭 받아야 죄사함의 '면죄'가 이루어진다…….
- 세상에서 '진리와 진실'을 가르쳐 주는 것이 가장 큰 공덕이다.
- 혼(魂)은 영혼이 되고 혼령이 되는 인간의 본체이고, 영혼이든 혼령이든 살

아있을 때나 죽어서나 영원히 '신(神)의 영향'을 받는다.

- 자기 눈높이의 자기 잣대와 편견 및 고정관념 등의 '자기 생각'을 멈추면 진실과 진리가 보이고, 말씀의 가르침들을 잘 들을 수 있게 된다!!!
- 필자는 젊은 날 한때 기독교와 성경책을 연구하면서 창세기편에서 인류의 조상을 아담과 하와로 표현을 하고, 인류 창조를 7천 년 전쯤이라고 잘못 기록 및 해석을 하는 부분에 대해서는 동의를 못한다.
- 과학계에서는 현생인류 호모사피엔스 출현을 20만 년 전으로 그리고 원시인 출현을 100만 년 전이라고 주장을 한다.
- 과학계에서는 지구별 탄생을 46억 년 쯤으로 주장을 하는데 성경책에서는 천지창조를 7천 년 쯤으로 표기를 하고 있다.
- "2천 년 전 쯤에 처녀가 애기를 낳았다"는 비과학 거짓 주장도 하고 있다.
- 필자는 과학계의 주장을 더 신뢰하고 있고, 신(神·God)과 직접 신통으로 말씀을 들을 때 성서가 '잘못 기록'이라고 답을 들었다.
- 필자는 직접 신(神·God)과 신통으로 말씀을 들을 때 "자기 조상님과 부모님께 지극히 효도하라."고 하셨다.
- 모르는 남의 조상은 믿으면서 자기 조상을 거부하는 것은 어찌할까요??
- 성경책은 핍박받은 유대민족 그들만의 '신화 겸 원한의 역사서'일 뿐이다.
- 구약성서는 실제로 '유대민족'의 역사서이고, "신약은 믿지 말라." 하셨다.
- 유대민족 및 유대교는 신약성서를 인정하지 않고 믿지도 않는다.
- 모든 사람들은 '자기 조국과 자기 민족의 역사서'를 읽어야 하고, 자기 자신의 조상과 뿌리를 알아야 하며, 전통문화들은 길이길이 계승을 잘 하라~.
- 자기 부모님께 불효하는 사람은 인과응보로 자식에게 그대로 당한다.
- 기독교(개신교) 정신을 따르는 대표적인 나라 미국 사회는 흉악범죄가 가장 많고, 살인자와 불효자가 너무나 많다.

- 필자는 성경책 내용의 많은 부분과 요한계시록은 믿지 않는다!!
- 더 충격적인 것은, 필자가 직접 신(神·God)과 신통으로 말씀을 들을 때 "죽은 후 3일 만에 육체적 부활과 승천 그리고 또다시 재림 등이란 말씀을 하신 적이 없다."고 하셨다.
- 지금까지 2천년 동안 아마겟돈전쟁·부활·휴거승천·천국실존증거·예수님재림 등의 기적은 일어나지 않았다……
- 필자는 전라남도 고흥 천등산에서 '신(神)의 계시'로 많은 비밀과 진실을 알아내었다.
- 필자는 신(神·God)과 직접 신통을 한 이후로는 이미 '변질'이 되어 버린 오늘날의 성경책은 결코 읽지도 않고 믿지도 않는다.
- 아주 옛날에 영매성을 가진 사람들이 쓴 두루마기 기록서는 본래 100권 이상이었는데 오늘날의 성경책은 66권만 공개를 하고 있고, 수십 차례의 번역과 편집 및 종교정치성으로 이미 '변질'이 되어 버렸으나, 성경책 내용 중에서 신(神·God)에 대한 믿음은 아브라함처럼 그렇게 하라~.
- 불교에서도 수행은 달마대사처럼 '초월명상'으로 도(道)를 닦으라~.
- 어떤 종교를 믿거나 가르침을 배우거나 할 경우에 삶이 정말로 나아지고 있다면 계속 따르고, 그러나 나아지지 않거든 즉시 멈추어라!
- 세월과 인생은 결코 되돌아오지 않고, 두 번 삶의 기회는 없다.
- 종교들과 위대한 분들에게서는 그 '정신'만 배울 뿐, 더 이상은 없다!!
- 종교적 예배와 찬양시간에 잘 사는 '경제공부와 직업일'을 잘 하라~.
- 엉터리 종교들의 교리공부시간에 차라리 '잘 사는 재테크공부'를 하라~.
- 일반인들은 종교를 믿느니 차라리 자연신(神)을 믿거나 명상을 하라~.
- 세상 만물이 존재하는 '자연 그대로'가 진리이고 진실이다.
- 해·달·북두칠성 별·산·바다 등의 '기운과 섭리'는 그 자체로 신(神)이

고, 모든 학문적 지식과 모든 종교들의 시원이고 원조이다…….

- 조상과 자손은 혼(魂)으로 연결이 되어 '핏줄동기감응작용'을 계속한다.
- 조상과 자손은 죽은 후 최소 100년 동안은 동기감응으로 '상호작용'을 하기 때문에 반드시 제사음식과 차례상은 잘 차려야 한다.
- 잘 사는 재벌부잣집들은 '조상제사상'을 풍성하게 잘 차리고 있다.
- 조상묘소와 제사 등 '조상'을 잘 모시기 때문에 잘 사는 것이다…….
- 사람이 음식으로 '기운'을 차리듯 영혼들도 '기식(氣食)'을 한다.
- 영혼과 조상이 음식으로 기식(氣食)을 잘 해야 '기운'을 발휘하게 된다.
- 조상제사와 차례상을 차리지 않는 집안은 점점 가세가 기울어간다.
- 자기 조상님을 거지 귀신으로 만들어 놓으면서 잘 살기를 바라는 행동은 '가장 어리석음'이라고 꾸짖는다!!
- 시대가 바뀌어도 조상님제사는 조부조모 '3대 봉사'는 기본도리이다.
- 모든 조상묘소에서 음식을 올릴 때는 산신(山神)께도 함께 올려라.
- 조상님께는 청주 또는 소주를 올리고, 신(神)들께는 막걸리를 올려라.
- 산(山)속의 모든 기도원에서 기도할 때에도 청수와 제물을 올려라.
- 산신(山神)과 터신은 그곳의 주인신(神)이 분명하고, 이것이 진실이다.
- 인생살이는 기본에 충실해야 하고, 운(運)작용법칙들을 꼭 알아야 한다.
- 운명작용법칙에는 인과응보인 자기의 '전생업(前生業)'이 가장 강하다.
- 사람들의 운명 속에 들어있는 업(業)의 나쁜 살(煞)은 약 100가지이다.
- 사람들의 타고난 사주운명 속에 들어있는 기질 및 성격과 습성 및 습관 그리고 업살 등은 수많은 '전생(前生)과 조상'에 의해 형성된 것들이다.
- 운명의 나쁜 업살(業煞)작용 때문에 운(運)이 안 풀리는 사람은 반드시 '운명치료'를 해야 하고, 나쁜 운명을 치료할 경우에는 살풀이 · 업장소멸 · 조상 및 낙태아기 해원천도 · 나쁜핏줄대물림소멸 · 신(神)끼소멸 · 칠성줄풀

이 · 삼재풀이 · 9수풀이 · 신수풀이 · 대수대명 · 수명이음 · 재수운맞이 · 새로운 운명프로그램 재설정 등등을 '한꺼번'에 해결을 잘 하라~.

- 모든 문제들은 정확히 한꺼번에 해결을 하는 것이 가장 '효율적'이다.
- 태어날 때 전생과 부모님이 좋아서 복(福)을 잘 타고 태어나 운(運)이 좋은 사람들은 자기가 하고 싶은 대로 살아가면 된다.
- 그러나 전생과 부모님의 나쁜 업살(業煞)로 태어나거나 또는 타고난 사주팔자의 '나쁜 운명'은 결코 본인 스스로는 자가치료가 안 된다.
- 암진단과 암치료는 상급 종합병원에서만 가능한 것처럼, 정확한 운명진단과 운명치료는 '1류급 운명상담사'만 가능하고, 암치료는 환자 본인이 못하는 것처럼, 나쁜 운명은 본인이 결코 바꾸어낼 수는 없다.
- 적은 비용을 들여서 '나쁜 운명'을 바꿀 수만 있다면 꼭 바꾸어라~.
- 사람으로 한 번 태어난 현생의 '자기인생'은 가장 소중한 것이다…….
- 인생살이에는 근본의 도리가 있고 자식된 도리는 참으로 중요하다.
- 태어난 성씨를 바꾸거나 족보를 모르는 사람은 가장 큰 '불효'이다.
- 핏줄인 조상과 부모님께 '불효한 사람'은 90%가 점점 운(運)이 나빠진다.
- 자기 자신의 타고난 '성씨'를 바꾼 사람은 대부분 운명도 바뀌게 된다.
- 이 세상에서 '핏줄 족보'에 가장 신경 쓰는 민족은 대한민국 배달민족이다.
- 성씨족보 '대동보'가 없는 집안은 큰 인물이 없는 평민집안 후손이다.
- 옛날부터 왕(王)족이나 귀족들은 '족보와 이름'을 잘 남겼고, 죽어서까지 명당에 묘를 잘 쓰고, 종묘사당에 위패가 잘 모셔지고 100년, 1,000년까지 제사를 잘 받고 그 자손들까지 잘 되었는바, 지금시대인들도 반드시 어느 분야에서 전문가가 되고 1등이 되어 성공출세로 부자가 되고 명예자가 되어서 자기 자신의 '이름 석 자'는 꼭 잘 남겨라~.
- 죽을 때 저승사자와 심판대에서는 이름 석 자로 '상과 벌'을 내리니, 지금

살아있을 때에 본인 이름으로 기부금을 많이 내어 '선행공덕'을 많이 쌓아 두어라~.

- 특히, 신(神)을 모시는 신전·신당·문중제각 등을 건립하는 곳에 '기부금 과 이름 석 자'를 꼭 올려라~.
- 사람은 살아있을 때 죽기 전에 '선행공덕과 이름'을 잘 남겨야 한다…….
- 한국에는 현재 약 5,500개의 성씨와 문중이 있고, 숫자는 김씨·이씨·박 씨·최씨·정씨 순서이다.
- 한국의 성씨제도는 삼국시대 때는 귀족에게만 사용되었고, 조선후기 때부 터 평민에게도 성씨가 사용되었으며, 1909년에 새호적제도 '민적법'시행으 로 모두 성씨와 이름을 가지게 되었다.
- 핏줄족보에서 돌림자인 항렬은 '오행상생'을 꼭 따르고, 수생목·목생화· 화생토·토생금·금생수 등으로 연결해서 이름을 잘 지어라.
- 후천운을 좋게 하고자 할 경우에 '이름 작용'은 정말로 중요하다.
- 이름을 지을 때는 부모와 아이 사주를 함께 보고 작명을 잘 하라.
- 이름을 지을 때는 글자표현과 부르기 좋은 이름을 작명하라.
- 이름을 지을 때는 의미와 이미지가 좋은 글자로 작명을 잘 하라.
- 자녀의 이름을 지을 때는 부모 이름자가 안 들어가야 하고, 획수 숫자가 좋 아야 하며, 형제자매의 사촌들과 동명이 안 되게 지어야 한다.
- 이름을 지을 때는 반드시 운(運)을 좋게 작명을 하라.
- 이름을 지을 때는 반드시 복(福)이 따르게 작명을 하라.
- 모든 이름은 처음 지을 때 잘 지어야 하고, 나쁘다고 생각이 들거나 운이 안 풀리고 복이 안 따르거든 반드시 '개명'을 잘 하라~.
- 모든 이름과 상호의 작명·개명은 반드시 '전문가'에게 맡겨라.
- 밤하늘의 별만큼 많은 이름들 중 북극성 같은 좋은 이름을 지어라.

- 모든 성명과 상호의 이름들은 고유의 기운과 이미지를 그대로 전달한다.
- 상호작명은 무슨무슨 최고 전문가라는 '이미지'가 떠오르게 하라.
- 손님과 고객은 상호이름을 보고·듣고 그리고 연락을 해 온다.
- 잘 지은 상호이름은 고객을 창조하고 연결시키는 '출발점'이다.
- 유명인이 아니거든 간판과 상호에 사업주 이름을 넣지 말라!
- 상호이름은 회사와 상품이 잘 연상되도록 '특징적'으로 잘 지어라~.
- 브랜드 상표는 로고·색상·글자꼴·언어·이미지가 중요하다.
- 로고는 시각적 시선과 기억이 잘 되도록 '특징적'으로 만들어라.
- 상표와 로고는 등록을 해서 독점사용과 관리를 잘 해 나아가라.
- 회사와 가게의 상표 및 로고는 사업과 영업의 중요한 '자산'이다.
- 사업과 영업을 잘 하려면 웹사이트 이름을 잘 지어라.
- 웹사이트 이름은 하는 업무 또는 상품과 연상 및 연결이 잘 되고, 짧고 철자표현이 정확하고 쉽고 정체성 있게 잘 지어라.
- 웹사이트 도메인은 대중이 선호하는 것으로 하고 '등록'을 잘 하라.
- 도메인등록 및 사용은 유효기간 날짜를 넘기지 말고, 사전에 갱신 또는 자동갱신을 신청해서 계속 사용을 잘 하라.
- 사업 및 영업과 직업은 멀리보고 철저히 '계획과 준비'를 잘 하라.
- 성공을 하려면 ① 목표 ② 계획 ③ 준비 ④ 실천 등 절차를 꼭 따르라~.
- 젊은이여! 앞날의 커다란 꿈과 야망 및 신념을 가슴속에 불태우라.
- 늙은이여! 지금도 살아있다는 존재감으로 사랑을 가슴속에 불태우라.
- 꿈과 희망 그리고 정열과 사랑은 위대한 창조이고 행복이다.
- 이 세상의 생명 창조는 오직 살아있는 남·여의 '사랑행위' 때문이다.
- 생명 창조 남·여의 사랑행위는 인간최고의 권리이고 의무이다.
- 사랑행위는 살아있음의 존재감 표현과 즐거움의 최고수단이다.

- 사랑행위를 할 때는 두려움이나 저항감이 없이 상대에게 온전히 몸을 내맡겨 주어라.
- 사랑행위를 할 때는 호흡과 리듬을 계속 잘 맞추어라.
- 사랑행위를 할 때는 몰입을 하고 온몸으로 전율을 만끽하라.
- 온전히 한 몸이 되어 전율의 최고점에서 '무아지경'까지 이르러야 그것이 꿈같은 사랑이고 영혼끼리의 만남이 된다.
- 죽을 때까지 또는 죽어서도 잊지 못할 '사랑의 추억'을 만들어라.
- 사랑하기 위하여 행복하기 위하여 지금 살아있는 것이다.
- 사랑도 세월을 따라서 젊은 남녀는 '연정'으로 사랑을 하고, 중년의 남녀는 '애정'으로 사랑을 하고, 노년의 남녀는 '인정'으로 사랑을 하라.
- 부부 사이에는 서로에 대한 이해 및 배려와 사랑을 많이 해주어라.
- 늙어갈수록 부부 사이는 친구 같은 사람이 되어 주어라.
- 사랑과 행복 · 자아실현을 위해서는 반드시 '건강'을 잘 유지하라.
- 건강을 잘 유지하는 것이 성공과 행복조건의 제1순위이다.
- 평생동안 일만 해온 사람은 은퇴 후 꼭 '긴 여행'을 떠나라~.
- 여행은 자유와 휴식을 주고 자기성찰과 깨우침을 많이 안겨준다.
- 특히 질병치유와 기도여행은 바위산이나 바닷가로 조용히 떠나라.
- 홀로 산길과 바닷길로의 '트레킹'은 정신 건강까지 챙겨준다.
- 혹시나 헛수고로 종교순례길 여행은 결코 떠나지 말라.
- 종교 추종의 순례는 다니지 말고, 너 자신이 '위대한 사람'이 되어라~.
- 인생을 주인공으로 살 것인가? 들러리 및 추종자로 살 것인가?
- 무엇에든 추종자는 주체의식과 영혼이 없어지는 노예가 된다…….
- 사람의 몸과 마음 그리고 영혼은 서로 '상호작용'을 일으킨다.
- 인생에서 가장 중요한 것은 자기의식의 각성과 건강함이다.

- 건강관리조차 못해 내는 사람은 결코 성공과 행복을 누릴 수 없다.
- 사람과 만물은 음양의 조화와 생기(生氣)로 생명이 유지된다.
- 사람도 자연에 속하니 자연의 섭리와 순리에 따라 행동을 하라~.
- 해가 뜬 후와 해가 지기 전의 '1일 2식법'으로 꼭 식사를 잘 하라.
- 1일 2식으로 '완전소화'를 하면 쉬 늙지 않고 병들지도 않는다.
- 삶을 100세 이상 잘 살려면 '아침 밥 먹기'를 꼭 실천하라~.
- 식사는 규칙적으로 · 골고루 · 적당히 '식사3대원칙'을 잘 지켜라.
- 사람에게는 무엇을 어떻게 먹는가가 평생동안의 건강을 좌우한다.
- 음식물의 품질과 잘 먹는 방법이 '평생건강'을 잘 유지한다.
- 과음 · 과식 · 폭음 · 폭식 · 편식 · 불규칙 식사는 나쁜 식사법이다.
- 나쁜 식습관과 나쁜 생활습관을 '개선'하면 점점 잘 살게 된다.
- 나쁜 식생활습관의 개선은 모든 질병의 치유이고 또한 예방이다.
- 양약이든 한약이든 모든 약은 독이고, 독은 해독을 해야 하며 약을 많이 먹는 사람은 '간기능'이 나빠진다.
- 약물치료는 해당 부위는 낫게 하지만 다른 부위를 손상시킨다.
- 사람의 몸은 스스로 항상성을 유지하려는 '자율기능'이 있다.
- 건강상태가 나빠진다고 생각되면 즉시 '식생활습관'부터 개선을 하라~.
- 신선한 식재료에는 스스로 살아있는 '생명 에너지'가 많이 들어 있다.
- 살아있는 생기(生氣) 생명 에너지가 풍부한 신선한 야채 및 해초와 과일 그리고 신선한 생육고기와 생선회 등을 생(生)으로 꼭꼭 오랫동안 씹어서 잘 먹으라.
- 신선한 식품을 생(生)으로 먹으면서 '생명 에너지'를 많이 섭취하라.
- 아무리 좋은 음식물이라도 필요 이상 섭취하면 독이 될 뿐이다.
- 한 번에 1인분 약 200g 이상 육류는 절대로 먹지 말라~.

- 성공과 출세로 부자가 된 사람들은 '쾌락시스템'이 작동된다.
- 맛있는 음식과 술 등을 스스로 '절제'하는 사람은 강한 사람이다.
- 육고기와 생선을 먹을 때는 반드시 야채와 해초를 함께 먹으라~.
- 육고기를 먹을 때는 마늘 · 양파 · 대파 등과 상추야채를 함께 곁들여 먹고, 생선을 먹을 때는 생강 · 고추냉이 · 깻잎 등과 해초류를 함께 곁들여 먹으라.
- 특히 정신수행자들과 병약자는 음식을 잘 가려서 먹으라.
- 일반인들은 양체질과 음체질에 따라서 음식을 잘 먹으라.
- 한국사람 최선의 식단은 곡류 33%와 과일 · 야채 · 해초류 33%와 고기류 33%의 '333 균형 식사'로 골고루 잘 씹어 먹으라.
- 가장 좋은 식사법은 골고루 균형있게 또한 오랫동안 꼭꼭 잘 씹어 먹고, 조금 부족한 듯 먹어야 '완전 소화흡수'로 건강에 가장 좋다.
- 가장 나쁜 식사법은 편식과 과식 및 패스트푸드식 그리고 성급하게 먹는 식사와 불규칙 식사 및 밤늦게 야식 등으로 건강에 나쁘다.
- 음식을 먹을 때는 침분비가 많도록 오랫동안 꼭꼭 잘 씹어 먹으라.
- 말린 나물과 말린 건어물 및 육포 등은 산화식품이니 꼭꼭 씹어서 침분비가 많게 하고 중화를 시켜서 잘 삼켜야 건강에 좋다.
- 자연해초류 톳 · 김 · 미역 · 다시마 · 파래 · 곰피 등은 좋은 식품이다.
- 생선은 흰 살 생선과 붉은 살 생선으로 구분하고, 붉은 살 생선은 공기와 접촉하면 산화가 빠르니 생선은 신선할 때 잘 먹으라.
- 모든 과일 및 열매와 근채소류는 '색깔을 골고루' 생(生)으로 먹으라.
- 흰쌀 백미보다는 '현미잡곡쌀'이 영양소가 더욱 풍부하다.
- 좋은 식사는 현미잡곡밥 · 김치 · 야채 · 버섯 · 해초류 · 고기 한 토막 등 골고루 꼭꼭 씹어서 먹고, 식후에는 과일 한 조각을 꼭 먹으라.

- 식사를 할 때와 식후에는 국물 또는 물을 절대로 많이 먹지 말라~.
- 밥은 골고루 백미 · 흑미 · 현미 · 찰미 · 납작보리 · 대두콩 · 강남콩 · 팥 · 녹두 · 귀리 · 조 · 수수 · 기장 · 율무 · 잣 · 은행 · 밤 · 대추 · 무우 · 곤드레 · 다시마 · 톳 · 곰피 · 기타 등등 무엇을 섞든 반드시 5가지로 밥을 지은 '5색5곡밥'이 최고로 이상적이다.
- 건강유지와 함께 좋은 피부를 가꾸려면 과음 · 과로 · 스트레스 · 우울 · 불면 · 변비 · 숙변 등을 없애라.
- 좋은 피부를 만들려면 생선과 동물의 껍질 등 '콜라겐'을 먹으라~.
- 콜라겐은 피부 · 뼈관절 · 잇몸 · 눈 수정체 등에 도움을 준다.
- 사람의 피부는 20세 이후부터 1년에 1%씩 '노화'가 진행된다.
- 좋은 피부를 가꾸려면 잠을 잘 자고 과일과 생수를 꼭 마셔라.
- 평생건강을 위해서는 조금씩 적당하게 '생수(生水)'를 잘 마셔라~.
- 평생 건강을 위해서는 아침기상 후와 저녁 잠들기 전에 생수 3모금씩을 계속해서 '평생동안'을 꼭 마셔라.
- 올바른 생수먹는 방법은 잠을 깰 때 3모금, 잠들기 전 3모금, 매끼니 또는 식사 기준의 중간공복에 3모금 그리고 식사 후는 1모금 등 하루에 5~6회는 반드시 생수를 마셔라.
- 운동 및 일을 할 때도 가끔 조금씩 '생수'를 꼭 마셔라.
- 몸속에 물이 많거나 한꺼번에 물을 많이 마시면 몸이 습과 냉으로 질병이 생길 수 있으니, 물을 너무 많이 먹지는 말라.
- 사람은 3일(72시간) 동안 물을 못 마시면 죽을 수 있다.
- 어떠한 위험에 처할지라도 물은 꼭 챙기고 잘 마셔라.
- 붕괴 등 매몰이 될 경우에는 자신의 오줌물이라도 우선 마셔라.
- 바다나 산속에서 조난당할 경우에도 꼭 물을 찾아 마셔라.

- 사람은 물을 마셔야 살 수 있고, 생수(生水)는 최고의 '생명수'이다.
- 자연 생수는 미네랄이 풍부하고 가장 좋은 '생명 에너지원'이다.
- 시판중인 과일주스 · 탄산음료 · 청량음료 등 가공음료에는 자연비타민 · 미네랄 등 생명 에너지가 적은 '나쁜 음료'들이다.
- 인공첨가제를 넣은 가공식품들은 대다수가 '나쁜 식품'들이다.
- 가열 및 가공을 한 죽은 음료보다는 각종 영양소 등이 살아있는 음료 천연 자연의 '생수(生水)'를 꼭 마셔라.
- 생수는 장에서 바로 흡수가 되고 혈액에 산소공급을 잘 하여 몸속 구석구석의 지방을 잘 태우니 '다이어트'에도 아주 좋다.
- 다이어트로 살을 빼려면 꼭 생수를 마시고, 음식을 오래 씹어 먹고, 운동을 계속하고, 폭식 · 과식 · 야식 등을 반드시 '금지'하라.
- 병원의 환자들도 가공음료수보다는 생수를 꼭 마셔라.
- 페트병 생수는 신선도가 중요하니 '제조 날짜'를 꼭 확인하라.
- 건강관리는 무엇을 어떻게 먹는가가 평생동안 중요하다.
- 일반적으로 건강에 해를 끼칠 염려가 있는 음식은 '조심'을 하라.
- 특히 설탕은 신장기능에 해롭고 모든 성인병을 유발시킨다.
- 특히 알코올은 간기능과 뇌기능을 망가뜨리고 빨리 늙어가게 한다.
- 화공약품 착색제 및 표백제와 방부제를 첨가한 식품은 먹지 말라~.
- 임산부는 알코올 · 커피 · 잔류농약 · 방부제 첨가 음식물을 먹지 말라~.
- 상온에서 부패하지 않은 음식물은 모두가 '방부제'첨가 식품들이다.
- 식품첨가제는 대다수가 '화공물질'로써 우리 몸에는 나쁘다.
- 비용이 조금 더 들더라도 이로운 자연물질 및 생약 사용을 검토하라.
- 육류는 항생제와 인공사료를 먹인 것보다는 무농약볏짚 및 자연방목 등으로 잘 키운 질 좋은 것으로 골라 먹으라.

- 생선은 항생제와 인공사료를 먹인 것보다는 '자연산'을 골라 먹으라.
- 과일이나 채소는 햇볕을 듬뿍 받고 자연 노지에서 유기농 재배로 키운 제철에 생산한 것이 우리 몸에 가장 좋은 식품들이다.
- 발효식품은 살아있는 효소 생명 에너지가 많은 좋은 식품이다.
- 인체는 장내에 발효균과 유익균이 없으면 생명유지를 못한다.
- 인체의 장내에는 식이섬유 섭취와 효소로 '유익균'을 잘 유지하라.
- 매 끼니마다 반드시 한두 가지 '발효식품'을 함께 꼭 먹으라~.
- 무병장수를 하려면 '전통재래식' 된장·간장·김치 등을 꼭 먹으라~.
- 모든 사람에게는 자기 나라의 '전통발효식품'은 아주 좋은 것이다.
- 모든 열매와 과일은 자연이 만든 위대한 '생명 에너지' 선물이다.
- 열매와 과일 그리고 뿌리근채소와 자연식품 등은 위대한 자연이 만들고 영원히 살려고 하는 '생명 에너지'가 가장 풍부하게 들어있다.
- 생명 에너지가 많이 들어있는 좋은 식품들을 골라서 잘 먹으라~.
- 이 세상에서 가장 훌륭한 의사는 자연식품과 좋은 식사법이다.
- 이 세상에서 가장 훌륭한 의사는 적당한 노동과 좋은 운동법이다.
- 이 세상에서 가장 훌륭한 의사는 마음병을 고치는 심의(心醫)이다.
- 이 세상에서 가장 훌륭한 의사는 우주하늘자연의 기(氣)치료법이다.
- 삶을 살다가 정신적으로, 육체적으로, 영적으로 힘이 들거나 또는 변화를 주고 싶거든 자연기후가 좋을 때 1주일 또는 1개월 정도 특별기간을 정해서 오직 나 홀로 말없이 '묵언'으로 산길 또는 바닷길을 트레킹하면서 걷고 또 걷고를 꼭 한 번씩 실천을 해보라. 최고의 '자연치유'가 되어줄 것이다.
- 가끔씩 홀로앉아 침묵 속에서 자기 자신의 '내면 소리'를 들어라!
- 삶을 살다가 가끔씩 멈추고, 자기 자신을 한 번씩 잘 살펴보라!
- 삶을 살다가 가끔씩 자연 속으로 들어가 컴컴한 밤하늘의 빛나는 별들을 올

러다 보라!
- 삶을 살다가 가끔씩 자연 속에서 아침과 저녁의 노을을 보라!
- 삶을 살다가 가끔씩 자연 속에서 고요한 휴식을 하라!……
- 아무리 좋은 음식도 체질에 맞지 않으면 오히려 해로울 수가 있다.
- 인체의 체질은 크게 따뜻한 '양체질'과 차가운 '음체질'로 나누고, '4상체질'로 나누며 체질에 따른 음식과 질병치료가 되어야 한다.
- 심장은 인체의 엔진이고, 간장은 인체의 화학공장이다.
- 인체의 화학공장인 간기능이 떨어지면 면역력이 약해지고, 염증이 발생되어 모든 질병으로 확대가 된다.
- 특히 우울증은 뇌기능의 이상에 의한 '심리장애 겸 빙의' 때문이다.
- 우울증은 '신끼'가 있는 사람만 걸리고, 결국에는 자살로 이어진다.
- 신경성 정신질환은 '신끼'가 있는 사람만 걸리고, 신(神)끼는 업보이다.
- 인체의 모든 질병의 근원은 유전인자와 기 허약 및 체에서 발생한다.
- 삶의 억눌린 감정들과 스트레스는 모든 질병의 원인이 된다.
- 스트레스성 질환은 적절한 분노 표출과 고요한 명상을 꼭 행하라~.
- 삶을 살다가 가끔씩 ① 큰소리로 웃거나 ② 큰소리로 울거나 ③ 큰소리로 비명을 질러보거나 ④ 강하게 물건을 두들겨 때리거나 ⑤ 격렬한 운동 등을 하면서 '감정청소'를 잘 하여라.
- 진실한 고백과 적당한 분노 표출은 '심리치료'의 좋은 방법이다.
- 운(運)이 나쁜 사람에게는 여러 가지 질환 및 질병과 우환이 따른다.
- 형제 및 자매 중에서도 가장 운(運)이 나쁜 사람은 '전생업보'이다.
- 운(運)이 나쁜 사람의 몸은 조상영혼 및 귀신들의 안식처이기도 하다.
- 자폐증·정신착란증·조현병 등은 선천성 정신질환이다.
- 혼잣말을 중얼거리는 정신분열증은 선천성 및 후천성 정신질환이다.

- 종교의 맹신자들은 세뇌와 고정관념에 사로잡힌 '정신질환성'이다.
- 분노조절장애 · 주의집중장애 · 성욕구조절장애 등은 어린 시절부터의 인간관계가 원만치 못해서 생긴 후천성 정신질환이다.
- 섹스중독 및 습관적 성 자위 행동은 타인 영혼의 '빙의' 때문이다.
- 각종 난치병과 불치병은 그러한 타인 영혼의 '빙의' 때문이다.
- 술주정과 음식과욕은 대다수가 조상 및 타인 영혼의 '빙의' 때문이다.
- 우울증과 자살충동은 대다수가 그러한 타인 영혼의 '빙의' 때문이다.
- 각종 장애 및 정신질환은 조상 및 전생의 '업(業)작용' 때문이고, 현재는 대부분 조상 및 타인 영혼이 몸속에 들어온 '빙의' 때문이다.
- 조상 및 타인영혼의 빙의(귀신병)는 즉시 '영혼분리'를 꼭 해주어라~.
- 몸속에 달라붙어 있는 조상 및 타인영혼만 떼어내면 즉시 낫는다!!
- 선천성이든 후천성이든 빙의이든 각종 장애 및 정신질환은 반드시 신통의술 및 도술로 '특수치료'가 꼭 필요하고, 정확한 원인진단과 특수치료로 해결을 할 수 있다!!
- 각종 불치병 및 난치병과 귀신병 및 빙의 그리고 괴질 및 원인을 모르는 질환 등은 도사의 '신통의술'이 대안이다!!
- 특히 암발생은 유전적인 원인과 심리 · 정신 · 환경 등 나쁜 원인들과 빙의에 의해서 이상세포가 만들어지고 무한증식을 하는 것이다.
- 각종 암발생은 그렇게 죽은 조상핏줄내림유전성이 90%이니, 암으로 죽은 '조상영혼치유와 핏줄운(運)내림 소멸'을 함께 꼭 해주어야 한다!!
- 모든 불치병 및 난치병은 ① 전생업 ② 핏줄유전 ③ 빙의 때문이고, 위의 3가지만 해결하면 불치병 및 난치병은 99% 해결이 된다…….
- 삶을 살아가다가 암에 걸리거나 또는 불치병과 난치병에 걸리거나 또는 질병의 원인을 모르거든 1류급 도사에게 '운명진단 겸 상담'을 꼭 받으라~.

- 정확한 '운명진단 겸 상담'으로 숨은 원인들과 최선의 치료법을 찾아내어 병원에서 고칠 것은 병원에서 고치고, 그러나 병원에서 못 고치는 것은 마지막 방법으로 '신통도술초능력과 권능'으로 고쳐라~.
- 사람 몸의 세포들은 매일 조금씩 죽어가고 또한 새로 만들어지기 때문에 '신통도술 초능력'으로 우주하늘자연의 생명 에너지 생기(生氣)를 불어넣어 주면 7×7=49이니 49일이면 완전히 새로운 몸으로 바꾸어 낼 수 있고, 죽어가는 목숨도 살려낼 수 있다……
- 사람 개인의 타고난 사주와 손금에는 '약 100가지의 개인운명정보'가 다 나타나 있고, 몇 살 나이에 어떻게 죽을 것인가?가 정확하게 나타나 있기 때문에 운명 속의 예정된 수명나이와 유전성 및 전생(前生) 등을 알아내면 최선의 '치료법'을 완벽히 찾아낼 수 있다.
- 특히, 췌장암·폐암·간암 등 환자와 심장박동기·신장투석 환자와 심장질환 및 고혈압·당뇨병 등 모든 환자들과 특별히 손금의 생명수명금이 짧은 사람들은 반드시 자기 자신의 타고난 '수명운'을 꼭 알아두어라~.
- 개인들의 수명운은 「손도사 손금풀이」의 ㉒번 손금 생명수명선이 중간에 끊겨 있거나 아래쪽이 가늘거나 짧은 사람만 암에 걸리고 각종 사고를 당하고 빨리 죽게 된다.
- ㉒번 손금이 끊겨 있거나 가늘거나 짧은 사람은 '운명상담'이 꼭 필요하다!
- 이러한 정보들은 가족이나 주위 사람들에게 꼭 전달해 주어라~.
- 각 개인의 타고난 사주와 손금의 '수명운'은 정말로 가장 중요하다!!
- 수명운이 나쁜 사람만 불치병에 걸리고 빨리 죽고 큰 사고를 당한다.
- 이 책을 읽는 독자들에게만 하늘의 비밀 '운명천기누설'과 함께 삶에서 정말로 중요한 고급정보들을 제공하니, 책 내용을 반드시 '기억'해 두어라~~.
- 사람은 살아있는 동안까지는 '운동과 노동'을 계속해야 한다.

- 몸을 따뜻하게 하면 면역력이 높아지니 항상 '체온'을 잘 유지하라.
- 사람의 신체는 낮과 밤의 태양주기에 따른 '생체리듬'이 작용한다.
- 생체리듬에 따라 낮에는 활동을 하고, 밤에는 반드시 잠을 자라.
- 누구나 깊은 밤에는 잠자리에 꼭 들고 반드시 '숙면'을 잘 취하라~~.
- 자주 누우면 빨리 죽고, 많이 걸어야 오래 산다.
- 나이가 들어갈수록 반드시 '근력운동'을 꾸준히 해 나가라.
- 근력운동은 언제 어디서나 '평생동안'을 계속하라.
- 매일 대변은 1번씩, 소변은 5번 이상으로 '배출'을 잘 시켜라.
- 대체로 잘 먹고, 잘 싸고, 잘 자면 삶에는 이상이 없다.
- 인생살이에 진짜 중요한 것은 마음 및 정신의 안정과 생명 에너지이다.
- 인생을 잘 살고 싶거든 입·코·뇌로 하늘자연의 '생명 에너지'를 흡입하라!!
- 하늘자연의 생명 에너지를 흡입하는 가장 좋은 방법은 '명상'이다.
- 명상과 참선 등의 정신수련은 '동양정신문화'의 최고 진수이다.
- 모든 외부적 권력은 허업(虛業)이니, 진짜 '삶의 본업'을 잘 찾으라.
- 진짜 삶의 본업은 '명상'을 통한 의식의 각성과 최고의 깨달음이다!!!
- 나의 진짜 주인공은 나의 의식과 영혼이고 육체는 집일 뿐이다.
- 육체적으로 호의호식을 해보는 '보편적 성공'을 하고, 그 다음에는 반드시 '정신적 성공'을 이루어야 진짜 삶의 성공이고 잘 죽는 죽음준비이다.
- 수레의 두 바퀴처럼 물질적 성공과 정신적 성공을 함께 이루어라!
- 진짜 삶의 성공을 위해서는 정신·마음·영혼을 더욱 중요시하라~.
- 기도는 간절한 소망이고, 명상은 비움 속의 충만이다!!
- 섭리와 생활명상을 배우고 터득하여 실천을 하면 모든 종교들이 필요없다.
- 종교들의 기도는 바람의 욕망이고, 명상은 모든 욕망의 '초월'이다.
- 명상은 인체의 감각신경들을 '자신의 내면'으로 향하는 정신수련이다.

- 자기 자신의 의식을 각성시키는 가장 좋은 방법이 '명상'이다.

- 명상은 세상 흐름의 주시이고, 명상수행자는 주시자가 되는 것이다.

- 주시의 방법은 강가에 앉아서 흐르는 강물을 바라보는 것처럼 하라.

- 자기 자신의 내면적인 느낌·감정·마음·사념 등을 잘 '주시'를 하라~.

- 주시를 잘 하면 주인공이 되고, 휩쓸리면 끌려다니는 노예가 된다.

- 모든 감정발생과 마음작용을 지켜보는 '주시자'가 되면 결코 휩쓸리지 않게 되고, 스스로 핵심과 본질을 잘 알게 되어 '주인'이 된다.

- 마음은 변덕과 변심을 잘 하고, 자기합리화를 위해 핑계와 구실로 변명을 잘 하며 교활하게 속임수를 잘 부린다.

- 항상 자기 자신의 마음을 '주시'하면서 긍정심과 한마음으로 나아가라.

- 오직 주시만이 마음작용의 속임수에 끄달리지 않고 '주인'이 된다.

- 모든 기도와 명상을 할 때는 '기(氣)흐름'을 주의깊게 주시를 잘 하라~.

- 신(神·God)은 빛(Light)과 소리(Sound)로 의사 전달을 한다.

- 항상 우주하늘자연 존재적 신(神)들의 빛과 소리를 잘 들어라~.

- 기도와 명상을 시작할 때는 1시간 정도의 예상한 시간만큼은 스마트폰 등 외부방해물과 잡생각 등 내부방해물을 모두 없애라.

- 기도와 명상을 하는 장소는 오염되지 않은 생기(生氣)가 넘치는 자연속이나 또는 특별한 장소나 또는 방에서 하라.

- 명상·묵상·참선 등을 할 때는 눈을 감고, 내면의 눈으로 몸과 마음의 상태와 변화흐름을 잘 '의식'을 하라.

- 주시하는 '의식'이 당신의 가장 내밀한 핵심이고 주인공이다.

- 마음의 중심을 '호흡'에 올려놓고 들숨은 깊게 날숨은 길게 하라~.

- 사람의 호흡은 심리상태와 긴밀하게 연관이 되어 있다.

- 날숨을 길게 내쉬면 '이완'이 잘 되면서 스스로 안정과 평온이 된다.

- 고급기술인 '신통술기도와 초월명상'을 하고자 할 때는 반드시 이마의 가운데 부위 '상단전명궁'에 의식을 집중시키고 몰입을 계속하라~.
- 이마의 가운데 부위 '상단전명궁'속에는 전두엽이 있고, 전두엽은 뇌의 총사령부 역할을 한다.
- 뇌의 총사령부 앞이마 상단전명궁은 모든 '정신수련'의 중요한 곳이다.
- 기도와 명상 등 '정신수련'을 행할 때는 우주하늘자연의 기운(氣運)이 몸속으로 들어오고, 몸에 '진동과 떨림'이 일어나면 자연스레 온전히 내맡기고, 느끼는 대로 멈추지 말고 계속 따라 가면서 충족히 될 때까지 온몸으로 기(氣)에너지와 하나가 되면서 '삼매지경'까지 이르러라~.
- 처음부터 끝날 때까지 그 과정을 관찰 및 관조로 '주시'를 잘 하라~.
- 삼매지경에 도달해야 '초월의식'이 되면서 시간과 공간이 없어지고, 과거로 미래로 또한 이곳에서 저곳으로 '순간이동'이 가능해지고, 모든 신(神 · God)들을 직접 볼 수도 있고 소통을 할 수 있게 된다.
- 모든 명상기도는 완전히 몰입이 된 삼매지경의 '순수상태'에 들었을 때 그때야 비로소 '우주하늘자연과 합일체'의 신세계가 열리게 된다.
- 삼매지경의 '초월의식과 순수의식'이 되어야 스스로 "아뇩다라 샴막 삼보리"가 증득되고, 전지전능의 살아있는 신(神)이 되는 것이다.
- 명상기도로 신통도술의 초능력을 가지면 그대로 몸을 가진 신(神 · God)의 경지가 될 수 있고, 이것이 손도사의 '신통술초월명상' 가르침이다……
- 모든 기도와 명상은 일념(一念)에서 무념(無念)으로 진행을 하라~.
- 축복을 받고 싶은 사람은 오직 복(福)을 주는 신(神)만을 불러라~.
- 죽을 때까지 희망고문인 불확실한 죽은 후의 천국행 및 극락행의 축복을 기대하기보다는 살아있을 때의 '확실한 축복받음'을 빌어라~.
- 살아있을 때 축복받지 못한 사람이 죽은 후의 축복이란 결코 없다.

- 살아있을 때의 축복을 주는 신(神)은 '천복대신'이 최고이다!!
- 특히, 돈복을 얻고자 할 때는 '천복대신(天福大神)'을 불러라. 천복대신을 4박자 리듬으로 '주문(呪文)처럼' 100일 이상을 계속 외워라~.
- 천복대신을 부르면 하늘복(天福)이 내려오고 '소원과 소망'을 꼭 이룬다.
- 뇌는 특정한 주제를 100일 이상 계속하면 '뇌 회로'가 새로 형성이 된다.
- 집중으로 공부와 기도 및 명상 등을 할 때는 100일 이상을 계속하라~.
- 기도와 명상을 할 때 뇌파동은 관련된 '우주하늘자연존재계'의 주파수와 상호연결이 되고, 반드시 주파수가 맞아야 '반응과 응답'이 주어진다.
- 염력과 뇌파 및 텔레파시 그리고 신통력은 '무한개발'이 가능하다…….
- 진정한 삶의 목표인 자기 자신의 영혼 진화와 구원을 소망하는 사람은 먼저 신통술기도로 '신통'부터하고, 그 신통력과 초월명상으로 점점 의식을 각성시켜서 알아차림과 고차원의 '깨달음'을 이루어 나아가라~.
- 사람의 뇌와 의식은 저차원에서 고차원까지 '여러 단계'가 있다.
- 보통사람들은 90% 정도가 '무의식상태'로 그냥 일상생활을 한다.
- 무의식상태의 그냥 삶에서 의식을 가진 삶을 꼭 살아가야 한다!
- 사람은 의식과 잠재의식이 합칠 때 최고의 '뇌능력'을 발휘한다.
- 잠재의식 속에는 지난 전생 과거의 기억들이 모두 '저장'되어 있다.
- 명상과 참선 등을 수련하면 잠재의식을 표면의식으로 끌어 낼 수 있고, 의식은 표면의식·잠재의식·심층의식·초월의식·우주의식·순수의식 등으로 구분을 하고 또한 '무한정 개발'이 가능하고 증명할 수도 있다…….
- 모든 의식세계의 끝을 지나면 밝은 흰빛의 '순수본성'을 만날 수 있다.
- 순수의식과 순수본성을 가진 영혼체는 육체에서 분리되어 '유체이탈'도 가능하고, 우주자연계에 '순수에너지'로 존재하게 된다.
- 보통의식이 신통의식·초월의식·우주의식·순수의식까지 이를 때 비로소

순수에너지로 변환이 되어 인간이 '신(神)'이 될 수 있는 것이다…….

• 인간이 신(神)으로 승격이 되면 초능력의 '전지전능자'로 존재하게 된다.

• 초능력의 전지전능자가 되고자 하는 방법이 '천기신통초월명상'이다!

• 천기신통초월명상은 누구나 '신통력'을 가질 수 있는 최고 기도법이다.

• 천기신통초월명상을 하면 자연스레 7가지 신통력이 생기고, 이마 가운데 제3의 눈이 열리고 스스로 '도통'을 얻게 된다.

• 천기신통초월명상을 하면 최고의 깨달음 "아뇩다라 샴막 삼보리"를 빠르게 증득할 수 있다.

• 천기신통초월명상을 하면 운(運)을 마음먹은 대로 움직일 수 있다.

• 천기신통초월명상을 하면 마음대로 유체이탈과 하늘로 올라갈 수 있고, 또한 마음대로 환생과 부활을 할 수 있다!

• 천기신통초월명상으로 정신완성을 이룬 고급영혼은 '영생불사'가 된다!!

• 빈손으로 왔지만 빈손으로 가지 말라. 반드시 '깨달음'을 이루어라~.

• 깨달음을 이룬 '고급영혼'은 영원한 자유를 얻고 행복을 누린다.

• 진정한 삶의 행복은 삶의 본질을 깨달아 '완성'을 이루는 것이다…….

• 인생의 '우선순위'는 현실을 직시하면서 먼저 하고 있는 것을 성공시키고, 큰돈도 벌어보고, 권력도 잡아보고, 그리고 다음으로는 정신과 마음 그리고 영혼을 위한 진정한 '깨달음의 행복'을 꼭 찾아 보아라~.

• 돈은 삶의 귀중한 방편이고, 깨달음은 삶의 귀중한 목표이다.

• 깨달은 사람만이 깨우침을 줄 수 있고, 빛만이 어둠을 밝힐 수 있다.

• 종교들의 희망고문인 죽은 후 극락행과 천국행에 결코 집착을 말라!!!

• 모든 집착은 미끼 속의 낚싯바늘처럼 '구속과 노예'로 만들어 버린다.

• 현생에서 그 무엇으로부터 구속과 노예가 되면 죽은 후 100년 이상까지도 불행해진다.

- 종교들의 거짓 세뇌 및 굴레의 구속과 노예로부터 즉시 '탈출'을 하라~.
- 정치인들의 거짓선동과 들러리 역할로부터도 즉시 '탈출'을 하라~.
- 귀중한 인생들을 추종자나 들러리 및 노예로 결코 살지 말라!!
- 21세기 자본주의와 제4의 물결 첨단기술과 정신의 '혁명시대'에서 3천년 전에 만들어진 옛날 종교와 신흥 사이비종교 등 종교에 빠진 사람들은 대다수가 선량하지만 무식하고, 무능하고, 나약하고, 가난뱅이들이다.
- 제4의 물결 정신혁명 시대에서 잘못된 것들은 반드시 '개선'이 되어야 한다!
- 자연의 섭리와 순리를 알고 도리를 따르면 그것이 '삶의 본질' 도(道)이다.
- 도(道)는 태초부터 모든 학문과 종교들의 '근본이고 시원'이다!!
- 삶은 반드시 잘 살아야 하고, 나이 들고 노년이 되거든 이제 '무욕(無慾)의 경지'에 올라 다 내려놓고, 인생의 마지막 단계 공(空)으로 돌아가야 한다……
- 혼돈과 불확실한 21세기 금세기에는 많은 '대재앙'들이 발생을 한다.
- 금세기의 대재앙은 세계 도처에서 발생하는 '바이러스 괴질' 전염병이다.
- 금세기의 대재앙은 지진·화산폭발·가뭄·홍수·태풍·큰 전쟁 등이다.
- 우리는 현재 다양한 생명위기의 '재앙들' 앞에 노출이 되어 있다.
- 어떠한 시련과 고난이 닥칠지라도 우리는 살아 남아야 한다.
- 끝까지 살아남아서 반드시 승리의 역사를 만들어 가야 한다.
- 육체는 죽을지라도 '선택받은 이름과 영혼'은 결코 죽지 않는다.
- 선택받은 이름과 영혼이란 '선행공덕'을 많이 행한 사람의 이름과 많은 깨우침으로 '깨달음'을 이룬 금강석같은 정신을 가진 영혼이다!
- 정신력이 똘똘 뭉치면 스스로 우주공간에서 '영생불사'로 존재하게 된다!!
- 살아있을 때도 잘 살고, 죽어서도 잘 사는 그 '방법'을 꼭 배우라~.
- 21세기에 가장 잘 사는 성공적인 삶은 ① 부유함 ② 무병장수 ③ 깨달음 등

을 함께 '인생 3박자'로 성공시키는 방법론의 실천이다…….

이상 위에 기록한 생존과 성공기술 그리고 많은 깨우침과 행복을 위한 '손도사 어록'은 불특정다수의 '보통사람들'을 위해서 필자가 평생동안 공부하고 체험한 것들의 '경험지식'을 직접 육필로 글을 써서 진심으로 가르침을 주고자 한 것들입니다.

이 책은 책 100권 분량의 지식들을 책 1권에 함축한 '종합 실용지식 전달'의 좋은 책이고, 21세기 현대인들의 '필독서'라고 진심으로 생각합니다.

공감과 동의를 하십니까?

동의를 하신 독자님들은 성공출세와 부자가 되어 행복하게 됩니다.

이제, 이 책을 읽은 독자분들은 이 책을 '한 가정에 1권씩' 꼭 보관을 하면서 가끔씩 또는 어려움에 처해 있을 때 또다시 읽어보면서 한평생동안 인생 3박자·인생 3단계·인생 3위1체론적 성공방법의 '지혜'와 인생살이의 '지침'으로 또한 '등대불'로 꼭 삼으시길 진심으로 바라는 바입니다.

어떤 경로를 통하든, 이 책을 읽고 나서 책 내용이 '참 좋구나!' 또는 인생을 잘 살기 위해 '꼭 필요하구나!'라고 생각이 되면 SNS에 '좋은 책 추천'으로 정보공유와 함께 추가로 '책 구입'을 해주고, 또한 친구·친척 및 사랑하는 자녀들에게 그리고 사람들에게 선행으로 '책 선물'을 많이 해주시길 진심으로 바라는 바입니다.

이 책과 관련된 문의는 발행한 출판사에, 책 구입은 전국 유명서점이나 온라인서점 등에 책 주문을 하시면 언제나 또는 누구나 '책 구입'이 가능합니다.

스마트폰으로 책 제목을 '검색'하면 즉시 책 구입이 가능합니다.

책 한 권으로 평생 삶을 잘 살 수 있다면 투자할 만하지 않습니까?!

이 책을 한 번이라도 읽은 사람들은 평생동안 잘 살게 됩니다…….

이 책의 원제목은 '한 번 읽고 영원히 잘 사는 운명천기누설의 보물책'으로 물질과 정신이 함께 부자가 되는 많은 가르침과 반드시 잘 살기 위해서는 꼭 한 번씩 읽어둬야 하는 '21세기 필독서'입니다.

필자는 모든 사람들 및 영혼들의 번뇌와 고민 그리고 가난과 질병 그리고 불행과 죽음 등의 고통으로부터 진심으로 '도움'을 주고자 합니다……

책 마무리 글

　이 책의 핵심내용은 신(神)의 계시이고, 신비학의 실용철학으로 세계최초 및 최고의 '고급운명정보지식'을 가르쳐주기 위함이었습니다.

　스마트폰 시대의 사람들에게 책을 읽게 하기 위함이고, 쓰다보니 글의 문장이 이중구성이고, 영혼과 육체가 함께 하고, 3천년 전 옛날과 지금 오늘 날의 시간을 함께 하고, 인간세계와 신령세계의 공간을 함께 하면서 사람들에게 진짜로 중요한 '가르침'을 알려주려 했고, 엄청난 비밀의 운명정보전달과 함께 '자기성찰'을 위한 독서시간도 만들어 주면서 한 번밖에 살 수 없는 귀중한 삶을 무병장수를 하면서 성공출세와 부자가 되고 또한 깨우침과 깨달음을 이룰 수 있도록 노력을 했습니다.

　사람들은 자기 잣대와 자기 눈높이로 세상을 바라보기 때문에 필자의 글을 읽은 독자분들도 나이와 학문지식의 많고 적음에 따라서 또는 종교 및 정신세계 등 영적 능력의 높고 낮음에 따라서 또는 인생 가치관에 따라서 '이해정도'가 다 다를 수 있을 겁니다.

　그러나 마지막 장까지 마음의 문을 열고 편견 없이 필자의 글을 읽은 독자분들은 필자가 글 전체 내용으로 다양한 가르침과 함께 메시지 전달의 취지를 이해하리라 생각합니다.

우리 모두의 삶은 저 멀리 과거의 전생(前生)때부터 몸을 바꾸어 계속 살아왔고 그리고 가장 귀중한 지금의 삶을 또 살아가고 있습니다.

우리들 인생의 큰 화두, 나는 누구인가? 너 자신을 알라!

"나는 어디로부터 와서 어떻게 살다가 언제 어떻게 죽게 될 것이며, 죽어서는 또다시 무엇이 되어 또 어디로 가게 될 것인가???……."

필자는 이것을 알기 위해서 또한 신통도술의 초능력을 얻기 위해서 또한 깨달음과 해탈대자유를 이루기 위해서 '하늘로 오르는 산'이라는 전라남도 고흥에 있는 천등산(天登山)에서 '신(神)의 계시'를 받고, '천기신통초월명상'으로 10년 동안 도(道)를 닦아 스스로 도사(道師)가 되었습니다.

이 책을 읽은 독자분들께 '공개질문'을 드리겠습니다.

사람들이 믿고 숭배하는 존재 신(神)들께 기도를 할 때에 응답으로 가르쳐주는데도 그 말씀을 듣지 못할 경우에는 어떻게 해야 할까요?

신(神)들과 의사소통이 안 될 경우에는 어떻게 해야 할까요?

99%의 일반신앙인 및 신자들 그리고 모든 사람들을 위해서 신통력과 도술의 '초능력'을 가진 손도사가 존재하는 이유입니다.

이 손도사가 신(神)들과 '의사소통'을 하게 해 주고, 말씀을 전달해 주는 '전령자'가 되어 주고, 최선의 좋은 길로 안내를 해주는 '인도자'가 되어 주고, 그리고 모든 종교를 포용하는 신통도술의 '치유자' 겸 '구원자'로서 직접 신(神)의 '대행자'가 되어 주고 있는 것입니다.

백문이 불여일견이란 말처럼 '직접 확인'해 보시길 바랍니다~~.

모든 기도는 살아있을 때 지금 '축복받음'이 최고이고, 종교가 없는 사람도 도(道)를 깨치면 즉시 '축복받음'이 열리고, 전령자와 대행자를 통해서 로비를 잘하면 그만큼 '축복받음'이 즉시 열리게 됩니다.

인생성공은 먼저 우주하늘자연의 섭리 운(運)작용을 알아야 하고, 자기 자신의 타고난 운명을 알아야 하며, 방향과 운(運)타이밍이 중요합니다…….

필자는 현재, 자선공익사업으로 대한국의 정신적 구심 역할 '대한민국 신전(神殿) 국사당' 건립을 준비해 가면서 또한 세계인 공통적용과 인류발전을 위한「손도사 손금풀이」를 전파하면서 이 책을 읽은 사람만 만나주고 있습니다. 이야기를 전해들은 사람도 반드시 필자의 책을 한 권 읽고 '직접 방문'을 해야 만나주고 있습니다.

찾아온 사람들에게는 한없이 낮은 자세로 친절하게 만나주고 있습니다.

모든 종교를 포용하는 대한국의 신전(神殿) 국사당이 완성되는 2040년까지만 종합운명진단과 상담 그리고 특별치유 등을 해 줍니다…….

필자는 현재 아무런 구속의 굴레 없이 살면서 대외적 사업업무는 가끔 '서울 종로3가 국일관' 사무실에서 사람을 만나고, 상담업무는 서울 태릉지역의 지하철 1호선·6호선 '석계역' ③번 출구 10m 앞에서 상담을 합니다.

주소는 서울 노원구 화랑로 355, 우남 101동 201호입니다.

서울「손도사 운명상담소」는 대중교통과 자동차 '무료주차'가 편리합니다.

필자를 찾아 올 때는 반드시 사전에 '전화예약'을 하고, 필자가 있는 곳으로 직접 본인 또는 당사자가 찾아오셔야 더욱 정확한 상담을 해드립니다.

평생 꼭 한 번, 만남예약은 010-5105-5000번입니다.

글내용 속에다 '정보제공'을 해주는 것은 필자의 도움이 꼭 필요한 사람들에게 진심으로 '도움'을 주기 위해서이고, 인생살이에 가장 중요한 '고급지식운명정보'를 드리면서 간접홍보 끼워넣음을 양해바랍니다.

필자는 이 글을 볼펜으로 조금씩 '육필'로 썼고, 사실과 진실 그리고 진리만을 기록하였습니다. 하늘의 순리를 따르다보니 필자도 이제 70살의 나이이기 때문에 후인들을 위해 그리고 가난하고 고통받는 사람들을 위해 그리고 영혼들을 위해서 이 글을 썼습니다.

혹시나, 지난날 필자의 글을 한 번이라도 읽었던 독자분은 두 번씩이나 필자와 깊은 '인연'이라 생각해 주시길 바랍니다. 사람과의 만남은 전생으로부터의 인연 때문입니다.

신분이 누구든 또는 무엇이든 찾아와서 물어보시길 바랍니다~~.

이 책의 뒤쪽 「특별부록편」에 실려있고, 신(神)의 계시로 쓴 세계인 공통적용으로 100% 정확하고 적중을 하는 「손도사 손금풀이」가 딱 들어맞은 사람들도 꼭 찾아오시길 바랍니다~~.

정확한 종합운명진단(사주+얼굴+손금+영혼=100% 적중)과 신통도술로 당신의 인생을 반드시 '성공'시켜 드립니다.

손도사는 손님으로 찾아온 사람들에게는 저마다의 타고난 천성적 기질·소질·재능발견 및 성격분석과 운세흐름을 파악하고 '평생운명진단과 적성검사'를 해주면서 인생방향 및 공부운·직업운·취업운·승진운·사업운·재물운·횡재운·문서운·이사운·매매운·성공운·실패운·파산운·관재수와 감옥운·송사운·질병과 건강운·궁합과 결혼운·이혼과 재혼운·노년운·선거출마당선운·출세운·수명운 그리고 죽은 후의 심판운까지 등을 정확히 점(占)봐 드리고, 신통도술로 각종 핏줄내림우환과 업살풀이·빙의와 귀신병 등 특수치료와 수명이음 등을 해 주고, 조상천도와 영혼들 구원까지 해주면서 저마다의 삶을 반드시 '성공'으로 이끌어줍니다…….

손도사는 대한민국신전(神殿) 국사당 건립 '공익사업'도 펼치고 있습니다.

끝으로, 필자가 평생동안 직접 체험으로 얻은 경험지식을 기록한 이 '보물책'을 학술연구자료로 대학도서관과 삶의 정보전달로 공공도서관 등에 '비치용'으로 전달하면서 함께 절반 정도는 전국의 유명서점과 온라인 서점에 유통을 시키는바 혹시나 비치용이 없는 정부기관 및 교육청과 학교들 및 학원에서는 '별도구입'을 해주시길 바라고요, 이 책을 읽고 책 내용이 정말로 유익하다고 생각되시면 사랑하는 가족친지와 친구들에게 도서추천과 선물용으로 또한 한 가정에 한 권씩 '필수구비용'으로 추가구입을 당부드립니다~~.

필자는 마지막으로 펴낸 이 책이 많은 사람들에게 전달이 되고 또한 읽혀지고 그리고 모두가 함께 잘 살기를 진심으로 소망합니다…….

신비학의 실용·철학가 손도사 전함.

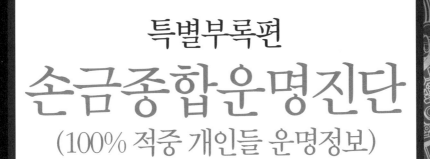

특별부록편

손금종합운명진단

(100% 적중 개인들 운명정보)

손도사 손금풀이의 그림과 명칭들

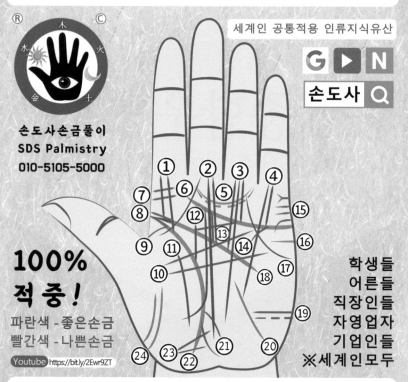

세계1등 손금풀이 손도사의 운명자가진단
사람의 기질·소질·재능·성격분석과 종합운명진단

세계인 공통적용 인류지식유산

G ▶ N
손도사 Q

손도사손금풀이
SDS Palmistry
010-5105-5000

100%
적중!

파란색 - 좋은손금
빨간색 - 나쁜손금

Youtube https://bit.ly/2Ewr9ZT

학생들
어른들
직장인들
자영업자
기업인들
※세계인모두

①상승출세금 ②직업운세금 ③성공행운금 ④재주사업금
⑤섬세매력금 ⑥심장감정금 ⑦실망절망금 ⑧성급신중금
⑨공격투쟁금 ⑩손해실패금 ⑪고집끈기금 ⑫노력개운금
⑬신끼십자금 ⑭배신비관금 ⑮이별이혼금 ⑯반항저항금
⑰인내외조금 ⑱두뇌지능금 ⑲방종방탕금 ⑳모험고생금
㉑활동역마금 ㉒생명수명금 ㉓고독고립금 ㉔건강정열금

손바닥 부위별 8구역의 그림과 명칭들

기질 · 소질발견 및 재능 · 성격분석과 운(運)진단

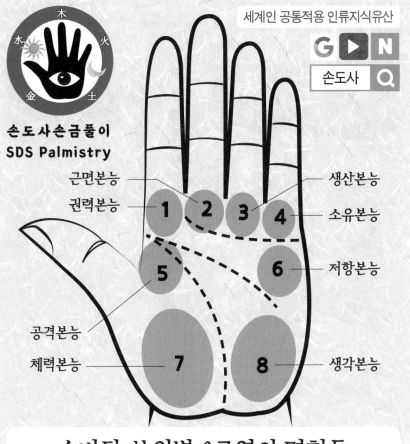

세계인 공통적용 인류지식유산

G ▶ N

손도사 Q

손도사손금풀이
SDS Palmistry

근면본능
권력본능

생산본능
소유본능

저항본능

공격본능
체력본능

생각본능

1 2 3 4
5 6
7 8

손바닥 부위별 8구역의 명칭들

1. 권력구 2. 일복구 3. 성공구 4. 사업구
5. 공격구 6. 저항구 7. 체력구 8. 정신구

손금풀이 나이예측 유년법의 그림과 해설

기질 · 소질발견 및 재능 · 성격분석과 운(運)진단

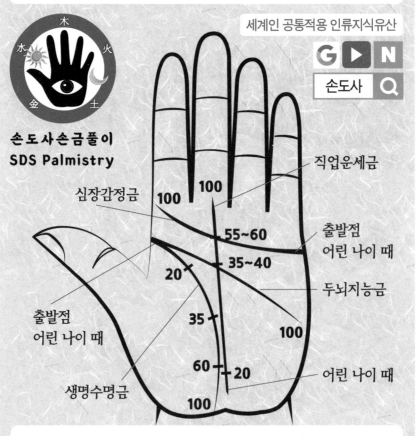

세계인 공통적용 인류지식유산

G ▶ N

손도사 Q

손도사손금풀이
SDS Palmistry

직업운세금

심장감정금

100 100

55~60

출발점
어린 나이 때

35~40

두뇌지능금

20

출발점
어린 나이 때

35

100

생명수명금

60 20

어린 나이 때

100

손금풀이로 사람 개인들의 한평생 운명진행을 나이 흐름의 유년법으로 판단할 때 '생명수명금'과 '직업운세금'이 가장 정확함을 나타내고, 특히 직업운세금(운명금)으로 나이 유년판단을 할 때는 두뇌지능금의 높낮이와 심장감정금의 높낮이에 따라서 개인들은 약 5년까지 나이 차이가 있음을 꼭 참고바랍니다.

기본 3대손금과 세로 4대손금의 그림과 명칭들

기질 · 소질발견 및 재능 · 성격분석과 운(運)진단

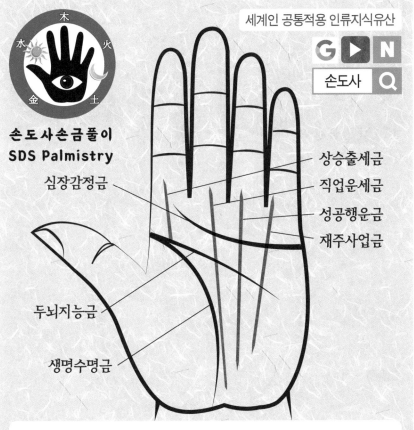

세계인 공통적용 인류지식유산

G ▶ N
손도사 Q

손도사손금풀이
SDS Palmistry

심장감정금

상승출세금
직업운세금
성공행운금
재주사업금

두뇌지능금

생명수명금

모든 사람에게는 검정색으로 표시한 '기본 3대손금'과 빨간색으로 표시한 '세로 4대손금'(운세 손금)이 가장 중요하고, 필수 7대 손금은 일·월·화·수·목·금·토의 기운으로 생기며, 7개의 손금들이 기다랗게 많이 생겨있을수록 좋고, 특히 세로 4대 손금들이 기다랗게 생겨있으면 '운세가 강함'을 의미합니다.

상승출세금의 출발점에 따른 기본의미

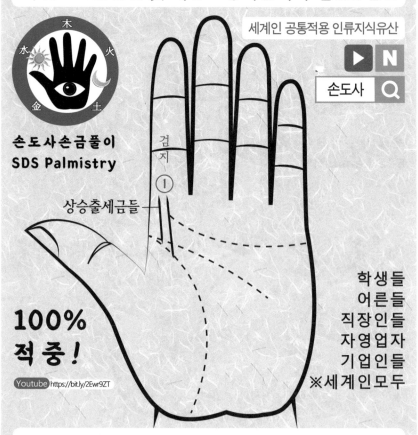

기질 · 소질발견 및 재능 · 성격분석과 운(運)진단

木
水 火
金 土

세계인 공통적용 인류지식유산

▶ N

손도사 Q

손도사손금풀이
SDS Palmistry

검지

①

상승출세금들

100%
적중!

Youtube https://bit.ly/2Ewr9ZT

학생들
어른들
직장인들
자영업자
기업인들
※세계인모두

검지를 향해 뻗쳐오르는 여러모양의 '상승출세금'은 대망 · 야망 · 강한 욕심 · 상승운 · 승진운 · 출세운 · 권력운 등을 나타내는 좋은 손금이고, 두뇌금에서 출발형은 큰 야망심을, 생명금에서 출발형은 행동적 적극노력을, 두 손금이 합친 금에서 출발형은 두뇌와 행동이 함께 적극적 노력과 상승운이 강함을 의미합니다.

직업운세금의 출발점에 따른 기본의미

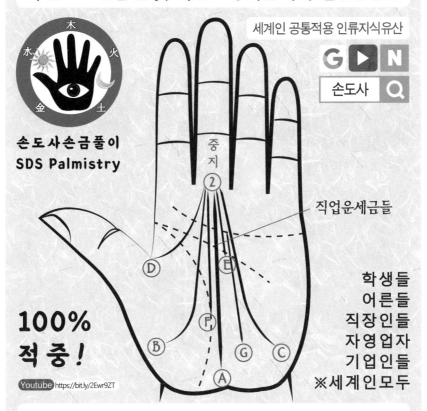

기질 · 소질발견 및 재능 · 성격분석과 운(運)진단

木
水 火
金 土

손도사손금풀이
SDS Palmistry

세계인 공통적용 인류지식유산

G ▶ N

손도사 Q

중지

② 직업운세금들

Ⓓ
Ⓔ

100%
적중!

Youtube https://bit.ly/2Ewr9ZT

Ⓕ
Ⓑ Ⓖ Ⓒ
Ⓐ

학생들
어른들
직장인들
자영업자
기업인들
※세계인모두

중지를 향해 뻗쳐오르는 여러 모양의 '직업운세금'은 근면성 · 직업운 · 직장운 · 경제활동력 등을 나타내고, Ⓐ형은 일찍부터 생계형 평생 일 고생을, Ⓑ형은 가업승계 등 안정진행을, Ⓒ형은 일찍부터 직업의 모험고생진행을, Ⓓ형은 공격투쟁적 직업진행을, Ⓔ형은 늦게 직업운이 열림을, Ⓕ형은 인생 중반쯤에 직업안정이 됨을, Ⓖ형은 정년월급쟁이 적합을 의미합니다.

성공행운금의 출발점에 따른 기본의미

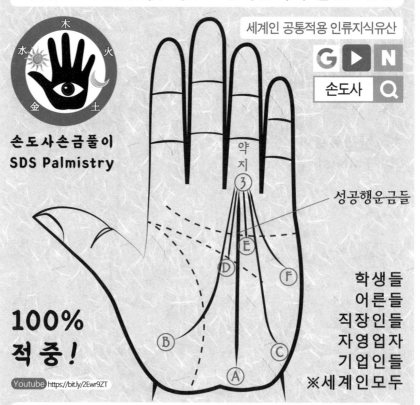

기질 · 소질발견 및 재능 · 성격분석과 운(運)진단

세계인 공통적용 인류지식유산

손도사

손도사손금풀이
SDS Palmistry

성공행운금들

약지

**100%
적중!**

Youtube https://bit.ly/2Ewr9ZT

학생들
어른들
직장인들
자영업자
기업인들
※세계인모두

약지를 향해 뻗쳐오르는 여러 모양의 '성공행운금'은 인생의 행운 · 성공운 · 금전운 · 인기운 · 명성운 · 인생만족감 등을 나타내고, Ⓐ형은 젊은 나이 때부터 큰 성공함을, Ⓑ형은 부모의 큰 도움으로 성공함을, Ⓒ형은 모험 인생과 타인들 도움으로 성공함을, Ⓓ형은 중년부터 성공함을, Ⓔ형은 인생노년에 성공함을, Ⓕ형은 인내력과 타인 도움으로 중년 이후에 성공함을 의미합니다.

재주사업금의 출발점에 따른 기본의미

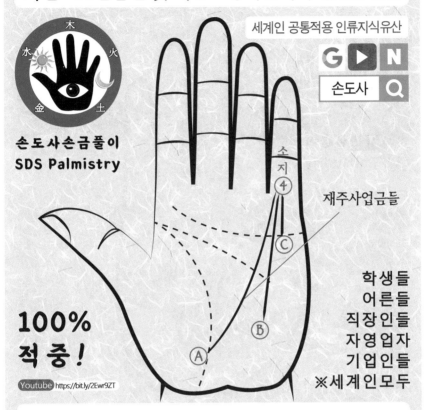

기질 · 소질발견 및 재능 · 성격분석과 운(運)진단

세계인 공통적용 인류지식유산

G ▶ N

손도사 Q

손도사손금풀이
SDS Palmistry

소지④

재주사업금들

ⓒ

ⓑ

ⓐ

학생들
어른들
직장인들
자영업자
기업인들
※세계인모두

100%
적중!

Youtube https://bit.ly/2Ewr9ZT

소지를 향해 뻗쳐오르는 여러 모양의 '재주사업금'은 말재주 · 특별한 재주 · 수완성 · 개성 · 지능성 · 기술성 · 과학기술 · 상재술 · 사업가 자질 · 사업운 · 재물운 등을 나타내고, ⓐ형은 젊은 나이 때부터 자기 노력으로 평생 동안 개인사업을, ⓑ형은 젊은 나이 때부터 우수한 재주 수완으로 개인사업을, ⓒ형은 개성 및 기술성과 재주 및 수완이 좋음을 의미합니다.

생명수명금의 여러 모양에 따른 기본의미

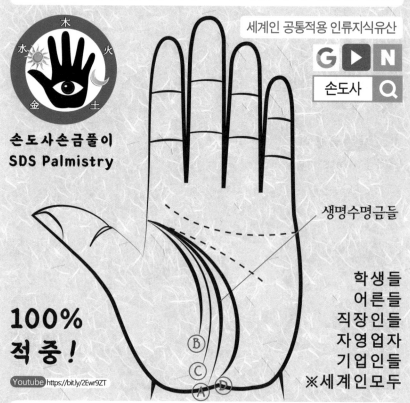

기질·소질발견 및 재능·성격분석과 운(運)진단

세계인 공통적용 인류지식유산

손도사손금풀이
SDS Palmistry

생명수명금들

학생들
어른들
직장인들
자영업자
기업인들
※세계인모두

100%
적중!

Youtube https://bit.ly/2Ewr9ZT

'생명수명금'은 체질·체력·생명력·수명운·평생건강운 등을 나타내고, Ⓐ형처럼 굵고 아주 기다란 형은 건강체질과 수명장수함을, Ⓑ형처럼 짧은 형은 길이만큼 수명단명을, Ⓒ형처럼 가느다란형은 평생 동안 병약체질을, Ⓓ형처럼 굵고 엄지 밑둥이 넓은 형은 노년까지 평생 동안 육체활동이 강함을 의미하고, 어느 중간에서 끊겨있으면 그 나이 때에 생명 위험을 예고합니다.

두뇌지능금의 여러 모양에 따른 기본의미

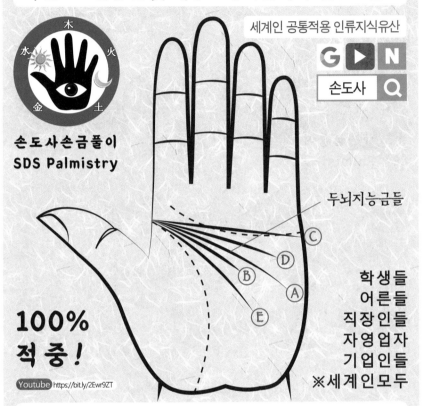

기질·소질발견 및 재능·성격분석과 운(運)진단

木
水 火
金 土

세계인 공통적용 인류지식유산

G ▶ N

손도사 🔍

손도사손금풀이
SDS Palmistry

두뇌지능금들

ⓒ
ⓓ
ⓑ
ⓐ
ⓔ

학생들
어른들
직장인들
자영업자
기업인들
※세계인모두

100%
적중!

Youtube https://bit.ly/2Ewr9ZT

'두뇌지능금'은 두뇌·지능·재능·성격·뇌질환 등을 나타내고,
ⓐ형처럼 기다란 형은 생각 및 두뇌력이 강함을, ⓑ형처럼 짧은
형은 생각 및 두뇌력이 약함을, 뻗치는 방향이 ⓒ형처럼 막쥔손
금형은 생각의 외골수가 강함을, ⓓ형처럼 옆으로 직선형은 논리
력과 실제 및 합리주의적이 강함을, ⓔ형처럼 아래로 곡선형은
상상력 및 공상력과 이상주의적이 강함을 의미합니다.

심장감정금의 여러 모양에 따른 기본의미

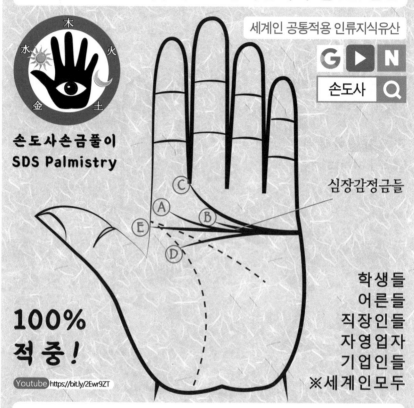

기질 · 소질발견 및 재능 · 성격분석과 운(運)진단

세계인 공통적용 인류지식유산

G ▶ N

손도사 Q

손도사손금풀이
SDS Palmistry

심장감정금들

100%
적중!

Youtube https://bit.ly/2Ewr9ZT

학생들
어른들
직장인들
자영업자
기업인들
※세계인모두

'심장감정금'은 감정 · 애정성향 · 사랑운 · 가정운 · 심장질환 등을
나타내고, Ⓐ형처럼 기다란 형은 정신적 사랑 및 사랑감정이 강함
을, Ⓑ형처럼 짧은 형은 육체적 사랑 및 사랑감정이 약함을, Ⓒ형
처럼 끝이 상향 및 검지와 중지 사이로 흘러들어간형은 낙천적 및
순정함을, Ⓓ형처럼 끝이 하향형은 사랑표현이 서툴고 비관적임
을, Ⓔ형처럼 막쥔형은 감정의 외골수가 강함을 의미합니다.

일자형 막쥔손금(자기중심적 '고집외골수'가 강함)

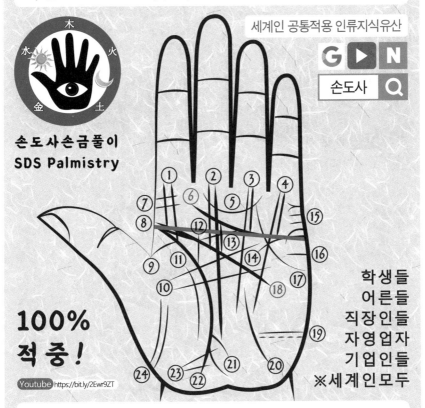

기질·소질발견 및 재능·성격분석과 운(運)진단

세계인 공통적용 인류지식유산

G ▶ N

손도사 **Q**

손도사손금풀이
SDS Palmistry

100%
적중!

Youtube https://bit.ly/2Ewr9ZT

학생들
어른들
직장인들
자영업자
기업인들
※세계인모두

일자형 막쥔손금은 ⑥번 감정금과 ⑱번 두뇌금이 안 생겨있고 그림처럼 '완벽한 일자형'을 가리키며, 자기중심적 '외골수 기질'이 강함을 나타내고, 교육수준과 수직손금 및 상향손금의 유·무에 따라서 평생동안의 인생이 '대박운 또는 쪽박운'이 될 수 있으며, 비슷하게 생긴 막쥔손금과 한쪽 손만 막쥔손금이면 인생 중반에 '손해실패운'을 예고 및 경고를 합니다.

평생동안 연애운과 결혼운이 나쁜 손금들

기질 · 소질발견 및 재능 · 성격분석과 운(運)진단

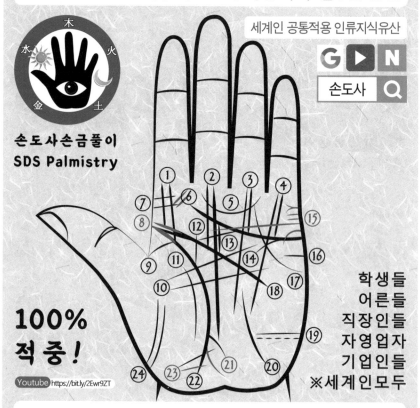

세계인 공통적용 인류지식유산

G ▶ N
손도사 Q

손도사손금풀이
SDS Palmistry

100%
적중!

Youtube https://bit.ly/2Ewr9ZT

학생들
어른들
직장인들
자영업자
기업인들
※세계인모두

⑮번 새끼손가락 아래 부위에 그림처럼 가로금(결혼선)의 끝이 두 갈래로 갈라지거나 또는 유난히 2개가 쌍둥이처럼 생겨있거나 또는 끝이 아래로 굽어내리거나 또는 이곳에 선명한 가로금이 안 생겨있거나 점점 희미하거나 또는 ⑧번 부위가 한쪽 손만 떨어져 있거나 또는 ㉑번 역마살 손금 및 ㉓번 고독살 손금 등이 선명하게 생겨있으면 평생동안 연애운과 결혼운이 나쁨을 의미합니다.

100% 손해·실패를 당하는 나쁜 운(運) 손금들

기질·소질발견 및 재능·성격분석과 운(運)진단

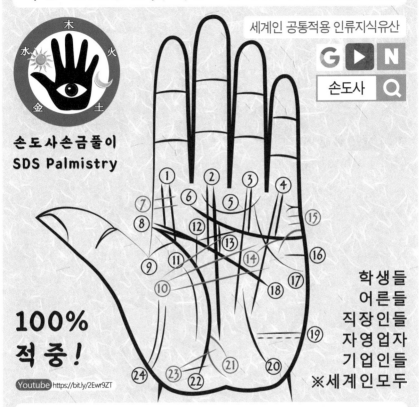

세계인 공통적용 인류지식유산

G ▶ N

손도사 🔍

손도사손금풀이
SDS Palmistry

100%
적중!

Youtube https://bit.ly/2Ewr9ZT

학생들
어른들
직장인들
자영업자
기업인들
※세계인모두

100% 손해·실패를 당하는 나쁜 운(運) 손금들은 그럼처럼과 같이 ⑦번 모든 상승운 가로막은 선, ⑩번 삶의 진행운 가로막은 선, ⑭번 사랑과 인간 배신당하는 하향가지선, ⑮번 비애의 이혼사별선, ㉑번 역마살선, ㉓번 고독살선 등이 생겨있으면, 좋은 손금들이 생겨있더라도 결과론적으로 나쁜 운(運)들 때문에 100% 확률로 '손해·실패 당함'을 나타내는 나쁜 손금들입니다.

각종 사고와 질병으로 '빨리 죽는' 나쁜 손금들

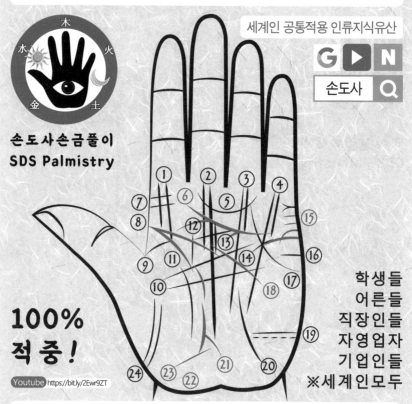

기질 · 소질발견 및 재능 · 성격분석과 운(運)진단

세계인 공통적용 인류지식유산

G ▶ N

손도사 Q

木
水 火
金 土

손도사손금풀이
SDS Palmistry

① ② ③ ④
⑦ ⑥ ⑤ ⑮
⑧ ⑫ ⑯
⑬
⑨ ⑪ ⑭ ⑯
⑩ ⑰
⑱
⑲
㉔ ㉓ ㉒ ㉑ ⑳

100%
적중！

Youtube https://bit.ly/2Ewr9ZT

학생들
어른들
직장인들
자영업자
기업인들
※세계인모두

'빨리 죽는' 나쁜 손금들은 그림처럼 기본 3대손금들 중 어느 한 개가 중간에 끊겨있거나 또는 수명관련 가장 중요한 ㉒번 생명수명금이 짧게 생겨있거나 또는 ㉑번 손금 및 ㉓번 손금이 생겨있거나 등이고, ⑮번 손금은 그 배우자가 해당이 되고, 위 나쁜 손금들 중 어느 한 개가 생겨있고 부모님이 각종 사고 및 질병으로 수명이 단명했으면, 이러한 사람은 '종합운명진단'이 꼭 필요합니다.

전생과 조상의 업살로 태어난 '운(運) 나쁜' 손금들

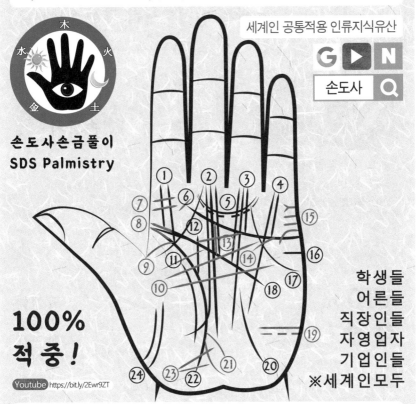

기질·소질발견 및 재능·성격분석과 운(運)진단

세계인 공통적용 인류지식유산

G ▶ N

손도사 Q

손도사손금풀이
SDS Palmistry

① ② ③ ④
⑦ ⑥ ⑤ ⑮
⑧ ⑫ ⑬
⑨ ⑪ ⑭ ⑯
⑩ ⑱ ⑰

100%
적중!

Youtube https://bit.ly/2Ewr9ZT

⑲

㉔ ㉓ ㉒ ㉑ ⑳

학생들
어른들
직장인들
자영업자
기업인들
※세계인모두

업살로 태어난 '운(運) 나쁜' 손금들은 대체로 ⑦번 상승운 가로
막은 손금, ⑧번 부위에 한쪽 손만 떨어진 손금, ⑨번 손금, ⑩
번 진행운 가로막은 손금, ⑬번 열십자 손금, ⑭번 손금, ⑮번
손금들, ⑲번 손금, ㉑번 역마살 손금, ㉓번 고독살 손금들이고,
이러한 나쁜 손금들이 실제로 생겨있고 운(運)이 나쁜 사람들은
개인별 상세손금풀이로 '종합운명진단'이 꼭 필요합니다.

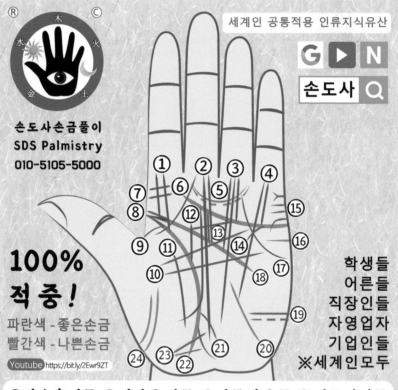

세계1등 손금풀이 손도사의 운명자가진단
사람의 기질·소질·재능·성격분석과 종합운명진단

세계인 공통적용 인류지식유산

G ▶ N
손도사 Q

손도사손금풀이
SDS Palmistry
010-5105-5000

100% 적중!

파란색 - 좋은손금
빨간색 - 나쁜손금

Youtube https://bit.ly/2Ewr9ZT

학생들
어른들
직장인들
자영업자
기업인들
※세계인모두

① 상승출세금 ② 직업운세금 ③ 성공행운금 ④ 재주사업금
⑤ 섬세매력금 ⑥ 심장감정금 ⑦ 실망절망금 ⑧ 성급신중금
⑨ 공격투쟁금 ⑩ 손해실패금 ⑪ 고집끈기금 ⑫ 노력개운금
⑬ 신끼십자금 ⑭ 배신비관금 ⑮ 이별이혼금 ⑯ 반항저항금
⑰ 인내외조금 ⑱ 두뇌지능금 ⑲ 방종방탕금 ⑳ 모험고생금
㉑ 활동역마금 ㉒ 생명수명금 ㉓ 고독고립금 ㉔ 건강정열금

사람 개인의 운명은 99%를 타고 난다

이 세상에 태어나 신(神)의 계시로 '손도사(본명 손재찬)' 이름 석 자가 오랜 세월 동안 남겨지게 될 만한 학술연구의 위대한 업적으로 인류발전과 개인들의 인생성공을 위해서 세계인공통적용의 「손도사 손금풀이」를 남기려 합니다……

사람의 운명은 섭리작용으로 100% 타고나고, 사주와 손금에 100% 나타나 있고, 타고난 운명과 예정된 운(運)을 알면 모두가 잘살게 됩니다.

한날 한 시에 태어난 쌍둥이는 사주가 같아도 손금은 모두가 다르게 생겨있고, 철학관 또는 역술인에게 날짜를 받아서 병원 제왕절개 수술로 태어난 사람은 태어난 날짜와 시간이 하늘의 섭리를 거스른 '엉터리 사주'이기 때문에 반드시 손금풀이로 타고난 운명을 꼭 확인받아야 합니다.

사람의 운명표시 '손금'은 각자 전생 때의 인과 및 습성과 부모의 핏줄내림 유전성으로 태어날 때부터 약 7개에서 100개 이상까지 생겨지고, 민감하고

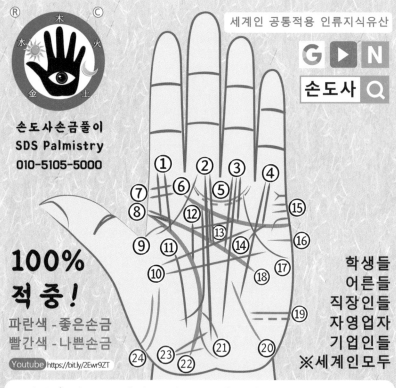

세계1등 손금풀이 손도사의 운명자가진단
사람의 기질·소질·재능·성격분석과 종합운명진단

세계인 공통적용 인류지식유산

G ▶ N
손도사 Q

손도사손금풀이
SDS Palmistry
010-5105-5000

100%
적중!

파란색 - 좋은손금
빨간색 - 나쁜손금

Youtube https://bit.ly/2Ewr9ZT

학생들
어른들
직장인들
자영업자
기업인들
※세계인모두

①상승출세금 ②직업운세금 ③성공행운금 ④재주사업금
⑤섬세매력금 ⑥심장감정금 ⑦실망절망금 ⑧성급신중금
⑨공격투쟁금 ⑩손해실패금 ⑪고집끈기금 ⑫노력개운금
⑬신끼십자금 ⑭배신비관금 ⑮이별이혼금 ⑯반항저항금
⑰인내외조금 ⑱두뇌지능금 ⑲방종방탕금 ⑳모험고생금
㉑활동역마금 ㉒생명수명금 ㉓고독고립금 ㉔건강정열금

복잡한 정신 활동을 하는 사람에게는 손금이 많이 생겨지고, 둔감하고 단순한 육체 활동을 하는 사람에게는 손금이 적게 생겨지며, 손바닥은 8구역으로 나누고, 기본3대선과 세로4대선을 합하여 '7대 손금'이 가장 중요하고, 손금선의 종류는 24가지로 분류하고, 또다시 각 손금을 '유형별 상세손금풀이'로 분석진단을 해야 하며, 손금은 생겨있는 부위와 출발점 및 도착점과 뻗치는 방향 및 길이와 굵기 및 개수 등 다양한 모양들에 따라서 개인들의 천성적 기질·소질발견 및 재능·강점·약점·성격분석과 운(運)을 분류하고, 약 1,000가지의 '상세운'으로 분석진단을 하여 인생흐름의 '운세와 운명'을 정확히 감정을 하고, 앞날 운(運)을 정확히 예측해 낼 수 있습니다.

「손도사 손금풀이」로 알아보는 '운명천기누설'은 30년 이상 사람의 '운명학'을 연구하고 또한 10만 명 이상 사람들의 사주·얼굴·손금 등을 비교분석으로 운명진단 및 인생상담을 직접 해오면서 100% 정확함이 '검증'이 되었고, 「손도사 손금풀이」는 세계인 공통적용이고, 인류지식유산만큼 귀중한 사람연구와 운명정보의 귀중한 최고의 실용적 업적입니다.

이 책에만 공개하는 「손도사 손금풀이」는 2023년 5월 기준으로 구글 및 유튜브와 네이버 등에 총조회 수 약 1,000만 이상이고, 유튜브 등에 160개 동영상제작 방송과 2003년도부터 손금풀이 책 7권을 저술 출판하여 지식재산권 70년 동안 독점사용 '저작권과 상표권'을 확보해 놓고, 세계인을 상대로 손금풀이 1조~100조 원 앱 운영을 준비하고 있는 것 중의 핵심내용입니다.

이러한 사실과 진실을 근거로 하여 손금풀이 세계 1등 손도사가 100% 적중하는 '손금풀이 운명정보'를 이 책에만 무료로 특별제공합니다.

우리는 모두 현재의 시대 상황 속에서 반드시 살아남아야 하고, 인생성공을 해야 하고, 부자가 되어야 합니다.

특히, 이 책은 모든 학생들의 타고난 천성적 기질과 소질 및 재능 등을 정확

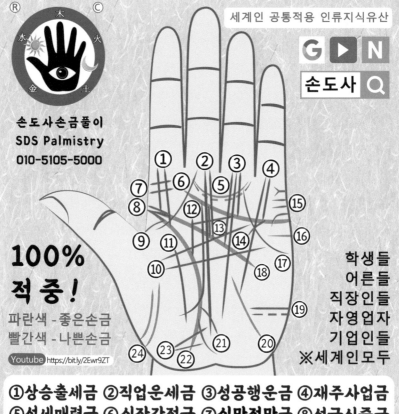

세계1등 손금풀이 손도사의 운명자가진단
사람의 기질·소질·재능·성격분석과 종합운명진단

세계인 공통적용 인류지식유산

G ▶ N

손도사 🔍

손도사손금풀이
SDS Palmistry
010-5105-5000

**100%
적중!**

파란색 - 좋은손금
빨간색 - 나쁜손금

Youtube https://bit.ly/2Ewr9ZT

학생들
어른들
직장인들
자영업자
기업인들
※세계인모두

①상승출세금 ②직업운세금 ③성공행운금 ④재주사업금
⑤섬세매력금 ⑥심장감정금 ⑦실망절망금 ⑧성급신중금
⑨공격투쟁금 ⑩손해실패금 ⑪고집끈기금 ⑫노력개운금
⑬신끼십자금 ⑭배신비관금 ⑮이별이혼금 ⑯반항저항금
⑰인내외조금 ⑱두뇌지능금 ⑲방종방탕금 ⑳모험고생금
㉑활동역마금 ㉒생명수명금 ㉓고독고립금 ㉔건강정열금

히 발견하고 '집중계발'을 위해 모든 학교와 모든 학원에 '필수비치용'이고, 모든 나라의 대통령과 교육부 및 교육감들과 모든 교사 및 교수들은 반드시 '구독'을 해야 합니다. 또한 이 책은 성공 출세의 방법으로 정치에 뛰어들어 지방의원으로부터 시작하여 국회의원이 되고, 대통령을 꿈꾸는 야망가들과 각종 단체의 단체장과 대표 · 회장 등에 선출되어 폼 나게 살고 싶은 사람들에게 '출세운'을 가르쳐주고, 장사영업 및 개인사업을 하는 사람들에게는 '재물운'을 가르쳐주고, 일반 사람들에게는 타고난 천성적 기질과 소질 및 재능을 잘 살리는 '소질적성'에 알맞은 직업운과 월급쟁이 또는 자영업 등 잘 선택과 결혼운 · 재물운 · 성공운 · 출세운 · 수명운 등 개인들에게 약 100가지의 운(運)을 100% 정확하게 가르쳐주고자 합니다.

이 책에만 특별공개하는 「손도사 손금풀이」는 단순한 성격유형분류인 MBTI(마이어스-브릭스 유형 지표, Myers-Briggs-Type Indicator)나 TCI(Temperament and Character Inventory)보다 더 정확하고 더 편리하며 남 · 여 · 노 · 소와 인종 및 민족에 차별 없이 '세계인공통적용'으로 공부와 직업의 적합성 검사 및 진로제시와 성공 · 출세 · 부자 그리고 건강과 수명까지 약 1,000가지의 운(運) 판단과 나쁜 운을 알아내서 고치는 '개운'까지 정확히 가르쳐주는 인류 지식유산만큼 중요한 세상 최고의 '고급지식운명정보'임을 진심으로 알려드립니다.

성격은 태어나서 어린 나이 7세까지 성장 과정에서 형성된 것이고, 기질과 소질은 타고난 천성이며 MBTI보다 TCI가 더 정확하고, TCI보다 SDS Palmistry(손도사 손금풀이)가 사람 개인들의 타고난 천성적 기질과 소질 및 재능 · 성격분석과 운(運)까지 함께 동시에 100% 정확하게 가르쳐 주기 때문에 더욱 중요하다는 진실을 '선언'합니다.

이제부터는 손금 번호에 따른 그림 및 명칭과 해설을 번갈아 보면서 이해

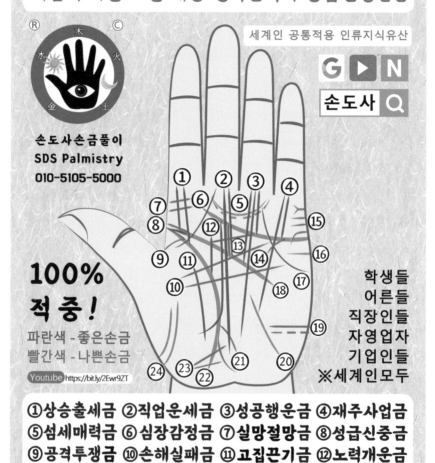

세계1등 손금풀이 손도사의 운명자가진단
사람의 기질·소질·재능·성격분석과 종합운명진단

세계인 공통적용 인류지식유산

손도사

손도사손금풀이
SDS Palmistry
010-5105-5000

100% 적중!

파란색 - 좋은손금
빨간색 - 나쁜손금

Youtube https://bit.ly/2Ewr9ZT

학생들
어른들
직장인들
자영업자
기업인들
※세계인모두

①상승출세금 ②직업운세금 ③성공행운금 ④재주사업금
⑤섬세매력금 ⑥심장감정금 ⑦실망절망금 ⑧성급신중금
⑨공격투쟁금 ⑩손해실패금 ⑪고집끈기금 ⑫노력개운금
⑬신끼십자금 ⑭배신비관금 ⑮이별이혼금 ⑯반항저항금
⑰인내외조금 ⑱두뇌지능금 ⑲방종방탕금 ⑳모험고생금
㉑활동역마금 ㉒생명수명금 ㉓고독고립금 ㉔건강정열금

를 하고, 사람 개인들의 실제손금과 대조 및 비교확인을 해보면서 또한 반복으로 읽고 또 읽으면서 모두가 '평생동안' 많이 활용과 다른 사람들과도 공유해주시길 바랍니다~.

편의상 번호순서대로 번호별 상세 손금 해설을 합니다.

①번 손금 수직선이 이곳이 기다랗게 생겨있으면, 큰 욕심 및 적극 노력의 '상향성 기질'을 나타내고, 대망·야망·강한 향상심·강한 성취욕구·1류대학 진학운·1류직장 취업운·상승운·승진운·선거당선운·출세운·권력운 등을 의미하고, 그림처럼 검지 둘째손가락 아래에 수직금 및 상향금이 현재에 선명하고 기다랗게 1~2개가 생겨있는 사람은 기세가 강하고, 큰 야망 욕심과 적극 행동 실천 노력으로 '상승출세권력'을 발휘하게 됨을 나타내고 또한 예고합니다.

그 반대로 현재 검지 둘째손가락 아래에 상향손금이 짧거나 흐리거나 안 생겨있는 사람은 기세가 약하고, 상승운도 약하여 출세와 권력이 전혀 없고 평생동안 평범하게 살게 됨을 나타내고 있습니다.

①번 손금이 기다랗게 생겨있는 사람을 배우자 및 직원으로 '선택'하시길 바랍니다.

②번 손금은 중지 셋째 손가락을 향한 모든 수직금 및 상향금을 가리키고, 평생동안의 근면성·의지력·일복·사회경제활동력·직업운세·취업운·직장운·직장생활·퇴직운 등을 의미하고, 그림처럼 중지 셋째 손가락을 향한 수직금 및 상향금이 현재에 선명하고 기다랗게 생겨있는 사람은 근면성실과 의지력이 강하고, 직업운 및 직장운이 강함을 나타냅니다.

중지 셋째 손가락을 향한 ②번 손금들은 출발점과 도착점 그리고 굵기와 길이 등 손금의 모양에 따라 천차만별로 '상세손금풀이'를 해야 하고, 실제 손바닥에 ②번 손금이 수직으로 현재 손바닥 아래부위 손목금 바로 위에서

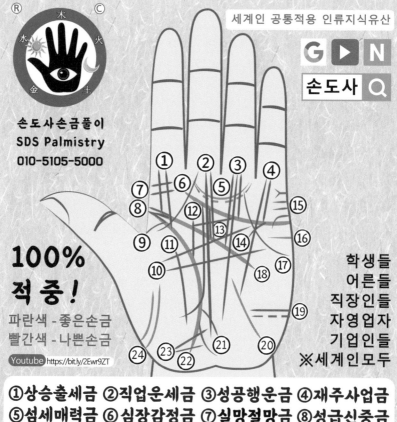

세계1등 손금풀이 손도사의 운명자가진단
사람의 기질·소질·재능·성격분석과 종합운명진단

세계인 공통적용 인류지식유산

G ▶ N

손도사 Q

손도사손금풀이
SDS Palmistry
010-5105-5000

100%
적중!

파란색 - 좋은손금
빨간색 - 나쁜손금

Youtube https://bit.ly/2Ewr9ZT

학생들
어른들
직장인들
자영업자
기업인들
※세계인모두

①상승출세금 ②직업운세금 ③성공행운금 ④재주사업금
⑤섬세매력금 ⑥심장감정금 ⑦실망절망금 ⑧성급신중금
⑨공격투쟁금 ⑩손해실패금 ⑪고집끈기금 ⑫노력개운금
⑬신끼십자금 ⑭배신비관금 ⑮이별이혼금 ⑯반항저항금
⑰인내외조금 ⑱두뇌지능금 ⑲방종방탕금 ⑳모험고생금
㉑활동역마금 ㉒생명수명금 ㉓고독고립금 ㉔건강정열금

부터 쭉 뻗쳐오른 모양으로 생겨있는 사람은 어린 나이 때부터 일찍 '생계형 일고생'을 나타내고, 손바닥의 중간부위에만 짧게 생겨있는 사람은 직업 및 직장운세가 약하여 '인생중반'에만 경제활동을 나타내고, 현재 그림처럼 손목금 근처에서 중지 셋째 손가락 마디금까지 쭉 뻗쳐오른 모양으로 아주 기다랗게 생겨있는 사람은 '80세·90세쯤 노년'까지도 사회 경제활동을 계속하게 됨을 예고하고, 여성이 ②번 손금이 아주 기다랗게 생겨있으면 평생동안 일고생이 많고 '가장역할'을 나타내고 또한 예고합니다.

그 반대로 현재 ②번 손금이 짧거나 흐리거나 안 생겨있는 사람은 대체로 둔감 및 게으르고, 취업운 및 직장운이 나쁘고, 막노동 및 육체 활동을 하는 등 직업운세가 약함을 나타내고, 현재 손바닥 위쪽 부위에 ②번 손금 수직선 및 상향선이 안 생겨있는 사람은 중년 이후에 갑자기 사회 경제활동운과 직업운세가 '약함'을 나타내고 있으니 중년 이후에 제2의 인생시작 또는 자본투자 및 사업은 절대로 '조심'하길 예고 및 경고를 합니다.

특히, 손금의 출발점은 어린 나이 때를 가리키고, 도착점은 노년 나이 때를 가리키는바, ②번 손금과 ③번 손금은 손바닥 아래쪽이 어린 나이 때를, 손바닥 위쪽은 노년 나이 때를 가리키니 반드시 '참고'하시길 바랍니다.

②번 손금이 기다랗게 생겨있는 사람을 배우자 및 직원으로 '선택'하시길 바랍니다.

③번 손금은 약지 넷째 손가락을 향한 모든 수직금 및 상향금을 가리키고, 평생동안의 낙천성·긍정성·예술성·사치성·행운·현금운·명성운·인기운·인생만족감·성공운 등을 나타내고, 그림처럼 약지 넷째 손가락을 향한 ③번 손금 수직금 및 상향금은 생겨있는 모양에 따라 천차만별로 '상세손금풀이'를 해야 하고, ③번 손금이 현재 선명하고 기다랗게 생겨있을수록 강함을 나타냅니다.

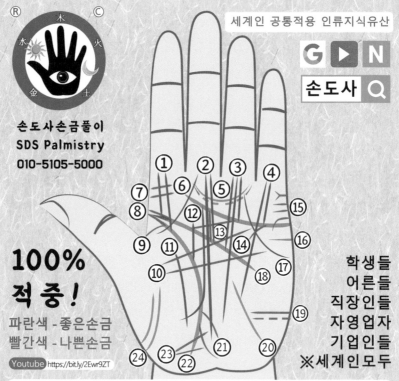

세계1등 손금풀이 손도사의 운명자가진단
사람의 기질·소질·재능·성격분석과 종합운명진단

세계인 공통적용 인류지식유산

G ▶ N

손도사 Q

손도사손금풀이
SDS Palmistry
010-5105-5000

**100%
적중!**

파란색 - 좋은손금
빨간색 - 나쁜손금

Youtube https://bit.ly/2Ewr9ZT

학생들
어른들
직장인들
자영업자
기업인들
※세계인모두

①상승출세금 ②직업운세금 ③성공행운금 ④재주사업금
⑤섬세매력금 ⑥심장감정금 ⑦실망절망금 ⑧성급신중금
⑨공격투쟁금 ⑩손해실패금 ⑪고집끈기금 ⑫노력개운금
⑬신끼십자금 ⑭배신비관금 ⑮이별이혼금 ⑯반항저항금
⑰인내외조금 ⑱두뇌지능금 ⑲방종방탕금 ⑳모험고생금
㉑활동역마금 ㉒생명수명금 ㉓고독고립금 ㉔건강정열금

실제 손바닥에 그림처럼 ③번 손금이 손바닥 아래 부위에서부터 쭉 뻗쳐오른 모양으로 생겨있는 사람은 어릴 때부터 명랑하고 '일찍 성공'을 하게 되어 큰 명성과 인기를 얻게 되고, 손바닥 중간쯤 부위에서부터 뻗쳐오른 모양으로 생겨있는 사람은 '중년쯤에 성공'을 하게 되고, 약지 넷째 손가락 바로 아래에 그림처럼 짧게 1~2개가 선명하게 생겨있는 사람은 '노년쯤에 성공'하게 됨을 나타내고 또한 예고합니다.

그 반대로 현재 ③번 손금이 너무 짧거나 흐리거나 안 생겨있는 사람은 대체로 성격이 어둡고, 금전운이 약하고, 명성도 없고, 인기도 없고, 행운도 안 따르고 결코 인생 성공할 수 없음을 나타내고 또한 예고합니다.

③번 손금이 기다랗게 생겨있는 사람을 배우자 및 애인이나 친구로 '선택'하시길 바랍니다.

④번 손금은 소지 새끼손가락을 향한 모든 수직금 및 상향금을 가리키고, 평생동안의 말재주 · 특별한 재주 · 특별한 기술 · 강한 개성 · 지능성 · 수완성 · 상술 · 사업가 자질 · 사업운 · 재물운 등을 나타내고, 실제 손바닥에 그림처럼 ④번 손금이 중간에 끊긴 곳이 없이 선명하고 기다랗게 생겨있거나 또는 ㉒번 손금 생명금 중간 아래쯤의 생명금에서 출발하여 중간에 끊긴 곳이 없이 아주 기다랗게 소지 새끼손가락을 향해 쭉 뻗쳐오른 모양으로 생겨있는 사람은 젊은 나이 때부터 말솜씨도 좋고 특별한 재주와 수완성으로 개인활동 및 개인사업의 자질이 있고 재물운도 좋음을 나타내고, 윗쪽에만 그림처럼 짧게 생겨있는 사람은 작은 재주 및 수완성으로 나이 들어가면서 재물운이 따르게 됨을 나타내고 또한 예고합니다.

그 반대로 현재 ④번 손금이 너무 짧거나 흐리거나 안 생겨있는 사람은 특별한 재주가 없고, 수완성도 약하고, 재물운도 약함을 나타내고 있습니다.

④번 손금이 기다랗게 생겨있는 사람을 배우자 및 동업자나 직원으로 '선

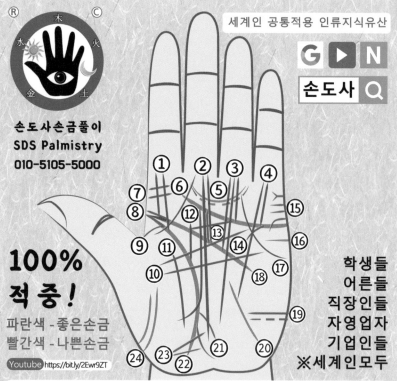

세계1등 손금풀이 손도사의 운명자가진단
사람의 기질·소질·재능·성격분석과 종합운명진단

세계인 공통적용 인류지식유산

G ▶ N

손도사 Q

손도사손금풀이
SDS Palmistry
010-5105-5000

100% 적중!

파란색 - 좋은손금
빨간색 - 나쁜손금

Youtube https://bit.ly/2Ewr9ZT

학생들
어른들
직장인들
자영업자
기업인들
※세계인모두

①상승출세금 ②직업운세금 ③성공행운금 ④재주사업금
⑤섬세매력금 ⑥심장감정금 ⑦실망절망금 ⑧성급신중금
⑨공격투쟁금 ⑩손해실패금 ⑪고집끈기금 ⑫노력개운금
⑬신끼십자금 ⑭배신비관금 ⑮이별이혼금 ⑯반항저항금
⑰인내외조금 ⑱두뇌지능금 ⑲방종방랑금 ⑳모험고생금
㉑활동역마금 ㉒생명수명금 ㉓고독고립금 ㉔건강정열금

택'하시길 바랍니다.

　실제 손바닥에 운세를 나타내는 '세로 4대 손금'인 ①번 손금, ②번 손금, ③번 손금, ④번 손금들이 모두 짧거나 흐리거나 안 생겨있는 사람은 단순하고 지성적이지 못하고 평생동안 '운세 약함'을 나타내고 있습니다.

　①번 손금, ②번 손금, ③번 손금, ④번 손금들이 약한 사람을 배우자 및 동업자나 직원으로 선택하지 마시고, 단체조직의 대표로 선택하지 마시길 '충고'합니다.

　그리고 어느 한 손금만 특별히 아주 기다랗게 생겨있거나 또는 어느 한 손금만 안 생겨있거나 하는 경우에는 그 손금이 나타내는 '특별한 의미'가 있기 때문에 실제 손금이 그러한 사람은 '개인별 상세손금풀이'가 꼭 필요하고, 또한 실제 손바닥에 평생동안의 운세를 나타내는 '세로 4대 손금'이 너무 짧게 생겨있거나 흐리거나 안 생겨있는 사람은 평생동안 운세가 약하니 개인별 '종합운명진단과 상담'이 꼭 필요함을 전달합니다.

　⑤번 손금은 그림처럼 중지와 약지 사이의 아래에 반원 및 곡선 모양의 실선 또는 토막선을 가리키고, 섬세함 · 감수성 예민 · 미적 감각 · 색체감각 · 패션 감각 · 관능매력 · 성적인 조숙 · 색정 및 성욕 · 성 민감성 · 신경성 · 예술 및 예능의 끼 등을 나타내고, 실제 손바닥에 ⑤번 손금이 실선으로 생겨있으면 특히 관능매력과 성욕이 강하고, 토막선으로 생겨있으면 남성은 바람끼가 강하고, 여성은 미적감각과 신경질이 강함을 나타냅니다.

　⑤번 손금들이 생겨있는 사람은 디자인 · 패션 · 인테리어 · 예술 · 예능인 · 연예인 등 아트 분야가 직업적성에 알맞습니다.

　손바닥 맨 위쪽의 굵고 기다란 ⑥번 손금은 3대 기본손금인 심장감정금이고, 심장 · 혈관계 · 감정 · 심성 · 애정운 · 사랑운 · 가정운 · 가슴앓이 · 심장병 등을 나타내고, 굵기와 길이 및 뻗치는 방향 등에 따라서 '상세손금풀이'를

세계1등 손금풀이 손도사의 운명자가진단
사람의 기질·소질·재능·성격분석과 종합운명진단

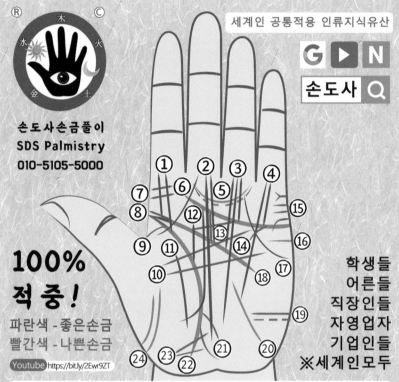

세계인 공통적용 인류지식유산

손도사손금풀이
SDS Palmistry
010-5105-5000

100%
적중!

파란색 - 좋은손금
빨간색 - 나쁜손금

Youtube https://bit.ly/2Ewr9ZT

학생들
어른들
직장인들
자영업자
기업인들
※세계인모두

①상승출세금 ②직업운세금 ③성공행운금 ④재주사업금
⑤섬세매력금 ⑥심장감정금 ⑦실망절망금 ⑧성급신중금
⑨공격투쟁금 ⑩손해실패금 ⑪고집끈기금 ⑫노력개운금
⑬신끼십자금 ⑭배신비관금 ⑮이별이혼금 ⑯반항저항금
⑰인내외조금 ⑱두뇌지능금 ⑲방종방탕금 ⑳모험고생금
㉑활동역마금 ㉒생명수명금 ㉓고독고립금 ㉔건강정열금

하고, 실제 손바닥에 ⑥번 손금 심장감정금이 아주 기다랗게 생겨있는 사람은 정신적 사랑과 애정 및 사랑감정이 강함을 나타내고, 2개가 생겨있는 사람은 더욱 애정 및 사랑과 성본능이 강함을 나타내고, 짧게 생겨있는 사람은 육체적 사랑과 애정 및 사랑감정이 담백 냉정함을 나타내며, ⑥번 손금의 끝이 상향으로 뻗쳐있으면 낙천형이고, ⑥번 손금의 끝이 상향으로 뻗쳐서 둘째손가락과 셋째 손가락 사이로 흘러 들어간 모양으로 생겨있으면 순진 및 순정형이고, ⑥번 손금의 끝이 하향 및 손아귀 쪽으로 뻗쳐있거나 또는 ⑥번 손금의 끝부분에서 하향가지선이 기다랗게 뻗쳐내린 모양으로 생겨있으면 점점 비관형이 되어갑니다.

또한 실제 손바닥에 ⑥번 심장감정금이 약지 아랫부위에서 '꼬인 모양'이 생겨있으면 갈등고민과 가슴앓이를 나타내고, 이곳 약지나 소지 아랫부위 심장감정금에서 1cm 이상 '하향가지선'이 생겨있으면 100% 확률로 일찍이 사랑의 배신 및 인간 배신을 당하고 평생 마음고생으로 살게 됨을 나타내고, ⑥번 심장감정금의 어느 중간에 '하향가지선'들이 생기면 근심걱정이 많아지고, 이곳 약지 아랫부위 ⑥번 심장감정금이 크게 끊겨지고 벌어진 모양으로 생겨있으면 100% 확률로 가정불운 및 가정파탄 또는 이혼을 당하거나 또는 심장마비로 죽는 등 '큰 불행'을 나타내며 100% 정확함의 예고 및 경고를 합니다.

⑥번 손금이 너무 짧거나, 중간에 끊겨있거나, 하향가지선이 1cm 이상 길이로 생겨있거나, 본선의 끝이나 끝부분의 하향가지선이 '손아귀쪽'을 향한 사람은 배우자 및 애인으로 선택하지 마시길 '충고'합니다.

위 손금풀이의 예고 및 경고를 현재 실제로 겪고 있는 사람은 개인별 '종합운명진단과 상담'이 꼭 필요함을 전달합니다.

⑦번 손금은 검지 둘째손가락 아랫부위에 생겨있는 모든 가로선을 가리키고, 그림처럼 검지 둘째손가락 아랫부위에 가로선이 1~3개가 생겨있으면 모

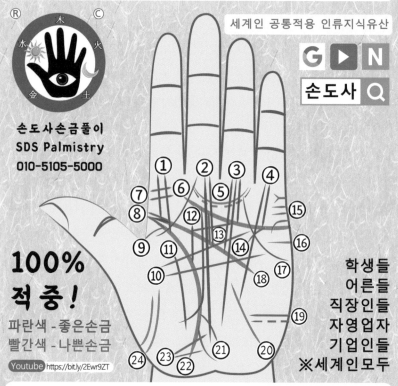

세계1등 손금풀이 손도사의 운명자가진단
사람의 기질·소질·재능·성격분석과 종합운명진단

세계인 공통적용 인류지식유산

G ▶ N

손도사 Q

손도사손금풀이
SDS Palmistry
010-5105-5000

100%
적중!

파란색 - 좋은손금
빨간색 - 나쁜손금

Youtube https://bit.ly/2Ewr9ZT

학생들
어른들
직장인들
자영업자
기업인들
※세계인모두

①상승출세금 ②직업운세금 ③성공행운금 ④재주사업금
⑤섬세매력금 ⑥심장감정금 ⑦실망절망금 ⑧성급신중금
⑨공격투쟁금 ⑩손해실패금 ⑪고집끈기금 ⑫노력개운금
⑬신끼십자금 ⑭배신비관금 ⑮이별이혼금 ⑯반항저항금
⑰인내외조금 ⑱두뇌지능금 ⑲방종방랑금 ⑳모험고생금
㉑활동역마금 ㉒생명수명금 ㉓고독고립금 ㉔건강정열금

든 상승운을 가로막아 공부 · 1류대학 · 승진 · 영전 · 선거당선 · 출세 · 모든 사업계획 · 공사낙찰 · 희망 · 대망 · 야망 등을 결코 실현시킬 수가 없고, 현재 가로선이 선명하게 생겨있는 사람은 모든 상승운이 꽉 막혀있고, 양쪽 손에 모두 가로선이 선명하게 생겨있는 사람은 100% 확률로 '실망 · 절망과 좌절' 당하게 됨을 예고 및 경고를 합니다.

⑦번 가로선은 굵거나, 기다랗거나, 많을수록 상승의 '운막힘'이 강함을 의미하고, ⑦번 가로선이 현재 선명하게 생겨있는 사람을 배우자나 동업자 및 사업체 대표자로 선택하지 마시길 '충고'합니다.

실제 손바닥에 ⑦번 가로선이 선명하게 생겨있고 모든 상승운 등 운(運)이 꽉 막혀있는 사람은 운(運) 문제가 생긴 것이니 즉시 개인별 '종합운명진단과 상담'이 꼭 필요함을 전달합니다.

⑧번 손금 부위는 생명금과 두뇌금이 함께 출발하는 곳으로 개인별 타고난 기질 및 성격과 운(運)을 나타내고, 그림처럼 두 손금이 떨어진 모양으로 생겨있으면 구속과 간섭을 싫어하는 독립성 기질 및 성급한 기질을 나타내고, 두 손금이 합쳐진 모양으로 생겨있으면 상식적이고 신중한 기질을 나타내고, 두 손금이 2cm 이상 합쳐진 모양으로 생겨있으면 소극 소심한 기질을 나타냅니다. 특히 한쪽 손만 두 손금이 떨어진 모양으로 생겨있으면 '다중성격'을 나타내고, 인생 중반에 '큰 변동운'이 따르고 100% 확률로 일 실패 또는 결혼 실패 등을 예고 및 경고합니다.

⑧번 부위에 두 손금이 한쪽 손만 '떨어진 모양'으로 생겨있는 사람을 배우자 및 애인으로 선택하지 마시길 '충고'합니다.

실제 손바닥에 한쪽 손만 두 손금이 떨어진 모양으로 생겨있는 사람 또는 두 손금이 합쳐진 부분이 2cm 이상 기다랗게 생겨있는 사람은 개인별 '종합운명진단과 상담'이 꼭 필요함을 전달합니다.

세계1등 손금풀이 손도사의 운명자가진단

사람의 기질·소질·재능·성격분석과 종합운명진단

세계인 공통적용 인류지식유산

손도사손금풀이
SDS Palmistry
010-5105-5000

**100%
적중!**

파란색 - 좋은손금
빨간색 - 나쁜손금

Youtube https://bit.ly/2Ewr9ZT

학생들
어른들
직장인들
자영업자
기업인들
※세계인모두

①상승출세금 ②직업운세금 ③성공행운금 ④재주사업금
⑤섬세매력금 ⑥심장감정금 ⑦실망절망금 ⑧성급신중금
⑨공격투쟁금 ⑩손해실패금 ⑪고집끈기금 ⑫노력개운금
⑬신끼십자금 ⑭배신비관금 ⑮이별이혼금 ⑯반항저항금
⑰인내외조금 ⑱두뇌지능금 ⑲방종방랑금 ⑳모험고생금
㉑활동역마금 ㉒생명수명금 ㉓고독고립금 ㉔건강정열금

⑨번 손금은 엄지와 검지 사이 손아귀 부위에 살집이 두툼하면서 선명하고 짧게 생겨있는 여러 모양의 횡선들을 가리키고, 그림처럼 손아귀 부위에 짧은 횡선이 1~3개가 뚜렷하게 생겨있으면 '난폭성 기질'을 타고나 성질이 강하고, 오기가 있고 지기를 싫어하며, 공격 투쟁적이고 경계심이 강하며, 사람들과 다툼이 많고, 구설수와 관재수가 따르고, 부부 다툼으로 별거와 이혼수까지 예고 및 경고를 합니다.

⑨번 손금들이 너무 선명하게 많이 또는 기다랗게 생겨있는 사람을 배우자 및 친구로 선택하지 마시길 '충고'합니다.

실제 손바닥에 ⑨번 손금들이 생겨있고 '난폭성 기질'을 타고난 사람은 인생을 망치기 전에 개인별 '종합운명진단과 상담'이 꼭 필요합니다.

⑩번 손금은 그림처럼 굵고 기다란 생명금의 안쪽에서 출발하여 손바닥 중심부위를 기다랗게 가로막거나 또는 감정금에서 하향가지선이 뻗쳐내려와 손바닥 중심부위를 기다랗게 가로막는 등 손바닥 중심부위를 기다랗게 가로막는 '모든 가로선'을 가리키고, 그림처럼 손바닥 중심부위에 기다란 가로선이 1~3개가 생겨있으면 삶의 모든 '진행운 가로막힘'이 따르면서 큰마음 고생 · 큰 돈 떼임 · 투자손해 · 장사영업실패 · 사업부도 · 개인파산 · 이혼당함 · 자살 등을 나타내고 여러 개가 생겨있으면 여러 번 손해 및 실패가 따르게 되며, 이처럼 손바닥 가운데에 가로선들이 생겨있는 사람은 100% 확률로 '손해와 실패'를 예고 및 경고합니다.

⑩번 가로금이 그림보다 조금 위쪽에 생명금과 두뇌금을 함께 가로막은 '가로선'은 어린 날 및 젊은 날을 가리키고, 중간 부위는 인생중반 때를 가리킵니다.

⑩번 손금 기다란 가로선들이 2개 이상 생겨있는 사람은 돈을 빌려주지 마시고, 주식투자나 자본투자하지 마시길 '충고'하고, 이러한 사람을 배우자

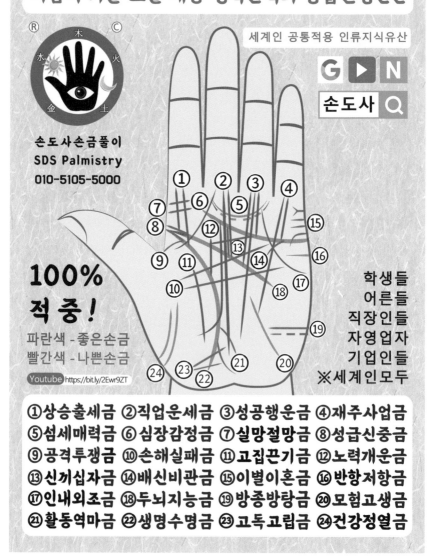

세계1등 손금풀이 손도사의 운명자가진단
사람의 기질·소질·재능·성격분석과 종합운명진단

세계인 공통적용 인류지식유산

G ▶ N
손도사 Q

손도사손금풀이
SDS Palmistry
010-5105-5000

100%
적중!

파란색 - 좋은손금
빨간색 - 나쁜손금
Youtube https://bit.ly/2Ewr9ZT

학생들
어른들
직장인들
자영업자
기업인들
※세계인모두

①상승출세금 ②직업운세금 ③성공행운금 ④재주사업금
⑤섬세매력금 ⑥심장감정금 ⑦실망절망금 ⑧성급신중금
⑨공격투쟁금 ⑩손해실패금 ⑪고집끈기금 ⑫노력개운금
⑬신끼십자금 ⑭배신비관금 ⑮이별이혼금 ⑯반항저항금
⑰인내외조금 ⑱두뇌지능금 ⑲방종방탕금 ⑳모험고생금
㉑활동역마금 ㉒생명수명금 ㉓고독고립금 ㉔건강정열금

및 애인으로 선택하지 마시길 '충고'합니다.

　실제 손바닥에 ⑩번 손금처럼 손바닥 중심부위를 기다랗게 가로막는 손금이 생겨있고 현재 손해와 실패가 진행 중이거나 또는 손해와 실패를 겪은 사람은 즉시 개인별 '종합운명진단과 상담'이 꼭 필요함을 전달합니다.

　운(運)이 나쁘거나 가로막힌 경우에는 모든 노력이 다 소용없게 됩니다.

　몸이 아프면 병원을 찾아가는 것처럼 '운(運) 전문가'를 꼭 찾아야 합니다.

　⑪번 손금은 굵고 기다란 생명수명금의 안쪽에 그림처럼 생명수명금과 나란하게 생겨있거나 또는 세로선으로 기다랗게 생겨있는 손금을 가리키고, 자유분방함을 나타내고, 구사일생의 생명보호 및 끈질긴 생명력과 현실적응의 끈질긴 노력과 투쟁적 성향 및 고집이 강함 등을 나타냅니다.

　⑪번 손금이 위쪽에 생겨있으면 어린 나이 때를 가리키고, 중간쯤은 청년 나이 때를, 아래쪽에 생겨있으면 장년 나이 때를 가리키며, 기다랗게 생겨있을수록 강함을 의미하고 또한 예고합니다.

　⑫번 손금은 굵고 기다란 생명수명금의 중간에 생겨있는 '모든 상향가지선'을 가리키고, 생명금의 상향가지선은 '좋은 쪽'으로 적극 행동실천의 노력이 강한 기질을 나타내고, 생명금 상향가지선의 뻗치는 방향이 검지 둘째손가락을 향하면 출세 및 권력지향의 적극 노력을 나타내고, 중지 셋째 손가락을 향하면 귀중한 자격증 및 면허증 취득 등 직업성공지향의 적극 노력이나 또는 중년 나이쯤에 직업이 안정됨을 나타내고, 약지 넷째 손가락을 향하면 돈과 명성 지향의 적극 노력을 나타내고, 생명금 중간 아래지점에서 소지 새끼손가락을 향해 중간에 끊긴 곳이 없이 아주 기다랗게 생겨있으면 평생동안 개인활동 및 개인사업 지향의 적극 노력을 나타내며 생명금의 상향가지선들은 기다랗게 생겨있을수록 강함을 나타내고 또한 예고합니다.

　⑬번 손금은 굵고 기다란 ⑥번 손금 심장감정금의 하향가지선과 ②번 손

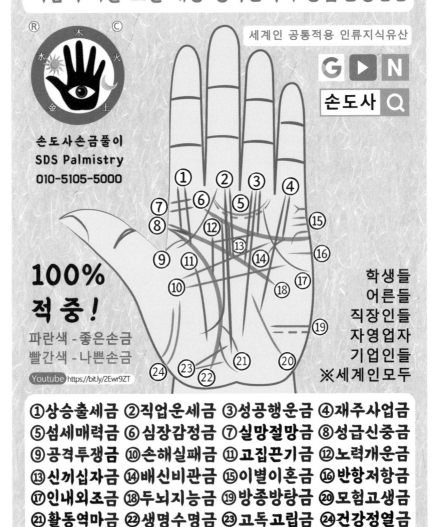

세계1등 손금풀이 손도사의 운명자가진단

사람의 기질·소질·재능·성격분석과 종합운명진단

세계인 공통적용 인류지식유산

손도사손금풀이
SDS Palmistry
010-5105-5000

**100%
적중!**

파란색 - 좋은손금
빨간색 - 나쁜손금

Youtube https://bit.ly/2Ewr9ZT

학생들
어른들
직장인들
자영업자
기업인들
※세계인모두

①상승출세금 ②직업운세금 ③성공행운금 ④재주사업금
⑤섬세매력금 ⑥심장감정금 ⑦실망절망금 ⑧성급신중금
⑨공격투쟁금 ⑩손해실패금 ⑪고집끈기금 ⑫노력개운금
⑬신끼십자금 ⑭배신비관금 ⑮이별이혼금 ⑯반항저항금
⑰인내외조금 ⑱두뇌지능금 ⑲방종방탕금 ⑳모험고생금
㉑활동역마금 ㉒생명수명금 ㉓고독고립금 ㉔건강정열금

금 직업운세금이 아주 짧게 생겨서 손바닥 가운데에 그림처럼 '열십자 손금'이 생겨있는 것을 가리키고, 전생업 및 조상핏줄내림으로 '칠성공줄과 음체질'로 태어나 영성·종교성·빙의성·영매성·신(神)끼·신경정신질환 가능성·평생동안 마음고생 등을 나타내고, 직업운세금이 짧아 평생동안 서민층으로 살게 됨을 나타내고 또한 예고합니다.

모든 점(占)쟁이와 빙의성 및 정신질환자의 99%는 ⑬번 손금 '열십자 손금'이 실제로 생겨있고, 실제 손바닥에 ⑬번 손금이 생겨있는 사람으로서 공부가 안되고, 일자리가 변변치 않고 서민층으로 살고 있거나 불행하게도 신경정신적으로 '이상증상'을 느끼는 사람들은 즉시 '종합운명진단과 상담'이 꼭 필요함을 전달합니다.

⑬번 손금이 생겨있는 사람을 배우자로 '선택'하지 마시길 '충고'합니다.

⑭번 손금은 굵고 기다란 ⑥번 손금 심장감정금에서 그림처럼 아래로 뻗쳐내린 '하향가지선'을 가리키고, 소지 아래의 ⑥번 손금 심장감정금에서 가느다란 하향가지선이 1cm 이상 기다랗게 생겨있는 사람은 100% 확률로 사랑의 배신 및 믿는 사람에게 배신을 당하고, 평생동안 마음의 큰 상처와 마음고생으로 살게 됨을 예고 및 경고합니다.

⑭번 손금 배신상심비관금은 기다랗게 생겨있을수록 더욱 나쁘고, 실제 손바닥에 ⑭번 손금이 생겨있고 젊은 날 사랑 배신 및 인간 배신을 당했거나 현재 마음고생을 당하고 있는 사람은 더 이상 나쁜 운명의 진행을 막기 위해 즉시 '종합운명진단과 상담'이 꼭 필요함을 전달합니다.

⑮번 손금들은 소지 새끼손가락 아랫부위에 가로금으로 생겨있는 여러 모양의 손금들을 가리키고, 개인들의 연애운과 결혼운 등 '애정운'을 가장 정확하게 나타내주는 곳이며, 이곳에 그림처럼 가로금의 끝이 두 갈래로 갈라지는 모양으로 생겨있으면 100% 확률로 사랑의 '이별 및 별거'하게 됨을 나타

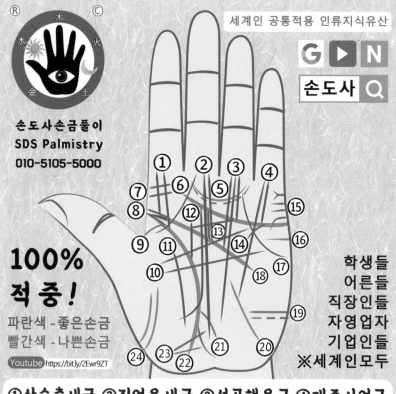

세계1등 손금풀이 손도사의 운명자가진단
사람의 기질·소질·재능·성격분석과 종합운명진단

세계인 공통적용 인류지식유산

손도사손금풀이
SDS Palmistry
010-5105-5000

**100%
적중!**

파란색 - 좋은손금
빨간색 - 나쁜손금

Youtube https://bit.ly/2Ewr9ZT

학생들
어른들
직장인들
자영업자
기업인들
※세계인모두

①상승출세금 ②직업운세금 ③성공행운금 ④재주사업금
⑤섬세매력금 ⑥심장감정금 ⑦실망절망금 ⑧성급신중금
⑨공격투쟁금 ⑩손해실패금 ⑪고집끈기금 ⑫노력개운금
⑬신끼십자금 ⑭배신비관금 ⑮이별이혼금 ⑯반항저항금
⑰인내외조금 ⑱두뇌지능금 ⑲방종방랑금 ⑳모험고생금
㉑활동역마금 ㉒생명수명금 ㉓고독고립금 ㉔건강정열금

내고, 유난히 두 개가 쌍둥이처럼 나란하게 생겨있으면 100% 확률로 '이혼 및 사별'을 하고 재혼하게 됨을 나타내고, 이곳에 가로금이 길고 짧은 선으로 아주 가까이 밀접해서 생겨있으면 애인이 있는 등 삼각관계를 암시하고, 여러 개가 생겨있으면 애인이 많이 생겨짐을 나타내며, 이곳에 가로금의 끝이 아래로 그림처럼 굽어내리거나 기다랗게 하향으로 굽어내려 아래쪽의 굵고 기다란 ⑥번 손금을 뚫고 내려간 모양으로 생겨있으면 100% 확률로 '이혼 및 사별' 당하게 됨을 나타내며, ⑮번 손금들 '나쁜 애정운' 손금들이 어느 한 개라도 생겨있고, 부모가 결혼 실패를 했으면 그 자녀들도 똑같은 '핏줄운내림'을 예고 및 경고합니다.

결혼 실패를 했거나 현재 결혼생활이 불행한 부모들은 자녀들의 '손금 확인'을 꼭 한 번 해보시길 바랍니다.

또한 소지 새끼손가락 아랫부위에 '애정운'을 나타내는 가로금이 위쪽 정면에서 바라볼 때 너무 짧거나 흐리거나 안 생겨있는 사람은 현재 연애운과 결혼운이 '꽉 막힌 상태'임을 나타내고 있습니다. 기혼자가 현재 이러하면 진정한 부부생활의 사랑운이 '꽉 막힌' 상태이고, 방치를 계속하면 부부관계가 점점 더 나빠지고 결국에는 타인에게 배우자를 빼앗기게 됨을 경고합니다.

특히 ⑮번 손금들 중에서 위·아래로 유난히 2개가 쌍둥이처럼 생겨있거나 또는 유난히 1개가 너무 기다랗게 생겨서 ⑥번 굵고 기다란 감정금을 꿰뚫은 모양으로 생겨있으면 100% 확률로 '이혼 및 사별'을 하게 되고, 그 손금이 생겨있는 사람의 나쁜 운 때문에 '그 배우자가 손해를 당하고 목숨까지 희생을 당하게 된다'는 비밀진실을 손도사 책을 구독하고 계신 분들께만 가르쳐 드립니다.

전생업살로 결혼운이 나쁜 ⑮번 손금들이 생겨있는 사람을 배우자로 선택하지 마시길 '충고'하고, 이미 그러한 사람과 결혼을 해버렸으면 나쁜 운에 대

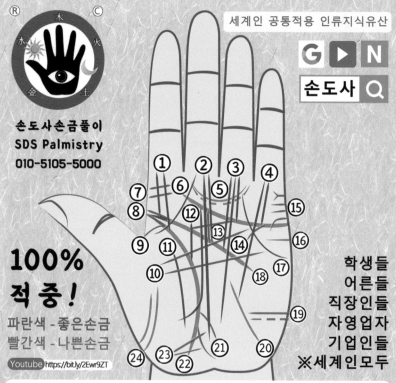

세계1등 손금풀이 손도사의 운명자가진단

사람의 기질·소질·재능·성격분석과 종합운명진단

세계인 공통적용 인류지식유산

G ▶ N

손도사 Q

손도사손금풀이
SDS Palmistry
010-5105-5000

100%
적 중!

파란색 - 좋은손금
빨간색 - 나쁜손금

Youtube https://bit.ly/2Ewr9ZT

학생들
어른들
직장인들
자영업자
기업인들
※세계인모두

①상승출세금 ②직업운세금 ③성공행운금 ④재주사업금
⑤섬세매력금 ⑥심장감정금 ⑦실망절망금 ⑧성급신중금
⑨공격투쟁금 ⑩손해실패금 ⑪고집끈기금 ⑫노력개운금
⑬신끼십자금 ⑭배신비관금 ⑮이별이혼금 ⑯반항저항금
⑰인내외조금 ⑱두뇌지능금 ⑲방종방탕금 ⑳모험고생금
㉑활동역마금 ㉒생명수명금 ㉓고독고립금 ㉔건강정열금

한 대응과 대책마련이 꼭 필요함을 '충고'합니다.

실제 손바닥에 '나쁜 애정운' 손금들이 생겨있거나 현재 연애운과 결혼운이 꽉 막힌 사람들은 개인별 '종합운명진단과 상담'이 꼭 필요함을 전달합니다.

운(運)이 나쁘거나 꽉 막힌 경우에는 행여나 하는 해결은 결코 없습니다.

⑯번 손금은 극히 소수에게 생겨있고, 그림처럼 생겨있으면 '반골 저항기질'을 타고나 특별한 저항 및 반항이 강하고 자기 일에는 끝까지 충직함과 인내력이 강함을 나타냅니다.

⑰번 손금은 굵고 기다란 ⑥번 감정금의 아래부위 손바닥 바깥쪽에서 출발하여 약지 넷째 손가락을 향해 비스듬히 뻗쳐오르는 상향금을 가리키고, 그림처럼 실제 손바닥에 ⑰번 상향금이 뚜렷하게 생겨있는 사람은 자기 일에 충직함 및 인내력과 타인 도움 등으로 나이가 들면서 성공하게 됨을 나타내고 또한 예고합니다.

이곳에 생겨있는 ⑰번 상향금이 짧거나 흐리게 생겨있는 사람은 운(運)이 조금 약하여 열심히 노력은 하지만 성공이 '미완성'임을 나타내고 있습니다.

손바닥 가운데에 옆으로 뻗치는 굵고 기다란 ⑱번 손금은 3대 기본손금인 두뇌지능금이고, 두뇌 · 지능 · 재능 · 성격 · 공부와 직업의 적성판단 · 사고방식 · 정신상태 · 뇌신경 · 뇌질환 · 머리부상으로 죽음 등을 나타내고, 굵기와 길이 및 뻗치는 방향 등에 따라서 '상세손금풀이'를 하고, 실제 손바닥에 ⑱번 손금 두뇌지능금이 기다랗게 생겨있으면 두뇌가 치밀하여 생각이 깊고 기획력 · 연구력 · 탐구력이 강함을 나타내고, 짧게 생겨있으면 생각이 얕고 단순함을 나타내며, 옆으로 직선으로 쭉 뻗치는 모양으로 생겨있으면 직선적인 생각과 분석력 · 논리력 · 실무력 · 실제력 등이 좋음을 나타내고, 아래로 곡선으로 굽어내리는 모양으로 생겨있으면 감수성과 상상력 · 공상력 등이 좋고 이상주의 성향을 나타내며, ⑱번 두뇌지능금이 위 · 아래로 나란히

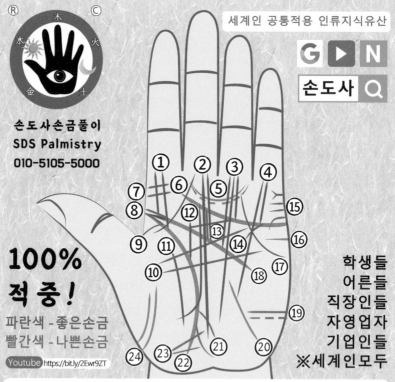

세계1등 손금풀이 손도사의 운명자가진단
사람의 기질·소질·재능·성격분석과 종합운명진단

세계인 공통적용 인류지식유산

손도사손금풀이
SDS Palmistry
010-5105-5000

**100%
적중!**

파란색 - 좋은손금
빨간색 - 나쁜손금

Youtube https://bit.ly/2Ewr9ZT

학생들
어른들
직장인들
자영업자
기업인들
※세계인모두

①상승출세금 ②직업운세금 ③성공행운금 ④재주사업금
⑤섬세매력금 ⑥심장감정금 ⑦실망절망금 ⑧성급신중금
⑨공격투쟁금 ⑩손해실패금 ⑪고집끈기금 ⑫노력개운금
⑬신끼십자금 ⑭배신비관금 ⑮이별이혼금 ⑯반항저항금
⑰인내외조금 ⑱두뇌지능금 ⑲방종방탕금 ⑳모험고생금
㉑활동역마금 ㉒생명수명금 ㉓고독고립금 ㉔건강정열금

두 개가 생긴 이중두뇌금 모양으로 생겨있으면 이원적 두 가지 성격과 천부적 다재다능으로 두뇌가 매우 우수하여 성공출세가 빠른 '행운 손금'이니 두뇌지능금이 두 개가 생겨있는 사람은 판사 · 검사 · 변호사 · 고급관료 · 정무직 · 벤처사업가 · 기술개발 · 발명가 · 엔터테인먼트 · 탤런트 · 연예인 등 최고로 두뇌활동이 필요한 '고급두뇌직업' 분야가 직업적성에 알맞습니다.

인생에서 가장 중요한 공부와 직업의 '진로선택'을 할 경우에는 ⑱번 손금 두뇌지능금의 '유형별 선택'에 따라서 두뇌지능금의 굵기와 길이 및 뻗치는 방향과 개수 등을 반드시 '참고'하시길 바랍니다. 특히 공부와 직업의 진로선택을 할 경우에 ⑧번 손금 부위에 두 손금이 떨어진 모양으로 생겨있는 사람은 성급함 · 대담성 · 지배성 · 독립성 등 성격이 강하니 독립된 혼자서 하는 일이나 개인사업 분야가 직업적성에 알맞고, ⑱번 두뇌지능금이 아주 기다란 모양으로 생겨있는 사람은 두뇌가 치밀하고 생각이 깊고 탐구력이 강하니 학문연구 · 기술개발 · 기획연구 등 분야가 직업적성에 알맞고, ⑱번 굵고 기다란 두뇌지능금을 유심히 잘 살펴볼 때 두뇌지능금의 중간에서 소지 새끼손가락을 향한 '상향가지선'이 5mm쯤 이상의 길이로 선명하게 생겨있는 사람은 재물탐심이 강하고 재물운도 따라주니 개인사업 분야가 직업적성에 알맞고, 두뇌지능금의 끝이 두 갈래로 갈라지거나 상향가지선이 생겨있으면 두뇌와 재주기술이 좋고, 손금은 본선이나 가지선의 의미를 상세히 알아야 하며 특히 공부와 직업의 '진로선택'을 할 경우에는 가장 먼저 개인의 타고난 기질과 소질 및 재능을 '빨리 발견 및 집중계발'로 잘 살려야 하고 반드시 미래운(運)을 알고 있어야 합니다.

⑱번 두뇌지능금이 늦게 출발하거나 흐리게 생겨있으면 두뇌력이 늦고 약함을 나타내고, ⑱번 두뇌지능금이 너무 곡선으로 굽어내린 모양으로 생겨있으면 잡생각 및 공상이 많아 미치게 될 가능성이 높으며 또한 의지력 및

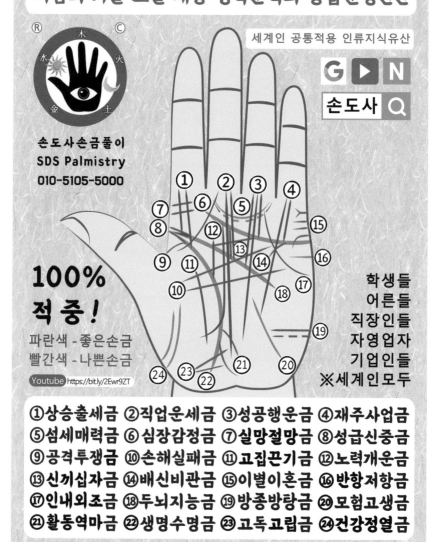

세계1등 손금풀이 손도사의 운명자가진단
사람의 기질·소질·재능·성격분석과 종합운명진단

세계인 공통적용 인류지식유산

손도사손금풀이
SDS Palmistry
010-5105-5000

100% 적중!

파란색 - 좋은손금
빨간색 - 나쁜손금

Youtube https://bit.ly/2Ewr9ZT

학생들
어른들
직장인들
자영업자
기업인들
※세계인모두

①상승출세금 ②직업운세금 ③성공행운금 ④재주사업금
⑤섬세매력금 ⑥심장감정금 ⑦실망절망금 ⑧성급신중금
⑨공격투쟁금 ⑩손해실패금 ⑪고집끈기금 ⑫노력개운금
⑬신끼십자금 ⑭배신비관금 ⑮이별이혼금 ⑯반항저항금
⑰인내외조금 ⑱두뇌지능금 ⑲방종방탕금 ⑳모험고생금
㉑활동역마금 ㉒생명수명금 ㉓고독고립금 ㉔건강정열금

사회활동력이 약하고, ⑱번 두뇌지능금이 중간에 겹치듯 끊겨지고 벌어진 모양으로 생겨있으면 인생 중간에 생각의 큰 변화가 생기거나 또는 두뇌력이 크게 나빠지게 됨을 예고하고, ⑱번 두뇌지능금의 중간에 섬문양ㆍ엑스자문양 등이 생기거나 두뇌지능금의 끝부분이 흐려지면 머리부상이나 두뇌 쪽으로 큰 질병 등을 예고 및 경고합니다.

특히 ⑱번 두뇌지능금이 2개로 생겨있거나 또는 중간에 상향가지선이 생겨있는 사람을 배우자 및 직원으로 '선택'하시길 바랍니다.

특별히 ⑱번 두뇌지능금과 ⑥번 심장감정금이 합쳐서 '일자형 막쥔금'으로 생겨있으면 '외골수 기질'을 타고나서 자기중심적 및 고집이 강함을 나타내고, 감수성이 예민하고 정신적 경향의 사람은 사랑 및 애정과 정신적 외골수가 강하고, 둔감하고 물질적 경향의 사람은 현실과 물질적 외골수가 강하며, 일자형 막쥔손금이 생겨있는 사람은 '공부'의 많고 적음과 운세손금인 세로 4대 손금들이 생겨있거나 또는 안 생겨있거나 등에 따라서 운세의 좋고 나쁨이 '대박 또는 쪽박'으로 많이 다르게 되고, 한쪽 손만 일자형은 인생 중간에 100% 사업 및 결혼의 큰 실패와 불운을 예고 및 경고합니다.

한쪽 손만 일자형막쥔손금이 생겨있고 4대운세선이 약한 사람을 배우자 및 동업자나 직원으로 선택하지 마시길 '충고'합니다.

⑲번 손금은 손바닥 아래 바깥쪽 살집이 두툼한 부위에 그림처럼 가로금으로 생겨있는 여러 모양의 실선 또는 토막선을 가리키고, 제멋대로의 자유생활ㆍ방종ㆍ방탕ㆍ탈선ㆍ술장사ㆍ화류계ㆍ부인과질환ㆍ만성질환 등을 나타내는 나쁜 손금입니다.

⑳번 손금은 손바닥의 가장 아래 바깥쪽 살집이 두툼한 부위에서 출발하여 손바닥 중심 쪽으로 비스듬히 뻗쳐오른 상향손금을 가리키고, 그림처럼 생겨있으면 어린 나이 때부터 '일고생과 모험인생'을 나타내고, 어린 나이 때는 타

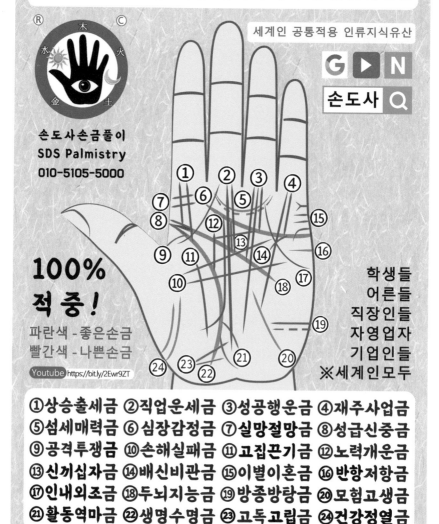

세계1등 손금풀이 손도사의 운명자가진단

사람의 기질·소질·재능·성격분석과 종합운명진단

세계인 공통적용 인류지식유산

손도사 손금풀이
SDS Palmistry
010-5105-5000

G ▶ N
손도사 Q

**100%
적중!**

파란색 - 좋은손금
빨간색 - 나쁜손금

Youtube https://bit.ly/2Ewr9ZT

학생들
어른들
직장인들
자영업자
기업인들
※세계인모두

①상승출세금 ②직업운세금 ③성공행운금 ④재주사업금
⑤섬세매력금 ⑥심장감정금 ⑦실망절망금 ⑧성급신중금
⑨공격투쟁금 ⑩손해실패금 ⑪고집끈기금 ⑫노력개운금
⑬신끼십자금 ⑭배신비관금 ⑮이별이혼금 ⑯반항저항금
⑰인내외조금 ⑱두뇌지능금 ⑲방종방탕금 ⑳모험고생금
㉑활동역마금 ㉒생명수명금 ㉓고독고립금 ㉔건강정열금

인 도움 및 이성의 도움을 받기도 하지만 30살쯤 이후부터는 직업운세 등이 약해짐을 나타내며, 극소수이지만 ⑳번 손금이 중지 또는 약지손가락 아래까지 아주 기다랗게 쭉 뻗쳐오른 모양으로 생겨있는 사람은 '도전과 모험'으로 자수성가를 해내거나 또는 타인들 협조 및 대중인기를 얻고 크게 성공하게 됨을 나타내고 또한 예고합니다.

⑳번 손금이 중지나 약지의 아래까지 아주 기다랗게 생겨있는 사람을 배우자 및 동업자나 사업체 대표로 '선택'하시길 바랍니다.

㉑번 손금은 그림처럼 굵고 기다란 ㉒번 생명금의 중간쯤 아래에서 뻗쳐내린 '모든 하향가지선'을 가리키고, ㉑번 하향가지선은 '변동 활동성기질'을 나타내고, 그림보다 조금 위쪽에서 뻗쳐내리면 일찍 집을 나가는 독립 및 일찍 해외장기유학 등을 나타내며, ㉑번 손금이 그림처럼 다양한 모양으로 1~2개가 뚜렷하게 생겨있으면 여행을 즐기는 기질 또는 돌아다니는 것을 좋아하는 기질 등으로 주거 변동이나 직장 변동 및 이동이 많이 따르게 되고 돌아다니는 직업을 갖게 되는 등 평생동안 불안정성의 나쁜 '역마살'을 나타내고, 직업은 돌아다니는 외근영업·차 운전·배달직·현장노동일 등이 직업적성에 알맞고, 평생동안 '서민층'으로 살아가게 되고 결국에는 거지가 되거나 100% 확률로 집 밖에서 '객사 죽음'을 예고 및 경고합니다.

㉑번 손금이 생겨있는 사람을 배우자로 선택하지 마시길 '충고'합니다.

위에서 아래로 엄지밑둥을 크게 감싸는 굵고 기다란 ㉒번 손금은 가장 중요한 3대 기본손금인 생명수명금이고, 체질·체력·생명력·생명위험·죽을 고비·수명·운동 및 프로 스포츠 선수의 적합성 판단·재물운·인생 노년운 및 말년운 등을 나타내고, 굵기와 길이 및 뻗어내리는 방향 등에 따라서 '상세손금풀이'를 하고, 실제 손바닥에 ㉒번 생명수명금이 굵고 기다랗게 생겨있으면 건강체질과 수명장수를 나타내고, ㉒번 생명수명금이 아래로 내려오

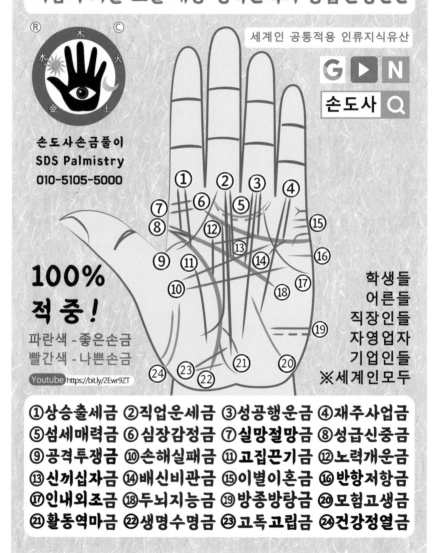

세계1등 손금풀이 손도사의 운명자가진단
사람의 기질·소질·재능·성격분석과 종합운명진단

세계인 공통적용 인류지식유산

G ▶ N
손도사 Q

손도사손금풀이
SDS Palmistry
010-5105-5000

100%
적중!

파란색 - 좋은손금
빨간색 - 나쁜손금

Youtube https://bit.ly/2Ewr9ZT

학생들
어른들
직장인들
자영업자
기업인들
※세계인모두

①상승출세금 ②직업운세금 ③성공행운금 ④재주사업금
⑤섬세매력금 ⑥심장감정금 ⑦실망절망금 ⑧성급신중금
⑨공격투쟁금 ⑩손해실패금 ⑪고집끈기금 ⑫노력개운금
⑬신끼십자금 ⑭배신비관금 ⑮이별이혼금 ⑯반항저항금
⑰인내외조금 ⑱두뇌지능금 ⑲방종방랑금 ⑳모험고생금
㉑활동역마금 ㉒생명수명금 ㉓고독고립금 ㉔건강정열금

면서 커브가 크고 넓게 돌출형이면서 굵고 기다랗게 생겨있으면 체력이 가장 강점이고 활동성이 강하여 '육체활동형'임을 나타내고, 아래돌출형은 운동선수나 차 운전 및 노동 분야가 직업적성에 알맞고, ㉒번 생명수명금이 커브가 좁고 가늘게 생겨있으면 평생동안 병약체질을 나타내며, 중간에 끊겨 있으면 생명수명금의 연령법에 따라서 위쪽에 끊겨 있으면 어릴 때 죽을 고비를 나타내고, 중간쯤에 끊겨 있으면 청·중년 때의 죽을 고비를 나타내며, 간격이 크게 끊겨 있거나 벌어져 있으면 100% 확률로 그만큼 생명의 '큰 위험'을 나타내고, ㉒번 생명수명금의 중간에 섬문양·엑스자문양 등이 생겨있으면 생명수명금의 연령법에 따른 생명의 '큰 위험'을 나타내며, ㉒번 생명수명금의 아래쪽 끝이 흐려지면 갑작스런 건강쇠약을 나타내고, ㉒번 생명수명금이 짧게 생겨있는 사람은 98% 확률로 그만큼 '수명 짧음'을 예고 및 경고합니다.

특히 ㉒번 생명수명금이 중간에 끊겨 있거나, 아래 부위에 가로선이 생겨 있거나, 나쁜 문양이 생겨있거나, 끝이 밖으로 뻗치거나, 끝이 가늘게 흐리거나, 생명수명선의 자체가 짧게 생겨있는 사람들과 부모님이 큰 질병으로 죽거나, 비명횡사로 죽거나, 자살로 죽거나, 수명 단명을 한 사람은 반드시 사주풀이와 상세손금풀이로 '종합운명진단과 상담'이 꼭 필요함을 전달합니다.

㉓번 손금은 손목금의 바로 위 엄지 밑둥 손바닥 맨 아래 부위에 그림처럼 비스듬히 생겨있는 '모든 가로손금들'을 가리키고, 전생업과 습성으로 격정성 및 과민성 기질과 나쁜 '고독살'을 타고나 내성적 및 고지식하고, 왕따·고독·고립·인복 없음·평생 외로움·우울증·성욕구 조절장애·분노 조절장애·화(火)병·습관 성자위행위·변태 성욕·성폭행·살(殺)기·살인·감옥살이·쓸쓸한 죽음 등을 나타내는 나쁜 손금이고, 100% 확률로 정확하며 점점 나빠지게 됨을 예고 및 경고합니다.

㉓번 손금이 생겨있는 사람을 배우자 및 직원으로 선택하지 마시길 '충고'

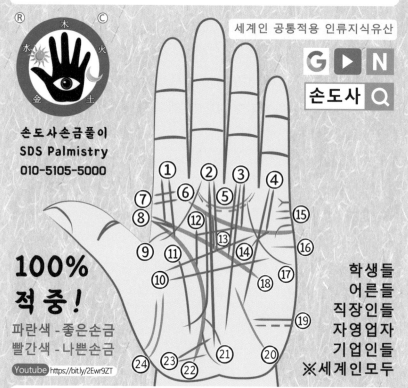

세계1등 손금풀이 손도사의 운명자가진단
사람의 기질·소질·재능·성격분석과 종합운명진단

세계인 공통적용 인류지식유산

G ▶ N
손도사 Q

손도사손금풀이
SDS Palmistry
010-5105-5000

100% 적중!

파란색 - 좋은손금
빨간색 - 나쁜손금

Youtube https://bit.ly/2Ewr9ZT

학생들
어른들
직장인들
자영업자
기업인들
※세계인모두

①상승출세금 ②직업운세금 ③성공행운금 ④재주사업금
⑤섬세매력금 ⑥심장감정금 ⑦실망절망금 ⑧성급신중금
⑨공격투쟁금 ⑩손해실패금 ⑪고집끈기금 ⑫노력개운금
⑬신끼십자금 ⑭배신비관금 ⑮이별이혼금 ⑯반항저항금
⑰인내외조금 ⑱두뇌지능금 ⑲방종방탕금 ⑳모험고생금
㉑활동역마금 ㉒생명수명금 ㉓고독고립금 ㉔건강정열금

합니다.

　실제 손바닥에 ㉓번 나쁜 '고독살' 손금이 생겨있는 사람으로서 위에서 열거한 나쁜 증상들이 생기거나 위 손금풀이에 공감을 하는 사람은 더 나빠지기 전에 개인별 '종합운명진단과 상담'이 꼭 필요함을 전달합니다.

　㉔번 손금이 그림처럼 엄지 밑둥에 뚜렷하게 많이 생겨있으면 건강과 정열을 나타냅니다.

　세상만물과 사람은 오묘한 섭리작용 때문에 타고난 천성과 생긴 모양대로 운(運)이 작용을 하고 살아가게 됩니다. 혹시나, 개인들의 실제 손바닥에 손금이 너무 복잡하게 생겨있는 사람, 손바닥이 거칠고 딱딱하고 손금이 너무 적게 생겨있는 사람, 어느 손금이 유별나게 길거나 짧거나 끊겨 있는 사람, 손가락 중 어느 한 개가 유난히 길거나 반대로 유난히 짧게 생겨있는 사람, 새끼손가락이 너무 짧게 생겨있는 사람, 엄지손가락의 끝마디 및 엄지손톱이 너무 짧거나 또는 엄지손가락 끝마디가 뭉툭하게 생겨있는 사람, 왼쪽 손과 오른쪽 손의 손금이 많이 다르게 생겨있는 사람 등, 이러한 사람들은 타고난 천성적 기질 및 소질과 재능 및 성격과 운(運)이 '특이'할 수 있기 때문에 '개인별 상세손금풀이'가 반드시 필요하고, 또한 손 그림 속의 '빨간색-나쁜 손금'들이 생겨있는 사람은 반드시 개인별 '특별종합운명진단과 상담'이 꼭 필요함을 전달합니다.

　※ 이 책에 공개하는 「손도사 손금풀이」는 세계인 공통적용과 인류 지식유산만큼의 귀중한 학술연구 및 운명정보이며 100% 정확함을 증명합니다.

　지금까지 신(神)의 계시로 인류발전과 개인들의 성공 · 출세 · 부자가 되고, 행복한 삶을 위한 실용적 삶의 기술 방법으로 100% 정확하고 적중을 하는 「손도사 손금풀이」의 핵심을 알려드렸습니다.

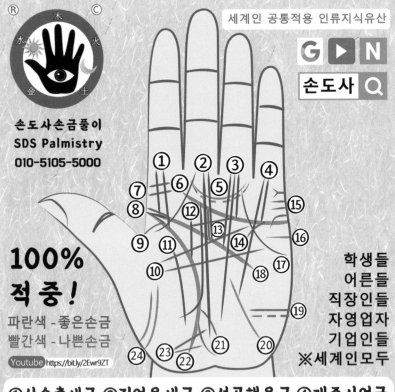

세계1등 손금풀이 손도사의 운명자가진단
사람의 기질·소질·재능·성격분석과 종합운명진단

세계인 공통적용 인류지식유산

G ▶ N

손도사 🔍

손도사손금풀이
SDS Palmistry
010-5105-5000

**100%
적중!**

파란색 - 좋은손금
빨간색 - 나쁜손금

Youtube https://bit.ly/2Ewr9ZT

학생들
어른들
직장인들
자영업자
기업인들
※세계인모두

①상승출세금 ②직업운세금 ③성공행운금 ④재주사업금
⑤섬세매력금 ⑥심장감정금 ⑦실망절망금 ⑧성급신중금
⑨공격투쟁금 ⑩손해실패금 ⑪고집끈기금 ⑫노력개운금
⑬신끼십자금 ⑭배신비관금 ⑮이별이혼금 ⑯반항저항금
⑰인내외조금 ⑱두뇌지능금 ⑲방종방탕금 ⑳모험고생금
㉑활동역마금 ㉒생명수명금 ㉓고독고립금 ㉔건강정열금

손금풀이를 보는 방법은 먼저 가장 뚜렷하게 생겨서 눈에 잘 띄는 개인들의 실제 손금과 그림 속의 손금을 비교해 보면서 손금 번호에 따른 '명칭과 해설'을 보는 방법이 있습니다.

　다음으로는 그림 속의 '손바닥 부위별'로 손금과 개인들의 실제 손금이 똑같거나 비슷하게 생겨있는 손금을 찾고, 번호에 따른 '명칭과 해설'을 보는 방법이 있습니다.

　손금풀이의 원칙은 '부위별'로 해당된 손금이 생겨있거나 또는 안 생겨있거나와 그리고 어느 손금의 출발점 및 도착점과 뻗치는 방향 및 길이와 굵기 및 개수 등을 잘 살펴야 하고, 손금은 굵기와 길이에 따라 그만큼 의미가 강함을 나타내고 또한 예고를 하는 것입니다.

　그림 속의 파란색으로 표시한 '좋은 손금'과 빨간색으로 표시한 '나쁜 손금'을 잘 구별해서 좋은 손금들이 생겨있으면 더욱 준비를 잘하고, 나쁜 손금들이 생겨있으면 더욱 대비를 잘하면서 평생동안 '인생 일기예보'처럼 잘 활용하시길 바랍니다.

　특히, 그림 속의 '나쁜 손금들'이 실제로 생겨있고, 손금 해설에 대해 공감을 하거나 또는 딱 들어맞은 사람들은 세계 어느 곳이든 또는 누구든 '연락'을 해주시고, 그리고 한 번밖에 살 수 없는 귀중한 인생살이 반드시 성공·출세·부자가 되시고, 100세 이상 무병장수하시고, 행복하시길 진심으로 축원합니다……

한국 서울에서 **손도사** 전함.